Christian Adam

Lesen unter Hitler

Autoren, Bestseller, Leser
im Dritten Reich

Fischer Taschenbuch Verlag

Veröffentlicht im Fischer Taschenbuch Verlag,
einem Unternehmen der S. Fischer Verlag GmbH,
Frankfurt am Main, Januar 2013

Lizenzausgabe mit freundlicher Genehmigung
des Galiani Verlags, Berlin
© 2010 by Verlag Kiepenheuer & Witsch GmbH & Co. KG, Köln
Druck und Bindung: Druckerei C. H. Beck, Nördlingen
Printed in Germany
ISBN 978-3-596-19297-7

Inhalt

»Himmel lass mich nur kein Buch von Büchern schreiben!«

Warum ich dem Ausruf Georg Christoph Lichtenbergs am Ende doch nicht gefolgt bin? Die Antwort steckt in einem handschriftlichen Eintrag in einem der Bücher meines Vaters, das dieser aus seinen Jugendjahren in meine Zeit herübergerettet hat: »Nur der erwirbt sich die Welt, der um sie kämpft!« Diese Widmung war von meinem Großvater für seinen heranwachsenden Sohn wohl Anfang der vierziger Jahre verfasst worden. 1944 dann sollte mein Vater, knapp 18 Jahre alt, tatsächlich noch hinausziehen, um – in Hitlers Wehrmacht – ›um die Welt zu kämpfen‹. Dass es nicht sein Krieg war, ging dem jungen Mann rasch auf. Er hatte Glück und überlebte. Mich berührte diese Widmung später sehr. Was konnte meinen Großvater dazu gebracht haben, seinem Sohn ein solches Motto ans Herz zu legen? In solchen Zeiten?

Beim Buch, das meinem Vater gewidmet worden war, handelte es sich um Karl Aloys Schenzingers *Anilin*, einem der – wie ich viel später erfahren sollte – echten Erfolgsbücher der Nazi-Zeit. Noch andere Entdeckungen machte ich als jugendlicher Leser in Vaters Bücherschrank. Da standen die in grünes Leinen gebundenen Bände von Hans Dominik: Altertümliche Science-Fiction-Geschichten, in nur schwer lesbarer Fraktur gesetzt. Manche Helden fand ich ebenso befremdlich wie die Bösewichter, aber ich las trotzdem weiter. Auch an die Geschichte von den beiden Hitlerjungen, die *Abenteuer in Brasilien*[1] erlebten, kann ich mich gut erinnern. Am Ende des Buches folgen sie dem Ruf in die Heimat, denn dort werden sie gebraucht – in Hitlers Wehrmacht. Nicht zuletzt diese Erlebnisse lenkten meinen Blick auf die Bücher im Dritten Reich. Dabei vor allem auf die Werke, die tatsächlich in großer Zahl verbreitet und gelesen wurden: die der Massenliteratur.

Der verbrannten und verfemten Literatur sind – zu Recht – schon viele und wichtige Bücher gewidmet worden. Sie hatten nicht zuletzt die Aufgabe, das Todesurteil, das die Nazis vielfach verhängten, zu widerrufen. Sie ließen Bücher und Autoren erneut ins Bewusstsein treten, die ansonsten der Vergessenheit anheimgefallen wären.[2] Oder wollen in einem verdienstvollen Editionsprojekt die Originaltexte einem breiten Publikum wieder zugänglich machen.[3] Mittlerweile können wir also recht genau sagen, welche Bücher und Autoren im Dritten Reich mit Sicherheit nicht erwünscht waren.

Dagegen muss, wer sich auf die Suche nach dem massenhaft verbreiteten und gelesenen ›Schrifttum‹ aus nationalsozialistischer Zeit macht, nach wie vor mit zahlreichen blinden Flecken kämpfen. Eine Überblicksdarstellung gibt es nicht. Dabei hatten schon die Zeitgenossen erkannt, dass ein Blick auf die massenhaft gelesene Literatur wichtige Erkenntnisse bringen kann: »Ich sagte mir, wenn ein Wälzer von über 1000 Seiten, 1930 erschienen, es auf 350 000 Exemplare gebracht habe, dann müsse er irgendwie charakteristisch für das Denken seiner Zeit sein. Woraus ich die Berechtigung vor mir selber schöpfte, den Band zu lesen.«[4] Mit diesen Gedanken hatte sich Victor Klemperer noch 1944 zur Lektüre von Ina Seidels *Wunschkind* motiviert. Und in der Tat führt die Frage, welche Bücher unterm Hakenkreuz tatsächlich in großen Stückzahlen produziert, vertrieben und gelesen wurden, in einen Kernbereich der deutschen Mentalitätsgeschichte.

Warum aber kam es nach 1945 zu einer eher zögerlichen Auseinandersetzung mit dem Thema? Zum einen hatte man sich aus verständlichen Gründen auch beim Blick auf den Buchmarkt zunächst den Geschichten der Opfer des NS-Regimes gewidmet. Erst nach und wurden Fragen zum Buchmarkt im Dritten Reich oder zu den Produktions- und Rezeptionsbedingungen von Literatur unterm Hakenkreuz gestellt. So ist die erste umfangreiche, alle greifbaren Aktenüberlieferungen einbeziehende Studie zur *Literaturpolitik im Dritten Reich*[5] noch keine zwanzig Jahre alt! Ohne eine genaue Kenntnis der Rahmenbedingungen von Textproduktion in dieser Zeit verboten sich bestimmte Fragestellungen aber von selbst. Erschwert hat den Blick auf den Massenmarkt zudem die Tatsache, dass sich für diese Phänomene zunächst keiner so richtig zuständig fühlen mochte. Wenn man sich auf literaturwissenschaftlicher Seite etwa mit Texten aus diesen Segmenten befasste, was seit den sechziger

Jahren verstärkt geschah, dann oft aus ideologiekritischem Blickwinkel. Es wurde dann danach gefahndet, welchen politischen Interessen oder Vernebelungsaktionen Massenliteratur gedient haben mochte. Zunächst wurde meist von den publizierten Texten selbst ausgegangen. Informationen zu den Autoren oder den Marktbedingungen waren teils nicht vorhanden oder spielten für die spezifische Fragestellung nur eine untergeordnete Rolle. Aber diese Studien waren keine Sackgassen, im Gegenteil, es waren nötige Schritte einer Annäherung an bestimmte Phänomene des Literaturmarktes.[6]

Zugleich unterlag der Begriff ›Literatur‹ von jeher einem steten Wandel.[7] Im vorliegenden Buch wird er in seiner allgemeinsten Bedeutung verwendet und soll die Gesamtheit des Geschriebenen und Gedruckten umfassen, eben auch nicht-fiktionale Texte wie Sachbücher, Dokumentarisches oder Propagandaschriften, um nur einige zu nennen.

Am Beispiel des Sachbuches zeigt sich, dass auch die Auseinandersetzung mit dieser Textsorte noch vergleichsweise jung ist. Sachbücher stellten aber zwischen 1933 und 1945, ähnlich wie heute, einen beträchtlichen Teil der am Buchmarkt gehandelten Produkte. Ohne den Blick auf Nicht-Fiktionales bliebe der Eindruck vom Buch-Massenmarkt jener Jahre unvollständig und irreführend. Erst 1978 erschien mit Ulf Diederichs »Annäherung an das Sachbuch« ein längerer Text, der bis heute immer wieder als Ausgangspunkt genommen wird und erstmals auch die ›Tatsachen-Literatur‹ oder die Fachbuchdiskussion im Dritten Reich im Überblick zeigte. Eine umfassendere Beschäftigung mit dem Gegenstand ist immer noch in vollem Gange.[8]

Es gab immer wieder neue, die Diskussion anregende Aufsätze oder Publikationen, die Teilbereiche der Massenliteratur im Dritten Reich betrachteten und die wichtige Einzelaspekte erstmals ins Bewusstsein rückten.[9] Erst mit einer stärkeren Verbindung von kultur-, literatur- und medienwissenschaftlichen Ansätzen kam der Buchmarkt in seiner Gesamtheit mit all seinen Produkten, Akteuren und Gesetzmäßigkeiten besser ins Blickfeld.

Im vorliegenden Buch soll die Literatur der Zeit aus der Sicht der Leser betrachtet werden, die damals im Deutschen Reich unter der nationalsozialistischen Herrschaft lebten. Ich habe die Werke in Augenschein genommen, die tatsächlich in großer Zahl gedruckt, gekauft und gelesen wurden. Dabei habe ich mich von einem sehr breiten Literaturbegriff leiten lassen, der Bild-Text-Bände und Tatsachenromane ebenso mit einbezieht wie Ratgeber oder Groschenhefte. Das Gros der massenhaft verbreiteten Literatur im Dritten Reich sollte erfasst werden. Rein willkürlich habe ich eine Auflagenhöhe von zirka 100 000 Exemplaren festgelegt, von der an ein Werk als ›Bestseller‹ in die Betrachtung einbezogen wurde.

Bei der Durchsicht meiner rund 350 Texte umfassenden ›virtuellen Bestsellerliste‹ (ein Auszug daraus findet sich im Anhang, S. 323–325) kristallisierten sich rasch zehn ›Buchtypen‹ heraus, die als besonders erfolgreich immer wieder und in unterschiedlichen Schattierungen zu finden waren. Diese müssen keinen literaturwissenschaftlichen Kriterien genügen, sollen dafür aber den Kategorien möglichst nahekommen, mit denen Leser, Käufer, Buchhändler und andere Akteure am Buchmarkt in jenen zwölf Jahren bestimmte Werke etikettierten. Dabei sind viele Grenzen fließend, etwa wenn Sachbücher oder Tatsachenromane oft nahtlos ins Propagandaschrifttum übergehen. Manche Bücher und Autoren wären auch unter anderen Aspekten zu verhandeln gewesen. Insofern sind viele Zuordnungen subjektiv gefärbt und gehorchen der Willkür des Erzählers. Das gilt auch für die Vollständigkeit der Darstellung, die ich nur insofern angestrebt habe, als die wichtigen Texttypen und Strömungen exemplarisch vertreten sein sollten. Ich habe Wert darauf gelegt, möglichst interessante Geschichten um Bücher und Autoren erzählen zu können. Bereits Altbekanntes tritt deshalb eher in den Hintergrund.

Den zehn wichtigsten Buchtypen und ihren Autoren und Lesern wendet sich der Hauptteil des Buches zu. Eingangs habe ich versucht, mich den Bücherfreunden – den prominenten wie den unbekannten – anzunähern und die literatur- und buchmarktpolitischen Rahmenbedingungen zu schildern, unter denen Autoren, Verleger und Leser lebten. Über die greifbaren statistischen Ermittlungen von Leserwünschen und -zahlen sowie die Lektüreerlebnisse einzelner ganz ›normaler‹ Leser hinaus, werden im Folgenden auch prominente Erinnerungen hinzugezogen. Vor allem Menschen, die damals oder später selbst beruflich mit

Büchern zu tun hatten, geben Erzählungen über ihre bevorzugte Lektüre oder einzelnen prägenden Erfahrungen mit Literatur in ihren Memoiren oder Tagebüchern oft breiten Raum. Zu Wort kommen werden neben anderen Ernst Jünger, Joachim C. Fest, Marcel Reich-Ranicki, Heinrich Böll und Günter Grass.

Eine in jeder Hinsicht einzigartige Quelle bilden die Tagebuchaufzeichnungen von Victor Klemperer. Hier liest einer wie besessen, dem Bücher ein Lebenselixier sind. Zu seinen Lektüreeindrücken fertigte er detaillierte Aufzeichnungen an. Für Victor Klemperer, der sich zur Aufgabe gemacht hatte, die *LTI,* die Lingua Tertii Imperii, die Sprache des Dritten Reiches zu dokumentieren und zu analysieren, waren Bücher Quelle und Steinbruch zugleich. Der ›Jude Klemperer‹, den die Nationalsozialisten zusammen mit seinen Leidensgenossen zum Untermenschen erklärt hatten, den sie vernichten wollten, und den sie im Falle des Dresdner Philologen nur ›schonten‹, weil er mit einer ›Arierin‹ verheiratet war, die ihren Mann nicht im Stich ließ, las aus Berufung alles, was ihm an Gedrucktem in die Hände fiel, von Unterhaltungsromanen bis zum wissenschaftlichen Werk. Da die Juden sukzessive von der Teilnahme am normalen gesellschaftlichen Leben ausgeschlossen werden sollten, war die Lektürebeschaffung nur unter größten Schwierigkeiten und mit Gefahr verbunden möglich. Hier las und lebte einer, der an das Land der Dichter und Denker geglaubt hatte. Der Holocaust musste diesen Glauben nachhaltig erschüttern.

Der, den viele Nationalsozialisten ausgelöscht wissen wollten, kommentierte die geistigen Elaborate ihrer Literatur scharfzüngig bis zum bitteren Ende des Regimes. Seine Stimme, sein Urteil, seine klare Sprache werden jedem, der sich heute durch die Literatur des Dritten Reiches hindurcharbeiten muss, hell strahlendes Leuchtfeuer im häufig unheilvoll wabernden Sprachnebel der Zeit sein. Klemperer konnte sein Werk *LTI. Notizbuch eines Philologen* nach dem Ende der Nazi-Herrschaft vorlegen. Seine Tagebücher wurden viele Jahre nach seinem Tod zu einem veritablen Bestseller, die mehr und direkter als manche nüchterne wissenschaftliche Studie vom Verbrechen an den europäischen Juden erzählen. Ein Bestseller, der seine Leser ganz tief berührt. Vielleicht ist die Geschichte von Victor Klemperer und seiner Frau im Nachhinein betrachtet einer der kleinen Triumphe der Menschlichkeit über die Barbarei der Jahre 1933 bis 1945.

Mit der Geschichte der Bestseller im Dritten Reich will ich keine zu Unrecht vergessenen ›Perlen‹ zu Tage fördern, auch wenn mancher Text vielleicht einen zweiten Blick verdient. Die Geschichte der Bestseller ist die Negativform, das Gegenstück zur Geschichte der verbrannten und verbannten Bücher und Autoren, eine in jedem Fall spannende und vielleicht auch erhellende Geschichte vom Leben in einer Diktatur und im Idealfall an mancher Stelle sogar das Missing Link zu Erscheinungen des Buchmarktes jenseits der vermeintlichen Zäsuren von 1933 und 1945.

Sichten, vernichten – lenken, fördern
Literaturpolitik im Zeichen des Hakenkreuzes

Machtergreifung und Bücherverbrennung

Am 10. Mai 1933 brannten vielerorts im Deutschen Reich die Scheiterhaufen. Von der NS-Ideologie begeisterte Studenten hatten in den Bibliotheken ihrer Universitäten und anderswo die Literatur zusammengetragen, die sie für vernichtenswert hielten. Heinrich Mann und Erich Kästner, Sigmund Freud und Erich Maria Remarque waren nur einige, deren Bücher, begleitet von den lauthals proklamierten ›12 Thesen wider den undeutschen Geist‹, ins Feuer geworfen wurden. In Berlin trat sogar der Propagandaminister selbst vor die Menge. Obwohl die landesweite Aktion nicht von der NSDAP direkt organisiert worden war, machte er sich diese Bühne zu Nutze.

Der 10. Mai setzte das Signal für eine beispiellose Umwälzung des Buch- und Literaturmarktes. Alle mit dem Buch beschäftigten Institutionen und Personen wurden erfasst und gleichgeschaltet. Die besten Autorinnen und Autoren sowie die profiliertesten Verleger wurden entmündigt oder ins Exil getrieben. Es fand ein Aderlass ohnegleichen statt. Die Welt der Bücher war nach 1933 nicht mehr dieselbe wie zuvor – so könnte ein Versuch lauten, die Ereignisse vom Mai 1933 und ihre Folgen zusammenzufassen.

Der Literaturmarkt blieb auch in der Zeit nach 1933 privatwirtschaftlich organisiert. Die Vielzahl der Verbotslisten, die von verschiedenen Institutionen herausgegeben wurden, zeigte vor allem eines: Es gab keine flächendeckende, allumfassende Zensur und Kontrolle von Schriftstellern und Verlagen. Bis weit in die dreißiger Jahre hinein konnten sogar ausländische Titel aus Frankreich, England oder Amerika wie etwa Antoine de Saint-Exupérys *Wind, Sand und Sterne,* Aldous Huxleys *Brave New World* oder Margaret Mitchells *Vom Winde verweht* verkauft und gelesen werden.[1] Viele ausländische Schriftsteller zählten zu den Best-

*Mai 1933 in Hamburg: NSDAP-Mitglieder transportieren beschlagnahmte
Bücher ab. Hier wie in ganz Deutschland war die Bücherverbrennung der Start-
schuss für gewaltige Eingriffe in den Buchmarkt.*

sellerautoren im nationalsozialistischen Deutschland. Die NS-Literaturpolitik wirkte sich in vielen Bereichen modernisierend auf den Buchmarkt und seine Institutionen aus. Die Welt der Bücher blieb auch nach
der Machtübernahme der Nazis bunt und vielfältig, manche persönliche
oder wirtschaftliche Erfolgsgeschichte konnte über 1933 und 1945 hinweg fortgeschrieben werden – dies ist ein denkbarer zweiter Versuch,
die Geschichte des deutschen Buchhandels nach der Bücherverbrennung
zu erzählen.

Beide Versionen der Geschichte von Büchern und Menschen in
Deutschland nach 1933 stehen hier mit gleichem Recht nebeneinander.

Für einzelne Episoden beider Berichte finden sich Argumente und Belege. Die Welt ließ sich auch nach dem Machtantritt der Nationalsozialisten nicht allein in Schwarz und Weiß einteilen, sondern wies viele Zwischentöne und Schattierungen auf. Dies macht die Beschäftigung mit der Literatur im Dritten Reich bis heute schwierig, aber lohnenswert. Lässt sich auch über 60 Jahre nach Kriegsende noch Neues über Bücher in jenen Jahren sagen? Die Antwort lautet Ja.

Auch wenn der Literaturmarkt weiterhin privatwirtschaftlich organisiert war, es keine allumfassende Vorzensur gab – die Bücher, die nach 1933 in Deutschland erscheinen konnten, kann man nur beurteilen und verstehen, wenn man weiß, unter welchen Bedingungen Autoren, Verleger und Leser in jenen Jahren lebten und arbeiteten oder zu ihren Büchern kamen. Die nationalsozialistische Kulturpolitik und die literaturpolitischen Maßnahmen, die das Regime in den Folgejahren ergriff, müssen genau unter die Lupe genommen werden. Thomas Manns Verdikt, dass Bücher, die von 1933 bis 1945 überhaupt gedruckt werden konnten, weniger als wertlos und nicht gut in die Hand zu nehmen seien, hat einen Teil der Auseinandersetzung mit der Literatur der NS-Zeit geprägt. Der eingeschränkte Blick der Literaturwissenschaftler auf die Buchproduktion jener Jahre wirkte sich zudem hinderlich aus. Sich mit dem zu befassen, was nachweislich Hunderttausende lasen, galt und gilt vielfach bis heute als ›unfein‹. Viele erfolgreiche Texte jener Jahre wurden unter der Rubrik Trivialliteratur verbucht und abgehakt. Alle Bücher, die sich im weitesten Sinne der Sachliteratur zuordnen lassen, wurden von Literaturwissenschaftlern gleich gar nicht behandelt, obwohl sie die Mehrzahl der jährlich erscheinenden und erschienenen Texte ausmachten.

Wenn wir uns auf die Medien einlassen, die in den Jahren 1933 bis 1945 in Deutschland erreichbar waren, die Bücher lesen, die der Propagandaminister las, die Filme sehen, die vom ›Führer‹ gelobt wurden, oder die Zeitungen zur Hand nehmen, die die Masse der ›Volksgenossen‹ kaufte, muss das mediale Bild, das sich dabei rekonstruieren lässt, immer wieder relativiert und mit anderen Positionen abgeglichen werden. Es gibt keine voraussetzungslose Beschäftigung mit dem Dritten Reich. Wir können das NS-Regime nur von seinem Ende her wirklich verstehen.

Gleichschaltung des Kulturbetriebs:
das Propagandaministerium entsteht

Kann man im Hinblick auf die Literatur im Dritten Reich von einer ›erfolgreichen Gleichschaltung‹ sprechen? Diese Frage wird sich erst am Ende dieses Buches beantworten lassen. Die Behauptung, der ganze Literaturmarkt sei ja ›gleichgeschaltet‹ gewesen, das heißt der Einzelne hatte ohnehin keine Entscheidungsfreiheit, war allzu oft nur billige Entschuldigung für das eigene Verhalten. Der genaue Blick dient also hier, wie anderswo auch, nicht der Verharmlosung, sondern im Gegenteil der Präzisierung unserer Urteile über jene Zeit.

Die Nationalsozialisten setzten mit ihrer Kulturpolitik nach der Machtübernahme nicht völlig voraussetzungslos ein. Erfahrungen in der Regierungsverantwortung konnte die NSDAP schon von Januar 1930 an sammeln, als mit Wilhelm Frick ein erstes Parteimitglied Minister in der thüringischen Landesregierung wurde. Als Chef des Innen-Ressorts oblag ihm dort die »Bekämpfung von Schmutz in Wort und Bild«[2]. Das aus der Weimarer Zeit stammende »Gesetz zur Bewahrung der Jugend vor Schund- und Schmutzschriften« sollte insbesondere im Hinblick auf die Trivial- und Jugendliteratur noch bis zu seiner Aufhebung im Jahr 1935 die Grundlage für vielerlei Eingriffe in den Literaturmarkt bieten.[3]

Innerhalb der Partei hatte es schon in den zwanziger Jahren verschiedene Personen und Institutionen gegeben, die sich mit kulturellen Angelegenheiten im weitesten Sinne befassten. Auf dem Parteitag in Nürnberg 1927 war der Kampfbund für deutsche Kultur unter der Leitung von Alfred Rosenberg gegründet worden. Der Kampfbund koordinierte zum einen die Angriffe auf das literarische Establishment der Weimarer Zeit, zum anderen wollte er die nationalsozialistische Bekenntnisliteratur und völkische Autoren fördern. Alfred Rosenberg, der selbst ernannte ›Chefideologe‹ der ›Bewegung‹ und Autor des *Mythus des 20. Jahrhunderts,* kämpfte zeitlebens um entscheidenden Einfluss auf alle kulturellen Bereiche des neuen Staats. Wichtige Befugnisse im Bereich der Kulturpolitik lagen auch bei der Reichspropagandaleitung der NSDAP. Hier befasste man sich, seit 1929 unter der Leitung von Joseph Goebbels, in verschiedenen Abteilungen mit Propaganda, Film, Rundfunk, aber auch der Volksbildung.

Mit Goebbels und Rosenberg waren bereits vor 1933 zwei der mächtigsten Gegenspieler auf den Plan getreten, die die Auseinandersetzungen innerhalb der NS-Kulturpolitik während der zwölf Jahre des ›Tausendjährigen Reichs‹ entscheidend prägen sollten. Weitere Akteure, mit eigenen Interessen, Vorstellungen und vor allem eigenen Eitelkeiten kamen später noch dazu. Es gab wohl kaum einen anderen Herrschaftsbereich, auf den das Wort vom Kompetenz-Wirrwarr, das die NS-Herrschaft geprägt habe, so zutraf wie auf die Literaturpolitik.

Traditionell – und das galt auch für die von den Nazis als ›Systemzeit‹ geschmähte Weimarer Republik – hatten in Deutschland die Länder im kulturellen Bereich das Sagen. Nach der Machtübernahme versuchte man viele Zuständigkeiten auf zentralstaatliche Stellen zu konzentrieren. Hinzu trat der Herrschaftsanspruch der Partei, den ihre Funktionäre auf alle Ebenen des Daseins ausdehnen wollten.[4]

Mit dem Reichsministerium für Volksaufklärung und Propaganda (RMVP) schufen sich die Nationalsozialisten ein gänzlich neues Instrument, mit dem alle Bereiche der Kultur und Öffentlichkeit beherrscht werden sollten. Mit dem bis dahin wenig erfolgreichen Schriftsteller, aber umso umtriebigeren Propagandisten Goebbels trat einer der einflussreichsten Funktionäre für den gesamten Bereich des gedruckten Wortes in den Ring. Nun hatte er ein eigenes Ministerium im Rücken, das bis heute die bekannteste mit der Literaturlenkung befasste Institution im Dritten Reich ist und auch damals eine der einflussreichsten Stellen war. Goebbels selbst sah seine Dienststelle als das einzige genuin nationalsozialistische Ministerium. Sein Haus nahm in seinen Augen eine Vorreiterrolle ein, wenn es darum ging, im praktischen Handeln zu zeigen, was nationalsozialistische Verwaltung bedeute. »Das Ministerium soll Presse, Rundfunk, Film, Theater und Propaganda in einer einzigen, großzügigen Organisation vereinigen. Der Reichspressechef Funk ist von mir zum Staatssekretär ausersehen«[5], so schrieb der designierte Propagandaminister am 6. März 1933 in sein Tagebuch. Nur kurze Zeit später, am 13. März, wurde er von Hindenburg vereidigt. Immer wieder betonte Goebbels, dass das RMVP mit der herkömmlichen Ministerialbürokratie nichts gemein habe. Im *Nachrichtenblatt* des Ministeriums wandte er sich im Mai 1933 energisch gegen alle überkommenen Formen der Verwaltungstätigkeit: »Ich mache darauf aufmerksam, daß ein so schwerfälliger Betrieb einem Ministerium, das erst vor wenigen Wochen gegründet wurde, schlecht zu Gesicht steht. Ich habe auch nicht die Absicht, einen derartig überbürokratisierten Betrieb in meinem Amt einreißen zu lassen. Ich ersuche alle Mitarbeiter, dieses Unwesen und diese grotesk wirkende Unsitte unverzüglich abzustellen und erwarte, daß dieser bloße Hinweis genügt, um jedem Mitarbeiter wieder zu Bewußtsein zu bringen, daß wir in einer Revolution stehen und es ruhig künftigen Generationen überlassen dürfen, diese Revolution zu bürokratisieren.«[6] Den frühen Lippenbekenntnissen des Ministers zum Trotz: Das Propagandaministerium wuchs sich schnell zu einem Bürokratieriesen mit über 1000, meist jungen Mitarbeitern aus, die in der Regel auch Parteigenossen waren.

Erstaunlicherweise gab es im Ministerium zunächst keine Abteilung, die sich ausschließlich mit Literatur befasste. Im ersten Geschäftsverteilungsplan aus dem Jahr 1933 wurden Themen wie ›nationale Literatur‹ oder ›Verlagswesen‹ noch von der Hauptabteilung Propaganda mitbetreut.[7] Erst im Oktober 1934 erfolgte die Gründung einer eigenen Abteilung Schrifttum, die unter anderem für die »Pflege und Förderung des deutschen Schrifttums«, die Reichsschrifttumskammer (RSK) und die Deutsche Bücherei in Leipzig zuständig war. Auch personell blieb die Schrifttumsabteilung im Vergleich mit anderen Dienststellen schwach bestückt. Ihr nachgeordnet, teilweise aber mit den gleichen Mitarbeitern besetzt, war die Reichsschrifttumsstelle, die seit 1939 als »Werbe- und Beratungsamt für das deutsche Schrifttum« beim RMVP firmierte. Während die ›kulturpolitischen Führungsaufgaben‹ beim Ministerium lagen, hatte das Werbe- und Beratungsamt vor allem fördernde Maßnahmen auf dem Buchmarkt durchzuführen. Das Amt wurde immer dann aktiv, wenn das Ministerium eher im Hintergrund bleiben wollte. Hier wurden Empfehlungslisten für Sortimenter und Bibliotheken erarbeitet, Buchausstellungen und Tagungen vorbereitet oder Autorenlesungen organisiert. So initiierte diese Stelle zum Beispiel die Aktion »Die sechs Bücher des Monats«, in der ausgewählte Neuerscheinungen, aber auch

»wertvolles Schrifttum aus früherer Zeit«[8] beworben werden sollten. Die Sortimenter bekamen unverlangt einen Werbeaufbau nebst der monatlich wechselnden Beschriftung und Bebilderung angeliefert und sollten sich für den Erfolg der Bücher einsetzen.

Es gelang Goebbels und seinen Leuten auf diese Art, im Laufe der Jahre zu einer der wichtigsten Instanzen im Bereich der Literaturlenkung zu werden. So habe man im Krieg die gesamte Buchzensur im Arbeitsbereich der Schrifttumsabteilung zusammengefasst. Die »Führungsrolle des Propagandaministeriums«[9] für den Sektor der Buchpolitik war aber nie unumstritten und blieb bis zum Ende des Dritten Reichs stets umkämpft.

Berufsverband mit Anschlusszwang: die Reichsschrifttumskammer

Die Errichtung einer Reichskulturkammer durch Gesetz vom 22. September 1933 war ein weiterer tiefer Einschnitt in den Kulturbetrieb gleich zu Beginn der nationalsozialistischen Herrschaft. Der Reichsminister für Volksaufklärung und Propaganda wurde darin ermächtigt, die Kulturschaffenden aller Bereiche in einer berufsständischen Organisation zusammenzufassen. Neben seinem Ministeramt war Goebbels in Personalunion Präsident der Kammer. Die Reichskulturkammer und ihre Einzelkammern für Film, Musik, Rundfunk, Theater, Presse, bildende Künste und Schrifttum waren in gewisser Weise der verlängerte Arm des Propagandaministeriums.[10] Was nicht hieß, dass dadurch die Zuständigkeiten klarer geregelt gewesen wären.

Für alle Kulturschaffenden bestand Mitgliedszwang. Wer nicht in die Kammer aufgenommen wurde, durfte fortan seinen Beruf nicht mehr ausüben. Typisch für eine Organisation in der NS-Zeit war die Zusammenfassung der unterschiedlichsten Interessengruppen einer Branche unter einem Dach. Die RSK war für alle Personen zuständig, »die von der Urproduktion der Dichtung angefangen, bis zum gewerblichen Vertrieb am Schrifttum arbeiten«[11]. So fanden sich Autoren, Verleger, Buchhändler, Buchhandelsvertreter, Büchereiinhaber und Bibliothekare in einem Verband vereint.

Die Nichtaufnahme in oder der Ausschluss aus der Reichsschrifttumskammer, z. B. von jüdischen oder aus politischen Gründen missliebigen Autoren, kam einem Berufsverbot gleich. Zwar gab es zunächst keinen eindeutigen ›Arierparagraphen‹ im Reichskulturkammergesetz, also keine Bestimmung, auf deren Basis man jüdischen Mitbürgern eine Mitgliedschaft hätte kategorisch verweigern können. Allerdings wurden die vorhandenen Bestimmungen mehr und mehr so ausgelegt, dass spätestens ab 1935 auch eine Frontkämpferbiografie oder der Status einer Kriegerwitwe die jüdischen Mitglieder nicht mehr vor Ausschluss aus der Kammer und somit vor einem Berufsverbot schützte.[12]

Etwa zur selben Zeit wie das Kulturkammergesetz, am 4. Oktober 1933, war das Schriftleitergesetz erlassen worden, das mit ähnlichen Methoden und Ausschlusskriterien nicht genehme Journalisten aus der schreibenden Zunft herausdrängte.

Vom Mitgliedszwang in der Reichsschrifttumskammer befreit waren lediglich Gelegenheitsschriftsteller und Verfasser wissenschaftlicher Werke. Und gerade unter den ›Teilzeitautoren‹ wollten viele dazugehören. Sie versprachen sich von der Mitgliedschaft in der Kammer einen Prestigegewinn, gewissermaßen eine staatliche Anerkennung ihres Tuns. So zum Beispiel Stanislaus Bialkowski, im Hauptberuf Sachbearbeiter in einem Flugzeugwerk, nach Feierabend Autor von Science-Fiction-Romanen wie *Leuchtfeuer im Mond* oder *Start ins Weltall*. Er kämpfte mit allen Mitteln gegen seinen Ausschluss aus der Kammer, der schließlich wegen eines nicht fristgemäß abgegebenen Ariernachweises erfolgte. Auch der späte Parteieintritt im Jahr 1940 konnte den Autor da nicht mehr retten. Obwohl seine Bücher von vermeintlicher NS-Ideologie strotzen, hieß es im Propagandaministerium über seine Werke: »Die Bücher von Bialkowski werden sämtlich negativ beurteilt«[13]. Wer nicht in die Kammer aufgenommen wurde, konnte nur in Ausnahmefällen, wie etwa Erich Kästner, mit einer Sondergenehmigung weiterarbeiten. Oder er bekam, wenn er zum Beispiel nur einmalig als Autor tätig wurde, einen Befreiungsschein ausgestellt.

Über die Zwangsmitgliedschaft in der Kammer sollte letztlich alles, was inhaltlich zu kontrollieren war, kontrolliert werden. Wenn nur noch zuverlässige ›Volksgenossen‹ Autoren, Verleger, Buchhändler oder Bibliothekare sein konnten, dann müsse – so die Überlegung – eine Vorzensur im Verlagswesen überflüssig sein. Dies war und blieb einer der Grundsätze der NS-Literaturpolitik: Zensur sollte, wenn sie denn stattfand, möglichst unsichtbar bleiben. Die Zensierten wurden dazu angehalten, den Zensur- oder Lenkungsvorgang so darzustellen, als folgten sie der eigenen Eingebung. Die Schere im Kopf entwickelte sich – wie noch zu zeigen sein wird – zu einem der wichtigsten Instrumente der Meinungssteuerung.

Die Gründung der Reichskulturkammer war einer der geschickten Schachzüge Goebbels', um im Bereich der Kultur eine Monopolstellung zu errichten. Er verschaffte sich damit vor diversen Konkurrenten Vorteile. Mit einer berufsständischen Organisation der Kulturschaffenden geriet er in Konflikt mit Robert Ley, der mit seiner Deutschen Arbeitsfront »alle schaffenden Deutschen« in der größten NSDAP-Massenorganisation zusammenfassen wollte. Kompetenzstreitigkeiten mit dem Innenministerium waren ebenfalls angelegt, das noch aus der Zeit der Republik gewisse zentrale Funktionen im Kulturbereich wahrnahm. Zugleich konnte die Gründung der Kammer auch als eine Kampfansage an Alfred Rosenberg gesehen werden.

Die Reichsschrifttumskammer wurde, wie die anderen Einzelkammern auch, von einem Präsidenten geführt. Zunächst hatte dieses Amt Hans Friedrich Blunck inne, ein völkisch-konservativ orientierter Schriftsteller, der zu den erfolgreicheren Vertretern seiner Zunft zählte.[14] 1935 wurde er von Hanns Johst abgelöst, der der Kammer bis zum Ende der NS-Herrschaft vorstand.

Parallel dazu wurde die Schrifttumsabteilung im Ministerium im Laufe der Jahre immer weiter ausgebaut. Zeitweilig wurde sogar Karl Heinz Hederich, stellvertretender Vorsitzender der Parteiamtlichen Prüfungskommission (PPK), von der später noch die Rede ist, zum Leiter der Abteilung. Goebbels versprach sich davon Einigkeit von Partei und Staat auf dem Gebiet der Schrifttumslenkung. Zudem sollte auch die RSK entpolitisiert werden und Kompetenzen an die Schrifttumsstelle abtreten. Ziel des Ministers war es natürlich, am Ende alle Zuständigkeiten für das Buch in seinem Ministerium zu bündeln.[15] Ein Unterfangen, das scheitern musste. Zu viele Akteure tummelten sich auf dem Sektor der Literaturpolitik und versuchten sich hier zu profilieren. Diszipliniert wurden sie weder von Staatsräson noch von Parteigehorsam, zumal es eine ›einheitliche Parteilinie‹ gar nicht gab. Jeder verfolgte seine eigenen Interessen, die zum großen Teil schlicht und einfach ökonomische waren.

Dauerclinch um die Kulturhoheit: Rosenberg, Bouhler, Rust, Ley

Um das literaturpolitische Durcheinander anschaulich zu machen, sollen im Folgenden die wichtigsten Protagonisten, die Einfluss auf den Buchmarkt nehmen wollten, weiter vorgestellt werden. An erster Stelle Alfred Rosenberg. Sein »Amt für Schrifttumspflege beim Beauftragten des Führers für die gesamte weltanschauliche Schulung der NSDAP/ Reichsstelle zur Förderung des deutschen Schrifttums«, das in Teilen aus dem Kampfbund für deutsche Kultur hervorgegangen war, hatte sich der Förderung von Büchern verschrieben, die in sein ideologisches Konzept passten. Rosenberg besaß zwar keine exekutive Gewalt, dafür aber in vielen Kreisen der Partei eine gewichtige Stimme. Er verfügte im Laufe der Jahre über einen großen Stab an ehrenamtlichen und hauptberuflichen Lektoren und übte insbesondere über Empfehlungen und Ablehnungen, die in der monatlich erscheinenden Zeitschrift *Die Bücherkunde* abgedruckt wurden, erheblichen Einfluss aus. Die Druckfahnen der Zeitschrift wurden Rosenberg stets zur Freigabe vorgelegt, in besonders heiklen Einzelfragen wurde seine Meinung direkt eingeholt.

Im Krieg schuf sich Rosenbergs Dienststelle mit der »Büchersammlung der NSDAP für die Deutsche Wehrmacht«, die auch unter dem Namen »Alfred-Rosenberg-Spende« beworben wurde, ein weiteres Betätigungsfeld. Hier sollten private Bücherspenden eingeworben und zu Truppenbüchereien zusammengestellt werden. Ein Nebeneffekt war aus Rosenbergs Sicht, dass man auf diese Weise weiteres ›unerwünschtes Schrifttum‹ insbesondere aus Privathaushalten aus dem Verkehr ziehen konnte. Der Nachteil: Nur ein Bruchteil der gesammelten Werke war überhaupt für eine Weitergabe an die Wehrmacht geeignet. »Es muß auch bei der ehrenamtlichen Mitarbeit der Helfer dafür gesorgt werden, daß wenigstens nicht ausgesprochene Emigrantenliteratur mit dem

Stempel ›Alfred-Rosenberg-Spende‹ versehen an die Soldaten verteilt wird«[16], hieß es dazu noch 1944 in einem internen Vermerk in Rosenbergs Dienststelle. Wegen solcher Lieferprobleme musste insbesondere der parteieigene Eher Verlag den Bücherfonds durch Titel aus der eigenen Produktion massiv aufstocken.

Eine weitere eigene Kontrollinstanz mit großer Nähe zu Hitler hatte sich mit der »Parteiamtlichen Prüfungskommission zum Schutze des nationalsozialistischen Schrifttums«, etabliert. Sie wurde 1934 durch eine Verfügung von Rudolf Hess in seiner Eigenschaft als ›Stellvertreter des Führers‹ gegründet. Ihr Leiter wurde Philipp Bouhler, der in Personalunion auch als Chef der ›Kanzlei des Führers‹ fungierte. Alle Bücher, die »im Titel, in der Aufmachung, in Verlagsanzeigen oder auch in der Darstellung selbst als nationalsozialistisch ausgegeben«[17] wurden, waren der PPK vorzulegen. Dies hatte weitreichende Folgen für die Literatur in ihrer Gesamtheit. Bouhler hatte zwar einen im Vergleich zu Goebbels oder Rosenberg ›kleinen Apparat‹, dafür aber große Kompetenzen dank seiner Protektion von oben und seines kurzen Drahts zu Hitler. So konnte er zum Beispiel auch auf den Lektorenstab des Amtes für Schrifttumspflege zurückgreifen. 1941 schließlich entschied Hitler, dass Bouhler im gleichen Maße wie Goebbels auch direkte Anträge auf Beschlagnahmung bereits erschienener Werke bei der Gestapo stellen können solle.

An der PPK lässt sich noch ein anderes Grundprinzip nationalsozialistischer Herrschaft festmachen: Fast nichts geschah allein aus ideologischen Gründen. Besonders dynamisch wurden Prozesse dann, wenn wirtschaftliche und politische Interessen zusammenspielten. Nach der Machtübernahme 1933 war eine Lawine sogenannten Konjunkturschrifttums losgetreten worden, die – so die Parteigewaltigen – eingedämmt werden musste. Denn die wollten nicht nur die Deutungshoheit für ihre Geschichte haben, sondern unbedingt auch die Profite aus diesem Geschäft über den eigenen Parteiverlag, Franz Eher Nachf., einstreichen. Seine Monopolstellung auf diesem Gebiet sollte nicht zuletzt durch die PPK geschaffen und abgesichert werden.

Klein, aber nicht unwichtig war die Außenstelle der PPK bei der Deutschen Bücherei in Leipzig. Die Deutsche Bücherei hatte seit 1913 die Funktion einer Nationalbibliothek inne. Hier wurde sämtliches in Deutschland erscheinende Schrifttum gesammelt. Mitarbeiter der Prüfungskommission erarbeiteten hier das Material für die *Nationalsozialistische Bibliographie* und konnten zugleich sämtliche Druckschriften im Hinblick auf eine mögliche Vorlagepflicht bei der PPK prüfen, denn alle Verlage hatten hier ihre Pflichtexemplare abzuliefern. Was damals für den Zensor von Nutzen war, kann heute dem an Unterhaltungs- und Populärliteratur Interessierten nur recht sein: Aufgrund ihres umfassenden Sammelauftrags sind die Magazine der Deutschen Bücherei, heute Deutsche Nationalbibliothek am Standort Leipzig, eine umfassende Quelle der Information.

Weitere Institutionen und Akteure auf dem Sektor der Literaturpolitik sollen im Folgenden noch gestreift werden. Auch das am 1. Mai 1934 aus der Taufe gehobene Reichsministerium für Wissenschaft, Erziehung und Volksbildung unter seinem Minister Bernhard Rust wollte Einfluss auf das gedruckte Wort im Land nehmen. Explizit hatte Hitler in seinem Gründungserlass Rust nur Kompetenzen hinsichtlich des wissenschaftlichen Büchereiwesens zugewiesen, aber durch seinen Auftrag hatte er auch den entscheidenden Einfluss auf alle Lehrbücher sowie die Büchereien für Lehrer und Schüler in den Schulen.[18] Große Breitenwirkung erlangte das Ministerium durch seine Kompetenzen im Bereich der Volksbüchereien. Hier sorgte es in Abstimmung mit der Reichsschrifttumskammer für die ›Säuberung‹ der Bestände und steuerte den Neuaufbau der Bibliotheken. Allerdings gehörte Rust zu den vielen Mitgliedern im Kabinett Hitler, die zwar formal an der Regierung teilhatten, die aber wenig Einfluss hatten und deren Namen heute auch kaum noch bekannt sind. So verlor Rust beispielsweise — lanciert durch das Propagandaministerium — seine Zuständigkeit für die Erarbeitung der Lehrbücher an den Schulen nach 1940 beinahe vollständig an die PPK.

Auch Robert Ley, Reichsleiter der Deutschen Arbeitsfront (DAF), der Nachfolgeorganisation der ausgeschalteten Gewerkschaften, wollte auf Buch und Literatur Einfluss nehmen. Im Rahmen der NS-Gemeinschaft »Kraft durch Freude« wurden in erheblichem Umfang Dichterlesungen organisiert. Auch die Werkbüchereien, also Büchereien, die einzelnen Firmen zugeordnet waren, gehörten in seinen Zuständigkeitsbereich. Hier ging es immerhin um mehrere Tausend kleinere und größere Büchereien mit Millionen von Lesern.

Hinsichtlich seiner Breitenwirkung aber war ein anderer Sektor, auf den Ley zugriff, noch viel bedeutender: die Verlagsbranche an sich. Hier zeigten sich für die Zeit typische Tendenzen. Nicht die Ideologie hatte Priorität, sondern der Profit. Obwohl Ley vorgab, dass »nur mit nationalsozialistischer Anschauung zu vereinbarende Werke« verlegt werden und dass den »Maßnahmen der Regierung« jeweils »besondere Beachtung beizumessen«[19] sei, erschienen in den Verlagen seines Herrschaftsbereichs auch Produkte, die kritische Zwischentöne kannten oder ihr Entstehen vor allem ökonomischen Überlegungen verdankten. Das Bekenntnis zum Nationalsozialismus diente Ley vielfach als Feigenblatt, um handfeste wirtschaftliche Interessen zu kaschieren. So wurden von der DAF Buchreihen wie die *Wiesbadener Volksbücherei* gepflegt oder Bücher unter dem Label *Hillgers Deutsche Bücherei* herausgegeben, die ganz bewusst an Formate und Umfänge der erfolgreichen Heftreihen der oft verpönten ›Systemzeit‹ anknüpften. Das Themenspektrum reichte dabei von modernen Klassikern à la C. F. Meyer bis zu Werbeschriften für die deutsche Luftfahrt, bei denen Görings Ministerium als Mitherausgeber auftrat. 1942 gehörten zum Verlagsimperium der DAF über 20 Verlage, sieben Druckereien, zwei Buchgemeinschaften und eine Papierfabrik, darunter die so renommierten Häuser Langen-Müller in München und die Hanseatische Verlagsanstalt in Hamburg.[20] Den letztgenannten Verlagen verdankte der Buchmarkt jener Jahre eine Vielzahl von Bestsellern und eine Reihe für die Zeit außergewöhnlicher Publikationen.

Dass die NS-Literaturpolitik gescheitert sei, wird man von offizieller Seite kaum zu hören bekommen haben. Dass sie nicht sehr erfolgreich war, konnten ausgewählte Kreise dagegen sogar den *Meldungen aus dem Reich* des Sicherheitsdienstes der SS entnehmen: »Trotz des weitgehenden Ausbaus der Kulturorganisationen fehlt die einheitliche Kulturplanung. Reichserziehungsministerium, Innenministerium, Propagandaministerium, Dienststelle Rosenberg, die Kulturverwaltungen der Länder und Provinzen, die Kulturämter der Partei, die Reichskulturkammer mit ihren Einzelkammern, die Organisation ›Kraft durch Freude‹, der Dozentenbund, der Studentenbund, die entsprechenden Berufsverbände [...] sind im einzelnen bemüht, nationalsozialistische Kulturpolitik und Kulturarbeit zu treiben, ohne daß es bisher gelungen wäre, diese vielfältig wirksamen Kräfte zu einer geschlossenen, in den grundsätzlichen Teilen aufeinander abgestimmten, planend vorausschauenden Kulturpolitik zusammenzufassen.«[21]

Die Indizierung des unerwünschten Schrifttums

Auch der Sektor der Schrifttumsindizierung war von einem großen Durcheinander bestimmt. »Über 1000 Bücher sind von 21 Stellen im neuen Staate verboten worden!«, so wandte sich ein empörter Buchhändler im Dezember 1933 an das Propagandaministerium. »Es wäre m. E. unbedingt an der Zeit, entweder mit den Verboten grundsätzlich aufzuhören, oder eine Zentralstelle zu schaffen, an die man sich entweder bei Drucklegung eines Manuskripts oder vorher wenden kann, oder die nachträglich bereits erschienene Bücher als einzige offizielle Stelle verbieten kann.«[22]

Die wichtigste gesetzliche Grundlage für die nationalsozialistischen Säuberungsmaßnahmen bildete die »Verordnung des Reichspräsidenten zum Schutze des deutschen Volkes«, in der es unter anderem hieß: »Druckschriften, deren Inhalt geeignet ist, die öffentliche Sicherheit oder Ordnung zu gefährden, können polizeilich beschlagnahmt und eingezogen werden.«[23] Sie legitimierte das Vorgehen der politischen Polizei gegen unliebsame Literatur. Allerdings gab es noch keine reichsweit einheitliche Regelung, da die Polizeibehörden der Länder zum Teil sehr unterschiedlich agierten. Zwar bemühte sich das Propagandaministerium von Anfang an darum, die Richtlinienkompetenz auf diesem Sektor an sich zu ziehen. Die Bemühungen wurden allerdings erst 1936 durch eine Entscheidung Hitlers gekrönt. In diesem Jahr erhielt Goebbels die lang ersehnte Bestätigung, von nun an federführend auf dem Gebiet der Schrifttumsindizierung zu sein. Bücher durften nun nur noch beschlagnahmt werden, wenn sie auf der von der Reichsschrifttumskammer geführten *Liste der unerwünschten Schriften* erfasst waren. Neuaufnahmen in diese Liste mussten beim Präsidenten der RSK beantragt werden. Nur in dringenden Fällen durften die Polizeibehörden vorläufige Beschlagnahmungen durchführen.[24]

Eine der ersten Listen, die traurige ›Berühmtheit‹ durch die Bücherverbrennungen erlangt hatte, verdankte ihre Entstehung eher dem Zufall. Sie war von dem Volksbibliothekar Wolfgang Herrmann zusammengestellt worden und wurde von der Studentenschaft, die unter Zeitdruck ihre Aktionen organisieren mussten, als Hilfsmittel dankbar aufgegriffen.[25]

Die im Herbst 1935 fertiggestellte *Liste 1 des schädlichen und unerwünschten Schrifttums* basierte auf bereits älteren Listen zum Beispiel der bayerischen politischen Polizei. Sie war streng vertraulich, ihr Inhalt wurde nicht öffentlich gemacht. Dies sollte zum einen verhindern, dass das Ausland auf die Verbotspraxis eingehen konnte. Zum anderen sollten die Buchhändler zur Kooperation mit den staatlichen Stellen gezwungen werden, die ihnen im Zweifelsfall Auskunft erteilen konnten, und außerdem selbst ein Gespür für das Erlaubte bzw. Verbotene entwickeln. Die *Liste 1* wurde später durch weitere Jahreslisten fortlaufend ergänzt und bildete die wichtigste Grundlage für die Verbotspraxis im Dritten Reich. Von 1936 an wurden diese Listen auf Verbotskonferenzen zusammengestellt, an denen unter der Leitung des Propagandaministeriums auch Vertreter der Reichsschrifttumskammer, der Parteiamtlichen Prüfungskommission, des Geheimen Staatspolizeiamtes, des SD-Hauptamtes und des Reichserziehungsministeriums teilnahmen.[26]

Verbote und Empfehlungen: Die Lenkungsinstrumente

Der zweite wichtige Index war die *Liste der für Jugendliche und Büchereien ungeeigneten Druckschriften*. Er war zwar ebenfalls bereits 1935 angekündigt worden, wurde aber erst im Oktober 1940 vorgelegt. Aus dieser Liste erfahren wir vor allem, welche Bücher tatsächlich in jener Zeit noch in großer Zahl im Umlauf waren: Denn die schwarzen Listen bildeten freilich ungewollt einen Ist-Zustand ab, der – aus Sicht der NS-Kulturbeauftragten – so bald wie möglich zu beenden war. Auf der vom Propagandaministerium herausgegeben Liste sind allein zehn Seiten lang Edgar-Wallace-Romane aufgeführt, von *A. S. der Unsichtbare* bis *Der Zinker*.

Über 160 Titel, fast alle zwischen 1927 und 1939 bei Goldmann in Leipzig erschienen. Ein ganzer Verlagszweig wurde dort indiziert.

Gerade die Menge der Titel spricht für die massenhafte Verbreitung der Werke des englischen Autors in Deutschland zu dieser Zeit. *Der Hexer* war noch im Juli 1939 im Theater am Kurfürstendamm aufgeführt worden. Ein begeisterter Joseph Goebbels hatte sich, nachdem er die Vorstellung besucht hatte, in sein Tagebuch notiert: »Eine tolle Kriminalschwarte.« Dass im Jahr darauf *Der Hexer* und *Neues vom Hexer* auf dem Index der jugendgefährdenden Schriften landen sollten, war nicht abzusehen. Noch befand sich Deutschland nicht im Krieg mit seinen europäischen Nachbarn und auch nicht mit dem Mutterland des Krimis. Eine grundlegende Abneigung gegen solche ›Schwarten‹ scheint den Propagandaminister nicht umgetrieben zu haben.

Die weitere Zusammenstellung der Liste lässt darauf schließen, dass ein wesentliches Kriterium der Auswahl der Kampf gegen englische Einflüsse auf dem Gebiet der Kultur war. Auch wenn die Literaturlenker damit in erster Linie englisch klingende Pseudonyme wie Lok Myler (eigentlich: Paul Alfred Müller) oder C. V. Rock (eigentlich: Kurt Walter Röcken) aufs Korn nahmen. Vor allem die immer schon kritisierten Heftchenromanreihen wie *Tex Bulwer. Abenteuer im wilden Westen* oder, noch erfolgreicher und bekannter, *Die Abenteuer des Billy Jenkins* wurden mit dieser Liste vom Markt genommen. Damit hielt man eines amtlich fest: Bis zu diesem Zeitpunkt waren sie wirklich massenhaft und überall gelesen worden. Allein von *Billy Jenkins* erschienen zwischen 1934 und 1939 263 Einzelhefte, ein Schmökerstoff auch für BdM-Mädchen und Hitlerjungen.

Sebastian Losch, Referent im Propagandaministerium und für das Büchereiwesen zuständig, sammelte in einem Artikel im *Börsenblatt* fleißig Argumente für ein verstärktes Eingreifen in die Unterhaltungsliteratur nach dem Kriegsbeginn. Es sei zu einer »Überschwemmung mit leichter und leichtester Unterhaltungsliteratur«[27] gekommen. Die Probleme ergeben sich vor allem dort, wo etwa im Kriminalroman in »unverantwortlicher Weise für englische Lebensart und Gewohnheit« geworben werde. Dies ist die eine Seite: Schließlich befand man sich inzwischen mit England im Krieg. Das Ministerium konnte es nun nicht mehr gut-

**Liste
der für Jugendliche und Büchereien
ungeeigneten Druckschriften**

Herausgegeben vom
**Reichsministerium
für Volksaufklärung und Propaganda
Abteilung Schrifttum**

1. Ausgabe
Stand vom 15. Oktober 1940

1940
**Verlag des Börsenvereins der Deutschen Buchhändler
zu Leipzig**

Liste der für Jugendliche und Büchereien ungeeigneten Druckschriften. *Bereits 1935 angekündigt, erschien sie erstmals im Oktober 1940. Sie war deutlichstes Zeichen einer stärkeren Reglementierung der Unterhaltungsliteratur nach Kriegsbeginn.*

heißen, dass »Einrichtungen des englischen Staates und insbesondere der Polizei [...] glorifiziert« würden. Auf der anderen Seite begegnen wir Argumenten, die bis heute die Debatten um schädlichen Einfluss der Medien auf die Jugend begleiten, nur dass Internet und ›Ballerspiele‹ damals noch in weiter Ferne waren. Dennoch warnte Losch, dass vor allem bei Jugendlichen »der Trieb zur Bandenbildung und zur Auflehnung« durch die falsche Lektüre gefördert werden könnte. Befand sich also das Buch und sein Leser unter einer Art Generalverdacht, da er – schlechter kontrollierbar als der Kinobesucher oder Radiohörer – sich im stillen Kämmerlein auch stets seine eigenen Gedanken machen, dem Nazi-Wahn – wenn auch nur auf Zeit – entfliehen konnte?

Als die *Liste der für Jugendliche und Büchereien ungeeigneten Druckschriften* herausgegeben wurde – und Loschs Artikel gehörte zur propagandistischen Begleitmusik, die diese und ähnliche Eingriffe flankieren sollte –, setzte sie ein deutliches Zeichen einer stärkeren Reglementierung der unterhaltenden Literatur nach September 1939. Auch wenn die Zielgruppe auf Jugendliche und Büchereien eingeschränkt war, kam eine Indizierung auf der Liste einem Totalverbot gleich, zumindest was die weitere Produktion solcher Titel anging. Der Besitz oder das Lesen war dadurch nicht untersagt, aber beides wurde erschwert und diskreditiert. Außerdem durften die Schriften »nicht in Schaufenstern und allgemein zugänglichen Bücherständen öffentlich ausgelegt werden«[28]. Wenn man eine Zuspitzung im Verhältnis der Nationalsozialisten zur populären Literatur festmachen will, dann in den Jahren 1939/1940. Diese Anstrengungen auf Seiten des Propagandaministeriums scheinen von dem Wunsch getragen worden zu sein, allzu seichte Ablenkung zu unterbinden und vor allem die Jugendlichen von Helden mit englischem oder englisch klingendem Namen fernzuhalten. Die restriktive Haltung gegen Englischsprachiges wurde mit Kriegsbeginn ohnehin verstärkt, da nun, immer etwa dem Kriegsverlauf folgend, auch die fremdsprachigen Literaturen der ›Feindländer‹ nur noch beschränkt auf dem deutschen Markt toleriert wurden.

Die geschilderten Einschränkungen auf dem Sektor der leichten Unterhaltungsliteratur lassen sich – so einschneidend sie im Einzelfall auch waren – dennoch nicht als generelle Ablehnung solcher Stoffe deuten.

Es waren im Grunde einfachste biologistische Vorstellungen, die die Schrifttumslenker bestimmten: Der Gärtner entfernt das Unkraut, stärkt damit die ihm lieben Nutzpflanzen und beginnt dann, neue Arten

zu kultivieren. Ein Problem war nur: Die Radikalität der ›Unkrautver-
nichtung‹ zog auch alles andere in Mitleidenschaft.

Schon 1934 hatte die *Zeitschrift der Leihbücherei* mit der Veröffent-
lichung einer *Grundliste für die Leihbüchereien* begonnen, die von der
Reichsschrifttumsstelle im RMVP zusammengestellt worden war und
die »Säuberung der Leihbüchereien« durch Buchvorschläge ergänzen
sollte.[29] 1940 erschien dann die *Erste Grundliste für den deutschen Leihbuchhandel* und das Werkbüchereiwesen unter dem Titel *Das Buch ein Schwert
des Geistes*[30], weitere Listen sollten 1941 und 1943 folgen.

Die Leihbücherei habe als »einer der großen Umschlagplätze für das
geistige Gut des Volkes [...] in unserer ernsten Zeit kriegswichtige Bedeutung gewonnen«. Der Leihbuchhändler solle durch diese Zusammenstellung »zum besten deutschen Buch im nationalsozialistischen
Sinne« hingeführt werden.[31] Zahlreiche weitere empfehlende Listen und
Publikationen etwa für das Fachbuch oder das Deutsche Sport-Schrift-
tum sollten die Förderprogramme begleiten.

Eine Zensur findet (nicht) statt

Es mag angesichts der gewaltigen Eingriffe in den Buchhandel und vor
allem der massiven Übergriffe auf missliebige Autoren und ihre Werke
und Verleger verwundern, aber es gab zunächst keine flächendeckende
Präventivzensur im Dritten Reich. Grundsätzlich konnte (fast) jeder (so-
lange er Mitglied im entsprechenden Berufsverband war) schreiben und
publizieren, was er wollte. Auch konfessionelle Verlage durften noch in
erheblichem Umfang bis in den Krieg hinein ihre Leserschaft versorgen
und sogar jüdischen Verlegern wurden noch, zumindest bis 1938, publizistische Aktivitäten erlaubt. Wie gesagt, ›grundsätzlich‹, aber die Vielzahl der Ausnahmen und Einschränkungen dieser Freiheit zu publizieren
verbietet es von selbst, von einem nicht reglementierten Buchmarkt zu
sprechen.

So waren jüdische Verleger, die sich einer ›Arisierung‹ – also einem
Zwangsverkauf – verweigert hatten, Ende 1935 mit ihren Betrieben aus
der RSK ausgeschlossen worden. Sie hatten damit Berufsverbot und ihre
Verlagsaktivitäten waren bald nur noch in einer Art Ghetto-Buchhandel

möglich: So durfte etwa der erst 1931 gegründete, aber schon sehr profilierte Schocken Verlag eindeutig gekennzeichnete jüdische Schriften für ein ausschließlich jüdisches Publikum produzieren und vertreiben. Erst die Pogromnacht vom 9. zum 10. November 1938 setzte dem ein gewaltsames und unumkehrbares Ende.[32]

Und es gab weitere entscheidende Ausnahmen: Literaturgruppen und Produktionsformen, die sich schon im Vorfeld einem Genehmigungsverfahren zu unterziehen hatten. Eine betraf, und das hatte erhebliche Auswirkungen auf das Gesicht der Literatur im Dritten Reich, das explizit nationalsozialistische Schrifttum. Dafür bestand eine Vorlagepflicht bei der bereits erwähnten Parteiamtlichen Prüfungskommission, die von der Reichsschrifttumskammer anerkannt wurde. Alle Literatur, die in welcher Form auch immer auf die ›Bewegung‹ Bezug nahm, unterlag somit einer Vorzensur.

Vergleichbares gab es noch für weitere Schrifttumsgruppen. Die betreffenden Zensurinstanzen trugen häufig die beschönigende Bezeichnung ›Beratungsstelle‹. »Die Verleger ausgesprochener Unterhaltungsliteratur, vornehmlich diejenigen, die der ›Vereinigung der am Leihbüchereiwesen interessierten Verleger‹ und der ›Arbeitsgemeinschaft der Verleger für Volksliteratur‹ angehören«, so war im *Börsenblatt* 1935 zu lesen, »können aufgefordert werden, ihre Neuerscheinungen vor Drucklegung der von der Arbeitsgemeinschaft der Verleger für Volksliteratur errichteten Beratungsstelle [...] einzureichen.«[33] Mit der Einrichtung dieser Beratungsstelle innerhalb der Reichsschrifttumskammer, die später unmittelbar dem RMVP unterstand, sollte das unterhaltende Schrifttum schon vor Erscheinen geprüft werden. Jan-Pieter Barbian weist am Beispiel des Verlegers Goldmann darauf hin, dass es sich »letztlich um eine Vorlagepflicht« gehandelt habe.[34] Eine ähnliche Form der Vorzensur bestand seit dem 1. Juni 1939 für periodisch erscheinende Schriften, was sämtliche Heftromane einschloss.

Jedoch werden alle diese Versuche der Erfassung nie lückenlos gewesen sein, denn so hieß es später im *Börsenblatt:* »Trotz verschiedener Hinweise auf die Anordnung Nr. 59, Neufassung vom 1. Juni 1939, werden nach Feststellung der Reichsschrifttumskammer immer wieder Schriftenreihen geplant und ohne die erforderliche Zulassung gemäß § 1 die-

Klebemarke zur „Woche des Deutschen Buches"

Plakat
zur
Woche des deutschen Buches!
Das nebenstehende Plakat, das vierfarbig hergestellt wird, soll während der Woche des deutschen Buches, vom 27. Oktober bis 3. Nov., in jedem Betrieb zum Aushang kommen
Preis: 20 Pfg.
Format: 59×84 cm
Zu beziehen durch den örtlichen Buchhandel

Größe der Klebemarken: 80×57 mm / Ausführung: Einfarbig Offset
Preise: 100 Stück RM –.40, 500 Stück RM 2.—, 1000 Stück RM 3.50

Die beigeklebte Siegelmarke stellt eine Abbildung des Plakates dar, das anläßlich der „Woche des Deutschen Buches" Verwendung finden wird. Der Buchhandel soll diese Klebemarke, die mit und ohne Abschnitt lieferbar ist, zur allgemeinen Buchwerbung, insbesondere aber, mit dem anhängenden Text, zur Werbung für das Plakat auf allen ausgehenden Brief- u. Paketsendungen anbringen. Darüber hinaus empfiehlt sich auch die Abgabe an alle Betriebe, Schulen und Institute.

Mit der Lieferung kann umgehend begonnen werden.

Das Plakat selbst, das bei einer Größe von 59 × 84 cm in vierfarbiger Ausführung ausgezeichnet wirkt, wird ebenfalls in allernächster Zeit versandfertig. Der genaue Erscheinungstermin wird noch rechtzeitig im Börsenblatt bekanntgegeben. Die Bestellungen auf das Plakat erfolgen am zweckmäßigsten durch den Obmann oder den Vertrauensmann als Sammelbestellung auf der ihm in den nächsten Tagen durch Rundschreiben zugehenden Bestellkarte.

Verlag des Börsenvereins der Deutschen Buchhändler zu Leipzig

Die staatlichen Buchverbote wurden von Werbemaßnahmen für das erwünschte Schrifttum begleitet. Klebemarke und Plakat mit dem Motto »das Buch ein Schwert des Geistes« vom September 1935.

ser Anordnung herausgegeben.«[35] Im Falle des prominenten Verlegers Wilhelm Goldmann aus Leipzig führte das massive staatliche Eingreifen dazu, dass dieser seine Verlagsproduktion von Krimi- und Unterhaltungsliteratur komplett auf andere Belletristik und vor allem Sachbücher umstellen musste.

Ein weiteres Element einer Vorzensur brachte schließlich der Krieg mit sich. Ab Februar 1940 wurde, einer Anweisung Goebbels' folgend, angeordnet, alle Publikationen, die sich »mit politischen, insbesondere außenpolitischen, wirtschaftlichen und militärischen Fragen befassen, zweckmäßigerweise den jeweils zuständigen Dienststellen rechtzeitig zur Prüfung vorzulegen«[36]. Bald mussten solche Bücher schon in der Planungsphase angemeldet werden, außerdem bezog sich die Genehmigungspflicht sogar auf Nachauflagen bereits älterer Werke. Schließlich trat mit dem Krieg eine schon vorher diskutierte Maßnahme in Kraft: Die zentrale Papierbewirtschaftung. Die Verlage mussten sich nun die Papierkontingente für ihre gesamte Produktion, für jeden Titel einzeln, von zentraler Stelle genehmigen lassen. Die Maßnahme wurde immer weiter verschärft, bis schließlich 1941 bei der »Wirtschaftsstelle des deutschen Buchhandels«, einer dem RMVP nachgeordneten Dienststelle, eine Kommission eingerichtet wurde, in der Vertreter des Ministeriums, der RSK, aus dem Wirtschafts- und Erziehungsministerium, dem Oberkommando der Wehrmacht, der Parteiamtlichen Prüfungskommission und dem Hauptamt Schrifttumspflege, also von Rosenbergs Leuten, saßen. Diese entschied einzeln über sämtliche vorliegenden Anträge. So fanden sich im Schatten des Krieges nahezu alle Protagonisten der literaturpolitischen Grabenkämpfe zwangsweise wieder um einen Tisch versammelt.

Die Folgen für die Verlagslandschaft

Die geschilderten massiven Eingriffe in das freie Publizieren hatten nicht nur Folgen für die Autoren, sondern, an einigen Beispielen wurde es schon deutlich, natürlich auch für die Verlagslandschaft insgesamt. Wie in allen anderen Wirtschaftsbereichen wurden jüdische und politisch missliebige Konkurrenten nach und nach ausgeschaltet. Ein großes Familienunternehmen wie das des Ullstein Verlags, das neben seinem Zeitungsimperium auch erfolgreich Bücher produziert hatte, wechselte unter Zwang den Besitzer: Die Familie Ullstein fand sich fast mittellos im Exil wieder, die immer noch beträchtlichen Gewinne aus Berlin flossen fortan direkt dem Verlagskonzern der NSDAP, Franz Eher Nachf., zu. Im November 1937 wurde die ›Arisierung‹ mit der Umbenennung des

»Für den Gegenwert eines Bleistiftes« musste sich die jüdische Familie Ullstein von ihrem traditionsreichen Verlagshaus trennen. Von 1937 an firmierte das dann zum parteieigenen Eher-Konzern gehörende Unternehmen unter Deutscher Verlag.

Konzerns in Deutscher Verlag abgeschlossen. »Für den Gegenwert eines Bleistiftes«[37], so soll sich der Eher-Direktor und Präsident der Reichspressekammer Max Amann erfreut über den Deal geäußert haben. Der von den neuen Inhabern bestellte Verlagsdirektor musste bis zum Ende des Dritten Reiches monatlich an die Konzernzentrale nach München über die bedeutenden Geschäftsvorfälle rapportieren. Wichtigster Stichpunkt in diesen Berichten waren stets die »Finanzen«, dort hieß es dann, »an den Zentral-Parteiverlag wurden im Monat Juli RM 3 500 000 überwiesen«[38]. Das Verbrechen an den jüdischen Inhabern war für die Täter höchst lukrativ. Ähnliches widerfuhr auch kleineren und kleinsten Verlagen: Bekannte Namen und profilierte Verleger und ihre Mitarbeiter verschwanden von heute auf morgen aus der Öffentlichkeit.

Etwas anders verlief dieser Prozess beim renommierten S. Fischer Verlag. Hier schaltete sich beizeiten das Propagandaministerium ein: Das wichtige Verlagslabel sollte durch die Enteignung keinen zu großen Schaden nehmen. Die jüdischen Eigentümer, in dem Fall Gottfried Bermann Fischer, der Schwiegersohn des Verlagsgründers, wurden an den Verhandlungen beteiligt und der vormalige Cheflektor Peter Suhrkamp konnte die Geschäftsführung übernehmen. Die bisherigen Inhaber seien, so Jan-Pieter Barbian in seiner Studie zur *Literaturpolitik im Dritten Reich,* »noch relativ angemessen«[39] entschädigt worden. Die Substanz des Verlags wurde nicht zerstört und Bermann Fischer wurde sogar ermöglicht, unter Mitnahme bestimmter im Reich ohnehin verbotener Bücher in Wien einen neuen Verlag zu gründen. Dies war ein zwar prominenter, aber mit Sicherheit keineswegs typischer Einzelfall.

Gleichfalls unter Druck gerieten konfessionelle Verlage, deren Produkte sich dennoch einer stetigen, teilweise sogar wachsenden Beliebtheit erfreuen konnten. So mussten die Spitzel des Geheimdienstes der SS in ihren *Meldungen aus dem Reich* noch im Juli 1941 konstatieren, dass es einigen katholischen Verlagen gelungen sei, den Produktionsumfang nicht nur zu halten, sondern »sogar noch zu erhöhen«. Zu ihnen gehörten »die bekannten katholischen Großverlage Ferdinand Schöningh, Paderborn, Buzon und Bercker, Kevelaer, und die Bonifatius-Druckerei, Paderborn«[40]. Selbst als es im Zuge der Totalisierung des Krieges vermehrt zu Verlagsschließungen kam, blieben die Großen der Branche davon eher unberührt. Prominentestes Beispiel hier ist sicher der C. Bertelsmann Verlag, der, als theologischer Spartenverlag gestartet, im Dritten Reich den Aufschwung zu einem Weltkonzern schaffte, mit Hilfe eines stetig wachsenden Sachbuch- und Belletristik-Segments.

Insgesamt wurde die Verlagsbranche im Dritten Reich von einem gewaltigen Konzentrationsprozess erfasst, der nicht zuletzt durch die Produktion von Großauflagen, zunächst für die Parteigliederungen von der Hitlerjugend (HJ) bis zum NS-Frauenbund, später für die Wehrmacht im Krieg, noch weiter vorangetrieben wurde. Nutznießer dieses Prozesses konnten bereits bestehende Verlage wie Bertelsmann sein, die sich als Lieferanten für Feldpostausgaben etablierten, vor allem waren es aber die der Partei assoziierten Unternehmen: voran der Eher-Konzern sowie das Verlagsimperium der Deutschen Arbeitsfront, der Nachfolgeorganisation der gleichgeschalteten Gewerkschaften. Eher war dabei vom winzigen Verlag des ›Parteiblättchens‹ *Völkischer Beobachter* Anfang der zwanziger Jahre zu einem Medienriesen herangewachsen.

Das Beschriebene macht eines deutlich: Der kleine, feine unabhängige Verlag musste es in diesen Zeiten schwer haben. Dennoch versuchten Buchhändler, die sich ein Stück Unabhängigkeit bewahren wollten, den Häusern die Treue zu halten, die noch einen Rest des einstmaligen Verlegertums repräsentierten. »Daß uns mit manchen Verlegern wie z. B. Insel, S. Fischer, später Suhrkamp, Lambert Schneider, Goverts, Rowohlt, Piper, Kiepenheuer, Wunderlich, Heimeran u. a. besondere Sympathie verband, brauchten wir nicht zu verbergen«, so erinnerte sich der Berliner Buchhändler Hans Benecke nach dem Krieg. »Manchmal konnte man auch ein offenes Wort riskieren. Gute Zusammenarbeit spielte ebenfalls bei der allmählich wegen der Papierknappheit notwendigen Mengenzuteilung gängiger Titel eine Rolle.«[41] Eine außergewöhnliche Geschichte schrieb dabei der erst 1934 gegründete H. Goverts, später Claasen & Goverts Verlag in Hamburg: Er verdankte seinen Aufstieg allein dem Weltbestseller *Vom Winde verweht,* der 1937 gewissermaßen über Nacht das ganze Unternehmen auf gesunde Füße stellte. Doch solche Geschichten und solche Verlage blieben eher Ausnahmen in der mehr und mehr auf die Wünsche und Vorstellungen der Partei zugerichteten Verlagslandschaft im Dritten Reich.

Prinzipien totalitären Handelns: Vom Verbot der Kunstkritik bis zur Reglementierung der Leihbücherei

Die Freiräume, die an manchen Stellen aufblitzen mögen, können nicht darüber hinwegtäuschen, dass hier ein menschenverachtendes, totalitäres Regime am Wirken war. Zwei weitere Beispiele sollen diesen vielstimmig vorgetragenen Anspruch des Regimes, auf alles Einfluss zu nehmen, beleuchten.

Nicht unerhebliche Folgen für den Buchhandel hatte ein Erlass Goebbels' aus dem November 1936 zum Verbot der Kunstkritik: »An die Stelle der bisherigen Kunstkritik, die in völliger Verdrehung des Begriffes ›Kritik‹ in der Zeit jüdischer Kunstüberfremdung zum Kunstrichtertum gemacht worden war, wird ab heute der Kunstbericht gestellt.«[42] Das betraf – wenn auch nicht explizit genannt – das gesamte Buchbesprechungswesen gleichermaßen. Von nun an musste jeder Text dieser Gattung mit vollem Namen gekennzeichnet werden, außerdem sollten die Schriftleiter, die in diesem Bereich tätig werden wollten, mindestens dreißig Jahre alt sein, also über genügend Erfahrung verfügen. »Damit verschwindet ein Krebsschaden des öffentlichen Lebens«,[43] so hatte sich Goebbels notiert. Die Kritiker hatten sich nicht den Wünschen des Propagandaministers angepasst – also wurden sie abgeschafft. Nun war allerdings die Buchrezension bereits damals das vielleicht wichtigste Instrument der Buchwerbung gegenüber dem breiten Publikum, das »Tor zur großen Welt«,[44] wie auch die Mitarbeiter aus Goebbels' Ministerium erkannt hatten. Ganz ohne konnte es gar nicht gehen. Erste und vordringliche Aufgabe musste es nun sein, das Genre der Buchkritik oder Rezension im neuen Geiste umzuformen. Eigens zu diesem Zweck wurde eine Zeitschrift ins Leben gerufen: *Die Buchbesprechung*. Hier wurden programmatische Aufsätze zum Themenkreis präsentiert und beispielhafte Buchbesprechungen aus den verschiedensten Publikationsorganen vom *Völkischen Beobachter* bis zum *Berliner Tageblatt* abgedruckt. Rezensionen hatten von nun an vor allem die Aufgabe, mit dem Stoff des besprochenen Werkes vertraut zu machen. Nicht mehr und nicht weniger. Eine Gefahr, die sich daraus ergab, hatte Goebbels bereits frühzeitig erkannt, aber diskret für sich behalten: »Presse bringt Verbotserlaß

Kritik groß aber mit sauer-süßer Miene heraus. Sonst wirkt er in der Öffentlichkeit sehr gut. Nur aufpassen, daß er nicht den Dilettantismus protegiert.«[45] Mit seiner Befürchtung sollte er recht behalten, allerdings hatte der Minister damit eine Idee umgesetzt, die nicht allein auf dem nationalsozialistischen Mist gewachsen war. Er bekam Applaus noch aus ganz anderer Richtung, etwa aus den Reihen der Volksbibliothekare. Walter Hofmann, führender Volksbibliothekar und Leiter des Instituts für Leser- und Schrifttumskunde in Leipzig, sah sich mit Goebbels eins, »da wir auf dem grundsätzlichen Boden der Goebbelskundgebung schon seit vielen Jahren versucht haben, echte volksbibliothekarische Buchwürdigung aufzubauen«.[46] Würdigung des wertvollen Schrifttums, nicht Kritik des Vorhandenen – darin bildete sich diese ungleiche Allianz von Volksbibliothekar und ›Volksaufklärer‹ Goebbels.

Ähnlich unter Kuratel gestellt wie die vormalige Buchkritik wurde eine in Stadt und Land ansässige Einrichtung der geistigen Grundversorgung: die Leihbücherei. Das Prinzip, ein Buch gegen geringes Entgelt auf Zeit zu entleihen, war in den dreißiger Jahren massenhaft verbreitet. Neben großen Leihbüchereien gab es zahlreiche Einzelhandelsgeschäfte, bis hin zum Lebensmittelladen um die Ecke, die zusätzlich zu ihrem eigentlichen Warensortiment auch noch Bücher im Verleih anboten. Auch im Kampf um die Kontrolle über die Leihbücherei bildeten sich ähnliche überraschende Allianzen: Bildungsbeflissenen Kreisen und den Verfechtern der organisierten Volksbüchereien war diese Form des Literaturhandels schon vor dem Machtantritt der Nazis ein Dorn im Auge gewesen. Vor allem nach der Weltwirtschaftskrise hatte das Leihbüchereiwesen, nicht zuletzt durch die Massenheere der Arbeitslosen, einen ungeheuren Zulauf gehabt. Die Schätzungen gehen von bis zu 18 000 Leihbüchereien aus, die es 1932 im Gebiet des Deutschen Reiches gab.[47] Es sei in dieser Zeit ein Typ des Lesers entstanden, der sich immer auf der Jagd nach dem aktuellsten Buch befinde und »in den Büchern Sensationen sucht«[48]. Dieser neue Leser stille seinen Lesehunger vor allem in der Leihbücherei.

Der Leihbuchhandel zog das Interesse der nationalsozialistischen Kulturlenker schon allein deswegen auf sich, weil er Benutzerziffern und eine Verbreitungsdichte aufwies, die von den öffentlichen Volksbibliothe-

ken in der Regel nicht erreicht wurden. Der Reichsverband der Leihbüchereien zeigte sich dem RMVP gegenüber kooperationsbereit, was
die zu leistende Erziehungsarbeit und die Aufstellung von Bücherlisten
anging, und bekannte sich zum kulturellen Programm des Ministeriums.
Schließlich ging der Reichsverband in der Reichsschrifttumskammer
auf.[49] Jedoch sei »das Verhältnis der nationalsozialistischen Schrifttumsbürokratie zu den Leihbüchereien [...] stets ambivalent« geblieben: Der
großen Reichweite standen schlechte Ausbildung der Bibliothekare und
ein »Mißtrauen« hinsichtlich der »Zusammenstellung der Buchbestände«[50] gegenüber.

Den von Seiten der Volksbibliothekare geführten Angriffen gegen
die Leihbücherei kann man entnehmen, dass sie als Hort von Kitsch-
und Schundliteratur galten. Vor allem die »Sittenromane« würden im
gewerblichen Buchverleih die größte Rolle spielen, aber auch der Verleih von billigen Romanheftchen, meist zu kleinen Bänden gebunden,
fände dort statt.[51] Ebenso wurde die mangelhafte Umsetzung der »Säuberungsaktionen« hinsichtlich der »Literatur des Großstadtliteraten-
tums«[52] festgestellt. So seien bei einer Aktion in Gera »243 Bände« si-
chergestellt worden. Darunter »10 Bände *Im Westen nichts Neues* [...] trotz
der gegenteiligen Versicherung des Besitzers«. Viele Gegner und Kritiker der Leihbücherei sahen mit der Machtübernahme der Nationalsozialisten ihre Zeit gekommen und hofften nun auf Unterstützung in ihrem
Kampf durch Staat und Partei.[53]

Auch aus den Kreisen der Leihbücherei bekannte man sich zur Notwendigkeit von Säuberungen, so etwa der Schriftleiter der *Zeitschrift
der Leihbücherei* Ludwig Hürter: Es gäbe »eine Anzahl sogenannter Leihbüchereien, deren Bücherbestand sehr zu wünschen« übrig ließe. Man
erkenne »rückhaltlos die Mißstände«[54] auf diesem Sektor an. Zugleich
betonte man jedoch die Reformfähigkeit des Gewerbes, der Leihbüche-
reiberuf sei ein »ausbaufähiger kulturfördernder Beruf«.

Was sich fast schon wie ein Abgesang auf die Leihbücherei insgesamt
anhörte, verkehrte sich jedoch nach 1939 ins glatte Gegenteil. Als im
Krieg die Buchproduktion schon längst nicht mehr mit dem gesteigerten Lesebedürfnis der Bevölkerung Schritt halten konnte, wurde die
Leihbücherei zu einem Mittel, wenigstens eine Grundversorgung der

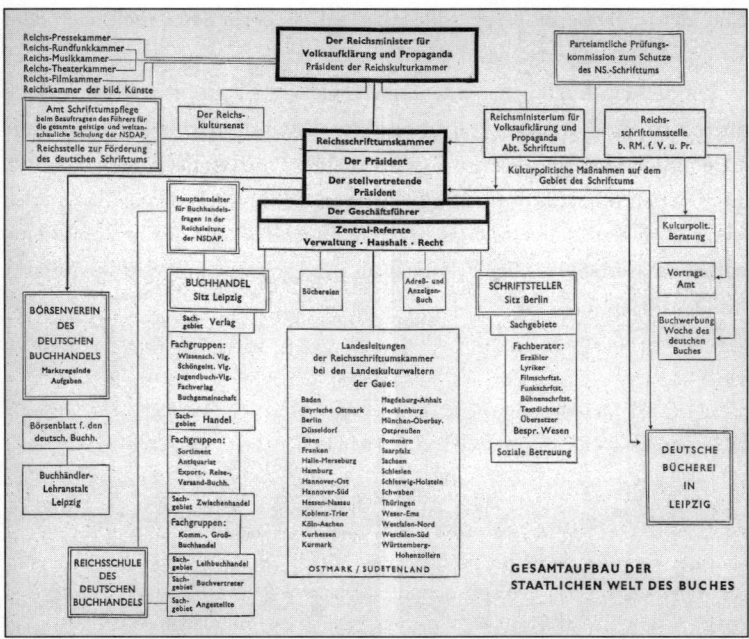

Entlarvend: Die zeitgenössische Darstellung der »staatlichen Welt des Buches« aus dem Jahr 1938 enthüllt ein beispielloses Wirrwarr an Kompetenzen und Zuständigkeiten.

Bevölkerung mit der Mangelware Buch zu gewährleisten. Schließlich wurde 1943 sogar allen Buchhändlern via *Börsenblatt* mitgeteilt: »Jeder Sortimenter hat in erster Linie genügend Exemplare der Neuerscheinungen [...] für seine Kriegsleihbücherei zurückzuhalten. [...] Es darf nicht mehr vorkommen, daß Bücherinteressenten unverrichteter Dinge eine Buchhandlung verlassen müssen. Wenn ein Buch nicht in genügend Exemplaren vorrätig ist, so daß es käuflich abgegeben werden kann, muß es der Sortimenter wenigstens aus der Kriegsleihbücherei anbieten können.«[55]

Nun wurde der Leihbücherei, plötzlich kriegswichtig geworden, doch noch die Anerkennung zuteil, um die ihre Verfechter jahrelang gerungen hatten. Letztlich hatte sich der Druck, praktische Lösungen zur Buchversorgung im Krieg zu finden, stärker erwiesen als alle literaturpolitischen Vorbehalte gegenüber dem Leihbüchereigewerbe in den Jahren davor.

Eine dritte große Blütezeit sollte die Leihbücherei dann auch nach dem Krieg noch im Deutschland der fünfziger Jahre erleben.

Die beiden letzten Aspekte zeigen wie viele andere in diesem Buch auch, dass nicht immer die Nationalsozialisten die Urheber bestimmter Ideen oder Aktionen waren. Es gelang ihnen nur vielfach, sich als diese auszugeben oder die Dynamik bereits angelaufener Prozesse für sich zu nutzen. An Zuträgern im Geiste oder willigen Helfern der Tat war allenthalben kein Mangel. Dies galt auch für die Literatur und den Buchmarkt im Dritten Reich.

Bestseller in finsterer Zeit
Ihre Geschichte und ihre Leser

Vom *Bookman* zum *Spiegel*: Eine kleine Geschichte der Bestsellerliste

Im Dritten Reich gehörte der Bestseller zu den ›bedrohten Arten‹. Dabei war er gemessen an der Geschichte des Buches insgesamt eine relativ junge Spezies. Seit 1961 gibt das Nachrichtenmagazin *Spiegel* Bestsellerlisten für den deutschen Sprachraum heraus, die heute unser Verständnis von Bestenliste prägen. Wer da draufsteht, wird verkauft. Die ersten veröffentlichten Listen dieser Art erschienen in den beiden namensgleichen englischsprachigen Branchenzeitschriften *The Bookman* schon in den neunziger Jahren des 19. Jahrhunderts. Von der Februarausgabe 1894 an veröffentlichte der in Großbritannien erscheinende *Bookman* unter der Überschrift »Monthly Report of the Wholesale Book Trade« eine quantitative Beschreibung des Auf und Ab auf dem Buchmarkt. So hieß es dort, sei »die Nachfrage nach Romanen nach wie vor hoch«. Beigefügt fand sich eine Aufstellung mit den »populärsten Büchern des Augenblicks«, darunter gleich zu Beginn *White Company* von Conan Doyle und *Catriona* von R. L. Stevenson.[1] Auch in der Folgezeit wurden darin immer wieder Autoren und Titel genannt, die es mittlerweile längst vom Best- zum Longseller gebracht haben, so im Jahr darauf *Pride and Prejudice* von Jane Austen, *Pudd'n Head Wilson* von Mark Twain oder *The Jungle Book* von Rudyard Kipling.[2]

Der amerikanische *Bookman* brachte unter der Überschrift »The Book Mart« Bestsellerlisten heraus, die unserem heutigen Verständnis von einem solchen Verzeichnis noch viel näherkommen. Auch hier erfolgte zunächst eine Beschreibung der Vorgänge auf dem englischsprachigen Buchmarkt (einschließlich Großbritannien). Dann wurden Ranglisten der jeweils sechs bestverkauften Bücher innerhalb der großen Städte der USA abgedruckt. Die Redaktion bürgte dabei für die Authentizität der

Rangfolge, die jeweils von den »führenden Buchhändlern vor Ort« ermittelt worden seien. Für das Jahr 1897 fand sich ganz weit vorne *Quo Vadis* von Henryk Sienkiewicz und *The Seven Seas* von Rudyard Kipling.[3]

Im Deutschland der Weimarer Republik veröffentlichte die Zeitschrift *Die Literarische Welt* in unregelmäßiger Folge Listen mit den bestverkauften Büchern. Heute lassen sich durch die Einführung der EDV in den Buchhandel Bestseller-Statistiken ermitteln, die auf tatsächlichen Verkaufszahlen ausgewählter Buchhandlungen basieren: Was die Scanner-Kassen im Laden als Absatz registrieren, kann so direkt in ein hochgerechnetes Ranking der Verkaufsschlager einfließen.

Für die Zeit des Dritten Reichs können wir auf solche Statistiken nicht zurückgreifen. Gleichwohl soll hier die Literatur untersucht werden, die in verschiedenen Ausprägungen Bestseller-Qualität entwickelt hatte. Auflagenzahlen lassen sich aus mehreren Quellen gewinnen. So listet das *Gesamtverzeichnis des deutschen Schrifttums* alle zwischen 1911 und 1965 erschienenen und greifbaren Bücher auf – häufig verbunden mit der Nennung von Auflagenzahlen wie ›10. bis 20. Auflage‹, auf deren Basis sich eine grobe Orientierung geben lässt. Zudem wurde damals in vielen Büchern die jeweilige Auflagenhöhe im Impressum genannt. Mit Hilfe antiquarischer Verzeichnisse im Internet lassen sich solche Angaben auf breiter Basis erheben. Auch Werbeanzeigen von Verlagshäusern operierten damals wie heute mit möglichst beeindruckenden Zahlenspielen: »1. Auflage vergriffen, 2. Auflage in Auslieferung, 3. Auflage in Vorbereitung ...« Solche Ziffern verdeutlichen, dass Verkaufszahlen immer kritisch hinterfragt werden müssen, gleichwohl sind auch aus solchen Anzeigen gewonnene Werte unverzichtbar. Sie können aber nicht darüber hinwegtäuschen, dass die echten Auflagenzahlen von jeher zu den bestgehüteten Geheimnissen eines jeden Verlagshauses gehören. Wo solche Zahlen wie im Fall des Ullstein Verlags/Deutschen Verlags oder des Bertelsmann Verlags greifbar sind, handelt es sich um seltene Glücksfälle. Auch die Verkaufszahlen, die sich aus den Schriftwechseln der Autoren mit ihren Verlegern erschließen lassen, sind hilfreich. Hier bleibt allerdings immer die Frage: Hat der Verlag wirklich alle Verkäufe ordnungsgemäß abgerechnet? Und dabei sind auch Übertreibungen nicht ausgeschlossen. Eine der kuriosesten fingierten Auflagenzahlen des 20.

Jahrhunderts hat den zugehörigen Autor damit sogar in die Literaturgeschichte katapultiert, ein Mann, der sonst womöglich vergessen worden
wäre. Alfred Hein gab für seinen parodistischen Text *Kurts Maler* im Jahr
1922 das »1. bis 999. Tausend« an. Schon der Titel und die wahnwitzige
Startauflage hätten stutzig machen müssen. Aber nein, in virtuellen Bestsellerlisten für die erste Hälfte des 20. Jahrhunderts kommt Hein damit
auf Platz 2, direkt hinter Thomas Manns *Buddenbrooks* und noch weit vor
der von ihm mit nicht eben subtilen Mitteln parodierten Autorin Hedwig
Courths-Mahler.[4] Donald Ray Richards Buch *The German Bestseller,* dem
dieser Irrtum unterlief, war eine der ersten fundierten Untersuchungen
zum Thema auf breiter Zahlenbasis. Bei allen Problemen der dort ermit-
telten Werte bietet er einen ersten wichtigen Zugang. Sehr fundiert hat
sich jüngst Tobias Schneider in einem Aufsatz den »Bestsellern im Dritten Reich«[5] zugewandt, allerdings beschränkt auf die Romane der Zeit.
Auch ihm verdankt die Auseinandersetzung mit dem Phänomen wichtige
Impulse.

Insgesamt soll den Zahlen in diesem Buch immer mit einer gewissen Skepsis begegnet werden. So wenig alle Auflagenzahlen auf die Stelle
genau zu bestimmen sind, so wenig soll hier der Anspruch auf Vollständigkeit erhoben werden: Bücher und Autoren können vergessen, Werke
in ihrem Erfolg über- oder unterschätzt worden sein. Was aber zählt, ist
die Tendenz, die sich aus den vorhandenen Zahlen ablesen lässt, und der
Blick auf das Gesamtgefüge der Literatur im Dritten Reich.

»Volkhafte Dichtung« vs. Bestseller: Was gut ist, setzt sich durch

An zwei Lehrersöhnen aus Württemberg gab es im Verlagswesen des
Dritten Reichs kaum ein Vorbeikommen: Hellmuth und Erich Langenbucher gehörten zwar ›nur‹ zu den Funktionären der zweiten Reihe,
aber sie prägten das Gesicht der Literatur der NS-Zeit entscheidend mit.
Erich, der jüngere, arbeitete in der Schrifttumsstelle des Propagandaministeriums unter Joseph Goebbels, Hellmuth in der Reichsstelle zur Förderung des deutschen Schrifttums im Apparat von Alfred Rosenberg. Die
Langenbuchers brachten ihre Verlagserfahrung in den Verwaltungsappa-

rat der Nazis ein. Hellmuth war zuvor Leiter der Presseabteilung des Langen-Müller Verlags in München gewesen, dort hatte er seinem jüngeren Bruder eine Stelle als Sekretär verschafft. Beide waren Fachleute, wenn es um Bücher ging. Hellmuth hatte Germanistik studiert und war 1929 der NSDAP beigetreten. Dem 1932 verstorbenen Vater widmete er ein Handbuch der *Volkhaften Dichtung der Zeit,* das die maßgeblichen Autoren des NS-Regimes feierte: Es wurde zu einem Standardwerk für jene Jahre. Nach 45 behinderte dies Hellmuth Langebuchers Karriere nicht. 1948 wurde er als Mitläufer eingestuft und ›entnazifiziert‹, sein Fachwissen blieb wertvoll. Er brachte es von 1951 bis zu seiner Pensionierung im Jahr 1970 in den Europäischen Buchklub in Stuttgart ein. Dort stieß sich niemand daran, dass der Autor vor 1945 die »Säuberung des deutschen Kulturlebens von allen artfremden Verfälschungen« propagiert hatte. Es seien die Nazis, die »auch auf dem Gebiet des literarischen Lebens die klaren, gesunden Verhältnisse geschaffen [hatten], die jedem auf diesem Gebiet schöpferisch oder mittlerisch Tätigen erst wieder ein sinnvolles Arbeiten ermöglichen«[6].

Erich war mit der Machtübernahme die Karriereleiter gleichsam hinaufgestolpert. Gerade noch Sekretär unter den Fittichen des Bruders, treffen wir ihn nach 1933 als Redakteur der auch heute noch wichtigsten Branchenzeitschrift, des *Börsenblatts für den Deutschen Buchhandel,* wieder, in der sein Bruder als Hauptschriftleiter fungierte. Im selben Jahr trat er der SS und der Partei bei. Er brachte es in der Schutzstaffel schließlich bis zum Obersturmführer. Von 1939 an arbeitete er als Herausgeber des *Großdeutschen Leihbüchereiblattes,* das er im Auftrag von Goebbels' Ministerium redigierte. Das Blatt nahm durch seine Buchbesprechungen und Fachbeiträge maßgeblichen Einfluss auf die Beurteilung und den Vertrieb von Unterhaltungs- und Massenliteratur im Dritten Reich. Hier bot sich Erich eine wichtige Plattform, um seine und seines Ministers Konzepte und Ideen unters Buchhandel treibende Volk zu bringen.

Erich Langenbucher ist unser Kronzeuge dafür, dass der Begriff Bestseller bereits in den dreißiger Jahren des vorigen Jahrhunderts allgemein bekannt war. Man habe »den ›bestseller‹ [...] durch die verschiedensten Tricks gemacht«. Das beweise schon die Tatsache, »daß es keine Bücher unserer guten deutschen Dichter waren, sondern in den häufigsten Fällen Bücher von Autoren, die uns wenig oder nichts zu sagen hatten«.[7] Der »bestseller« hatte im Sprachgebrauch Erich Langenbuchers einen ganz eindeutig negativen Beigeschmack. Was sein Bruder Hellmuth als *Volkhafte Dichtung der Zeit* zusammengefasst hatte, markierte das genaue Gegenteil dieser verfemten Bestsellerliteratur: Jene musste von »Menschen deutschen Blutes«[8] geschaffen worden sein; alle Kunst, die diesen Bezug nicht hatte, war *per se* wertlos. Die NS-Kulturpolitiker wurden nach 1933 nicht müde, eine eigene, neue Literatur zu beschwören, die diesen Kriterien genügte. Das in diesem Sinne ›gute und echte‹ Buch musste sich – so weit die Theorie – im neuen Staat zwangsläufig durchsetzen. Durchsetzen auch ohne Tricks und Kniffe, einfach nur aufgrund seiner inneren, ›wesenhaften‹ Werte.

Es ist ein immer wiederkehrender Topos in den Lebensbeschreibungen nationaler Dichter und Dichterinnen nach 1933, dass sie in der verhassten ›Systemzeit‹ – der Weimarer Republik – von der die öffentliche Meinung beherrschenden Kaste ausgeschlossen, am Fortkommen und am literarischen Erfolg gehindert wurden. Das berichtet etwa Kuni Tremel-Eggert, eine der NS-Erfolgsautorinnen. Vor 1933 habe sie ihre Texte den Redaktionen und Redakteuren wie sauer Bier angeboten – ohne Erfolg. Hier wussten sie sich eins mit Joseph Goebbels. Seine Versuche, am Anfang der zwanziger Jahre als Journalist bei etablierten Blättern in Berlin zu landen, schlugen ebenfalls fehl. Er sollte sich später auf grausame Weise an den ›Schuldigen‹ rächen …

Derweil steuerten die NS-Kulturlenker auf das Dilemma zu, dass sich die von ihnen propagierte NS-Kunst nun nach der Machtübernahme im ›wahren Leben‹ bewähren musste. Dabei galt es zumindest auf dem Feld der Literatur originäre nationalsozialistische Kunstwerke in weiten Teilen erst noch zu schaffen. Diese sollten sich dann allein durch ihre inneren Werte gegen die auf dem Markt verbliebenen Texte der anderen Autoren durchsetzen. Die Ausgangslage für dieses Experiment war aus Sicht der Nazis glänzend. Die meisten missliebigen Autoren hatten sie symbolträchtig mit der Bücherverbrennung und den vielfältigen Säuberungsaktionen aus dem Weg geschafft. Unzählige andere drängten sie ins Exil oder ins Abseits. Es traf Autorinnen und Autoren wegen ihrer jüdischen Herkunft, ihrer politischen Gesinnung, ihrer unbequemen Denkart oder aus welchem Grund auch immer. Die Presse und alle mit der Schrifttumslenkung im weitesten Sinne betrauten Organe und Verbände waren innerhalb kurzer Zeit in der Hand der Nationalsozialisten. Nun gab es für ein Scheitern keine Ausreden mehr.

Und in der Tat. Plötzlich setzten sich Autoren durch, die zuvor keine Chance gehabt hatten. Ganz überwiegend geschah dies, wie wir aus heutiger Sicht urteilen können, nicht weil sich zuvor die Presse der Weimarer Republik gegen sie verschworen hätte, sondern weil Niveau und Machart ihrer Werke häufig bestimmten minimalen Qualitätsansprüchen nicht genügen konnten. Ein Hans Zöberlein mit seinem Kriegsbekenntnisbuch *Glaube an Deutschland*[9] wäre mit Sicherheit ohne die Machtübernahme der Nazis nie zum Erfolgsautor avanciert, sondern ein bestenfalls in den engen Zirkeln nationaler Kreise gelesener Schriftsteller geblieben. Einer unter vielen.

»Über 1 Million«: Die Wiedergeburt des Bestsellergedankens aus dem Geist des Kriegs

Der Begriff Bestseller war im Dritten Reich zwar bekannt, wurde aber nur zur Kennzeichnung bestimmter gut verkäuflicher Bücher aus der ›Systemzeit‹ verwendet und beinhaltete eine klare negative Wertung. Diese Bestseller waren – wie Erich Langenbucher unterstellt hatte – mit »Tricks gemacht« worden. Die eigene nationale Literatur – so die vielfach verbreitete Legende – war in dieser Zeit in der von linken Intellektuellen und Juden dominierten Presse willkürlich unterdrückt und kleingehalten worden. In offiziellen Sprachregelungen nach 1933 vermied man den Begriff mehr oder weniger geschickt und suchte nach Umschreibungen. So wurde jungen Buchhändlern mit auf den Weg gegeben, dass »Neuerscheinungen, die das Geschäft beleben, rechtzeitig auf Lager genommen werden [müssen], soweit auf ihren Absatz zu rechnen ist«[10] – was verklausuliert wohl Bücher mit Bestsellerpotential meinte. Bei Werbemaßnahmen, die das Prinzip der Positionierung der Bestsellerliste – wie wir es heute im Buchhandel kennen – vorwegnahmen, wurde immer wieder betont, man wolle dadurch kein »›Star-System‹, wie wir es in Deutschland glücklich überwunden haben, wieder zum

Unter »Die 6 Bücher des Monats« lief eine vom Propagandaministerium organisierte Werbemaß-
nahme. Auf dem Musteraufsteller im Juni 1934 mit dabei: Joseph Goebbels' Buch Vom Kaiserhof zur Reichskanzlei.

Leben«[11] erwecken. So geschehen bei der vom Propagandaministerium
eingeführten Aktion »Die sechs Bücher des Monats«, bei der eine wech-
selnde ›Top-Six-Liste‹ mit speziellem Werbematerial samt Aufsteller im
Schaufenster platziert werden sollte.

Bald erwies sich der Buchmarkt nach 1933 als sehr dynamisch und
die Kulturlenker wurden mit Büchern konfrontiert, die sich tatsächlich
gut verkauften. Nun stellte sich den Funktionären die Frage, wie darauf
reagieren? Sie wurde, wie so oft unter der nationalsozialistischen Herrschaft, vielstimmig beantwortet. Es gab Strömungen, die den Warencha-
rakter von Literatur anerkannten und damit arbeiteten (im weitesten
Sinne zum Beispiel die Parteifunktionäre aus Joseph Goebbels' Umfeld).

Andere wieder (wie die aus dem Dunstkreis rund um Alfred Rosenberg) zelebrierten das Buch mit seinen inneren Werten, das sich losgelöst vom Markt und seinen Gesetzen aufgrund eigener Qualitäten, die natürlich im ideologischen Sinne zu definieren waren, durchsetzt oder nicht. Hier wurde immer wieder artikuliert, dass das »Händlerische« im Berufsstand des Buchverkäufers doch »zurückzutreten habe gegenüber der kulturellen und der politischen, eben der kulturpolitischen Aufgabe«[12].

Alle Lager waren jedoch dem Spiel mit den Zahlen nicht ganz abgeneigt. Auch in von offiziellen Stellen herausgegebenen Büchern wie dem Handbuch zum Verlagswesen *Die Welt des Buches,* das mit einem (unglaublich verquasten) Vorwort des Präsidenten der Reichsschrifttumskammer Hanns Johst daherkam, erschienen Statistiken zum Buchmarkt mit Produktions- und Verkaufszahlen. Insbesondere der internationale Vergleich wurde gerne gezogen. Hier schnitt Deutschland gegenüber Großbritannien, Frankreich, aber vor allem auch den USA für das Jahr 1934 sehr gut ab.[13]

In diesem Handbuch wurde auch eine Art Bestsellerliste veröffentlicht, die zum Stichjahr 1938 einige herausragende Auflagenzahlen des deutschen Buchmarktes nannte, darunter aber keinen einzigen Titel, der seine Erstausgabe nach 1933 erlebt hatte, sondern ausschließlich Titel wie Waldemar Bonsels' *Biene Maja,* die seit 1912 auf 770000 Exemplare gekommen war, oder Richard Voß' *Zwei Menschen* mit 860000, um nur zwei zu nennen. Hier waren also eher klassische Longseller versammelt. Freilich kam man an Adolf Hitlers Buch *Mein Kampf* nicht vorbei. Es wurde im Fließtext im Zusammenhang mit der politischen Literatur, die in der letzten Zeit (will sagen seit 1933) einen gehörigen Aufschwung genommen habe, erwähnt.

Man kann feststellen, dass herausragende Verkaufszahlen immer wieder auch öffentlich verhandelt wurden. Ein Grund liegt sicher darin, dass der Buchmarkt nach wie vor, trotz ›Gleichschaltung‹, den Namen Markt verdiente und eben auch nach wirtschaftlichen Gesichtspunkten funktionierte. Einschränkend muss man sagen, dass diese Verkaufszahlen überwiegend in der Branchenpresse genannt wurden, also nur für eine begrenzte Öffentlichkeit bestimmt waren. Aber immerhin. Bei allem theoretischen Überbau, der so gerne betonte, dass das Buch vor al-

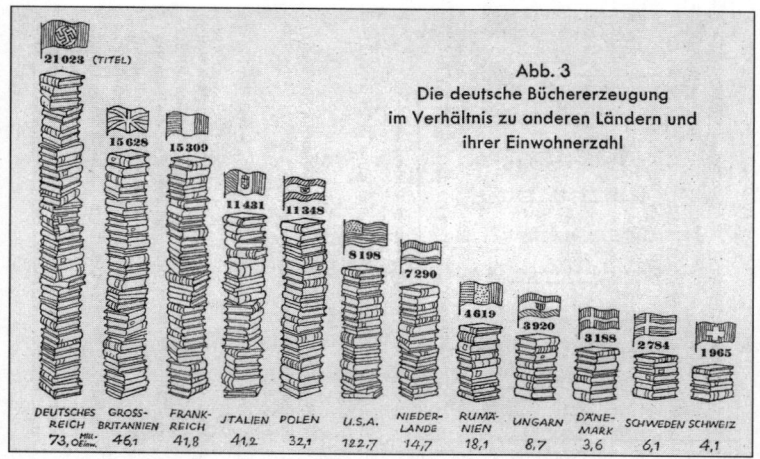

Abb. 3
Die deutsche Büchererzeugung
im Verhältnis zu anderen Ländern und
ihrer Einwohnerzahl

DEUTSCHES REICH	GROSS-BRITANNIEN	FRANK-REICH	JTALIEN	POLEN	U.S.A.	NIEDER-LANDE	RUMÄ-NIEN	UNGARN	DÄNE-MARK	SCHWEDEN	SCHWEIZ
21023 (TITEL)	15628	15309	11431	11348	8198	7290	4619	3920	3188	2784	1965
73, Mill. Oe-Inw.	46,1	41,8	41,2	32,1	122,7	14,7	18,1	8,7	3,6	6,1	4,1

Zumindest in absoluten Zahlen lag Deutschland im internationalen Vergleich bei der Buchproduktion 1934 vorn.

lem und in erster Linie der Volksbildung gewidmet sei, lebte die Branche nicht zuletzt natürlich davon, Bücher zu verkaufen, was ja für sich genommen heute wie damals keine ehrenrührige Sache war! Freilich wurde das häufig fast beschämt ganz nebenbei eingestanden, so etwa wenn in einem Standard-Lehrbuch für den Buchhandel zum Thema Schaufenstergestaltung zu lesen war, dass »das beste Fenster [...], abgesehen von einem der Huldigung dienenden, immer dasjenige [ist], das den besten Verkaufserfolg hat«.[14]

In der Branchenpresse an erster Stelle stand natürlich die Berichterstattung über die Verkaufserfolge der politischen NS-Spitzentitel. Wenn *Mein Kampf* oder Alfred Rosenbergs *Mythus des 20. Jahrhunderts* neue Auflagenrekorde eingestellt hatten, dann war das den einschlägigen Blättern allemal eine Meldung wert. Erst nach Kriegsbeginn fällt auf, dass vermehrt wieder ›ganz normale‹ Bücher unter dem Aspekt ihrer Verkaufszahlen betrachtet wurden. In der Fachpresse erschienen wiederholt Rubriken und Artikel unter Überschriften wie »Bemerkenswerte Neuauflagen«, »100 000 Auflage«, »Über 1 Million«, »Das erste ›Hunderttausend‹«, »420 000 Stück«, »Ausgewählte Bücher in Großauflagen«. Darüber hinaus wurden ausführliche Statistiken über die Erfolge des

Im Sinne vieler NS-Kulturlenker war der Buchhändler nicht nur Verkäufer und Berater, sondern hatte eine wichtige kulturpolitische Aufgabe zu erfüllen: den Kunden – wie hier bei einem Beratungsgespräch 1936 – hin zum ›guten Buch‹ zu führen.

Buchhandels gebracht: etwa im *Großdeutschen Leihbüchereiblatt.* Aber noch viel verwunderlicher, sogar in der *Bücherkunde,* dem Haus- und Hoforgan von Alfred Rosenbergs Amt für Schrifttumspflege, das sonst über kommerzielle Aspekte von Literatur nur mit gerümpfter Nase berichtete, wurde bisweilen mit statistischen Werten zum Buchmarkt hantiert.

Mehr noch als wirtschaftliche Interessen verrät dieser Hang zur beeindruckenden Zahl aber propagandistische Bestrebungen. Man wollte zeigen, wie leistungsfähig ein Land trotz Krisenzeit auch auf dem kulturellen Gebiet noch sein konnte: »Auch solche Zahlen dürfen uns stolz sein lassen auf das deutsche Schrifttum und seine Leistungen im Krieg.«[15] Natürlich wurde damit ein Stück Alltag im Kampfgeschehen beschworen. Unter der Überschrift »Stolze Bilanz der Buchproduktion« wurde etwa vermeldet, dass 1941 mit 341 Millionen Büchern fast 100 Millionen mehr produziert worden seien als im Jahr zuvor. »Eines machen uns diese hier genannten Zahlen deutlich«, so der Autor, »das Wort, das Reichsminister Dr. Goebbels einst der ersten ›Woche des deutschen Buches‹ als Geleitwort gab: ›Mit dem Buch ins Volk‹, konnte im Verlauf dieser Jahre, nicht zuletzt im Verlauf dieser beiden Kriegsjahre, in die Tat umgesetzt werden.«[16]

Darüber hinaus wurde das Buch aber auch als Teil der totalen Mobilmachung begriffen. Die Entspannung durch das Buch ermöglicht erst die von allen geforderte Leistungsbereitschaft im Kampf – so zumindest der propagandistische Wunsch: »Daß auch das Buch nicht beiseite steht in diesem entscheidenden Kampf unseres Volkes um sein Bestehen, das wissen wir: das sagen und schreiben uns immer wieder die Soldaten, zu denen die Bücher zu Millionen ins Feld kommen in den Feldpostpäckchen (stark belebt durch die Aktion ›Sendet Bücher an die Front‹), durch die Soldatenbüchereien, die Büchereien der ›Bücherspende Rosenberg‹ und durch die Frontbuchhandlungen, die überall dort zu finden sind, wo der Soldat steht, Wache hält und kämpft.«[17]

Die reinen Auflagenzahlen an sich lassen dabei noch keine Aussage darüber zu, ob die betreffenden Bücher auch gelesen wurden. Gerade im Bereich der politischen Bücher oder der Geschenkbücher gibt es viele Beispiele von Werken, die in erster Linie als Objekte im Bücherregal von Bedeutung waren – weniger ihres Inhalts wegen. Der Erfolg einzelner Titel lässt sich anders kaum erklären. Vor allem im Krieg waren bestimmte Marktgesetze dann gänzlich außer Kraft gesetzt: Vielfach bestimmte nicht die Nachfrage das Angebot, sondern gekauft wurde – oft wahllos –, was eben gerade zu kaufen war.

Leserwünsche unterm Hakenkreuz: Ansätze zu einer Marktforschung

Was aber wurde im Dritten Reich von wem gelesen? Die Antwort auf diese Frage muss bruchstückhaft bleiben, da es eine empirische Marktforschung nicht gab. Obwohl noch 1937 in einem Artikel in der renommierten *Frankfurter Zeitung* auf ein Institut für Lese- und Buchforschung hingewiesen wurde, das in Leipzig ansässig sei und in dem »mit wissenschaftlichen Methoden die Kurven« festgestellt würden, »in denen sich die Ansprüche des lesenden Publikums bewegen«[18]. Gemeint war das vom Volksbibliothekar Walter Hofmann gegründete Institut für Leser- und Schrifttumskunde. Das von 1926 bis 1937 bestehende Institut war aus der Volksbüchereibewegung hervorgegangen. Hier sollten Grundlagenforschung zum Thema Volk und Buch betrieben, Bibliothekare ausgebildet und Methoden der Bibliotheksarbeit entwickelt werden. Hofmann ließ auf Basis der Ausleihzahlen der Leipziger Bücherhallen statistisches Material für seine Leserkunde zusammenstellen. Das Gros der Daten stammte aus den Jahren 1922 bis 1926 mit einigen wenigen Erhebungen, die darüber hinauswiesen. Ziel der Forschung war es dabei nie, die Leserwünsche zu erfahren, um sie möglichst genau erfüllen zu können, sondern Ausgangspunkt war der Bildungsgedanke: Der Volksbibliothekar hatte eine bestimmte Vorstellung vom guten Buch, zu dem er den Nutzer der Volksbibliothek hinführen wollte. Um dies zu können, musste er dessen Wünsche und Befindlichkeiten erkunden. »Wir rüsten Expeditionen aus nach Afrika und Australien, um das Leben primitiver Völker zu studieren, aber wer rüstet Expeditionen aus zur Erkenntnis des geistigen Lebens, des geistig-seelischen Seins in unserem eigenen Volke«[19], so hatte Hofmann 1925 in einem Festvortrag seine Motivation umrissen. Nachdem man so die Grundformen menschlichen Interesses wie das »Phantasiebedürfnis«, das »Bedürfnis nach praktischer Lebenshilfe« oder das »Erkenntnisbedürfnis« herausgearbeitet hatte, ging es unter anderem darum, durch sogenannte »Richtungs- und Wertverzeichnisse«[20] Bücher aufzulisten und vorzuschlagen, zu denen der Nutzer der Volksbücherei hinzuführen war.

Die Bibliothekare entwickelten missionarischen Eifer. Erstaunlich ist, dass sich viele Überlegungen und Ansätze Hofmanns und seiner Mitstreiter mit Bestrebungen der Nationalsozialisten zu decken schienen. Dies verleitete Hofmann dazu, im Dritten Reich für sich und seine Arbeit rosige Zeiten kommen zu sehen. Hofmann führte Schlagwörter von der »echten Synthese«, die die auseinanderstrebenden Kräfte im Volk vereinen sollte, von der echten »Volkwerdung« oder der »nationalen Kulturgemeinschaft« im Munde, die auch von NS-Funktionären gebraucht wurden. Kein Wunder also, dass er von einzelnen Vertretern des Regimes protegiert wurde und er zum Beispiel noch 1935 ausgewählte Untersuchungsberichte seines Instituts in der *Bücherkunde* veröffentlichen durfte. Dort wurden dann etwa das historische Sachbuch und die Weltkriegsprosa in der Gunst des Publikums erörtert.[21] Langfristig aber sollte sich Hofmann täuschen. Allein die Abwicklung seines Instituts hatte nicht unbedingt politische Gründe. Er selbst galt als schwierige Persönlichkeit, die in ihrer Sache zum Fanatismus neige, und das NS-System war bald ohnehin reich genug an Institutionen und Personen, die sich um die Zurichtung des Kulturbetriebs in ihrem Sinne kümmern wollten. Da war er nur noch ein weiterer zu viel.

So kam es, dass solche Untersuchungen nie flächendeckend und vor allem nicht über den gesamten Zeitraum der zwölf Jahre durchgeführt wurden. Eine aus dem Umfeld Hofmanns stammende Studie über den *Gestaltwandel des Arbeiters im Spiegel seiner Lektüre* erschien zwar erst 1939, präsentierte aber nur vereinzelt Zahlen und Befunde der Jahre bis 1934. Vielleicht passte manches, was dort diagnostiziert wurde, den Kulturlenkern nicht ins Bild, so die Feststellung, dass der »Arbeiterleser« die Literatur zur Rassenkunde und zum Nationalsozialismus noch nicht im großen Stil zu würdigen wisse. Bei ihm stünde immer noch das Kriegserlebnisbuch an erster Stelle des Interesses.[22] Dieser Befund mag in einem Buch, das mit dem Hitlerwort »Ich habe dem Deutschen Reiche den deutschen Arbeiter erkämpft« eröffnete, höchst problematisch sein.

Insgesamt bleiben wir also auf punktuelle Diagnosen der Lesepräferenzen angewiesen. Dabei gab sich die Presse vor allem in den Kriegsjahren durchaus gesprächig, wenn es um das Thema ging: Was lesen die Menschen? Sehr häufig sind die Statistiken aus Leihbüchereien oder Bibliotheken, die dann zum Teil auch in der Presse ausgewertet wurden, unsere verlässlichsten Zeugen. Sie werden auch im Folgenden immer wieder hinzugezogen. Schon in der zeitgenössischen Presse wurde darüber gesprochen, dass insbesondere im Zusammenhang mit den Leserwünschen im Krieg das Problem der Unterhaltungsliteratur mit »wachsender Lebhaftigkeit«[23] diskutiert werde.

Erstaunlich offen wurde zum Beispiel im Vorzeigeblatt *Das Reich* noch im Dezember 1944 aus Berliner Buchhandlungen und Leihbibliotheken berichtet. Das Kaufangebot an Büchern könne den Kundenwunsch ohnehin nicht mehr spiegeln. Was da sei, werde mangels Alternative einfach gekauft. Auch die Spitzel des SS-Sicherheitsdienstes widmeten sich in ihren Berichten ausführlich den Tendenzen auf dem Literatursektor. So berichteten sie vom Verhältnis Buchhändler – Kunde am Beispiel der Aussage eines Stuttgarter Sortimenters: »Früher betrat beim Aufgehen der Ladentüre Seine Majestät der Kunde den Laden. Heute ist er der ›Feind‹, der daran gehindert werden muss, unsere Bestände sinnlos auszuräubern.«[24]

Und weiter im *Reich:* »Der Verleih dagegen spiegelt Leserwünsche beinah unverzerrt. Welche Bücher werden am heftigsten umworben? Viel Hamsun, doch auch Knittel. Immer wieder Ina Seidels *Wunschkind* und Horst Wolfram Geißlers *Lieber Augustin.* Die jüngere Historie, in Dokumenten der Bismarckzeit und des ersten Weltkriegs, ist willkommener als noch warme Politik.«[25]

Am verblüffendsten ist die Abkehr von der ›warmen Politik‹, war doch die politische Literatur von Anbeginn an das Flaggschiff nationalsozialistischer Kulturlenker. Es entsteht der Eindruck, dass der Krieg bei der gelesenen Literatur Veränderungen hervorgerufen hat, die so nicht unbedingt zu erwarten waren. Es lässt sich im Hinblick auf die Unterhaltungsliteratur etwa keine Totalisierung feststellen, sondern eher eine Art der Liberalisierung bei gleichzeitiger Verschärfung der Kriegsanstrengungen: Unterhaltung war nötig, also wurde sie stärker als vielleicht ursprünglich beabsichtigt toleriert oder gar gefördert. Dem wird im Folgenden nachzugehen sein.

Und in den Jahren davor? Ohne dies auf breiter Basis empirisch untermauern zu können, drängt sich die Vermutung auf, dass die Frage nach den Leserwünschen vor Kriegsbeginn eher selten gestellt und noch seltener in der Presse verhandelt wurde. Fraglos stand am Anfang der NS-Literaturpolitik die Bestrebung, das Missliebige zu entfernen und den Leser und Käufer zum guten Buch im nationalsozialistischen Sinn zu führen, im Vordergrund. Deshalb wurde über die tatsächlichen Leserwünsche, wenn sie nicht dieser großen Linie entsprachen, häufig eher kritisch berichtet. In solchen Zeitungsmeldungen ist uns überliefert worden, was demnach tatsächlich auch nach 1933 noch die Massen bewegte: »Auf Grund der aus dem Gaugebiet des Verfassers eingegangenen Berichte kann mit Sicherheit gesagt werden, daß eine ganze Reihe von billigen Abenteuer- und Kriminalgeschichten auch heute noch von unserer Jugend gelesen und gekauft werden«[26], so musste ein Kämpfer für das ›saubere‹ Jugendbuch noch 1939 eingestehen. Mit diesen Heften werde sogar ein »schwunghafter Tausch- und Zwischenhandel« betrieben, auch Mädchen seien nicht ausgeschlossen »und ebenso eifrige Leserinnen wie die Jungen«, wenn dort auch manchmal »Nesthäkchen« und »Trotzköpfchen« überwogen. Aufgezählt werden danach unter anderem die Heftromanreihen *Rolf Torrings Abenteuer*, *Jörn Farrows U-Boot-Abenteuer*, *Tom Shark*, *Sun Koh* oder *Billy Jenkins*.

Noch unerwarteter und in späteren Jahren wohl fast undenkbar war eine Studie, deren wichtigste Ergebnisse im Juli 1933 das *Börsenblatt* präsentierte. Dort war der Lesestoff von 255 Jugendlichen aus einer Großstadt anonym erfragt worden. Die Ergebnisse boten einen Querschnitt der Literatur der Zeit, der die neuen Herrscher noch keinen Stempel aufgedrückt hatten. Dort standen Karl May und Felix Dahn (*Ein Kampf um Rom*) neben Edgar Wallace, Jules Verne oder Sienkiewicz (*Quo vadis?*) und Aldous Huxley. Adolf Hitler, Hermann Löns (*Der Werwolf*) und Hans Grimm (*Volk ohne Raum*) neben Thomas Mann, Hans Fallada, Hermann Hesse, Vicky Baum, Stefan Zweig, Erich Maria Remarque, Ernst Glaeser (*Jahrgang 1902*) oder Alfred Döblin. Von Aldous Huxley wurde im *Börsenblatt* kein konkreter Titel benannt, es kann sich aber sehr wohl um seinen dystopischen Roman *Brave New World* gehandelt haben, der seit 1932 unter dem Titel *Welt wohin?* auf dem deutschen Markt war. Zwar kursierte Huxleys Name schon von Anfang an auf verschiedenen Verbotslisten und im Herbst 1935 fand sich *Welt wohin?* auf der *Liste 1 des schädlichen und unerwünschten Schrifttums* wieder. Allerdings wurde dort explizit nur die deutsche Übersetzung aufgeführt. Die englischsprachige Originalausgabe war bis 1939 in Deutschland im Angebot!

Der Befund zu den Lesegewohnheiten der Jugend im Juli 1933 fiel so niederschmetternd aus, dass sich die Redaktion des *Börsenblattes* zu einer Anmerkung genötigt sah: »Trotzdem wir von der Unzulänglichkeit derartiger Statistiken im allgemeinen, von der Zufälligkeit der vorliegen-

Bemerkenswerte Neuauflagen

Es gibt eine Reihe von Büchern, die uns immer wieder auffallen. In neuen Auflagen gehen sie ihren Weg. Wir werden in Zukunft auf solche Erfolge besonders hinweisen.

Ahlswede, Dr. E.: In Gottes eigenem Land. Zentralverlag der NSDAP., München-Berlin — 500 000

Bergengruen, Werner: Der Großtyrann und das Gericht. Roman. Hanseatische Verlagsanstalt, Hamburg — 100 000

Beumelburg, Werner: Flandern. G. Stalling Verlag, Oldenburg — 138 000

Blunck, Hans Friedrich: Wolter von Plettenberg. Hanseatische Verlagsanstalt, Hamburg — 100 000

Boerner, Klaus Erich: Ursula. Aus Thomas Wiesmers Papieren. Keyser'sche Buchhandlung, Erfurt — 164 000

Brandt, Rolf: Albert Leo Schlageter. Hanseatische Verlagsanstalt, Hamburg — 113 000

Brehm, Bruno: Apis und Este. Da fing es an. R. Piper & Co., München — 204 000

Das Buch der Spanienflieger. Die Feuertaufe der neuen deutschen Luftwaffe. Verlag v. Hase u. Koehler, Leipzig — 131 000

Bürkle, Veit: Laßt das Frühjahr kommen. Roman. Verlag Zeitgeschichte, Berlin — 80 000

Dickmann, Ernst Günther: Zwischen Front und Heimat. Erzählungen. Zentralverlag der NSDAP., München — 400 000

Droste-Hülshoff, Anette von: Die Judenbuche. Ausgabe der Stuttgarter Deutschen Volksbücher — 180 000

Ganghofer, Ludwig: Der Jäger. Geschichten aus dem Hochland. Verlag Th. Knaur, Berlin — 132 000

Greinz, Rudolf: Der Garten Gottes. Roman. Verlag Staackmann, Leipzig — 95 000

Griese, Friedrich: Die Wagenburg. Erzählung. Albert Langen-Georg Müller Verlag, München — 115 000

Hamsun, Marie: Die Langerudkinder im Sommer. Verlag ebenda — 115 000

Hinrichs, August: Die Hartjes. Roman. Verlag Huyke, Leipzig — 62 000

Jordan, Rudolf: Vom Sinn dieses Krieges. Zentralverlag der NSDAP., München-Berlin — 240 000

Külpe, Frances: Mutterschaft. Ein baltischer Roman. Verlag Junker, Berlin — 173 000

Mechow, Karl Benno von: Vorsommer. Roman. Verlag Albert Langen-Georg Müller, München — 150 000

Rainalter, Erwin H.: In Gottes Hand. Roman. Verlag Zeitgeschichte, Berlin — 57 000

Salminen, Sally: Katrina. Roman (aus dem Schwedischen). Im Insel-Verlag, Leipzig — 90 000

Sander, Ulrich: Sturm in der Düne. Roman. Verlag Zeitgeschichte, Berlin — 75 000

Widmann, Ines: Die Schwabenmagret. Roman. Verlag Cotta, Stuttgart — 101 000

Wittek, Erhard: Der Marsch nach Lowitsch. Ein Bericht. Zentralverlag der NSDAP., München — 110 000

Die Wiedergeburt des Bestsellergedankens im Krieg. »Bemerkenswerte Neuauflagen« im Großdeutschen Leihbüchereiblatt *von 1942, mit dabei der mit kritischen Untertönen versehene Roman von Werner Bergengruen* Der Großtyrann und das Gericht.

den Statistik im besonderen überzeugt sind, haben wir uns entschlossen, dem Beitrag ›Was liest die Jugend‹ lediglich deshalb Raum zu geben, weil die ihm zugrundeliegenden statistischen Feststellungen die erschreckende Richtungslosigkeit dartun, in der unsere literarisch interessierte Jugend bisher heranwuchs.«[27] Die monierte »Richtungslosigkeit« war positiv gesehen Wahlfreiheit des Einzelnen, eine Freiheit, die es jetzt zu bekämpfen galt. Mit welchen Mitteln und welchem Erfolg, wird im Folgenden zu sehen sein.

Vom individuellen Lektüreerlebnis zur Leihbücherei

Ilse Kleberger, 1921 in Potsdam geboren, wuchs in einem bildungsbürgerlichen Umfeld auf. Später studierte sie Medizin und praktizierte als Ärztin, außerdem machte sie sich in der Bundesrepublik als Kinderbuchautorin (*Unsere Oma*) einen Namen. Schon ihr Vater hatte sich sein Wissen »erlesen«, Bücher gehörten in der Familie zum Alltag. Bereits als Kind bekam Ilse zu allen Gelegenheiten Bücher geschenkt, zudem versorgte sie sich in den Bibliotheken vor Ort mit Literatur. Zur Lektüre des Kindes und der Heranwachsenden gehörten Klassiker des Jugendbuches wie Erich Kästner oder Rudyard Kipling. An ›politischen‹ Büchern blieb ihr einzig der *Hitlerjunge Quex* von Karl Aloys Schenzinger noch sehr eindrücklich im Gedächtnis. Die Zwölfjährige fand das Buch »sehr spannend« und hat es damals regelrecht »verschlungen«: »Den politischen Hintergrund habe ich als Kind nicht wahrgenommen«, so erinnert sie sich heute. Auch eine regelrechte »Karl-May-Phase« ist ihr noch heute präsent. Ebenfalls im Alter von 12 oder 13 Jahren bekam sie diese Bücher von ihren Eltern geschenkt.

Was Ilse Kleberger berichtet und was viele andere Zeitzeugen auch erzählen, deckt sich weitgehend mit der eben zitierten Studie zur Lektüre Jugendlicher unmittelbar vor und nach 1933: Die von den Nazis verbotene Literatur verschwand nicht sofort und auch nicht spurlos. Selbst Klebergers Vater, der bis zum Schluss – dann allerdings von vermehrten Zweifeln geplagt – ein Hitleranhänger blieb, habe die nach 1933 verbotenen Bücher wie Ludwig Renns *Krieg* oder Erich Maria Remarques *Im Westen nichts Neues* neben *Mein Kampf* im Bücherregal stehen gehabt.[28]

Aber nicht nur im Privaten, auch in Leihbüchereien und sogar in Buchhandlungen gab es Lager und Regale mit Verbotenem.

Der Buchhändler Lothar Franck, der 1935 die Steinmetz'sche Buchhandlung in Offenbach am Main von seinem Vater übernommen hatte, erinnert sich an sein ›Sonderlager‹ für verbotene Literatur. Mit braunem Stoff abgespannt, stapelten sich dort unter anderem die Werke der jüdischen Autoren. Davor hing ein Hitlerbild zu Tarnungszwecken. Verkaufen konnte er aus diesen Beständen während des Krieges nicht: »Das wäre zu gefährlich gewesen«[29]. – Andere wieder taten es trotzdem und so kamen auch verbotene und verfemte Bücher, häufig auch über Antiquariate, wieder in Umlauf.

Ähnliches kann Karl Drucklieb, der Ende der dreißiger Jahre eine Lehre als Buchhändler absolvierte, berichten. Auch in seinem Lehrbetrieb in Erfurt gab es ein solches Sonderlager, das die Prokuristen unter Verschluss hielten. Die Angestellten des Hauses konnten sich auf diese Art mit einschlägiger Literatur, etwa Maxim Gorki, versorgen. Verkauft wurden die Titel aber auch hier eher nicht.[30]

Nun bildeten Buchhändler in dieser Hinsicht sicher eine privilegierte Schicht, die immer noch Zugang zu einer breiten Auswahl an Büchern hatte. Auch soll nicht der Eindruck vermittelt werden, die Lektüre im Dritten Reich habe vornehmlich aus der Suche nach dem Ungewöhnlichen und Verbotenen bestanden. Es gab sie, die weit verbreitete Massenlektüre mit und ohne politische Schlagseite.

Peter Bruhn, Jahrgang 1926, entstammte einer aufstrebenden Kleinbürgerfamilie. Der Junge sollte lesen. Er erinnert sich daran, dass er »ganz Normales, Triviales gelesen hat, das nicht braun angestrichen war«. Speziell für Jugendliche habe es Tierbücher und Indianerbücher und natürlich Karl May gegeben, die alle hoch im Kurs standen. Zu seiner weiteren bevorzugten Lektüre gehörten Abenteuerbücher, Reisebeschreibungen, aber auch Kriegsbücher über den Ersten Weltkrieg von Beumelburg, Richthofen, Lettow-Vorbeck oder Hans Zöberlein. In der Schule erfolgte vor allem Klassikerlektüre von Goethe, Schiller oder Storm. Ähnliches berichtet auch Marcel Reich-Ranicki aus dem Berlin der dreißiger Jahre. Hier hätten sich die meisten Lehrer am Gymnasium, ohne sich von der neuen Zeit beeindrucken zu lassen, weiter mit der kanonisierten Schullektüre befasst. Dies habe allerdings wenig mit Opposition zu tun gehabt, mehr »mit der Unlust dieser Herren, auf eine Literatur einzugehen, die sie noch kaum kannten. [...] Noch waren in unseren Lesebüchern Gedichte von Heine zu finden, aber man überging sie ohne Begründung.«[31]

Für den jungen Peter Bruhn, der in der Kleinstadt Wernigerode aufwuchs, war die Versorgung mit Lesestoff über verschiedene Bibliotheken wichtig: »Ich erinnere mich, dass in der Straße, in der wir wohnten, eine Leihbibliothek war. Da habe ich mir Bücher ausgeliehen.«[32] Natürlich spielte die soziale Herkunft hinsichtlich des Lektürewunsches eine große Rolle. So seien Heftromane eher von den Jugendlichen aus der Unterschicht gelesen worden – so zumindest vermutet Bruhn in der Rückschau.

Die Buchausleihe gleich in welcher Form – ob aus der Volksbücherei, der kommerziellen Leihbücherei oder in den später aufgrund der Buchknappheit wieder verstärkt eingerichteten Kriegsleihbüchereien oder auch die private Ausleihe von Hand zu Hand – muss bei den Überlegungen zu den viel gelesenen Werken jener Jahre mit in Betracht gezogen werden. »Der Wert einer Leihbücherei richtet sich daher vornehmlich nach der Zusammensetzung des Buchbestandes. Selbstverständlich ist, daß in jeder Leihbücherei die Standardwerke des Nationalsozialismus sowie die wichtigsten Bücher, die mit den geistigen Grundlagen der nationalsozialistischen Weltanschauung vertraut machen, wie z. B. Bücher über Rasse und Volkstum, Bauerntum, Nationalsozialistische Wirtschaftspolitik, neben Kriegsbüchern vorhanden sind.«[33] So konnte man die offizielle Sicht auf die Funktion der Leihbücherei in einem Lehrbuch für den Buchhandel nachlesen. Sicher mussten sich alle Leihbibliothekare diese Art der Literatur wohl oder übel anschaffen, genau wie jede Buchhandlung ihr Alibi-Regal mit NS-Schrifttum hatte. Vor allem aber war und blieb die Leihbücherei einer der Orte für das unterhaltende Buch in allen Schattierungen. »Den Hauptbestandteil der Leihbücherei bilden Romane, Erzählungen, Novellen, Biographien und Reisebeschreibungen«, so entnehmen wir dem Lehrbuch weiter, »in Städten mit Theatern kommt auch die Aufnahme von Dramen und Operntexten in Frage. Besonders in Klein- und Mittelstädten besteht ein Bedürfnis, Bücher mit Gelegenheitsgedichten,

Polterabendscherzen, Karnevalsaufführungen und Kostümalben usw.
vorrätig zu halten.«

Sicher wurde ein Großteil der Lesegelüste der – wie wir heute sagen
würden – ›bildungsferneren‹ Schichten vor allem vom Leihbuchhandel
befriedigt, mit Autoren und Werken, die in erster Linie oder manchmal
sogar ausschließlich hier in Erscheinung traten. Es gab Verlage, die exklu-
siv für den Leihbuchhandel produzierten, und Autoren, die ausnahmslos
für diese Verlage tätig waren. Hier wird man keine Auflagen nachweisen
können, die nach Hunderttausenden zählen, aber dennoch eine Leserschaft annehmen müssen, die ein Vielfaches der Einzelauflage des Werkes
umfasste. Die Leihbücherei der zwanziger bis fünfziger Jahre entsprach
als Umschlagplatz für Unterhaltungsmedien der Videothek von heute.

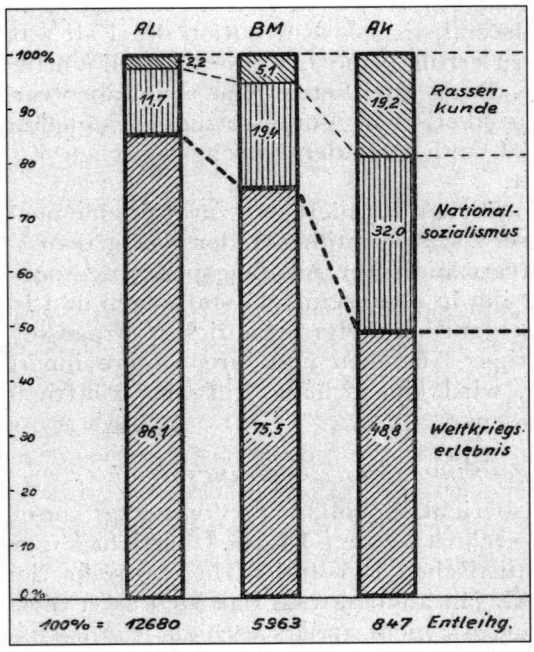

*Schichtenspezifische Lesegewohnheiten aus einer Studie, die 1939
veröffentlicht wurde. Arbeiterleser (AL), Bürgerlicher Mittel-
stand (BM) und Akademiker (Ak) zeigen unterschiedliche Neigung
zu Büchern über Nationalsozialismus und Rassenkunde.*

Hitlers und Goebbels' Bettlektüre
Der bevorzugte Lesestoff der Nazi-Prominenz

Ein Besuch beim ›Führer‹ und seine Folgen:
Karl-May-Fieber

Es war eine ehrenvolle und gewichtige Mission, mit der der Journalist Oscar Robert Achenbach an einem Apriltag des Jahres 1933 betraut war. Durch Nebel und Schneegestöber bahnte er sich seinen Weg von Berchtesgaden auf den Obersalzberg. Die in München erscheinende *Sonntag Morgenpost* hatte einen ihrer fähigsten Mitarbeiter geschickt. Sein Auftrag: eine Reportage über den Berghof Adolf Hitlers. Dieser war erst seit Kurzem Reichskanzler, die NSDAP-nahen Blätter huldigten ihm aber schon, als sei er schon von jeher der unangefochtene ›Führer‹, umgeben von einer gottgleichen Aura. Achenbach war für derlei Hofberichterstattung prädestiniert. Aus seiner Feder stammte schon der Begleittext zu dem bahnbrechenden Fotoband *Aus Adolf Hitlers Heimat*. Ein Buch, das Achenbachs Arbeitgeber, der parteieigene Eher Verlag, in sämtlichen Ausgaben seiner Zeitungen per Annonce anpries und erfolgreich unter die Leser brachte. Endlich am Berghof angekommen, wurde Achenbach von Angela Raubal empfangen, Hitlers Halbschwester und vor Ort amtierende Haushälterin des ›Führers‹.

Er wollte seinen Lesern einen intimen Blick hinter die Kulissen ermöglichen – das hatte sich Achenbach vorgenommen. In seinem Beitrag für die ›Geburtstagsausgabe‹ des Reichskanzlers sollten sie mit ihm durch den Berghof stöbern können. Was Achenbach sogleich ins Auge fiel: Überall stapelten sich die Geburtstagsgeschenke, die aus dem ganzen Reichsgebiet hier eingetroffen waren. »Nicht weniger als 24 Sofakissen, alle mit dem Hakenkreuz bestickt«, konnte er zählen. Achenbachs Gastgeberin vermochte dies nur mehr mit einem Stoßseufzer zu quittieren, da »jedes zweite Paket, das ankommt, ein Sofakissen enthält«[1]. Schließlich führte der Rundgang beide noch ins Allerheiligste: das Schlafgemach Hitlers. Hier stieß Achenbach auf die Privatlektüre des Reichs-kanzlers. »Auf einem Bücherbord stehen politische oder staatswissen-schaftliche Werke, einige Broschüren und Bücher über die Pflege und Zucht des Schäferhundes, und dann – deutsche Jungens hört her! dann kommt eine ganze Reihe Bände von – – Karl May! Der *Winnetou, Old Surehand,* der *Schut,* alles liebe alte Bekannte!«

Schon bei der Niederschrift seiner Eindrücke vom Obersalzberg konnte Achenbach seine Begeisterung über diese Entdeckung kaum bremsen. Damit hatte er endlich den kleinsten gemeinsamen Nenner seiner Leser mit dem ›Führer‹ dingfest gemacht. »Wie menschlich nahe ist uns der Mann«, so brachte Achenbach später zu Papier, »der neben einem Geisteswerk von gigantischen Ausmaßen noch die Muße findet für die Lektüre seiner Knabenzeit.« Als Achenbach sich schließlich zum Abschluss seiner Visite zufrieden niederließ und das ihm von Raubal kre-denzte »Gabelfrühstück« genoss, ahnte er noch nicht, was seine »Entde-ckung« in Hitlers Bücherregal für Folgen haben sollte.

Für viele muss dieser kurze Blick auf Hitlers Bücherbord eine Of-fenbarung gewesen sein. Aus einer mehr zufälligen Entdeckung wurden glühende Appelle zur Karl-May-Lektüre: »In Zukunft werden euch, ihr Hitlerjungens, die Gestalten Karl Mays durchs Leben begleiten dürfen, wie sie mit uns gelebt haben. Ihr dürft mit ihnen lachen und weinen, mit ihnen hoffen und bangen. Die Gestalten sind keine Schatten, sondern Wirklichkeit.«[2]

Karl May stand also an erster Stelle auf des ›Führers‹ ganz privater Lese-Hitliste. Zu Beginn seiner Regierungszeit soll er sämtliche Bände in Erinnerung an seine Jugend erneut gelesen haben. Das berichten über Achenbach hinaus viele Zeitzeugen aus Hitlers Umfeld.[3] Wann und wie er das trotz der Wahrnehmung seiner Regierungsgeschäfte schaffte, wo-her er die nötige Zeit nahm, bleibt sein Geheimnis. Auch wenn er, wie Joachim C. Fest in seiner Hitler-Biografie ausführt, nachdem der erste Reiz des Kanzlergeschäfts verflogen war, häufig »in den Stil offener Mü-ßiggängerei verfiel«[4]: Die fast 70 Bände Karl May wollten erst einmal bewältigt sein!

Hitlers Lesehunger im Spiegel seiner Zeitgenossen

Vor allem nachts, wenn er sich zurückgezogen hatte und nicht schlafen konnte, las Hitler Biografien, Darstellungen technischer Probleme, aber auch Werke über Architektur, Malerei, Musik, Politik und Geschichte. Schon in *Mein Kampf* zählte er das Lesen zu den Hauptbeschäftigungen seiner Jugend. Neben Gustav Schwabs Nacherzählungen griechischer Sagen bestanden seine Leseeindrücke hauptsächlich aus den Abenteuergeschichten des sächsischen Autors. Ihm habe Hitler seine ersten Geografiestunden verdankt und er habe ihm später die Augen für die Welt geöffnet.[5]

Adolf Hitler wird in zahlreichen Erinnerungsschriften aus seinem Umfeld ein großer Lesehunger attestiert. Fast alle namhaften Hitler-Biografen griffen diesen Topos vom »belesenen Hitler« auf. Lediglich Brigitte Hamann, die sich seine Wiener Jahre genauer ansah, bezweifelt seinen literarischen Eifer – allein handfeste Beweise für ihre Zweifel hat sie ebenfalls nicht. Entscheidend für die Außenwirkung ist, dass alle Zeitgenossen Hitler für belesen gehalten haben, auch wenn sich sein Fundus an Zitaten aus ganz anderen Quellen gespeist haben sollte. Das Volk wollte sich den Reichskanzler eben gerne von Büchern umgeben vorstellen, »denn alles, was Großes gedacht ist, wird zum Buch«, so brachte es ein vom Propagandaministerium veröffentlichtes Werk unter dem Titel *Wohnen mit Büchern*[6] auf den Punkt.

In vielen offiziellen Schriften der Zeit neigte man dazu, das ›Wesenhafte‹ der Dinge (hier das Verhältnis des Deutschen zu *seinem* Buch) herauszuarbeiten. Dabei wurden auch vermeintlich so banale Gegenstände wie Bücherregale aufwändig in Szene gesetzt und mit salbungsvollem Tonfall geradezu zelebriert. Mochten andere Medien wie Film oder Radio wegen ihrer unmittelbaren Breitenwirkung stärker im Fokus vieler Propagandaverantwortlichen gestanden haben; die Mühe, die man wiederum im Detail dem Buch zukommen ließ, war – das zeigt auch das eben erwähnte Werk zum *Wohnen mit Büchern* – beträchtlich: »Buch und Wohnung formen beide unaufhörlich und stetig an unserem Wesen; beide sind sie zugleich Zeugnis und Ausdruck für unsere Lebensausrichtung, unser Wollen und Denken. Sie gehören als Grundsteine zu den Bereichen des Lebens, in denen wir uns für die Berufsarbeit und unseren Dienst an der Nation sammeln und in der Stille rüsten.«[7] Die vorgeschlagenen Büchermöbel boten ein breites Spektrum vom kleinen Bücherbrett bis zur kompletten Bibliothek. In ihrer Mehrzahl waren die anspruchsvollen Entwürfe dann wohl aber doch jenseits dessen, was sich der einfache ›Volksgenosse‹ leisten konnte und wollte. Dass sich aber eine staatliche Stelle, vermutlich mit staatlichen Geldern, um solche Themen kümmern konnte, zeigt die hohe Wertschätzung, die man dem Buch als repräsentativem Objekt entgegenbrachte. In den hier gezeigten Räumen – ganz gleich ob vor Schrankwand oder Bücherbord – wurde allerdings nicht geschmökert, hier wurde die Lektüre gleichsam gefeiert und das Gelesene verinnerlicht. Deshalb wird ausdrücklich gegen diejenigen polemisiert, die lediglich die Buchrücken als Dekoration sahen, sich mit den Objekten der Bildung nur schmücken wollten. Aber selbst auf diesen, auf den ›Emporkömmling‹, wirkten die Bücher letztlich positiv, denn auch dieser verneige sich mit seinem Tun gewissermaßen »vor jener Geistigkeit, als deren Träger er das Buch anerkennt und die wenigstens scheinbar zu besitzen, ihm immerhin einige Aufwendungen rechtfertigt«[8].

Doch zurück zu den Lektüregewohnheiten des Reichskanzlers. In den Teilen seiner Privatbibliothek, die den Krieg überstanden, ist kein einziger Karl-May-Roman überliefert – was aber kein Beweis dafür ist, dass *Winnetou* und *Old Shatterhand* nicht des Führers liebste Lektüre waren. Das, was von Hitlers Büchern erhalten blieb, zeigt vielmehr, dass die offizielle Bibliothek des Reichskanzlers wie andere solche Büchersammlungen auch vor allem repräsentative Zwecke zu erfüllen hatte. Hier wurden Bücher aufgestellt, die der Außendarstellung dienten, oder jene unzähligen Werke aufgenommen, die dem ›Führer‹ von Verehrern und Wegefährten geschenkt wurden. Bis hin zu kuriosen Präsenten wie der Dissertationsschrift, die ihm eine Dr. Maria Schmidt vom Zoologischen Institut der Universität Münster »in Verehrung und Dankbarkeit« widmete und die den Titel *Die Wirkung einiger Wirbeltierhormone auf den Süßwasserpolychaeten Lydastis raunaensis Feuerborn*[9] trug. Ein Band, der weder repräsentative noch unterhaltende Zwecke im Umfeld des Führers erfüllt haben dürfte. ·

Der ›Führer‹ tankt auf: Lesefrüchte einer Jugend

Der ›junge Hitler‹ hatte noch keine Gelegenheit, sich über die Repräsentativität seiner Bibliothek Gedanken zu machen – er besaß kaum Bücher. Die wenigen, die ihm gehörten, wurden schnell zu Lieblingswerken, die er »nie aus der Hand gab«[10], darunter auch der bereits erwähnte Band mit nacherzählten Sagen. Wie viele andere, die sich keine eigenen Bücher leisten konnten, benutzte Hitler die zahlreichen Leihbüchereien. In Linz besuchte er die Buchhandlungen Steurer und Haslinger, die – damals vielfach übliche Praxis – neben dem Verkauf auch den Verleih von Literatur betrieben. Hier stand kein bildungsbürgerliches Elternhaus im Hintergrund, das den Heranwachsenden mit Büchern versorgt hätte. Das später von Hitler propagierte »Sich-Emporlesen« scheint er als Heranwachsender selbst durchexerziert zu haben. Sein Jugendfreund August Kubizek, der nach dem Krieg seine Erinnerungen publizierte, weiß zu berichten, ihn »nie mehr anders als von Büchern umgeben«[11] gesehen zu haben. »Bücher waren seine Welt. In Linz hatte er sich, um jedes gewünschte Buch erreichen zu können, gleichzeitig in drei Büchereien einschreiben lassen. In Wien benützte er die Hofbibliothek, und zwar so eifrig, daß ich ihn einmal allen Ernstes fragte, ob er sich denn vorgenommen habe, die ganze Bibliothek auszulesen, wofür ich natürlich nur grob angefahren wurde.«[12]

Den jungen Hitler beim Lesen zu beobachten, muss bei Kubizek nachhaltigen Eindruck hinterlassen haben. Er widmet den literarischen Vorlieben seines Jugendfreundes breiten Raum. Vor allem die Ernsthaftigkeit, mit der Hitler die Lektüre betrieb, widerlegte sofort alle Zweifel an der Nützlichkeit dieser Beschäftigung: »Er las niemals Bücher zur Zerstreuung, zum Zeitvertreib. Bücherlesen war ihm eine todernste Arbeit. Das bekam ich oft genug zu spüren.«[13]

Markante Eigenschaften des späteren Reichskanzlers lassen sich aus der Weise der Büchernutzung bereits ablesen. »Interessant war die Art, wie Adolf ein Buch vornahm. Das Wichtigste war ihm die Übersicht, das Inhaltsverzeichnis. Dann erst ging er ans Werk, wobei er sich keineswegs an die gegebene Reihenfolge hielt, sondern sich das Wesentliche förmlich heraustach. Was er sich aber einmal auf diese Weise angeeignet hatte, das saß sorgfältig eingeordnet und registriert in seinem Gedächtnis. Ein Griff – und es stand wieder bereit, und zwar so getreu, als hätte er es eben erst gelesen.«[14]

Es ist zu vermuten – und die meisten Hitler-Biografen teilen diese Annahme –, dass hier der Steinbruch für seine in späteren Jahren geradezu gefürchteten Monologe und sein »Fachwissen« in allen Bereichen angelegt wurde. »Wirklich, in seinem Gehirn war Platz für eine ganze Bibliothek«,[15] hielt Kubizek seine Bewunderung für die Nachwelt fest.

Und was waren einzelne Lektüreerlebnisse, die in Erinnerung blieben? »Den ersten Rang unter allen Büchern nahmen, wie ich schon erwähnte, die deutschen Heldensagen ein. Unberührt von der jeweiligen Stimmung und der äußeren Situation, in der er sich befand, wurden sie immer wieder vorgenommen und gelesen. Längst kannte er sie alle auswendig. Trotzdem las er sie immer wieder von neuem. Das Buch, das er in Wien besaß, hieß, wenn ich nicht irre: *Götter und Heldensagen, germanisch-deutscher Sagenschatz.*«[16]

Aber auch einige echte Werke der klassischen Literatur gehörten zu Hitlers Lesefrüchten. »Schon in Linz hatte Adolf begonnen, die Klassiker zu lesen. Vom *Faust* sagte er einmal, daß in diesem Schauspiel mehr enthalten sei, als die Menschen der Gegenwart erfassen könnten.«[17]

»Einen tiefen Eindruck auf ihn machte Dantes *Göttliche Komödie,* obwohl er dieses Werk, meinem Empfinden nach, viel zu früh in die Hand bekam. Daß er sich mit Herder beschäftigt hat, weiß ich, von Lessing sahen wir *Minna von Barnhelm.* Stifter hat er gerne gelesen, wohl auch, weil er darin das Bild der heimatlichen Landschaft wiederfand, während ihm Rosegger, wie er sich ausdrückte, zu populär war. Daneben nahm er hin und wieder auch Bücher zur Hand, die damals in Mode waren, mehr um sich ein Urteil über die Menschen zu machen, die diese Bücher lasen, als über diese Werke selbst.«[18]

Bis hin zu komplizierteren Werken der Philosophie soll es Hitler als Leser verschlagen haben. »Von philosophischen Büchern war Schopenhauer stets um ihn, später auch Nietzsche«, so berichtet uns Kubizek, »doch bekam ich davon wenig zu spüren, denn diese Philosophen faßte er sozusagen als seine intimste Angelegenheit auf, als einen Privatbesitz, den er mit niemandem teilen wollte.«[19]

Dabei war der Leser, den Kubizek erlebte, kaum einer, der mit offenen Augen durch die Welt ging und aus diesem Grund alles in sich aufsog. Vielmehr scheint er in dem Gelesenen häufig Selbstbestätigung für sich und seine bereits mehr oder weniger vorhandenen Positionen gesucht zu haben. »Ich hatte von Adolf, insbesondere während unseres Zusammenlebens in Wien, nicht den Eindruck, daß er in der ungeheuren Fülle von Büchern, die er um sich aufhäufte, etwas Bestimmtes suche, etwa Grundlagen oder Auffassungen für sein Verhalten, sondern daß er umgekehrt für das, was an Grundlagen und Auffassungen in ihm schon vorhanden war, in diesen Büchern vielleicht mehr unbewußt als bewußt lediglich die Bestätigung suchte. Deshalb war für ihn das Lesen – vielleicht von den *Deutschen Heldensagen* abgesehen – weniger Erbauung als vielmehr eine Art Selbstkontrolle.

Wenn ich an die zahlreichen Probleme denke, die ihn in Wien beschäftigten und an denen ich teilhaben konnte, so steht am Ende der Betrachtung meistens irgendein Buch, von dem Adolf dann triumphierend sagte: ›Siehst du, auch der Mann, der dies geschrieben hat, ist genau meiner Ansicht.‹«[20]

Bücher waren für den jungen Hitler so wichtig, weil er sie jenseits einer klassischen Bildung – in deren Genuss er aufgrund seiner Herkunft nicht gekommen war – als Steinbruch für seine Gedankenwelt verwenden konnte. Bis zu seinem Ende im Führerbunker im zerstörten Berlin sollte er von den Lesefrüchten seiner Jugend zehren.

Heinrich Himmlers education sentimentale

Sucht man in Hitlers weiterem Umfeld nach Menschen, die ein besonderes Verhältnis zum Buch gehabt haben mögen, so ist der spätere Reichsführer der SS, Heinrich Himmler, sicher nicht der Erste, der ins Blickfeld gerät. Dabei verfügte Himmler im Gegensatz zu seinem ›Führer‹ über einen bildungsbürgerlichen Hintergrund. Er wurde 1900 in ein streng katholisches, königstreu-bayrisches Elternhaus geboren. Sein Vater war Gymnasialprofessor und zuvor sogar einige Zeit Prinzenerzieher im Hause Wittelsbach gewesen. Auf dem Höhepunkt seiner Macht angekommen, fand Heinrich Himmler, insbesondere im Krieg, nur noch wenig Gelegenheit zur erbaulichen Lektüre. Deshalb pflegte er in dieser Zeit seine langjährige Freundschaft zu Hanns Johst, dem »Barden der SS« und Präsidenten der Reichsschrifttumskammer, besonders intensiv. Sie bot ihm Ersatz für die fehlenden Mußestunden. Während des Kriegs hatte Himmler zum Beispiel angeordnet, die Briefe Johsts der Nachwelt zu erhalten und zu archivieren: »Seien Sie überzeugt«, schrieb er an den Freund, der ihn fast zärtlich »Heini« nennen durfte, »daß Ihre Briefe für mich immer kostbar sind. Sie sind mir Boten aus einer Welt, die ich so unendlich liebe und die mir – weil das Schicksal mich nun einmal an diesen Platz hingestellt hat – für einen großen Teil meiner Zeit und meines Lebens verschlossen ist. Umso mehr freue ich mich, wenn ich aus dieser geistigen Welt unseres Blutes, die Sie als einer der Besten Deutschlands verkörpern, immer wieder Grüße erhalte.«[21]

In jungen Jahren hatte Himmler sich zeitweise ausgiebig dem gedruckten Wort widmen können. Mit 19 Jahren begann er während eines längeren Krankenhausaufenthalts eine Leseliste anzulegen, die er mit Kommentaren versah. Hier verzeichnete er zwischen 1919 und 1934 nicht weniger als 346 einzelne Werke. Ein auch für damalige Verhältnisse beachtliches Lesepensum. Das Besondere an dieser Liste: Himmler notierte sich nicht nur kurz seine Leseeindrücke, sondern vermerkte meist genau Ort und Zeitraum der Lektüre sowie häufig noch den Leihgeber des jeweiligen Buches.

Thomas Manns *Königliche Hoheit* führte er sich als eines der ersten Bücher auf dieser Liste an zwei Tagen im September zu Gemüte. »Ein am Anfang eklig fader am Schluß mehr anregender Roman zu naturalistisch«[22], notierte er sich danach. Thomas Mann ließ er bald einen ganzen Schwung »Julius Verne« folgen: Von *20 000 Meilen unter dem Meer* bis *5 Wochen im Ballon*. Er muss wie im Fieber gelesen haben, ließ die Lektüre aber kommentarlos.

Und bereits erste politische Schriften kamen zum Lesekanon des jungen Rekonvaleszenten hinzu, die für Himmlers Weg prägend gewesen sein mögen, wie Artur Dinters damals erfolgreicher antisemitischer Roman *Die Sünde wider das Blut:* »Ein Buch, das erschreckend deutlich in die Judenfrage einführt und dazu dient, einen zu veranlassen, diesem Gegenstand äußerst mißtrauisch gegenüberzutreten und aber auch einmal die Quellen zu untersuchen, auf denen sich der Roman aufbaut. Denn der Mittelweg dürfte wohl der richtige sein. Der Verfasser ist, glaube ich, etwas blindwütig in seinem Judenhaß. – Der Roman ist ein reiner Tendenzroman mit antisemitischen Vorlesungen.«[23]

Weiter bekamen sein Antisemitismus und sein Hass auf die Freimaurer Nahrung. Er las Friedrich Wichtls *Weltfreimaurerei, Weltrevolution, Weltrepublik. Eine Untersuchung über Ursprung und Endziele des Weltkrieges,* eine Kampfschrift, die in diesem Jahr, 1919, ganz frisch erschienen war. »Ein Buch das über alles aufklärt u. uns sagt, gegen wen wir zunächst zu kämpfen haben«[24], notierte sich der junge Himmler zu dem Werk in seine Liste.

Auch seine »wachsende sexuelle Neugier«[25], die sich unter anderem in Himmlers Tagebuchaufzeichnungen niederschlug, hatte Futter aus der Literatur erhalten, so wenn er mit einem Mitstudenten ein neues Wedekind-Stück diskutierte. Angeekelt habe er dagegen auf die Lektüre eines Buches reagiert, in dem ein Verhältnis zwischen einem Priester und einem vierzehnjährigen Jungen thematisiert worden sei: »Sonntag, den 7. 3. 1920. Abends ½ 11 h in furchtbarer Stimmung. München – eigentümlich. Eine Idealisierung eines homosexuellen Menschen. – Bilder scheußlich.«[26]

Im Winter 1924, jetzt längst Gefolgsmann der Nazis, wandte er sich dem späteren ›Führer‹ zu in der biografischen Schrift von Adolf Viktor von Koerber *Adolf Hitler. Sein Leben und seine Reden.* Heinrich habe bei einem Besuch sogar seinen Verwandten »als sie abends gemütlich beisammen saßen«[27] daraus vorgelesen – so schreibt Katrin Himmler, eine Großnichte des SS-Chefs, in ihrer Familiengeschichte *Die Brüder Himmler.* Und auch *Mein Kampf* gehörte ins Gepäck, Himmler las es über einen Zeitraum von fast zwei Jahren in Landshut, München und »auf Reisen«. Zum ersten Band notierte er sich: »Es stehen unheimlich viel Wahrheiten darin. Die ersten Kapitel über die eigene Jugend enthalten manche Schwäche.« Und zu einer von Alfred Rosenberg entliehenen Mussolini-Biografie vermerkte er: »Es gibt ein gut vorstellbares Bild von Mussolini. Beweglich, energievoll, unbeständig, genial.«[28]

Insgesamt folgten Himmlers Lesegewohnheiten wohl einem damals weit verbreiteten Schema. An erzählender deutscher Literatur findet sich

vor allem solche des 19. Jahrhunderts, Bücher, die man zu seiner Zeit gelesen haben sollte, daneben aber auch ausländische Autoren unterschied-
lichster Provenienz von Alexandre Dumas bis Emile Zola, Dostojewski
und Gogol genauso gut wie Jack London oder Oscar Wilde. Erstaunlich
intensiv ist seine Auseinandersetzung mit den Theaterstücken von Henrik Ibsen, zu dessen *Nora* er sich notiert: »Sehr interessant und gut. Ihre
Schuld ist, daß sie sich zur Puppe machen ließ [...] seine Schuld ist, daß
er feige seine Frau verläßt, wie sie in Not ist, und hernach tut, als wäre
was vorgefallen.«[29]

Daneben las er auch die Bestseller, die zum unterhaltungsliterarischen
Mainstream dieser Zeit (und auch noch darüber hinaus) gehörten: So
Agnes Günthers *Die Heilige und ihr Narr* aus dem Jahr 1913, eine sentimentale Liebesgeschichte, die ihre Autorin posthum berühmt machte
und eine Millionenauflage erreichte, oder den bereits 1876 erschienenen
›Professorenroman‹ von Felix Dahn *Ein Kampf um Rom,* der den Untergang des Ostgotenreiches im Italien der Spätantike schildert und ebenfalls zu den Longsellern der deutschen Literatur gehörte. 1938 wurde
seine Gesamtauflage seit Erscheinen mit 615 000 angegeben.[30] Zu Letz-
terem notierte er sich: »Eine packend lebendig geschriebene Geschichte
eines herrlichen, guten Volkes echter Germanen. Man könnte weinen.
Welsche Tücke und Weiberintriguen [sic!] und deutsche Geradheit und
Treue.«[31] Bestimmte Denkweisen waren unverkennbar längst angelegt.

Autoren, die wir heute zur literarischen Moderne rechnen, fanden sich
in seinem Lesekanon nur wenige – aber da bildete Himmler in den bürgerlichen Kreisen jener Jahre gar keine Ausnahme. Hier mal ein Buch von
Bernhard Kellermann, dort eben ein Thomas Mann. Immerhin zwei Mal
finden wir Hermann Hesse, den *Demian* und *Siddhartha,* die er beide im
Herbst und Winter 1924/25 las und begeistert aufnahm: »Ein herrliches
Buch. Indischer Brahmanen-Geist, tiefstes Wissen um Ringen und Erlö-
sung. Der Mensch muß Not und Sünde durchmachen und muß horchen
und forschen und ringen, dann kann er erlöst werden. Der Weg eines Erlösten ist beschrieben.«[32] Zumindest bei der Auswahl seiner Bücher kann
man Himmler eine bemerkenswerte Offenheit attestieren. Nach einem
Blick auf seine Aufzeichnungen muss man ihn zudem zu den belesensten
Parteifunktionären innerhalb der Nazi-Führungsclique rechnen.

Alfred Rosenberg, Hermann Göring, Albert Speer:
Ideologe, Machtmensch, Technokrat

Alfred Rosenberg war einige Jahre älter als Heinrich Himmler und gehörte schon früh zu den Vordenkern der Nationalsozialisten. Er galt als einer der Chefideologen des Regimes und wurde nach der Machtübernahme zu einer der bestimmenden Figuren für den kulturellen Sektor und insbesondere auch die Bücherwelt. Seit 1921 als Redakteur, später dann als Hauptschriftleiter des *Völkischen Beobachters* tätig, zählte er zu den Meinungsmachern der Partei. Gekrönt wurde seine Karriere in dieser Hinsicht durch die Verleihung des salbungsvollen, aber sperrigen Titels eines »Beauftragten des Führers für die Überwachung der gesamten geistigen und weltanschaulichen Schulung der NSDAP« im Januar 1934.

Bei Rosenberg finden sich ähnliche Bilder wieder, wie sie schon diverse Zeitzeugen vom lektüreverschlingenden jungen Hitler gezeichnet haben. Und Rosenberg stilisierte sich auch selbst zum besessenen, bildungshungrigen Leser. »Wie in einem Fieber«[33] habe er täglich bis zu 13 Stunden in der Bayerischen Staatsbibliothek zugebracht. Dabei vertiefte er sich unter anderem in die Werke von Ernst Moritz Arndt, Johann Jakob Bachofen, Jacob Burckhardt, Johann Gottlieb Fichte, Johann Wolfgang von Goethe, Johann Gottfried Herder, Immanuel Kant, Friedrich Nietzsche, Leopold von Ranke, Arthur Schopenhauer, Oswald Spengler – um nur einige zu nennen. »Mindestens genau so interessant«, findet der Rosenberg-Biograf Ernst Piper die Frage, »was Rosenberg nicht gelesen hat«[34], und führt danach auf: Wilhelm Bölsche, Gustave Le Bon, Carl von Clausewitz, Charles Darwin, Sigmund Freud, Hanns Hörbiger, Thomas Malthus, Gregor Mendel, Alfred Ploetz – und ganz zu schweigen von der von Hitler geliebten »leichten Lektüre« der Bücher eines Karl May oder Gustav Schwab.

Diese Linie, die der junge Rosenberg mit seiner Lektüre anriss, setzte sich später im Handeln des Parteidogmatikers fort. Die Vorstellungen, die das in seinem Einflussbereich stehende Amt für Schrifttumspflege auf die Literatur der Nazi-Zeit projizierte, hatten ihren Ursprung in der Gedankenwelt Rosenbergs jener Jahre. Doch sollte es den Nazis – um hier einmal weit vorzugreifen – zu Rosenbergs großem Kummer nie gelingen, ein wirkliches ›eigenes‹ kulturelles Schaffen zu initiieren: »Seine Vision war ein nationalsozialistischer Staat, der aus überzeugten Nationalsozialisten geformt war. Nur so war ein im Kern gesundes, starkes, lebensfähiges neues Reich zu erschaffen. Aber die Macht der nationalsozialistischen Machthaber reichte nur aus, das Gefäß zu schaffen. Der Inhalt ließ sich nicht herbeizaubern.«[35]

Dennoch zahlte sich die zielgerichtete Vielleserei für Rosenberg ganz persönlich aus: Nach den Selbstmorden von Hitler, Goebbels und Himmler gehörte Rosenberg ganz plötzlich vor dem Nürnberger Kriegsverbrechertribunal zu den hochrangigsten noch verbliebenen Funktionären. Eine Position, um die er jahrelang – etwa in der Auseinandersetzung mit Goebbels – hart gerungen hatte, die nun aber plötzlich mehr als unbequem war. In den Verhören in Nürnberg kam Rosenberg immer wieder auf seine »geistigen Väter«, seine Lektüre zu sprechen. »Nachdem er seinen Lebenslauf geschildert hatte, begann er sofort, über Goethe, Herder, Fichte, Kant, Schopenhauer und die indischen Philosophen zu schwadronieren.«[36] Und dies geschah nicht zufällig, sondern es soll Teil einer geschickten Verteidigungsstrategie gewesen sein. Es sei Rosenberg nicht zuletzt dadurch gelungen, so Ernst Piper in seiner Biografie weiter, in Deutschland als »harmloser Spinner« oder eben einflussloser Dogmatiker dazustehen, der spätestens 1933 nichts mehr zu sagen gehabt hätte. Hinsichtlich der Kriegsverbrechen, die in Nürnberg zur Debatte standen, wusch der Chefideologe damit seine Hände in Unschuld. Im konkreten Fall half ihm dies jedoch wenig. Er wurde als einer der Hauptkriegsverbrecher für schuldig befunden und hingerichtet.

Äußerlich konnten sie unterschiedlicher kaum sein. Hier der streng, fast asketisch wirkende Balte Rosenberg, dort der barocke Machtmensch Göring. Der eine präsentierte sich als unbeirrbarer Verfechter von Prinzipien, der andere konnte seine Maßlosigkeit und seine Genusssucht kaum verbergen, ja kokettierte sogar mit ihr. Dennoch standen sich beide viel näher, als diese Äußerlichkeiten vermuten ließen. Göring sei vom *Mythus* beeindruckt gewesen. »Möglicherweise kam hier die Bewunderung des Praktikers für den Theoretiker und Denker zum Tragen«[37], so Ernst Piper in seiner Studie. Man könnte auch weniger vornehm sagen: Beim weniger intellektuellen Göring tat das bil-

»Und dann kommt die schönste halbe Stunde des Tages, manchmal wird es auch eine ganze: die Bücherstunde.« Hermann Göring bei entspannender Lektüre.

dungsbürgerliche Blendwerk Rosenbergs seine Wirkung. Auch Göring bemühte sich, zumindest nach außen das Bild eines belesenen, stets gut informierten Politikers zu vermitteln. Der Tageslauf des Ministerpräsidenten beginne mit der Zeitungslektüre vom *Völkischen Beobachter* bis zu englischen und schwedischen Auslandsblättern, so berichtet Görings Hofberichterstatter in der Biografie über seinen Dienstherren. Wenn Zeit ist, kommen auch noch Jagdzeitschriften hinzu, doch geschehe dies leider viel zu selten. »Und dann kommt die schönste halbe Stunde des Tages, manchmal wird es auch eine ganze: die Bücherstunde. Immer liegen im Schlafzimmer des Generalobersten etwa ein Dutzend von ihm selbst ausgewählte Bücher [...], entweder sind es Geschichtswerke oder Bücher, die sich mit Kunst und Natur befassen. Das ist die Ausspannung von der Gedankenarbeit, die sich ständig mit dem Staate und mit dem Staatswohl beschäftigt.«[38]

Selbstverständlich hatte das Lesen neben diesem idyllischen Aspekt im Leben Görings wie alles andere auch längst staatstragende Formen angenommen: In seinem Waldhof Carinhall, den er nördlich von Berlin in der Schorfheide unterhielt, gab es zu diesem Zweck eine repräsentative Bibliothek. Nur der kleine Buchbestand in seinem privaten Arbeitszimmer schließlich lässt einen Blick auf die Bücher zu, die Göring tatsächlich interessierten, die er selbst, seinen Neigungen folgend, ausgewählt hatte: »Neben einer ganzen Sammlung von Werken über die nordische Welteislehre stehen alle einschlägigen Bücher über die germanische Vorgeschichte. Darüber stapeln sich Werke der Kriegswissenschaft und der deutschen Geschichte, die Göring wie kaum einer beherrscht. In der großen Bibliothek unten ist alles vertreten, was eine anspruchsvolle Büchersammlung aufweisen kann, Klassiker, Wissenschaft jeglichen Fachs, Jagdbücher und schöne Literatur, Prachtausgaben aus allen Buchzeiten und die gesammelten Werke aller Geistesheroen der Welt.«[39] Nun, das war die offizielle Seite des preußischen Ministerpräsidenten, Reichsjägermeisters und Luftfahrtministers, um nur einige seiner Funktionen zu nennen. Einer der besten Kenner der Residenzen des Reichsmarschalls, Volker Knopf, der für seine Buchprojekte noch viele Zeitzeugen befragen konnte, hat von keinem seiner Gesprächspartner »Auskunft darüber erhalten, ob Göring die Prachtbände und Folianten seiner Bibliothek jemals in die Hand genommen und darin gelesen hat«[40]. Dagegen berichtete ihm ein ehemaliger Kriminalbeamter des Reichssicherheitsdiensts, dem der Schutz von Görings Gattin oblag und der dabei auch Zugang zu den Privaträumen der Familie hatte, dass er in den Schlafzimmern mehrfach Kriminalromane und Karl-May-Bücher habe liegen sehen.[41] Auch schon andere zeitgenössische Besucher hatten diese kleine Schwäche Görings entdeckt, so etwa der tschechoslowakische Gesandte Vojtech Mastny, der im Juni 1934 bei Göring zu Besuch war: »Er schildert Göring als Kind, das sich naiv freut und sein Spielzeug zeigt, oder als Ludwig von Bayern, pathologisch. In seinem Schlafzimmer auf dem Nachttisch ein Revolver mit ziseliertem Hakenkreuz und ein Spiegel in germanisch stilisiertem Silber. Einzige Bücher: Werke von Jules Verne und Karl May.«[42] Also auch hier mehr Schein als Sein in der Lesebiografie Hermann Görings.

Hier trifft er sich womöglich mit einem wie Albert Speer, Hitlers

Lieblingsarchitekten, über dessen Lektüregewohnheiten während des Krieges wenig bekannt ist. Und der in dieser Zeit vermutlich auch, ähnlich wie Himmler, ganz im Tagesgeschäft aufging und kaum noch Zeit und Muße für Zerstreuung haben mochte. In seiner Studentenzeit, in den zwanziger Jahren, hatte er vor der rauen Wirklichkeit Zuflucht in Kunst und Kultur, vor allem aber in einer »emphatischen Hinwendung zur Natur«[43] gesucht. Wenn er sich der Literatur zuwandte, dann der der Klassiker: Goethe, Schiller, Kleist. Von den Moderneren seien, so sein Biograf Joachim C. Fest, vor allem Georg Kaiser und Henrik Ibsen hervorzuheben. Und die Vermählung mit seiner Frau hatte er bewusst und demonstrativ auf das Datum von Goethes Geburtstag gelegt – so wusste Fest mitzuteilen. Das war eine Manifestation bildungsbürgerlichen Selbstverständnisses, die er wie ein Schmuckstück mit sich herumtrug. Später, im Spandauer Kriegsverbrechergefängnis, fand Albert Speer plötzlich wieder alle Zeit der Welt, um zu lesen. Neben der Gartenarbeit, der er sich in Spandau ausgiebig widmete, entdeckte er »das alte Lesevergnügen wieder, und mit den Romanen, die er sich kommen ließ, versuchte er nachzuholen, was er in Jahren versäumt hatte, Dostojewski, Balzac und Hemingway, Tolstoi, Maupassant, Schnitzler, Swift oder Dreiser, [...] während er zu der ›Lamento-Literatur von Böll bis Walser‹«[44], so O-Ton Speer, keinen Zugang fand.

In seinen *Spandauer Tagebüchern* kam Albert Speer dann auch wieder auf die Karl-May-Liebe Adolf Hitlers zurück. Jener habe zu den von Hitler verehrten »Dilettanten« von Chamberlain bis Rosenberg gehört, sei vermutlich der größte »von allen«. »Karl May beweise«, so zitiert Speer Adolf Hitler in seinem Tagebuch in der Rückschau, »daß es nicht notwendig sei zu reisen, um die Welt zu kennen.« Gerade die Darstellung des »Feldherrn Hitler«, so Speers Meinung, »sollte den Hinweis auf Karl May nicht unterlassen. Die Person Winnetous beispielsweise habe ihn, so meinte er einmal, nicht zuletzt in der taktischen Wendigkeit und Umsicht, die Karl May ihr beigegeben habe, immer tief beeindruckt. Er sei geradezu das Musterbeispiel eines Kompanieführers. [...] die Jugend brauche Helden wie das tägliche Brot. Darin liege Karl Mays große Bedeutung. Aber statt dessen hämmerten diese Idioten von Lehrern die Werke von Goethe oder Schiller den bedauernswerten Schülern ein.«[45]

Möglicherweise diente dieser ausführliche Verweis auf das Werk Karl Mays Speer wie auch anderen vor allem dazu, Hitler ein Stück weit der Lächerlichkeit preiszugeben. Was sich Speer – einer der Lieblingsschüler des Diktators – freilich erst im Nachhinein traute. Der ›Größte Feldherr aller Zeiten‹, der bei Winnetou und Old Shatterhand in die Lehre gegangen ist und immer noch geht? Auch in diesem Bild wurde die Lektüre, wenn auch zu anderen Zwecken, instrumentalisiert.

Hanns Johst, Barde der SS und Präsident der Reichsschrifttumskammer, empfiehlt

Hanns Johst war einer der wichtigsten Literaturfunktionäre der NS-Zeit und zugleich einer der prominentesten Autoren der Nationalsozialisten. Mit seinem Frühwerk gilt Johst als Vertreter des Expressionismus, später wandte er sich vom dort propagierten Weltbürgertum ab und der deutschen Nation zu. Erst 1932 in die NSDAP eingetreten, war er seit 1935 Präsident der Reichsschrifttumskammer und außerdem noch Präsident der Deutschen Akademie der Dichtung, der ›Nachfolgerin‹ der Sektion für Dichtung in der Preußischen Akademie der Künste. Sein Intimus Himmler beförderte ihn bis zum SS-Gruppenführer, was dem militärischen Rang eines Generalleutnants gleichkam. Er war im nationalsozialistischen Reich, ganz besonders aber in Himmlers unmittelbarem Umfeld für ›das Dichterische‹ zuständig. In dieser Eigenschaft kümmerte sich der Staatsrat Hanns Johst im April 1943 höchstselbst um die Ausstattung einer Krankenhausbücherei – sicher auch ein Liebesdienst für den von ihm so verehrten ›Heini‹ Himmler. Die ehemalige Lungenheilanstalt Hohenlychen bei Lychen in der Uckermark, um deren Versorgung mit Lesestoff es ging, stand seit 1933 unter der ärztlichen Leitung eines engen Vertrauten von Heinrich Himmler. Im Krieg diente das Krankenhaus der Waffen-SS als Lazarett, sogar der ›Reichsführer‹ selbst ließ sich hier behandeln. Aber auch menschenverachtende Versuche an KZ-Häftlingen aus dem nahe gelegenen Ravensbrück fanden unter der Leitung von Prof. Karl Gebhardt statt.[46] Johst ließ seine Verbindungen spielen, ein Schreiben an den Direktor Berg des mächtigen Eher-Verlagskonzerns folgte. Es war verbunden mit der Bitte, die von ihm beigelegte Bücherliste abzuarbeiten und das Gewünschte zu beschaffen.

Es muss auf den ersten Blick erstaunen, dass die Liste kein Who-is-Who der NS-Literatur enthielt, sondern vielmehr einen Querschnitt dessen, was ›man‹ in jener Zeit gerne las. Unter den etwas über 100 Büchern[47] befanden sich lediglich zwei bis drei im engeren Sinne politische, unter anderem zur Rassenkunde. Der einzige NS-Funktionär, der gelistet wurde, war Walter Richard Darré, der Reichsbauernführer und Minister für Ernährung und Landwirtschaft, mit seinem *Neuadel aus Blut und Boden* und natürlich Johst selbst mit zweien seiner Werke. Im Übrigen sollte auch dem SS-Mann vor allem Unterhaltung und Zerstreuung auf die Beine helfen, nicht knallharte Politik. Der am häufigsten vertretene Autor war Hans Dominik mit insgesamt sechs Titeln, darunter fünf seiner Zukunftsromane. Das Spektrum reichte von der gut lesbaren Literatur eines Hans Carossa oder Rudolf Binding bis zu ausländischen Autoren wie Knut Hamsun oder Sigrid Undset. Natürlich durften auch Karl Aloys Schenzinger und Anton Zischka auf solch einer Wunschliste nicht fehlen, lieferten sie doch die erfolgreichsten Tatsachenromane und Sachbücher der Zeit, den Lesestoff für junge Männer schlechthin. Als eine Entdeckung unter diesen Sachbüchern ist vielleicht noch der junge Hans Hass mit *Unter Korallen und Haien. Abenteuer in der Karibischen See* zu nennen, das bis 1945 immerhin noch auf fast 100 000 Exemplare kam. Den Erfolg des Tauchers und Bestsellerautors verbinden wir sonst eher mit Nachkriegsdeutschland, wo er (weiter auch von seinen Erstlingswerken) nunmehr Hunderttausende verkaufen konnte.

Natürlich finden wir die Klassiker der Unterhaltungsliteratur wie Ludwig Thoma oder Ludwig Ganghofer mit *Der Jäger von Fall* auf dieser Liste neben deren zeitgenössischen Vertretern wie Fritz Müller-Partenkirchen, William von Simpson mit seiner Familiensaga *Die Barrings* oder den in der NS-Zeit keineswegs unumstrittenen Reinhold Conrad Muschler sogar mit zwei Titeln. Selbstverständlich fehlen auch die beliebten Reiseberichte eines Colin Ross oder das populäre *Mein Fliegerleben* von Ernst Udet nicht.

Dann aber drang der Präsident der Deutschen Akademie der Dichtung bis hart an die Grenze zur Trivialliteratur vor, von den ›Hütern der reinen Lehre‹ wie Alfred Rosenberg hätte er hierfür sicher keinen Beifall erhalten. Aber diese Liste sagt auch mehr über Johsts pragmatische Auffassung von Literatur als über seine eigenen Lektürepräferenzen: Da schlug er einen Abenteuerroman von Tex Harding *76 Kilo Gold,* einen Krimi von Edmund Finke *Chapman & Cole wird ausgerottet* oder *Seeteufel erobert Amerika* von Graf Luckner, gewissermaßen ein Meilenstein der abenteuerlichen Kolportage, oder gleich mehrere Krimis von Ernst Friedrich Löhndorff zur Anschaffung vor. Sicher verzeichnet die Liste keine verbotene Literatur, aber immerhin solche, bei der die Meinung, ob sie der Stärkung der Kampfkraft und der Konzentration im Krieg zu- oder abträglich sei, wie später noch gezeigt werden wird, unter den Literaturlenkern weit auseinanderging.

Überschwenglich dann auch der Dank Johsts an den edlen Spender, der die Bücher aus dem Hause Eher sogar kostenlos zur Verfügung gestellt hatte. Dies demonstriere sein »gutes Herz«[48]. Und an dieses gute Herz ging noch ein weiterer Appell: »Ich weiß, ich bin unersättlich, aber meine Tochter fragt mich nach zwei Büchern, und als Affenvater kann ich einer solchen Bitte natürlich nicht widerstehen. [...] können Sie mir das Buch von Josef Benzinger *Probate Kuren* [...] verschaffen? Und zweitens soll ein farbig illustriertes Prachtwerk im Preise von etwa RM 100.- [sic!] über das Pferd existieren von Roenning[49]. Wenn Sie mir diese zwei Werke hier heraussenden könnten, würden Sie mir einen großen Gefallen erweisen.« Der Staatsrat zeigte sich an diesem Punkt wirklich als unersättlich und mindestens genauso zuwendungsbedürftig wie die Rekonvaleszenten der Waffen-SS in Hohenlychen.

»Das tut so gut!«: Dr. Goebbels entspannt sich

Der Blick auf den ›Nachttisch‹ der Nazi-Prominenz ist mal schwerer, mal leichter zu werfen. Joseph Goebbels – selbst fleißiger Autor – gehört dabei zu den leichteren Fällen. Der Vielschreiber widmete sich unter anderem manisch seinem Tagebuch, in dem er selbstverständlich auch seine privaten Lektüreerlebnisse festhielt. Allerdings ist hier wie bei anderen Selbstzeugnissen dieser Art stets Vorsicht geboten. Denn die Aufzeichnungen des Propagandaministers waren von Beginn an als Rohmaterial für spätere Veröffentlichungen gedacht. Er pflegte darin bereits ein Bild, das er später von sich in der Öffentlichkeit gezeichnet sehen wollte. Es ist zu vermuten, dass er vor allem solche Autoren und Werke erwähnte, die dem Gesamtziel seiner Selbststilisierung förderlich waren.

»Noch bis tief in die Nacht gelesen«[50] – »Noch lange gelesen. Und dann müde ins Bett«[51] – »Noch lange gelesen und geschrieben.«[52] Solche oder ähnliche Notizen ziehen sich fast formelhaft durch Goebbels' sämtliche Aufzeichnungen. Sie sollten späteren Generationen zeigen, dass sich der Propagandaminister eben nicht nur die neuesten Filme vorführen ließ, sondern auch literarisch auf dem Laufenden hielt. Dabei schnitzte Goebbels am Bild vom Intellektuellen, dem ›Doktor‹, wie er unter Parteigenossen genannt wurde, dem die tägliche Lektüre Grundbedürfnis ist, eifrig mit. Auch dem Leser von Goebbels' Aufzeichnungen heute erscheinen diese kleinen, gezielten Hinweise auf die stillen Mußestunden mit Buch wie Inseln der Ruhe in einem ansonsten im Stakkato dahineilenden Leben: »Berlin noch etwas Arbeit. Mit Magda telephoniert, der es mit den Kindern gut geht. Dann durch Schnee, Regen und Matsch heraus zum Bogensee. Spät am Abend draußen. Dieser tiefe Frieden! Geschrieben. Gelesen Fallada *Wolf unter Wölfen,* ein tolles, spannendes Buch. Und Musik. Ewige, schöne Musik. Eine kurze Nacht. Schlaf. Gleich wieder Berlin zurück.«[53] Draußen, auf seinem Anwesen am Bogensee nördlich von Berlin, kam er nicht nur zur Ruhe, hier konnte er auch selbst wieder verstärkt zum Autor werden. Hier verfasste er zahlreiche seiner Leitartikel für die Vorzeige-Wochenzeitung *Das Reich,* hier bereitete er viele seiner Texte für die Buchpublikation vor.

Den ehemaligen Germanistikstudenten hatten Bücher schon zeit seines Lebens begleitet. In seinen Erinnerungsblättern heißt es rückblickend über seine Studienzeit: »Lektüre. Hasenklever [sic!] *der Sohn. Antigone.* Strindberg *das rote Zimmer.* Th. Mann *Tod in Venedig.* Strindberg *Entzweit, Einsam.* Ibsen, Tolstoi, Georg Kaiser und Meyrink. Chaos in mir. Gärung. Unbewußte Klärung.«[54]

Sicher war Goebbels einer der belesensten ranghohen Funktionäre des Regimes. Er gehörte vor allem zu denen, die auch die literarische Moderne zur Kenntnis genommen hatten. Der Minister bevorzugte später eine Mischung aus Unterhaltung und Unterrichtung. Er las Span-

nungsromane im Wechsel mit Sachbüchern zu historischen oder politischen Themen, sammelte Informationen, die ihm dann im Tagesgeschäft
wieder nützlich zu sein versprachen: »Lektüre *die Sieger nachher,* ein Buch
über das Weltkriegs- und Nachkriegsfrankreich von Herbert Kranz. Ausgezeichnet geschrieben, von einer umfassenden Sachkenntnis und ein
Beweis mehr dafür, wie nah wir manchmal am Sieg standen. Ein Einblick
in das Nachkriegsfrankreich, der sehr lehrreich ist. Ich lese das Buch her-
unter wie einen Roman.«[55] Oder er wollte beim guten, unterhaltenden
Buch einfach nur abschalten und das Tagesgeschäft vergessen: »Abends
etwas gelesen. Hamsun und Wilhelm Busch. Ein bißchen Entspannung.
Das tut so gut!«[56]

Aber sogar beim wendigen Propagandisten fand sich das Buch immer
wieder als Instrument der Selbstbestätigung und als Ort der Besinnung.
Das verband ihn, vor allem in den späten Jahren des Regimes, mit dem
von ihm so verehrten ›Führer‹: »Ich erzähle ihm, dass ich in den letzten
Tagen das Buch von Carlyle über Friedrich den Großen gelesen habe.
Der Führer selbst kennt das Buch sehr genau. Ich erzähle ihm einige Kapitel daraus, die ihn auf das tiefste ergreifen. So müssen wir sein, und so
werden wir auch sein.«[57] Dies vertraute Goebbels am 28. Februar 1945
seinem Tagebuch an. Es ist unwahrscheinlich, dass er in diesen Tagen die
Muße hatte, das umfangreiche Werk von Thomas Carlyle der *History of
Friedrich II of Prussia,* das auch auf Deutsch vorlag, tatsächlich in Gänze
zu *lesen.* Aber er wird es zur Hand genommen haben, um beim »großen
König« Trost zu suchen. Zugleich sah er Friedrich als Modell für Hitler
und seinesgleichen: »Wir müssen so sein, wie Friedrich der Große ge-
wesen ist, und uns auch so benehmen.«[58] Schließlich sei es der Wunsch
Goebbels' und auch Hitlers, dass die Enkel einstmals – sollte sich in 150
Jahren eine vergleichbare Krise ereignen – »sich auf uns als das heroische
Beispiel der Standhaftigkeit berufen«[59].

Die 10 erfolgreichsten Buchtypen
im Dritten Reich

Eine Geschichte der weit verbreiteten Bücher für die Jahre 1933 bis 1945 kann nicht mit dem Anspruch auf Vollständigkeit geschrieben werden. Auch eine allumfassende Bestsellerliste lässt sich nachträglich nicht aufstellen. Gleichwohl habe ich für diese Studie eine solche Liste geführt. Bücher, die eine Auflage von 100 000 Exemplaren oder mehr erreichten, wurden aufgenommen. Bei besonders spannenden Einzelfällen habe ich selbstverständlich Ausnahmen gemacht. Ein Auszug aus dieser Liste, der die wichtigsten im vorliegenden Buch besprochenen Titel nebst ihren vermutlichen Absatzzahlen verzeichnet, findet sich im Anhang. Diverse Verzeichnisse, Bibliografien, zeitgenössische Verlagsanzeigen, Verlagsgeschichten und Einzelstudien wurden zu Rate gezogen. Mit Hilfe der Kataloge der Deutschen Nationalbibliothek und nicht zuletzt online verfügbarer Antiquariatsverzeichnisse habe ich auch für die Titel, deren Erstausgabe vor 1933 erfolgte, versucht, die Nettoauflage für die Jahre der NS-Herrschaft zu ermitteln.

Ganz bewusst habe ich auch Massenliteratur wie Romanhefte oder Sammelbildalben mit einbezogen, da sich der Literaturmarkt im Dritten Reich gerade in diesen Segmenten als besonders dynamisch erwies. Wenn in den folgenden 10 Kapiteln von Buchtypen die Rede ist, so verbirgt sich dahinter kein literaturwissenschaftlicher Fachbegriff. Vielmehr habe ich versucht, die Bücher vom Leser aus zu betrachten, der sich bei der Suche nach seiner Lektüre weder an wissenschaftlichen noch buchhändlerischen Kategorien orientiert, sondern an Themen, Autoren oder eben bestimmten Leseerfahrungen.

Die Festlegung auf 10 Buchtypen erfolgte willkürlich, und subjektiv ist auch ihre Reihenfolge. Allerdings habe ich angestrebt, unter den rund 350 Büchern, die ich nach den oben genannten Kriterien ermittelt habe, bestimmte Schwerpunkte zu finden und Titel in Gruppen zusammenzufassen, die in ihrer Gesamtheit besonders weit verbreitet waren.

Die Sachbücher sind ganz bewusst an den Anfang gestellt worden. Sie zeigten sich in diesen Jahren äußerst erfolgreich, zugleich wollte ich Klischees hinterfragen, wonach – wenn man den reinen Zahlen folgen würde – mit einiger Berechtigung sicher auch die Propagandaliteratur diesen ersten Platz verdient hätte. Jedoch das Sachbuch erweist sich als die vielleicht ›modernste‹ Literaturform in jenen Jahren, die zugleich die avanciertesten und erfolgreichsten Formen der Propaganda hervorbrachte.

Die Grenzen zwischen den Buchtypen sind fließend, manches Werk hätte an unterschiedlichen Stellen mit gleicher Folgerichtigkeit untergebracht werden können. Aber die jeweilige Einordnung ist dabei genauso zweitrangig wie eine exakte Auflagenermittlung: Es geht mir bei allen Teilkapiteln vor allem darum, Tendenzen und Trends deutlich zu machen, vielleicht auch durch ungewöhnliche Zusammenstellungen Fragen aufzuwerfen und den Blick für Neues zu schärfen.

So könnte ebenso gefragt werden, warum die Blut-und-Boden-Literatur erst an vorletzter Stelle behandelt wird. Weil sie in der Tat zwar unsere Vorstellungen vom Buch im Dritten Reich lange geprägt hat, bei genauerem Hinsehen aber nicht nur inhaltlich, sondern auch rein quantitativ erstaunlich unbedeutend war. Die einschlägigen Titel, die tatsächlich nach Hunderttausenden zählende Großauflagen erreichten, blieben selten. Ganz anders das ›Lesefutter für den Krieg‹, das ich ganz bewusst und nicht nur der Chronologie wegen ans Ende der Darstellung gesetzt habe. Diese Literatur war wirtschaftlich und rein mengenmäßig von außerordentlicher Bedeutung. Hier fanden viele Entwicklungen der Friedensjahre ihre letzte Zuspitzung. Der Bücherflut für die Wehrmacht und für die Zivilbevölkerung im Krieg gehört der Schlussakkord, hier findet der Bestseller in finsterer Zeit seine Vollendung und sein Ende gleichermaßen.

1. Auf dem Boden der Tatsachen:
Populäre Sachbücher

Beispielloser Erfolg eines Rohstoffromans:
Schenzingers *Anilin*

Kein Geringerer als der Staatsschauspieler Heinrich George war für die Hauptrolle im Hörspiel gewonnen worden. Er lieh dem Chemiker Friedlieb Ferdinand Runge, dem Entdecker des Farbstoffes Anilin, seine Stimme. Das Hörspiel, das im März 1937 über den Äther ging, basierte auf dem gleichnamigen Roman von Karl Aloys Schenzinger.[1] Es war nicht irgendein Roman, der so hochkarätig besetzt dramatisiert wurde, sondern der erfolgreichste erzählende Text im Dritten Reich überhaupt: Bis Kriegsende lag das Buch knapp unter einer Million verkaufter Exemplare, im Mai 1951 waren die 1,6 Millionen überschritten. Der Erfolg kam nicht von ungefähr. Schenzingers Buch gehörte bei Literaturkritikern (wenn man sie denn noch so nennen will) und Lesern gleichermaßen zu den Favoriten. »Es ist ein Weg voller Opfer und Verzicht«, so war in der *Nordischen Rundschau* aus Kiel zu lesen, »der von den Indigofeldern der Tropen durch die Laboratorien eines Liebig, Koch, Duisberg zu den I.G.-Farben hinführt. Schenzinger hat in seinem Buch ›Anilin‹ fast ein Jahrhundert Forscherarbeit zusammengefasst, hat mit packender Wucht der deutschen Chemie eine Ehrung zuteil werden lassen, wie man sie sich in dieser Form kaum besser vorstellen kann.«[2]

Und wenn auch Schenzingers Verleger, Wilhelm Andermann, dem Werk das Signet Roman mit auf den Weg gegeben hatte, dieses Buch war etwas anderes. Es gehörte in die große Reihe der Rohstoff-Romane, die Sachbuchthemen im fiktionalisierten Gewand unter die Leute brachten. Ähnlich wie in vielen modernen Dokumentarfilmen wechseln sich bei Schenzinger dokumentarische Textteile und Sachbuchpassagen mit dramatisierten Erzählformen ab. Der Typus des Sachromans, der sich »heutzutage fast vollständig ins populäre Sachbuch aufgelöst hat«[3], hatte seine Vorläufer und Vorbilder in der Weimarer Zeit und feierte im Dritten Reich beispiellose Erfolge. Die Tatsachenromane zu Rohstoffthemen waren die vielleicht ›modernsten‹ Buchtypen in jenen Jahren. Doch nicht nur aus heutiger Sicht, schon die Zeitgenossen hatten die Bücher trotz aller ihnen anhaftenden Etiketten eher als Sachbücher wahrgenommen und gelesen. So wusste der »Sonderführer Werner Kark« unter dem Titel »Was liest der Landser« zu berichten, dass »Flugzeugführer und Funker schon aus Einsatzgründen weitaus aufnahmebereiter sein [müssen]. Von ihnen stammen daher die schönen und bezeichnenden Hinweise auf weitverbreitetes naturwissenschaftliches und technisches Material, das – oft gemeinsam bearbeitet – an erster Stelle der Interessen steht. Das reicht von Schenzingers *Anilin* über verschiedene Bücher Bürgels und Romane Dominiks hin bis zu den schwierigsten wissenschaftlichen Werken, die allabendlich, abseits vom Lärm der Runde, studiert werden.«[4] Erwiesen ist, und daran erinnert sich auch der Buchmarkt-Kenner Franz Hinze, Jahrgang 1919, der im Krieg zeitweise als Frontbuchhändler in Paris eingesetzt war, dass viele Soldaten ihre Militärzeit, soweit das möglich war, zur eigenen Fortbildung zu nutzen suchten. Deshalb waren echte Fachbücher immer höchst gefragt bei der Kundschaft in Wehrmachtsuniform. Auch nach der Schenzinger-Lektüre fühlt man sich in erster Linie informiert über Personen und Ereignisse eines Stücks Wissenschaftsgeschichte. Die einzelnen Figuren und ihre psychologische oder gesellschaftliche Dimension interessieren nur am Rande. In diesem Sinne ist das Label Sachbuch in jeder Hinsicht angemessen.

Der neue Buchtypus und seine Autoren waren schon zu Schenzingers Zeit Gegenstand öffentlicher Erörterungen. Der Tatsachenbezug war ein Erbe der zwanziger Jahre, der Neuen Sachlichkeit. Erwin Barth von Wehrenalp, der nach dem Krieg als Geschäftsführer des Econ Verlags einer der erfolgreichsten Sachbuchverleger der Bundesrepublik werden sollte, schrieb 1937 in einer Literaturzeitschrift über »Volkstümliche Wissenschaft«. Er war zu diesem Zeitpunkt seit zwei Jahren für die Wirtschaftsgruppe Chemische Industrie als Journalist tätig, es darf also davon ausgegangen werden, dass er im Auftrag der wachsenden Konzerne die Werbetrommel für die populäre Wissensvermittlung rührte. Es sei nötig, die »Welt des Laien« und die des »Wissenschaftlers« in Ver-

bindung zu bringen, und das nicht nur, aber auch, um die »Facharbeiter-
sorge zu bannen«[5]. Das Grundproblem sei aus seiner Sicht, dass die Welt
des Laien und die der Wissenschaftler immer weiter auseinanderdrifte.
Die absurde Situation sei, dass die Welt immer stärker verwissenschaft-
licht werde, die Mehrheit von der Wissenschaft aber fast nichts mehr
verstünde. Diese so nötige Brücke könne die Literatur bilden, vor allem
auch solche im Stile Schenzingers: Eine neue »Reportageform [dringe]
immer mehr vor, die vom Tod des alten Bildungsideals weiß, die Menschen direkter anspricht und größere Erfolge aufweisen kann. Sie versucht wissenschaftliche Dinge aus einer Zeit heraus oder von der Tat des
Forschers her zu schildern.« Sie gelinge nur dort, »wo ihr Unterbau
von der Fachwissenschaft gestellt wurde«. Und sogar noch einer ganz
anderen Literaturform wollte Wehrenalp wissensvermittelnden Charakter zubilligen: dem technischen Zukunftsroman, in dem »nicht selten
recht geschickt, die Probleme angedeutet sind, die sich in der Sprache
der Zahlen dem Laien verschließen«. Allerdings reiche die dichterische
Kraft dieser Autoren oft nicht aus, um die engen Grenzen ihrer einfachen
Texte zu überschreiten.

Wie Wehrenalp sich später, nach 1945, auf die von Autoren wie Schenzinger entwickelten Buchtypen stützen konnte (Wehrenalp selbst hatte
1937 bei Kosmos ein Bändchen mit dem Titel *Farbe aus Kohle* geschrieben), so hatten die Sachbuchautoren des Dritten Reichs diesen Typus
des Tatsachenromans ebenfalls nicht erfunden. Hier existierten Vorbilder
in der Literatur der zwanziger Jahre und vor allem auch bei den Sachbüchern im Ausland. Hans Dominik, der neben Zukunftsromanen auch
›Tatsachenbücher‹ schrieb, dienten die 1926 erschienenen *Mikrobenjäger*
des Amerikaners Paul de Kruif als Beispiel, wenn es darum ging, »Großtaten auf dem Gebiet technischer Erfindungen in dramatischer Form«[6]
zu schildern. De Kruif hatte es als einer der Ersten geschafft, der drögen
Wissenschaft den human touch zu verleihen. Darin nun lag auch Schenzingers Erfolg begründet. Karl Aloys Schenzinger, 1886 geboren, hatte
Medizin studiert, war während des Weltkriegs als Militärpsychiater tätig
und promovierte später. 1923 ging er für zwei Jahre nach New York, wo
er sich als Arzt und Filmemacher durchschlug.

Erste Erfolge in Deutschland feierte er mit seinem Roman vom *Hitler-*

jungen Quex, erschienen 1932, der nach der Machtübernahme verfilmt wurde. Der Uraufführung des Streifens im September 1933 wohnten Baldur von Schirach als Reichsjugendführer und Hitler selbst bei. Schenzinger war, so sind sich die Biografen einig, nie in der NSDAP, aber immerhin ernannte ihn die Hitlerjugend zum Ehrenmitglied.[7] Schließlich hatte Schenzinger mit seinem Jugendbuch dem von der NS-Propaganda zum Märtyrer stilisierten Herbert Norkus, einem bei Auseinandersetzung mit Kommunisten zu Tode gekommenen Hitlerjungen, ein Denkmal gesetzt. Das Buch wurde zum Bestseller, der über 300 000 Mal verkauft werden konnte. Es galt als von höchster Stelle empfohlene Lektüre. »Gegen die Herausgabe dieser Schrift werden seitens der NSDAP keine Bedenken erhoben«, so war im Impressum zu lesen und unterzeichnet mit: »Der Vorsitzende der parteiamtlichen Prüfungskommission zum Schutze des NS-Schrifttums.«[8] Schenzinger hatte Glück, mit seinem Werk schon vor der großen Konjunkturwelle an NS-Literatur auf den Markt gekommen zu sein. Nach 1933 wäre ein Erfolg auf diesem Wege nicht mehr so einfach gewesen, überall hätte der Vorwurf gelauert, es handele sich hier um die Tat eines ›Konjunkturritters‹.

Sein *Anilin* fügt sich in die Reihe der Rohstoffromane wie Rudolf Brunngrabers *Radium* oder Hans Dominiks *Vistra. Das weiße Gold Deutschlands* und so weiter ein. Das NS-typische an *Anilin* lag gerade in der eher subtilen Kumpanei mit dem Regime. Hier prangten nicht vordergründig die Symbole des neuen Staates, hier wurde auf einer anderen und erfolgreicheren Ebene Propaganda betrieben.

Der Text zeigt sich ganz in der Tradition einer Technikgläubigkeit, die dem Fortschritt sogar die Lösung gesellschaftlicher Probleme zutraut: Auch dies ein Erbe der zwanziger Jahre. Am Anfang der Erzählung steht der deutsche Chemiker Friedlieb Ferdinand Runge und seine Entdeckung des Anilin-Farbstoffes. Die Tragik seines Lebens (und auch die der Figur in Schenzingers Buch) besteht darin, zu Lebzeiten nur noch den Beginn der Anerkennung seiner Leistungen erfahren zu haben. Kontrastiert wird die Geschichte seiner Entdeckungen mit Erzählungen über den aus einer Pflanze gewonnenen Farbstoff Indigo. In Indien werden diese Pflanzen unter schwierigen, unmenschlichen Bedingungen angebaut und nach Europa verschifft. Dort verdienen nur die Importeure, vor allem durch Spekulationen auf der Rohstoffbörse in London. Der nationalistische Subtext kontrastiert englisches Spekulantentum mit deutschem Erfindergeist: Hier der Drang zur Gewinnmaximierung an den Börsen, dort der Wunsch, den technischen Fortschritt zum Wohl der Menschheit zu nutzen. Im Buch skizziert Schenzinger mit kühnem Strich die Geschichte der Entdeckung der Teerfarbstoffe und in ihrer Folge die Geburt der modernen chemischen Industrie, in der deutsche Werke und deutsche Forscher eine Schlüsselstellung einnehmen. Das Buch gipfelt in der Gründung der I.G.-Farben und folgt seinen Helden schließlich auf dem Weg in ein neues Deutschland, in dem zwar nicht die Hakenkreuz-fahnen flattern und auch kein ›Führer‹ grüßt, aber das klar und spar-sam als das Land der Nationalsozialisten charakterisiert wird. Dies reicht bis zur antisemitischen Anspielung, wenn ein Händlerring beschrieben wird, der die Verbreitung eines Malaria-Medikaments verhindern will und dem »vorwiegend Händler angehörten, die aus ihrem Blut und ihrer Gesinnung heraus dem neuen Deutschland nicht gewogen waren«[9]. Alle Erfindungen, die sich am Ende als segensreich für die Gesundheit der Weltbevölkerung erweisen, wurden von deutschen Forschern erkämpft. Künstliche Farbstoffe werden *entgegen* den Interessen der englischen Ko-lonialmacht entwickelt und machen Farben für jedermann erschwing-lich. *Obwohl* die Siegermächte des Ersten Weltkrieges massenhaft deut-sche Patente verletzen, forschen die kühnen Wissenschaftler weiter. Und auch am Ende sieht der Autor Deutschland wieder allein gegen viele stehen, wenn er konstatiert: »Der künstliche Werkstoff bedingt heute die Zukunft der deutschen Nation. Der künstliche Werkstoff ist zur deut-schen Lebensfrage geworden.«[10] Das NS-typische an *Anilin* war dabei, dass die Technikgläubigkeit der zwanziger Jahre nun ganz klar nationa-listische Züge bekam.

Besonders erfolgreich konnte *Anilin* sein, weil es ein fortschrittlicher Text war, der an die junge Tradition der Neuen Sachlichkeit anknüpfen konnte. Bis hin zur Sprache oder zu einzelnen Bildern berief er sich auf Vorbilder des Technik-Romans, etwa auf Bernhard Kellermanns *Tunnel,* vermutlich einen der ersten modernen Bestseller der deutschen Literatur: Hier wie da wurde Arbeit (und Forschung) mit der Sprache der Schlacht-beschreibung verbildlicht und sogar »die Referenten sprachen wie die

Heerführer vor der Entscheidungsschlacht«[11]. Besonders erfolgreich war er vermutlich auch deshalb, weil sich die beschriebene Lebenswirklichkeit dicht an der Lebenswirklichkeit der Mehrzahl der ›Volksgenossen‹ befand, die in den immer wichtiger werdenden Produktionsprozess eingespannt waren. Ebenso von Vorteil war mit Sicherheit, dass Schenzinger allzu offensichtliche Anbiederungen an die Machthaber unterließ. Und last but not least war *Anilin* ein Lobbyisten-Roman, der die Interessen des mächtigen I.G.-Farben Konzerns in Literatur überführt hatte und so schnell keine Angriffe der Literaturlenker zu erwarten hatte.

Schenzingers alter Verleger, Wilhelm Andermann, griff nach 1945 den Faden wieder auf und führte *Anilin* in der jungen Bundesrepublik erneut zum Erfolg. Dass für die Nachkriegsausgaben das vorangestellte Zitat des »Reichsministers Dr. Frick« gestrichen wurde, in dem vom »rassisch gesunden und unverbrauchten Volk«[12] die Rede war, lag auf der Hand. 1949 kam als »durchgesehene und ergänzte« Auflage ein Buch auf den Markt, das in der Tat sehr gründlich durchgesehen und dabei aber weniger »ergänzt«, sondern an den entscheidenden Stellen gekürzt worden war: Alle Hinweise auf die I.G.-Farben, die durch ihre Verstrickung in den Völkermord in Misskredit geraten war, waren nun getilgt, auch allzu militaristische Formulierungen wurden gelöscht. Ebenfalls sucht man abfällige Bemerkungen über die Siegermächte des Ersten Weltkrieges, insbesondere die Engländer (die jetzt auch wieder auf der Siegerseite saßen), vergeblich. Ein Satz wie: »Wir sind eingeengt, geographisch, wirtschaftlich, politisch. Wir wollen leben!«[13] hatte 1949 ausgedient. Andere Akzente waren leicht, aber entscheidend verschoben. So hieß es vor 1945: »Der künstliche Werkstoff ist zur deutschen Lebensfrage geworden.«[14] Nunmehr unter alliierter Kontrolle, ganz im Sinne des Wiederaufbaus, aber weniger militant: »Der künstliche Werkstoff bedingt heute die Zukunft der deutschen Wirtschaft.«[15]

Propaganda par excellence: Anton Zischka

Im Dritten Reich standen gut erzählte, populäre Darstellungen zu Rohstoffthemen oder geopolitischen Fragestellungen also hoch im Kurs. Einer der bekanntesten Autoren in diesem Segment war Anton Zischka.

Er hatte seine Erzählweise an der Reportage geschult. Ähnlich wie jeder gute Abenteuerschriftsteller vermochte er seine Leser in den Bann zu schlagen, in den Sog der Erzählung hineinzuziehen, auch wenn diese von scheinbar trockenen Themen wie *Brot für zwei Milliarden Menschen,* vom *Ölkrieg* oder dem *Sieg der Arbeit* handelte. Zischkas großer Gegenstand war die Autarkie, die Unabhängigkeit Deutschlands von fremden Rohstoffen, den er immer wieder erfolgreich umkreiste. Er fand damit ein Sujet, das politisch hoch erwünscht war, und das sich in die Bemühungen des Staates um eine wirtschaftliche ›Aufrüstung‹ im Rahmen des Vierjahresplanes einpasste, das aber offenbar auch die Leser bewegte. Die Bücher Zischkas sind bestes Beispiel dafür, dass sich mit den Sachbüchern nicht nur der vermutlich modernste Buchtypus jener Jahre auf dem Markt etablierte, sondern dass unter dem Deckmantel der Tatsachen erfolgreiche und äußerst breitenwirksame Propaganda unters Volk gebracht wurde.

Zischkas Besonderheit: Er lebte nicht in Deutschland, sondern seit 1935 auf Mallorca. Auf ihn konnte kein unmittelbarer politischer Zwang einwirken, sich dem Nationalsozialismus anzudienen. Er folgte allein dem Streben, durch sein Schrifttum möglichst gut zu verdienen. 1934 bildete sich eine äußerst erfolgreiche Allianz aus Anton Zischka und dem Leipziger Verleger Wilhelm Goldmann. Goldmann gelang es, mit Zischka als Galionsfigur, die Produktion seines Hauses innerhalb weniger Jahre von Kriminal- und Unterhaltungsromanen auf geopolitische Themen umzupolen.[16] Zischkas Bücher wurden zur Marke, man fragte nach »dem neuen Zischka«. Dabei war der Autor in der Branche nicht nur für fesselnde Lektüre, sondern auch für flotte Plagiate bekannt. Dadurch hatte sich Zischka sogar schon die Verbindungen zu seinem französischen Verleger verbaut, bei dem seine ersten Werke erschienen waren. Auch die Zusammenarbeit mit Goldmann setzte er durch schamloses Abschreiben immer wieder harten Belastungsproben aus: »Nachdem dieser Brief geschrieben war, kommt eine Besprechung aus dem *Hamburger Tageblatt* [...]. Auch da wieder der Hinweis auf Colin Ross. Mir wird schlecht, lieber Herr Zischka!«, schrieb Goldmann an seinen Star-Autor, »wenn das mal gut ausgeht!«[17] Es ging für beide im Dritten Reich gut aus. Im Goldmann Verlag erschienen von Zischka insgesamt 13 Bücher. Sein erfolgreichstes Einzelwerk in dieser Zeit aber war ein Buch, das nicht in Leipzig herauskam, sondern im Eher-Konzern: *Erfinder brechen die Blockade* mit 440 000 Exemplaren. »Der Name Anton Zischkas ist jedem Bücherleser vertraut«, schrieb das *Großdeutsche Leihbüchereiblatt* 1941, »nicht umsonst gehören seine Bücher zu den Werken, die uns wichtige Fragen des politischen und wirtschaftlichen Lebens in leicht faßbarer Form interessant darzubieten wissen. [...] Sie werden auch weiterhin zu den vielgelesenen Werken gehören.«[18] Und so landeten auch von den Goldmann-Titeln viele unter den Top 300 im Dritten Reich mit Auflagen jenseits der 200 000 Stück, Zischka selbst sprach 1944 von einer Gesamtauflage seiner Werke von rund 1,1 Millionen Exemplaren.[19]

In seinem der Reichsschrifttumskammer vorgelegten Lebenslauf führte Zischka für die zwanziger Jahre allerhand abenteuerliche Reportagereisen rund um den Globus auf (zum Beispiel »im eigenen Sportflugzeug in die Mandschurei!«), die wohl vor allem seine umfangreiche Sachkenntnis, als auf eigener Erfahrung fußend, verbürgen sollten. Zweifel an der Welterfahrenheit des Autors, die auch sein Verleger Goldmann nie ganz beiseitezulegen vermochte, sind angebracht. Umso unzweifelhafter Zischkas Bekenntnis zum nationalsozialistischen Deutschland, »weil seit der politischen Neugestaltung ihm hier Ausdrucksmöglichkeiten zur Verfügung standen, die er überall sonst vermißt hatte«.[20]

Eine dramatische wirtschaftliche Bilanz zog der Alleinunternehmer Zischka schließlich gegen Kriegsende, als der Goldmann Verlag und seine Buchbestände im Dezember 1943 einem Bombenangriff zum Opfer gefallen waren. »Ist geistiges Eigentum minder schützenswert [...] als materielles?«[21], fragte der Autor anklagend das für die Regulierung von Kriegsschäden zuständige Amt in Leipzig per Brief. 108 915 Exemplare seiner Bücher seien vernichtet worden, auf einen Ersatz der entgangenen Honorare hatte Zischka nach damaliger Gesetzeslage keinen Anspruch. Seit 1941 hätten, so der klagende Zischka weiter, kriegsbedingt keine neuen Werke von ihm mehr erscheinen können, und das obwohl man wisse, dass die Buchnachfrage das Angebot um ein Vielfaches übersteige. Das heißt jedes in diesen Zeiten einmal gedruckte Buch konnte problemlos mehrere potentielle Käufer finden. Und Zischka wagte den Umkehrschluss. Wer sein geistiges Eigentum nicht hinreichend finanziell würdige, der gefährde sein eigenes Fortbestehen: »Denn wenn die geistigen Kraftquellen einer Nation verstopft werden, dann hören erwiesenermaßen sehr bald auch die materiellen auf!«[22] Mit diesem Schlusssatz sollte Zischka – auch wenn er von ihm anders gemeint war – in jeder Hinsicht recht behalten. Eine Antwort des Kriegsschädenamtes, die zu Zischkas Zufriedenheit ausgefallen wäre, ist nicht mehr überliefert.

Denkmal für einen Helden: Robert Koch

»Im Mittelpunkt des Tatsachenromans steht entweder ein überpersönliches Gebilde oder ein Held, an dem das Wichtigste nicht seine Besonderheiten sind, sondern das Typische, das ihn zum Vorbild aller Menschen gleichen Strebens macht.«[23] So hatte Michael Prawdin das Wesen diesen neuen Romantyps treffend charakterisiert. Das überpersönliche Gebilde konnte dabei eben auch ein Rohstoff wie Anilin oder Metall sein.

Einer dieser Helden war bereits in Schenzingers Buch aufgetaucht, aber sein Leben bot Stoff genug für ganze Bücher und Filme: Robert Koch. Neben Schenzinger war Hellmuth Unger ein weiterer Mediziner, der sich als Autor erfolgreich an der Figur Kochs versucht hatte. Als bestverkauften Titel sind sein *Robert Koch. Roman eines großen Lebens* sowie *Germanin. Geschichte einer deutschen Großtat* zu nennen. Die Bücher wurden verfilmt und die Verkaufsauflage von *Robert Koch* wurde von zunächst nur 15 000 Stück auf über 135 000 katapultiert: Dem Hauptdarsteller Emil Jannings und dem wissenschaftlichen Berater Hellmuth Unger sei Dank. Auch *Germanin* kam auf über 150 000 verkaufte Exemplare insgesamt.[24] »Die Gestaltung dieses dem Leben entnommenen Stoffes«, so ein Rezensent, »ist derart vollendet, daß das Buch sich wohl in allen Schichten des Volkes einen dankbaren Leserkreis sichern wird.«[25] Und sogar die sonst so dogmatische *Bücherkunde* konnte das Buch nur empfehlen. Insbesondere fand man hier bemerkenswert, dass sich bei Unger »fachkundliche« und »schriftstellerische Fähigkeiten« aufs Vorzüglichste ergänzten. Sie bildeten die ideale Voraussetzung für ein gelungenes Sachbuch.[26]

Unter dem Titel *Helfer der Menschheit. Der Lebensroman Robert Kochs* war der Text 1929 erstmals erschienen. Die 1936 auf den Markt gebrachte

Neuausgabe war in einigen Details den neuen Gegebenheiten angepasst: Fremdwörter wurden eingedeutscht und die Namen einiger jüdischer Kollegen Kochs verschwanden.[27] Bei genauerem Hinsehen handelt es sich auch bei *Robert Koch* wieder um eine literarische Mischform. Ein erzählender, mit Dialogen angereicherter Text wird durch dokumentarisches Material, Berichte von Zeitzeugen und nicht zuletzt eine Bildstrecke begleitet, die dem Erzählten Authentizität verleihen sollen.[28] In erster Linie steht der Vorbildcharakter Kochs im Mittelpunkt, entworfen wird ein Heldendenkmal, das keinen Schatten kennt.

Auch Unger gehörte zu denen, die erst nach der Machtübernahme richtig erfolgreich durchstarten konnten. Er hatte bereits 1907 erste schriftstellerische Versuche unternommen, den Ersten Weltkrieg erlebte er als Feldunterarzt einer Krankentransportabteilung in Galizien und den Karpaten mit. Nachdem er einige Jahre in Leipzig als Augenarzt praktiziert hatte, wurde er hauptamtlicher Mitarbeiter des Verbandes der Ärzte in Deutschland in Berlin, unter anderem als Schriftleiter diverser Fachblätter und Angehöriger der Pressestelle in leitender Funktion, später auch als Mitarbeiter des Rassenpolitischen Amtes.[29] Wenn auch erste literarische Veröffentlichungen schon vor seinem 21. Lebensjahr erfolgten, erst als Verbandsfunktionär wurde er richtig erfolgreich.

Als ›Schatten‹ auf seiner eigenen Biografie lastete eine Mitgliedschaft in einer Freimaurerloge, die allerdings seit 1924 ruhte, sowie die Tatsache, auch 1938 noch nicht Mitglied in der NSDAP zu sein. »Doch [für eine Mitgliedschaft] vorgeschlagen«, fühlte er sich beflissen in seinem Aufnahmeantrag für die Reichsschrifttumskammer hervorzuheben.[30] Dass seine schriftstellerische Tätigkeit gleichzeitig Lobbyarbeit für seinen Arbeitgeber war, liegt auf der Hand. Wie kurz der Schritt vom Lobbyisten zum Propagandisten manchmal ist, zeigt das Beispiel Ungers eindrücklich. Sein Briefroman *Sendung und Gewissen* von 1936 verkaufte sich ebenfalls an die 80 000 Mal. In Nachkriegsbiografien des Arztes, der sich 1945 in Freiburg im Breisgau niedergelassen hatte und nun wieder als Augenarzt praktizierte, sucht man nach einem Hinweis auf diesen Text allerdings vergeblich. Das Buch hatte die Vorlage für den Film *Ich klage an* geliefert, den vielleicht berüchtigtsten Propagandafilm für die Euthanasie, dem massenhaften Mord am von den Nationalsozialisten als ›unwert‹ definierten Leben. Interessant in dieser Hinsicht, dass es diverse Anweisungen gab, die verhindern sollten, dass im Zusammenhang mit dem Film oder in Buchkritiken das Thema »Euthanasie« angesprochen wurde. Die Verantwortlichen befürchteten in diesem Fall lautstarken Protest aus dem Ausland oder aus kirchlichen Kreisen.[31] Hellmuth Unger war von Berufs wegen Teil eines Systems von Gutachtern und Ausschüssen, ohne die der Euthanasie-Mord nicht hätte durchgeführt werden können. Er war Mit- und Vordenker, aber auch Propagandist des Euthanasie-Gedankens in einem.[32]

Vom Retter der Menschheit Robert Koch bis zu den Mördern der ›Aktion T 4‹: Weiter lässt sich der Bogen ärztlichen Selbstverständnisses wohl kaum spannen.

Diesel: »Eines der aufregendsten Bücher der letzten Zeit!«

Wie das Beispiel Hellmuth Unger zeigt: Die Karrieren berühmter Wissenschaftler und Erfinder wurden in jenen Jahren gerne zum Gegenstand biografischer Darstellungen genommen. Auch Eugen Diesel, seines Zeichens Schriftsteller und Sohn des Erfinders und Konstrukteurs Rudolf Diesel, steuerte eines der viel gelesenen Lebensbilder zu dieser Sonderform der Biografie bei.

Dabei war er keineswegs unumstritten und stand unter Beobachtung. Der Sicherheitsdienst des Reichsführers SS schickte im Sommer 1944 seine Leute ins Oberbayrische aus, nach Brannenburg am Inn, wo sich der Sohn des Erfinders niedergelassen hatte. Der SD war darum bemüht zu erfahren, »wie sich der Schriftsteller Eugen Diesel [...] in letzter Zeit in politischer und charakterlicher Hinsicht verhalten hat«.[33] Die Spitzel vor Ort mussten keine langwierigen Nachforschungen anstellen. Schon kurze Zeit später konnte der Ortsgruppenleiter im Heimatort des Autors an seine Parteioberen melden, dass Diesel »sehr zurückgezogen« lebe. »Er kümmert sich offiziell wenig um das Zeitgeschehen. Über ihn ist nichts Nachteiliges bekannt. Seiner Einstellung nach ist er Kosmopolit. Seine Frau dagegen hat sich schon wiederholt nachteilig über unser gegenwärtiges Staatssystem geäußert.«[34] Wenigstens waren beide Kinder in BdM bzw. HJ organisiert – für den Ortsgruppenleiter immerhin ein kleiner Trost.

So zurückgezogen Diesel im Ort auch leben mochte, als Autor war er erfolgreich und wirkte weit in die Öffentlichkeit hinein. Sein bekanntestes Buch, ein biografisches Werk über seinen Vater, verkaufte sich über 160 000 Mal. Paul Fechter nannte es im *Berliner Tageblatt* »eines der aufregendsten Bücher der letzten Zeit«[35]. Der auffälligste Unterschied etwa zum Buch von Unger ist die differenziertere Sichtweise auf den Menschen Rudolf Diesel. Angefangen damit, dass der Sohn dem Werk ein Vorwort voranstellte, in dem er sein schwieriges Verhältnis zu seinem Erfinder-Vater durchblicken ließ. Er selbst habe an einer »unbeherrschbaren dichterischen und philosophischen Neigung« gelitten, »die vor den technischen Plänen des Vaters mit seinem Sohn als unüberwindliches Hindernis gestanden«[36] habe. Der Sohn hat keine reine Hagiografie geschrieben. »Stark mag die Versuchung gewesen sein, dieses reiche, phantastische Schicksal des einzigartigen Mannes romanhaft zu gestalten«, so hatte schon die aufmerksame *Frankfurter Zeitung* angemerkt. »Aber Eugen Diesel ist Biograph geblieben, so daß wir ihm eine wahre und ergreifende Schilderung eines Lebensschicksals verdanken.«[37] Der Sohn beschreibt auch manche Schattenseite schonungslos, bis hin zum (sehr wahrscheinlichen) Suizid Rudolf Diesels auf einer Schiffspassage von Holland nach England. Allerdings konnte der Leichnam des Erfinders nie gefunden und obduziert werden. Aber Eugen Diesel lässt in seinem Text durchblicken, dass der Vater von seinem baldigen Ableben wusste und entsprechende Vorbereitungen traf. Dass die Familie beim Eintreffen der Todesmeldung vor allem wegen des offenbar schon völlig verlorenen Vermögens in Aufregung geriet, spricht ebenfalls für eine eher realistische Art der Schilderung.

Diesel und sein Buch wurden zunächst von der NS-Literaturkritik äußerst wohlwollend aufgenommen. Unter der Rubrik »Aus bekannten Federn« verstieg sich sogar die *Bücherkunde* Alfred Rosenbergs zu einer Empfehlung des Werkes.[38] Diesel galt und gilt vielen als ein Vordenker einer fortschrittsfreundlichen Strömung im Nationalsozialismus: Diese Leute verstanden sich nicht als Technikfeinde, die ein irgendwie geartetes Zurück-zur-Scholle propagiert hätten, sondern als Befürworter einer

»In der Buchhandlung: Biographien stark gefragt« — so lautet die Originalbildunterschrift dieses Pressefotos aus dem Jahr 1936.

besonderen Form der Techniknutzung, die Mensch und Maschine, Technik und Natur in Einklang bringen sollte. Auf diesem Weg sah wohl auch Diesel die NS-Bewegung schreiten. So schienen die Krisen und Verwerfungen des alten kapitalistischen Systems, wie etwa die Weltwirtschaftskrise, in Zukunft endgültig Geschichte zu werden. Dies klang in Diesels Worten so: »Wir sind in dem heutigen Deutschland bestrebt, die Formen zu erarbeiten, in denen wir als deutsche Menschen leben können, in denen wir den Herzschlag der Heimat und unserer alten Geschichte spüren, in denen wir die überspannte Organisierung und Mechanisierung zurückdrängen, einen organischen Volkszusammenhang gewinnen und doch nichts von unserer Modernität, unserem Bekenntnis zur Technik und zur Weltaufgeschlossenheit preisgeben.«[39]

Obwohl das Ja zur Technik in Deutschland bald breiter Konsens war (angesichts der Wiederaufrüstung und des Krieges konnte es schon aus pragmatischen Gründen gar nicht anders sein), geriet Diesel zunehmend in die Kritik.[40] Dabei wurde ihm vor allem übel genommen, dass er offen zu verstehen gab, dass Deutschland trotz der Herrschaft der Nationalsozialisten eben noch nicht am Ziel angekommen sei. Aber Menschen, die wie im Märchen von ›Des Kaisers neuen Kleidern‹ auf die Nacktheit des Potentaten hinwiesen, waren im Dritten Reich nicht gerne gesehen. Die Nachforschungen des SD mögen im Zusammenhang mit einem solchen Misstrauen gegen den Autor gestanden haben. Insgesamt taten diese Zweifel an seiner Linientreue aber dem kommerziellen Erfolg Diesels am Buchmarkt keinen Abbruch. Zwar gehörte er nicht zu den absoluten Spitzenverdienern der Branche, konnte sich aber mit Jahreseinkommen zwischen 20 000 und 30 000 Reichsmark (RM) in den Jahren 1940–1942 durchaus sehen lassen. Allein die an die Ufa verkauften Verfilmungsrechte zu *Diesel* schlugen mit 12 500 RM zu Buche, die Arbeit als Fachberater bei den Dreharbeiten brachte er weitere 5000 RM ein.[41] Für den Streifen, der im November 1942 in die Kinos kam, hatte man unter anderem Willy Birgel, Paul Wegener und Erich Ponto gewinnen können.

Beinhorn–Rosemeyer, Traumpaar des NS-Jetset

»Alles Wesentliche in Deinem Leben war heroisch und groß angelegt«[42], so gab Elly Beinhorn schon im Vorwort die Richtung an. Mit *Mein Mann, der Rennfahrer* liegt ein weiteres Buch im Genre der Lebensbilder vor, das in weiten Teilen ebenfalls autobiografische Züge trägt. Elly Beinhorn hatte den berühmten Rennfahrer Bernd Rosemeyer 1935 am Rande der Rennstrecke kennengelernt. Hier gab sie – obwohl selbst schon als eine der wenigen Fliegerinnen in Deutschland eine Berühmtheit – das ›Boxen-Luder‹. Im Jahr darauf wurde geheiratet, ein weiteres Jahr später war Elly schwanger und der ›kleine Bernd‹ kam zur Welt – doch schon 1938 verunglückte Rosemeyer tödlich. Bei einem Geschwindigkeits-Rekordversuch für die Auto-Union auf der Reichsautobahn bei Darmstadt kam sein Wagen durch Seitenwinde von der Fahrbahn ab. Die Zeitungen waren voll von Berichten über den Unfall, die vielfach mehrspaltig auf den Titelseiten prangten. Auch die Beileidstelegramme Hitlers oder Himmlers (Rosemeyer war Mitglied der SS gewesen) wurden abgedruckt.[43] Elly und Bernd waren beide längst in persona zu Marken geworden, die sich nicht allein über ihre sportlichen Fähigkeiten, sondern auch über ihr Image verkauften. Die Menschen in und neben den

Autos waren dabei Teil groß angelegter und mit viel Geld finanzierter PR-Kampagnen, die vor allem von den beiden mächtigsten Konzernen Auto-Union und Daimler-Benz geführt wurden.[44]

Die Vermarktung des Rennidols machte auch im Angesicht des Todes nicht halt. Danach entschloss sich Beinhorn, das Buch, das sie ursprünglich mit ihrem Mann zusammen hatte schreiben wollen, selbst auf den Weg zu bringen. Es solle »mehr, als in den Zeitungen stand, über den Menschen Bernd Rosemeyer«[45] berichten. Es wurde ein Heldenepos der modernen Zeit – freilich mit einigen Zutaten, die im NS-Deutschland nicht von vornherein als selbstverständlich zu erwarten waren. Die Persönlichkeit Rosemeyers wurde von höchster Stelle gewürdigt. In Beinhorns Buch sind die Kondolenzschreiben der NS-Größen von Adolf Hitler bis Gertrud Scholz-Klink erneut abgedruckt. Heinrich Himmler kündigte darin an, dem Verstorbenen dadurch ein Denkmal setzen zu wollen, dass ein Motorsturm der SS »für immer seinen Namen tragen« wird.

Das Buch bot Einblicke in das Leben der oberen Zehntausend unter den Nazis. Es wurde eine Welt entrollt, die an anderer Stelle, wenn sie zum Beispiel als Kulisse eines Unterhaltungsromans aufgetaucht wäre, als ›Systemzeit zugehörig‹ schärfste Kritik auf sich gezogen hätte. Beinhorn/Rosemeyer führen ein ausgesprochenes Jetset-Leben, heute hier, morgen dort, zu Hause wartet das Hauspersonal. Vortragsreisen, Fahrten zu diversen Rennen und Expeditionsflüge führen die beiden quer durch Europa und um die halbe Welt: »Man muß sich entscheiden im Leben, entweder nur Büro oder Haushalt oder eben Fliegerei«[46], so räsoniert die Beinhorn. Es liegt auf der Hand: Hier wird nicht das Leben des durchschnittlichen ›Volksgenossen‹ beschrieben oder zum Anhaltspunkt genommen.

Das Buch war, neben anderen Werken der Autorin, sehr erfolgreich. Über 200000 Exemplare gingen über den Ladentisch. Die gute Aufnahme beim Publikum ist rasch erklärt: Die auto- und technikbegeisterte Gemeinde (darunter viele Jugendliche) schwärmte für die »Pilotin« und den »Rennfahrer«, die hier Gestalt und Kontur gewannen. Aber auch die Sucht nach Klatsch und Tratsch, der Boulevard wurde bedient. Es lockten die Reviere der Reichen und Schönen, die nicht alltäglich erfahrbar waren, aber nach denen sich nach wie vor viele sehnten: »Zwischendurch tobten wir uns herrlich im Lande aus, badeten im indischen Ozean, [...] fingen riesige Fische, besuchten interessante Eingeborenenstämme und verschenkten gelegentlich als ganz besondere Gunst einen kleinen Passagierflug in unserem Taifun.«[47] Man traf sich an der Côte d'Azur mit der Familie des Rennfahrers Hans Stuck, badete am Lido und war glücklich darüber, »im Kasino von Monte Carlo gejeut zu haben«[48]. Nach der Hochzeit fand eine Art Zähmung der Widerspenstigen statt: Die emanzipierte Junggesellin Beinhorn wird zur Beinahe-Hausfrau. Man könnte sagen, dass sie dann durch den frühen Tod ihres Mannes wieder in ihr altes Leben zurückfindet, in dem sie mit abenteuerlichen Flügen und deren medialer Verwertung ihren Lebensunterhalt bestritt.

Zu augenfällige Verbeugungen vor dem neuen Deutschland hat Beinhorn im Buch unterlassen, die großen NS-Führer kommen mehr am Rande vor. Lediglich der »Korpsführer Hühnlein«, der Chef des Nationalsozialistischen Kraftfahrerkorps ist, da er im Rennbetrieb eine entscheidende Rolle spielte, häufig präsent.

Von offizieller Seite war für eine solche Publikation kaum Gegenwind zu erwarten, da diese Glamour-Helden klare Ziele vorgaben und, vor allem auch im Hinblick auf die deutsche Jugend, voll im Trend lagen: Pilot werden, Deutschland dienen. Da konnte man über die nicht ganz NS-konforme Sicht auf die Welt der Reichen und Schönen hinwegsehen. Auch in größeren Zusammenhängen, im Hinblick auf die ›Wehrhaftmachung‹ Deutschlands, lieferte Elly Beinhorn einen ganz konkreten Beitrag. Ihr Flugzeug Bf 108 Taifun, mit dem sie spektakuläre Alleinflüge, unter anderem über den afrikanischen Kontinent, ausführte, bildete später die Basis für das Standard-Jagdflugzeug der deutschen Luftwaffe, die Messerschmidt Me 109. Elly Beinhorn half mit, den Vorläufer unter Extremsituationen zu erproben.

»Könige der Herzen«: die Görings

Zwei der erfolgreichsten biografischen Texte der NS-Zeit überhaupt waren dem schillerndsten Paar der Nazi-Führungsebene gewidmet: den Görings. Hermann Göring galt vielen als einer der beliebtesten und populärsten Männer der deutschen Staatsführung. Dies werde dadurch bewiesen, dass »über niemanden so viele heitere Anekdoten im Volke umlaufen als gerade über ihn«[49]. Wohl wahr, über keinen kursierten so zahlreiche Witze wie über den ›dicken Hermann‹. »Links Lametta, rechts Lametta und der Bauch wird imma fetta«, war nur eine der für den preußischen Ministerpräsidenten, Reichsforst- und Jägermeister, Reichsminister für Luftfahrt und Beauftragten des Vierjahresplans (um nur einige seiner Titel zu nennen) getexteten Sentenzen. *Hermann Göring. Werk und Mensch,* erschienen im Eher Verlag, kam von 1937 an auf nicht weniger als 810 000 verkaufte Exemplare.[50] Der Autor, Erich Gritzbach, gehörte zu Görings engstem Mitarbeiterstab, die Biografie darf also als autorisiert, ja wenn nicht gar als in Auftrag gegeben gelten. Gritzbach behandelt zunächst »das Werk«, das heißt die Funktionen, in denen Göring dem NS-Staat dient. Danach wird »der Mensch« zur Sprache gebracht, hier erst erfolgen die Rückblicke auf Görings Biografie vor der Machtübernahme, also zum Beispiel seine Zeit als Flieger im Ersten Weltkrieg. Erich Gritzbach trug die Verantwortung für Görings Erscheinen in der Öffentlichkeit, er war gewissermaßen der Pressesprecher des Reichsmarschalls. Die Publikation hatte somit einen quasi halbamtlichen Charakter. Einerseits verbreitete sie die Heldengeschichte des ›ersten Paladins des Führers‹, andererseits betrieb sie handfeste Lobbyarbeit für die Ämter und Ministerien, denen Göring vorstand. Göring war zu mächtig, als dass sich Kritik an solcher Selbstbeweihräucherung, die ihresgleichen suchte, entzündet hätte. Bemerkenswert ist, dass die Kurzbesprechung in der *Bücherkunde,* obwohl sie dem Werk positiv gegenübersteht, von den sonst stark standardisierten Formulierungen wie »das Werk kann empfohlen werden« abweicht. Ob freiwillig oder unfreiwillig auf die Statur Görings anspielend, endete der Text: »Alles in allem muß das Buch als eine umfassende Erscheinung bezeichnet werden.« Dies galt für die Biografie und den Portraitierten gleichermaßen.

Noch bemerkenswerter aber ist der Erfolg eines Buches über Görings erste schwedische Ehefrau Carin. Zwar verstarb sie schon 1931, aber Göring tat alles dafür, ihr Andenken hochzuhalten. Da Hitler bis zum Kriegsende als ledig galt, nahmen die Göring-Gattinen stets die Position der First Lady im neuen Staat ein. Carin Göring schwebte als die früh verstorbene First Lady der Herzen über allem. Dies kam nicht von ungefähr. Göring entfesselte um seine Frau einen Totenkult ohnegleichen. Seinen Landsitz nördlich von Berlin nannte er nach ihr »Carinhall«, dort errichtete er ihr eine pompöse Gruft am See. Den Leichnam seiner Gattin ließ er 1934 von Schweden nach Deutschland überführen. Unter großer Anteilnahme der Bevölkerung, die die Straßen und Plätze säumte, wurde der Sarkophag zu seinem Bestimmungsort transportiert. Das Ganze nahm die Dimensionen eines Staatsbegräbnisses an, bei dem, in Anwesenheit von Hitler, Goebbels, Himmler und zahlreichen Gästen aus Politik und Wirtschaft, Carin erneut bestattet wurde.[51] Im Jahr zuvor war die Biografie über Carin Göring erstmals erschienen. »Anläßlich der Überführung und Bestattung in deutsche Erde wird die Nachfrage wieder sehr stark sein. Bitte, versorgen Sie sich rechtzeitig mit Exemplaren«[52], so warb der Verlag im *Börsenblatt.* Und dies nicht umsonst: Schon im Jahr nach dem Ersterscheinen waren mehr als 280 000 Exemplare des Buchs verkauft. Die Autorin, eine Schwester der Verstorbenen, hatte den Titel aus Marketing-Gesichtspunkten äußerst geschickt im Umfeld der Überführung der sterblichen Überreste platziert. Ein mit »Ausklang« überschriebenes Schlusskapitel widmete sich in späteren Ausgaben des Werks ganz der Umbettung Carin Görings. Hier fanden die politische Ebene und die gesellschaftliche zusammen. Die Belohnung dafür: Von *Carin Göring*[53] wurden insgesamt an die 720 000 Exemplare abgesetzt, der Titel gehörte damit wohl unter die 30 bestverkauften Bücher der Zeit überhaupt. Während ein Buch wie *Carin Göring* in anderen Zusammenhängen hätte fürchten müssen, als Kitsch (der es zweifellos war) verteufelt zu werden, bot sich hier – ähnlich wie bei Elly Beinhorn – unter dem Deckmantel einer Lebensschilderung aus dem inneren Zirkel der NS-Machthaber eine Nische für die Autorin und die Leser. Heinrich Himmler, der das Buch im Dezember 1933 las, war voller Hochachtung: »Die edel geschriebene Lebensgeschichte einer unendlich hohen und edlen Frau, deren Tod für Göring ein nicht zu ersetzender Verlust war und bleibt.«[54]

Von Kneipp-Kur bis FKK: Lebenshilfe auf Erfolgskurs

So vielfältig die Definitionen und Positionen zum Sachbuch waren, so vielfältig war und ist das, was auf dem Buchmarkt unter Sachbuch verstanden wird. Natürlich gab es sie auch im Dritten Reich, die Fakten-Bücher, die Ratgeber, die Lebenshilfen, deren erfolgreichste und kurioseste um der Vollständigkeit willen hier genannt werden sollen. Darunter findet sich ganz zuvorderst ein echter Longseller, dessen Erstausgabe bereits 1886 auf den Markt gekommen war: Sebastian Kneipps Buch *Meine Wasserkur*. Gesundheitslehren dieser Art lagen im Trend und die Kneipp-Bücher standen, gleich in welcher Bearbeitung, alle im Ruf, »rechte Volksbücher«[55] zu sein. Wenn auch die Ermittlung einer exakten Auflagenzahl für die Jahre 1933 bis 1945 schwierig ist, an die 500 000 Exemplare des Titels sind wohl (neben diversen anderen ›Kneipp-Büchern‹ ebenfalls in hohen Stückzahlen) verkauft worden. Ähnlich erfolgreich war der Beitrag zur Volksgesundheit *Die deutsche Mutter und ihr erstes Kind* von Johanna Haarer. 1934 erschien die erste Auflage im J. F. Lehmanns Verlag, 1943, dann schon mitten im Krieg, war die halbe Million überschritten. In einer frühen Buchbesprechung in der *Bücherkunde* wurde dem Buch »weite Verbreitung« gewünscht. »Besonders begrüßenswert ist es, daß auch klare und beruhigende Anweisungen für die Aufzucht [ja, wirklich!] des Neugeborenen und Säuglings gegeben werden. Was das Büchlein über die für dieses Gebiet schon zahlreich Vorhandenen hinaushebt, ist der Geist, in dem es geschrieben ist.«[56] Es war der nationalsozialistische Geist.

Nach 1945 konnte an den Erfolg angeknüpft werden, wobei jetzt nicht mehr nur die deutsche Mutter angesprochen werden sollte. Die Zeiten hatten sich geändert. In den achtziger Jahren des 20. Jahrhunderts hatte das Werk unter dem Titel *Die Mutter und ihr erstes Kind* dann längst die Millionenmarke hinter sich gelassen.

Haarers Buch hatte sich gut in das Lehmann-Programm eingepasst. Der Verleger Julius Friedrich Lehmann war ein Nationalsozialist der ersten Stunde gewesen (Mitgliedsnummer 878) und hatte mit seinem Verlagshaus vor allem mit Schriften zur Rassenkunde und Rassenhygiene großen Erfolg.[57] Haarer übersetzte die Erziehungsideale der Nationalsozialisten in praktische Lebenshilfe. Dass auch damals Titelzeilen schon ein Eigenleben hatten und sich an einen echten Bestseller wie den der Haarer schon anschließen ließ, beweist Ernst Heimerans Buch *Der Vater und sein erstes Kind* von 1938, eine humoristische Auseinandersetzung mit

*Der kleine Unterschied.
Bis 1945 kam das Buch von
Johanna Haarer auf über
eine halbe Million Exemplare.
Nicht nur vom winzigen
Zusatz »deutsche«, sondern
auch von allem welt-
anschaulichen Ballast befreit,
verkaufte sich der Titel bis 1987
an die 1,2 Millionen Mal.*

dem Sujet. Der Titel kletterte immerhin Richtung 100 000er-Marke. Heimeran war eine besondere Erscheinung auf dem Buchmarkt der Zeit: Autor, Verleger und Buchhandelsvertreter in einem. Der Berliner Buchhändler Hans Benecke erinnerte sich: »Zu Ernst Heimeran bestand eine besonders freundschaftliche Verbindung. Er bereiste damals als einziger Vertreter seiner Verlagswerke Deutschland mit einem DKW.«[58] Und Heimeran hatte das Produkt geschickt platziert, die Zugkraft der Haarer half tatkräftig mit.

Sicherlich einer der kuriosesten Bestsellererfolge im Dritten Reich war ein Buch über die Freikörperkultur. Es erreichte die stolze Auflage von über 200 000 Stück. Das Buch ist ein handfestes Indiz für die These, dass es von Seiten der Nationalsozialisten zwar immer wieder »sexualkonservative Appelle« gab, dass ihre Herrschaft aber auf der anderen Seite »in sexueller Hinsicht gerade durch die Anheizung vieler liberalisierender Tendenzen gekennzeichnet«[59] war. Mit anderen Worten: Es gab keine generell lustfeindliche und prüde Atmosphäre im Dritten Reich. Allerdings war sexuelle Freizügigkeit an den Rassegedanken gekoppelt und somit eine Freiheit, die nur bestimmten Teilen der Bevölkerung zustand. Nachdem die organisierte FKK-Bewegung kurz nach der Machtübernahme zunächst unter Druck geraten war, gelang es ihr, durch schnelle Schritte der freiwilligen Gleichschaltung zu überleben und schließlich sogar wieder die staatliche Anerkennung zu erlangen. Der größte Erfolg der »völkischen FKK-Bewegung« war eine 1942 erlassene »Polizeiverordnung zur Regelung des Badewesens«[60], die das Nacktbaden dort erlaubte, wo man annehmen durfte, nicht gesehen zu werden. Hans Surén hatte sein erstmals 1924 unter dem Titel *Der Mensch und die Sonne* erschienenes Buch zur Freikörperkultur im Olympiajahr 1936 unter dem zeitgemäßeren Titel *Mensch und Sonne. Arisch-olympischer Geist* erneut auf den Markt gebracht. Das mit zahlreichen Fotos ausgestattete Werk erschien im Scherl Verlag, wohlwollend geprüft und in die NS-Bibliografie aufgenommen von Bouhlers Parteiamtlicher Prüfungskommission. Unter dem Ruf »Germanentum verpflichtet«[61] unternahm Surén eine ideologische Unterfütterung des Nacktbadens im Geist des Nationalsozialismus und gab dabei allerlei Tipps für Nacktwanderungen, Gymnastikübungen, Lehmbäder oder das unbekleidete Skifahren (!). »In abgelegenen

»In abgelegenen Gegenden wird das einsame Nacktwandern wohl von jedem gebilligt werden können.« Abbildung aus Mensch und Sonne *von Hans Surén, das sich im Dritten Reich über 200 000 Mal verkaufte.*

Gegenden wird das einsame Nacktwandern wohl von jedem gebilligt werden können. Es gibt viele, die das ganze Hochgefühl solcher Wanderungen durchkostet haben, ohne das Mißfallen anderer Menschen zu erregen«, so begeisterte sich Surén. »Andererseits darf man niemals den Anblick seines nackten Körpers anderen Menschen aufzwingen wollen, weil ungefestigte, falsch erzogene Menschen ihr inneres Gleichgewicht verlieren und Schaden nehmen könnten. Dieses Aufdrängen und absichtliches Zurschaustellen des Nackten – wie es tatsächlich bei Frauen und Männern in verwerflicher Form vorgekommen ist –, diese undeutschen

Auswüchse zeigten sich besonders bei den Kommunisten in vergangenen Jahren.«[62] Soweit eine kurze Kostprobe. Ansonsten zeigte sich der Autor selbst ganz gern in seinem Buch unbekleidet oder nur mit einem »Nacktschurz« angetan als leuchtendes Vorbild seiner arisierten Freikörperkultur.

Sogar die SS-Zeitschrift *Das Schwarze Korps* machte Werbung für Suréns Buch und widmete ihm eine ganze Seite in der Vorweihnachtszeit. »Wir wollen [...] – und hierin sind wir uns mit Surén und seinem Werk völlig einig – eine starke und freudige Bejahung des Körpergefühls, weil wir dieses brauchen zum Aufbau eines starken und selbstbewußten Geschlechts.«[63] Hier sah man die Freikörperkultur als ein Mittel, die »Rassegesundheit« zu erhalten oder zu verbessern.

Surén wurde 1942 aus der NSDAP ausgeschlossen und geriet sogar in Haft, unter anderem weil er angeblich in der Öffentlichkeit onaniert hatte. Zu diesem Zeitpunkt war er noch mit insgesamt neun Büchern unter anderem zur *Selbstmassage* oder zur *Surén-Atemgymnastik* auf dem Buchmarkt vertreten.

Wunschkonzert: Bücher im Medienverbund

Sachbücher und Tatsachenromane gehörten zu den erfolgreichsten Buchtypen im Dritten Reich. Vom politischen Zeitbezug befreit, hatten viele der Texte ein Nachleben über 1945 hinaus. Das Genre hinterließ dadurch die nachhaltigsten Spuren im Buchmarkt. Durch ihre bisweilen zwischen nachprüfbaren Fakten und schamloser Propaganda pendelnde Position sind diese populären Sachbücher so besonders exemplarisch für diese Zeit. Eines der medial avanciertesten und propagandistisch erfolgreichsten Bücher aus dieser Sparte entstammte einem multimedialen Großprojekt: dem *Wunschkonzert für die Wehrmacht.* Zunächst war es eines der modernsten Radio-Sendeformate der NS-Zeit und entsprach ziemlich genau dem, was sich der Propagandaminister unter einer gelungenen Kombination aus Propaganda und Unterhaltung vorgestellt hatte. Ähnlich wie in der Diskussion um die Unterhaltungsliteratur war Goebbels auch auf dem Sektor der Musik ein Verfechter der leichten Muse, wenn sie denn vom Volk gewünscht wurde. Auch hier stand er in Opposition

zu konservativen Musikkritikern oder zum Präsident der Reichsmusik-
kammer, der gegen »Schlager«, »Filmkitsch«, »Revueoperettenschund«
polemisierte.[64]

Das Sendeformat *Wunschkonzert* kam dem Bedürfnis der Front nahe,
die die leichte Muse im Rundfunk vermisst hatte: Der Mann im Feld
wolle nicht immer nur »Tschingbum« hören. So wurden per Brief oder
Telefon geäußerte Musikwünsche verbunden mit einer Spende und mit
Grüßen an Heimat oder Front erfüllt. Auch das Verlesen von Namen
Neugeborener gehörte zum Programm. Die prominentesten Musiker,
Schauspieler und Orchester der Zeit ließen sich einspannen, darunter
Barnabas von Géczy, Heinrich George, Ilse Werner, Hans Moser, Zarah
Leander, Charlie Rivel, Grethe Weiser, Paul Hörbiger, Lale Andersen,
Heinz Rühmann, Theo Lingen oder Marika Rökk. Der Erfinder und Ge-
stalter der Wunschkonzerte, Schauspieler und Rundfunksprecher Heinz
Goedecke, wurde vom Propagandaministerium beauftragt, ein Buch
über die so überaus erfolgreiche Sendereihe, die im Winterhalbjahr
zweimal wöchentlich für je drei Stunden lief, zu schreiben.[65] Wenn man
den Verlagsanzeigen, die für das Buch warben, glauben darf, so wurden
die ersten 150 000 im Frühjahr 1940 quasi aus dem Stand verkauft. Es
wäre nicht untypisch für ein Buch, das an ein anderes Medienereignis an-
knüpft und nur ein sogenannter Schnelldreher sein kann. Insgesamt stieg
die Auflage bis 1942 noch auf 350 000 Exemplare an.

Mit dem in Auftrag gegebenen Buch, das Heinz Goedecke zusammen mit einem seiner Redakteure, Wilhelm Krug, auf die Beine gestellt
hatte, zeigte sich Goebbels hochzufrieden: »Hadamovsky hat ein geradezu blödsinniges Buch über den Feldzug in Polen geschrieben. Dagegen schreibt Goedecke ein wunderbares Buch über die Wehrmachts-
wunschkonzerte. Es ist manchmal direkt zu Tränen rührend. Unser
Volk zeigt sich da in seiner wunderbaren Großherzigkeit und Güte.
Nun kriegen wir auch die Wunschkonzerte wieder hin. Diesmal wirken schon wieder unsere ersten Solisten mit. Das muß jedesmal eine
richtige Kulturdemonstration unseres Volkes vor sich selbst und vor
der Welt sein.«[66] Es war ein Geschenkbuch, dem es gelungen war, den
Charakter der Konzerte einzufangen und so zum Erinnerungsbuch der
beteiligten Zuhörer im ganzen Land zu werden. Angereichert mit zahl-

reichen Fotos aus der Produktion, mit Starportraits und kleinen Karikaturen, lud es zum Blättern ein. Dabei wurde der halboffizielle Charakter des Ganzen nicht einmal versteckt: Ein Geleitwort des Ministers
und ein Vorwort eines der Rundfunkverantwortlichen aus seinem Haus
eröffnen den Band. Aber auch in den Autorentexten wird das aktuelle
Zeitgeschehen keineswegs ausgeblendet. »Und dann war Krieg ...«,
heißt es da. »Im Osten marschierten die Soldaten. Ihre heutige Stand-
ortmeldung war morgen bereits überholt. Die Quartiere wechselten
mit den Schlachtfeldern – und in den frischen Fußstapfen der Regi-
menter, in der breiten Spur der Panzerwagen, im Luftsog der fliegen-
den Waffe marschierte, rollte und schwamm das jüngste Kind unserer
Kriegstechnik – der Rundfunk – mit.«[67]

Und sogar ein Spielfilm unter dem Titel *Wunschkonzert* kam im Dezember 1940, gewissermaßen in der Hochphase des Wunschkonzert-Booms,
noch in die Kinos. Darin bildet das Wunschkonzert die Brücke zwischen
zwei Liebenden (Ilse Werner und Carl Raddatz), die sich während der
Olympiade 1936 in Berlin kennenlernen, aber durch den Krieg aus den
Augen verlieren. Durch einen im Wunschkonzert ausgestrahlten Gruß
finden sie letztlich wieder zueinander. Das Propagandaministerium setzte
sich mit seinem ganzen Apparat für eine positive Aufnahme des Films ein.
Auf der Kulturpolitischen Pressekonferenz im Propagandaministerium
wurden die dort anwesenden wichtigen Schriftleiter vom Vertreter des
Ministeriums ausdrücklich darum gebeten, »den Film *Wunschkonzert* gut
zu beachten«.[68] Der Streifen gilt mit geschätzten 23 Millionen Zuschau-
ern in den Kinos als der zweiterfolgreichste NS-Unterhaltungsfilm überhaupt, direkt nach *Die große Liebe* mit Zarah Leander.[69]

Das Erstaunliche an der Rundfunksendung war, dass die Kriegsrealität
nicht ausgeblendet, sondern wo es ging überhöht oder ins Humorvolle
eingebettet wurde. So gingen die Spenden, die im Zuge von Musikwün-
schen eingesammelt wurden, in lustige Verse verpackt über den Äther:
»Ein Zwillingspaar – zwei stramme Knaben –/soll einen Weihnachtsha-
sen haben./Jedoch das nächste Drillingspaar/kriegt diesmal 1000 Mark
in bar. // Zehn Müttern werden nicht zuletzt/die Zähne ganz instand
gesetzt –/Zwei Mann verzichten auf die Butter/für eine kinderreiche
Mutter.«[70]

Das Wunschkonzert für die Wehrmacht *war in Radio, Buch und Film gleicher-maßen erfolgreich. Umschlaggestaltung von Manfred Schmidt, dem späteren Erfin-der der Comic-Figur Nick Knatterton.*

Aber nicht nur Heldentaten und Wohltätigkeit kamen im Wunschkon-zert zur Sprache, auch die Gefallenen hatten ihren Platz. So waren die Namen der Soldaten, die ihre Angehörigen in der Heimat grüßten, zugleich ein aktuelles Lebenszeichen, das sagte: Es geht mir gut. Natürlich erinnerte es diejenigen, die einen Menschen zu beklagen hatten, an den Tod. So wird im Buch die Geschichte einer dieser Mütter erzählt. »Ihr Sohn konnte nicht unter den Aufgerufenen sein. Er war bei Radom gefallen. Seine Kameraden hatte ihm die Erkennungsmarke abgenommen, hatten aus seiner Tasche ein Notizbuch geborgen – hatten ihm ein Grab geschaufelt, und ein helles Birkenkreuz trug jetzt den Stahlhelm des tapferen Jungen.« Nun meldete sich die Mutter während der laufenden Sendung im Haus des Rundfunks. Sie habe im Notizbuch ihres Sohnes die Zeilen eines Liedes gefunden, das er immer gerne sang: »Gute Nacht, Mutter.« Und die Rundfunkleute reagierten schnell. Der Bassist Wilhelm Strienz kannte das Lied: »Eine halbe Stunde später. Die Mutter saß wieder an ihrem Rundfunkapparat – da erzählte der Sprecher die Geschichte mit dem Notizbuch. Alles war still – im Sendesaal und überall in der Welt, wohin die Erzählung des Sprechers reichte. – Und jetzt wußte die Mutter: Walter ist nicht allein für dich, sondern für alle gefallen!

›Gute Nacht, Mutter …‹, sang der Lautsprecher.«[71]

Solche und ähnliche Beiträge gab es viele und man muss eingestehen, sie waren dramaturgisch perfekt gemacht, genial inszeniert und sprachen die Massen auf einer ganz emotionalen Ebene an.

Schließlich, im Winter 1941, wurde die Sendereihe nach der Sommerpause nicht wieder aufgenommen, angeblich weil der technisch-organisatorische Aufwand zu gewaltig war. Insgesamt gingen bis zu diesem Zeitpunkt 75 Wunschkonzerte reichsweit über den Äther.[72] Vielleicht war es doch eine Form der Propaganda, die sich mehr für die Zeit der Blitzkriege und Siegesmeldungen anbot, nicht aber für ein Land, das auf den ›totalen Krieg‹ zusteuerte.

2. Die Farbe des Geldes:
Das NS-Propaganda-Schrifttum

Das ›Buch der Bücher‹: Hitlers *Mein Kampf*

Die Vernehmung des ehemaligen persönlichen Adjutanten Hitlers, Julius Schaub, am 27. Oktober 1947 förderte Erstaunliches zutage. Eigentlich wollte der amerikanische Ermittler Rudolph L. Pins von Hitlers Höfling vor allem Informationen über dessen Geldgeber erlangen. Er vermutete hier deutsche Industrielle als Hintermänner. An diesem Nachmittag lag dem Amerikaner vor allem daran, mehr über das Verhältnis von Hitler zu den anderen Regierungsmitgliedern zu erfahren. Besonders im Fokus des Interesses: Max Amann. Der war im Ersten Weltkrieg Hitlers Feldwebel, sein unmittelbarer Vorgesetzter gewesen. Er trug die Mitgliedsnummer 3 der NSDAP und war unter anderem Direktor des Zentralverlags der Partei, Franz Eher Nachf. in München, und somit der Verleger des ›Führers‹ und vieler seiner Mitstreiter gewesen. Amann war, kurz gesagt, eine der mächtigsten Figuren in der Medienlandschaft des Dritten Reichs.

Pins zeigte sich hoch erstaunt, als Schaub zum Besten gab, dass »der Führer [...] sein Konto auf dem Eher Verlag stehen«[1] hatte. »Sein ganzes Konto?«, so hielt das Vernehmungsprotokoll Pins' ungläubige Nachfrage fest. Was Hitlers Adjutant nur zu bestätigen vermochte: »Sein gesamtes Vermögen, was er an Honorar bezogen hat.« Dies sei seit Bestehen des Parteiverlages, genauer seit Ersterscheinen von *Mein Kampf* 1925, der Fall gewesen. »Das Honorar ist stehen geblieben. Selbst hat er kein Bankkonto besessen, weil er es nicht wünschte. Wenn der Führer Geld notwendig hatte für häusliche Ausgaben, wenn er irgendetwas kaufen wollte, habe ich den Eher Verlag angerufen, bzw. Herrn Amann oder Herrn Pickel. Pickel war sein persönlicher Buchhalter.« Wenn Hitler etwa seinem Adjutanten mitgeteilt habe, er brauche 10000 oder 20000 Reichsmark, dann seien die vom Eher Verlag umgehend zur Verfügung gestellt worden. Das Konto war aufgrund der Absatzzahlen von *Mein Kampf* stets gut

gefüllt. Laut Amanns Aussagen nach dem Krieg hatte Hitler ein vertrag-
liches Honorar von rund 15 Millionen Reichsmark eingestrichen, von
denen er bis zum Ende rund 8 Millionen abrief.[2]

Schon 1935, zum 10. Jahrestag der Erstausgabe von *Mein Kampf,* gab
der Eher Verlag eine Gesamtauflage von über 1,9 Millionen Exemplaren
an. Vor allem nach 1933 hatte sich der Absatz rasant entwickelt. Noch im
März 1933, kurz nach der Machtübernahme, war gerade erst eine viertel
Million gedruckt und verkauft worden.

Der große spätere Erfolg war unmittelbar nach Erscheinen noch nicht
absehbar gewesen. Der Buchmarkt befand sich 1925 in einer tiefen Krise,
zudem war der erste Band mit 12 Reichsmark exorbitant teuer. Der Ab-
nehmerkreis rekrutierte sich zunächst hauptsächlich aus Hitlers unmittelbarer Anhängerschaft, so dass bis Weihnachten des ersten Jahres auf
diesem Wege rund 10 000 Exemplare einen Käufer gefunden hatten.[3]
Als der zweite Band im Dezember 1926 auf den Markt kam, verlief dessen Verkauf wesentlich schleppender. Der absolute Tiefpunkt war 1928
erreicht, als von beiden Bänden zusammen nur gut 3000 Stück über die
Theke gingen. Ganz anders liest sich die Bilanz vom Ende her betrachtet: Insgesamt wurden bis zum Untergang des Dritten Reichs wohl über
12 450 000 Exemplare gedruckt und unters Volk gebracht, davon allein
40 Prozent in den letzten Kriegsjahren von 1942 bis zum Untergang.[4]

Was für Hitlers *Mein Kampf* gilt, das gilt insgesamt für die in hohen
Auflagen verbreitete Propaganda-Literatur der Nationalsozialisten: Die
reinen Produktionszahlen dieser Texte verraten nichts darüber, wie sie
den Weg zum Käufer fanden und ob all diese Bücher auch gelesen wurden. Sie waren ›Pflichtlektüre‹ bzw. ›Pflichtgeschenk‹, sollten möglichst
in keinem Bücherregal fehlen und sind somit aus den Bestsellerlisten
dieser Jahre nicht wegzudenken. So bekamen etwa im Jahr 1934 alle
Kriegsversehrten des Ersten Weltkriegs und alle Beschädigten der ›Nationalen Erhebung‹ mit Hilfe von Spenden der deutschen Industrie ein
Exemplar des Hitler-Buchs geschenkt. Seit 1933 führte das Werk selbstverständlich auch alle Empfehlungslisten für gute NS-Literatur an und
sollte in keiner Bibliothek mehr fehlen. Als ein Grund für seine große
Verbreitung wird häufig genannt, dass *Mein Kampf* allen Hochzeitspaaren
als Geschenk zur Trauung von den Standesämtern überreicht worden

VERLAG FRZ. EHER NACHF. / MÜNCHEN 2 NO

Seit dem 30. Januar 1933 lieferten wir **313 000** Exemplare aus.

Adolf Hitler
Mein Kampf

1. Bd.: **Eine Abrechnung** · 2. Bd.: **Die nationalsozialistische Bewegung**

Jeder Band einzeln brosch. RM 2.85 / Beide Bände in einem Band in Ganzleinen RM 7.20

Ⓩ **Auslieferung in Leipzig und Stuttgart** Ⓩ

Gesamtauflage über ½ Million

Offensiver Umgang mit Auflagenzahlen für Werbezwecke: Verlagsanzeige aus dem Börsenblatt für den Deutschen Buchhandel *vom Juni 1933.*

sei. Offenbar war nach 1933 der Absatz so stark eingebrochen, dass der Eher Verlag nach neuen Märkten suchen musste und dabei massiv die Gemeinden und ihre Standesämter bewarb. Mit teilweise nur mäßigem Erfolg. Noch Jahre später weigerten sich offenbar vor allem große Städte wie Frankfurt oder Berlin, pro Hochzeitspaar 7,20 RM auszugeben. Erst durch den massenhaften Absatz an die Wehrmacht konnte sich der Eher Verlag dann vor allem im Krieg einen lukrativen und zentralistisch steuerbaren neuen Markt erschließen.[5]

»Es gibt in Deutschland noch Volksgenossen, Häuser und Familien, die des Führers Werk *Mein Kampf* nicht besitzen. *Mein Kampf* aber ist das heilige Buch des Nationalsozialismus und des neuen Deutschland, das jeder Deutsche besitzen muß. Es ist kein Buch zum Durchlesen, sondern ein Buch zum Durcharbeiten und Durchleben«[6], so brachte der Literat Will Vesper die Pflicht eines jeden Deutschen hinsichtlich dieses Werkes zum Ausdruck. Und selbstverständlich durfte das Buch des ›Führers‹ nicht antiquarisch gehandelt werden. Was Autoren auch heute nicht besonders zu schätzen wissen, nämlich sich auf den Grabbeltischen der Buchhandlungen wiederzufinden, das musste, wenn es *Mein Kampf* traf, ein wahres

Sakrileg gewesen sein. So teilte Hans Friedrich Blunck, Alterspräsident der Reichsschrifttumskammer, am 11. Oktober 1938 mit, »daß die antiquarisch angebotenen Exemplare aus den Auslagen zu verschwinden« hätten. »So politisch antiquiert dürfte heute wohl kein Sortimenter mehr sein, um diesem Hinweis nicht innerlich zuzustimmen.«[7]

Vor 1933 war es wohl auch für den ›Führer‹ nicht einfach, allein von seinen Honorareinnahmen zu leben. Was bei ihm zu beobachten war, galt auch für die meisten anderen schreibenden Funktionsträger im Dritten Reich: Zur Macht gelangt, nutzten sie ihren Einfluss und ihren Namen aus, um ihre ›Produkte‹, genauer ihre Bücher und Artikel, erfolgreich unters Volk zu bringen. Aber auch schon in der sogenannten Kampfzeit versuchten viele, ihre Aktivitäten als Autoren in klingende Münze umzuwandeln. Das geschriebene Wort war so Mittel zum Zweck in zweifacher Hinsicht: Es sollte die Propagandaparolen der Nationalsozialisten transportieren und dabei zugleich der Bewegung und ihren zentralen Trägern die nötigen finanziellen Mittel verschaffen. Mit den Honoraren aus journalistischer und publizistischer Tätigkeit finanzierten Hitler und Co. zunächst ihre Parteiarbeit und später auch den eigenen aufwändigen Lebensstil. Bücher (und die daraus abgeleiteten Honorarforderungen) konnten – das lässt sich insbesondere am Beispiel des Propagandaministers zeigen – zur ganz konkreten finanziellen Basis einer Machtposition innerhalb der Führungselite werden.

Vom Konkurrenten zum ›Vordenker‹:
Rosenbergs *Mythus*

Wir können nur vom Ende der Geschichte her sagen, dass Hitlers *Mein Kampf das* Buch, *der* Katechismus, *die* Bibel des Nationalsozialismus war. In der sogenannten Kampfzeit war das noch keineswegs ausgemacht. Verschiedene Autoren aus der Partei konkurrierten mit ihren Publikationen um die ideologische Deutungshoheit. Dann Anfang der dreißiger Jahre hatte sich Hitlers Werk nachhaltig durchgesetzt. Zur selben Zeit hatte einer von Hitlers Konkurrenten, Alfred Rosenberg, mit seinem *Mythus des 20. Jahrhunderts* nur bescheidene Erfolge aufzuweisen. Das 1930 erstmals erschienene Werk sei »außerhalb völkischer oder, aus entgegensetzten

Motiven, religiöser Kreise, weitgehend ignoriert«[8] worden. Nach 1933 habe das Buch dann den Status »halbamtlicher« Literatur erhalten und seinen Absatz rasch gesteigert: von 73 000 im Jahr 1933 über 293 000 im Jahr 1935 auf dann 500 000 1938. 1942 konnte das Buch schließlich die Millionenmarke knacken, was kaum mehr als einem Dutzend Bücher im Dritten Reich überhaupt gelang. Bemerkenswert ist, dass das Buch von der Kritik zunächst weitgehend übersehen oder bewusst ignoriert wurde. Bis 1933 lokalisierte der Rosenberg-Biograf Ernst Piper nur eine einzige ›Rezension‹: eine von Rosenberg selbst (!) verfasste Besprechung in den *Nationalsozialistischen Monatsheften*. Später sahen sich, bis auf den *Völkischen Beobachter,* die großen Blätter nicht zu einer Würdigung veranlasst. Noch 1935 stammten die Pressestimmen, die der Hoheneichen Verlag für Rosenbergs *Mythus* zu Werbezwecken abdruckte, von so bedeutenden Zeitungen wie dem *Hauptorgan der Dänischen Nationalsozialistischen Partei* oder dem *Darmstädter Tagblatt*.[9] Der Autor selbst sah seine Rolle naturgemäß ganz anders. »Die staatspolitische Revolution ist beendet, die Umwandlung der Geister aber hat erst begonnen. In ihrem Dienst steht nunmehr der *Mythus des 20. Jahrhunderts* mit in erster Reihe«[10], so philosophierte er in einem Vorwort zu seinem Buch. »Zumindest als Quelle für Honorareinnahmen stand der *Mythus* nun in der ersten Reihe«, so der Rosenberg-Biograf Piper. »Hatte Rosenberg 1932 noch ein Jahreseinkommen von 19 000 RM versteuert, waren es 1934 bereits über 57 000 RM. Davon entfielen 15 100 RM auf nichtselbstständige Tätigkeit, aber 42 670 RM auf selbstständige Tätigkeit, also in erster Linie publizistische Arbeiten, wobei der *Mythus* mit seinen hohen Auflagen einen großen Anteil daran haben musste. Der Kampf um die Seelen brachte also auch irdischen Lohn.«[11] 1935 waren es dann schon an die 100 000 Reichsmark Honorar, darunter allein 70 000 aus dem Verkauf des *Mythus*.[12]

Dass das Überschreiten der Millionenmarke nicht nur bedeutsam für die Verkaufsstatistik war, zeigte sich daran, dass das Ereignis auch in der Presse der Zeit gewürdigt wurde: »Rosenbergs *Mythus des 20. Jahrhunderts* eine Million Auflage!«[13], verkündete stolz das *Großdeutsche Leihbüchereiblatt*. Zwar sei es nicht, wie das Buch des ›Führers‹, ein »Bekenntnisbuch des deutschen Volkes geworden«, aber es habe als Katalysator für zahlreiche geistige Auseinandersetzungen gedient. Und weiter wurde ein Artikel zum selben Thema aus der *Deutschen Allgemeinen Zeitung* zitiert, nach dem das Buch zeige, wie lebendig das geistige Leben in Deutschland noch sei, »das im Donner der Geschütze nicht schweigt«.

Was im Halbsatz vom »Bekenntnisbuch« gesagt wird, zu dem der *Mythus* nicht geworden sei, weist auf den kleinen aber entscheidenden Unterschied zwischen *Mein Kampf* und Rosenbergs Schrift hin. Der ›Führer‹ stand mit seinem Werk praktisch schon unmittelbar nach der Machtübernahme außerhalb jeder Diskussion. Die Parteiamtliche Prüfungskommission unter Philipp Bouhler wachte über sämtliche Zitate und Auszüge aus dem Buch, die in anderen Publikationen Verwendung fanden. Eine irgendwie geartete Analyse verbot sich von selbst, die einzige angemessene Rezeption scheint die bedingungslose Huldigung gewesen zu sein.[14] Dass noch 1935 die Zeitschrift *Der Katholik* in einer Erwiderung auf Rosenberg von »unzweifelhaften Irrtümer[n]« des *Mythus* schrieb und der Hoffnung Ausdruck verlieh, der Autor »ziehe sein Buch zurück oder entferne alle jene Teile, die jeder Katholik aufs schmerzlichste empfinden muß«[15], wäre im Hinblick auf *Mein Kampf* undenkbar gewesen, einer Gotteslästerung gleichgekommen. Mag auch Rosenbergs »Glaubensbekenntnis«, »daß der Mythus des Blutes und der Mythus der Seele, Rasse und Ich, Volk und Persönlichkeit, Blut und Ehre, allein, ganz allein und kompromißlos das ganze Leben durchziehen, tragen und bestimmen muß«,[16] intellektuell fundierter gewesen sein als Hitlers Schrift – es war und blieb eben nur die Äußerung eines der ›Jünger‹, nicht die des vermeintlichen ›Messias‹ selbst. Zum »Mythus des Blutes«, der in Rosenbergs Schrift allüberall beschworen wurde, stellte sich Victor Klemperer die Frage, »ob man die natsoc. Theorie nicht auf den buchstäblichen […] Blutrausch zurückführen müsse, den sich diese Leute im Weltkrieg angetrunken haben – denn irgendwie besoffen, desequilibriert, besessen, gefährlich delirierend sind sie alle«.[17]

Die ›Nummer 12‹ der NSDAP: Philipp Bouhler

Philipp Bouhler ist in den Geschichtsbüchern vor allem als der Beauftragte Hitlers für die Durchführung der Euthanasie-Verbrechen bekannt.

Dabei war und blieb er einer der einflussreichsten Kulturfunktionäre des Regimes und – wen würde es wundern – auch einer der kommerziell erfolgreichsten Autoren! Bouhler hatte die NSDAP-Mitgliedsnummer 12. 1920 sammelte er erste Erfahrungen im Verlagswesen als Volontär im völkischen Verlag J. F. Lehmanns in München, ein Jahr später arbeitete er beim *Völkischen Beobachter,* wurde zweiter Geschäftsführer der Partei und zählte – obwohl vergleichsweise noch jung an Jahren – als Teilnehmer am Hitlerputsch 1923 im Parteijargon schon zu den alten Kämpfern.

1937 war er vom ›Führer‹ persönlich beauftragt worden, eine »Geschichte der Bewegung« zu schreiben. Die nötige Legitimation dazu verlieh ihm seine Vita. Für die Vorarbeiten setzte Bouhler seinen gesamten parteiamtlichen Apparat ein. Der erste Band dieses wissenschaftlichen Werkes erschien zwei Jahre später unter dem Titel *Schriften zur Geschichte der Nationalsozialistischen Bewegung.* Doch mit solchem trockenen Brot ließ sich auch in der NS-Zeit kein Geld verdienen. Dazu bedurfte es der geschickten Zweitverwertung. Das von Bouhler verfasste *Lesebuch für die deutsche Jugend,* das unter dem Titel *Kampf um Deutschland* eine knappe Geschichte der NSDAP war, die in sämtlichen Jugendverbänden und Schulen zur Pflichtlektüre taugte, setzte sich dagegen auf der Bestsellerliste des Dritten Reiches auf einen der vordersten Plätze. Über 1,75 Millionen Exemplare gingen davon zwischen 1938 und 1945 über den imaginären Ladentisch.

Bouhler beschwor schon im knappen Vorspann zum Buch biblische Motive. Wie ein Jünger an der Seite Jesu sieht man ihn an der Seite des Führers durch die »Wälder des Obersalzbergs« streifen. Hier habe ihm der ›Führer‹ nahegelegt, wie notwendig die deutsche Schule eine Geschichte der NSDAP brauche. »Mit vorliegenden Blättern habe ich versucht, diese Aufgabe zu lösen. Möge das Buch dazu beitragen, die deutschen Jungen und Mädel anzuspornen zu treuer Pflichterfüllung und sie zu festigen im fanatischen Glauben an Volk und Reich und an den ›Führer‹, dessen Erbe sie einst zu bewahren haben. Denn ihnen ist bestimmt, Träger der deutschen Zukunft zu sein.«[18]

Selbstverständlich wurde dieser Mega-Seller im Auftrag des parteieigenen Eher Verlags vermarktet. Und wieder druckte sich die Partei-Elite ihr Geld gewissermaßen selbst. (Im Übrigen gehörte auch der Hoheneichen Verlag, in dem der *Mythus* verlegt worden war, seit 1929 zum Eher-Konzern und war somit ein Parteiverlag.)

Nach den Unterlagen des Finanzamtes München verzeichnete der Konzern allein in den Jahren 1940 bis 1944 Umsätze von jeweils um die 100 Millionen Reichsmark und darüber.[19] Damit brauchte das NS-Presse- und Verlagsimperium den Vergleich mit anderen Großunternehmen jener Jahre nicht zu scheuen. Die Wertsschöpfungskette arbeitete in erster Linie zu Gunsten der unmittelbar an ihr beteiligten Parteibonzen. Wer in den Verlags-Kanon aufgenommen wurde, konnte auf feste Einnahmen rechnen. Unter die »Standardwerke des deutschen Schrifttums« zählten im Sinne des Verlags neben *Mein Kampf* unter anderem die Schriften von Goebbels, Robert Ley, Rosenberg, Zöberlein, aber auch *Hermann Göring. Werk und Mensch* von Erich Gritzbach.[20]

Neben der omnipräsenten Werbung für solche Werke konnte der ›Verkaufserfolg‹ vielfach sogar auf dem Verordnungswege garantiert werden. So etwa wenn das Reichserziehungsministerium einen Erlass herausgab, nach dem »das Buch von Reichsleiter Bouhler *Kampf um Deutschland* (Verlag Eher, München) in den höheren Schulen im Geschichtsunterricht der fünften Klasse bei der Behandlung der Zeitgeschichte auszuwerten«[21] sei. Der Erlass war offenbar ein durchschlagender Erfolg. Sogar Victor Klemperer erhielt das Buch über eine Bekannte zugespielt. »Es war eine Zwangsanschaffung ihrer 16-jährigen Tochter, die es an einer Fortbildungs- oder Fachschule, offenbar als 14- od. 15jährige hatte benutzen müssen, u. es nun verbrennen wollte.«[22] Es ist faszinierend, mit welcher Akribie Klemperer im Angesicht des Untergangs des Nazi-Regimes solche Propagandaschriften noch im Januar 1945 las und annotierte. Insbesondere im Hinblick auf seine Untersuchung zur Sprache des Dritten Reiches (Lingua Tertii Imperii) wurde der Philologe bei Bouhler fündig. »Die arme, bewußt arme LTI«, konstatierte er. »Bouhler gebraucht das Dutzend stereotyper Wörter u. Wendungen.« Klemperer zählt die Stereotypen danach auf, darunter »fanatisch, blutbedingt, Scholle, großzügige Propaganda, Bewegung, Untermenschentum« sowie viele Wortbilder aus der Technosphäre etwa »Wirtschaft ankurbeln«. Und auch die »Vorsehung« sei sehr beliebt, wie bei Bouhler so auch bei Hitler. »Der

Allmächtige«, so Klemperer weiter, sei »erst in der Silvesteransprache 1944 daraus geworden.«

Dr. med. Ahlswede: Geister-Schreiber im Dollar-Paradies

Der Buchtypus, den Anton Zischka entscheidend mit entwickelt hatte und der auch bei ihm schon stark propagandistische Züge trug, wurde in der Publikation von Eduard Ahlswede sowohl der Form als auch seines publizistischen Erfolges nach auf die Spitze getrieben. *In Gottes eigenem Land,* eine polemische Abrechnung mit dem modernen Nordamerika, brachte es bis 1945 auf über 1,1 Millionen Exemplare. Ob sie alle verkauft wurden, oder auch verteilt über die Massenorganisationen ihre Leser fanden, sei dahingestellt.

Mit Ahlswede griff ein weiteres Mal ein Mediziner zur Schreibmaschine – und hatte damit großen Erfolg. Außerdem praktizierte er weiterhin als Arzt, im Krieg auch im Dienst der Wehrmacht in einem Reserve-Lazarett in Hamburg. Die Reichsschrifttumskammer befreite ihn vom Zwang der Mitgliedschaft, da er nur gelegentlich schriftstellerisch tätig sei. Auch wenn er bereits zusammen mit seinem Vater das Werk *Made in England,* eine Abrechnung mit dem britischen Gesundheitssystem, zu Papier gebracht hatte.

Es ist zu vermuten, dass Ahlswede für *In Gottes eigenem Land* vom Eher Verlag direkt angesprochen und zu der Broschüre angeregt worden war. Er kannte die USA aus eigener Anschauung, hatte von 1923 bis 1932 in New York gelebt und dort als Arzt – unter anderem betraut mit der kosmetischen Behandlung »junger, aber meist früh verbrauchter Schauspielerinnen und Tänzerinnen«[23] – gearbeitet. Schon in seiner Jugend und später zum Studium weilte er – ganz Kosmopolit – unter anderem in London und Cambridge. Am Ende seiner Dienstjahre in den Staaten war er dort sogar mit einem 800 Seiten starken Lehrbuch über die Behandlung von Hautkrankheiten vor ein Fachpublikum getreten.[24] Er scheint also auch als Mediziner Überdurchschnittliches geleistet zu haben.

Die Broschüre von Ahlswede kam wie bestellt, um die veränderte große Linie gegenüber den USA nach der Kriegserklärung des Reichs an

In Gottes eigenem Land. Ein Blick ins »Dollar-Paradies« *versprach eine authentische Sicht auf das Leben in den Vereinigten Staaten, war aber eine polemische Abrechnung mit dem Kriegsgegner USA.*

Washington im Dezember 1941 propagandistisch zu begleiten. Grundsätzlich schwankte das Verhältnis Deutschlands zu den Vereinigten Staaten immer schon zwischen Bewunderung und Herablassung, ›Amerikanismus‹ konnte Feindbild und Wunschvorstellung in einem sein. Dies war auch im Dritten Reich zunächst so geblieben. Nach dem japanischen Überfall auf die amerikanische Flotte in Pearl Harbour musste

die deutsche Bevölkerung nun dringend auf den neuen Feind einge-
schworen werden. Ahlswede berichtete als einer, der dort gewesen war,
er bürgte mit seiner eigenen Erfahrung für die Glaubwürdigkeit seines
Berichts.

Als Parodie auf die 14 Punkte des US-Präsidenten Wilson, in denen
dieser 1918 eine europäische Nachkriegsordnung entworfen hatte, eröffnet Ahlswede sein Heftlein mit den »amerikanischen 14 Punkten«: »Von
den Einheitsbanausen in USA. darf man sagen:

1. Sie glauben alles, was sie gedruckt sehen (I saw it in the papers),
z. B. auch Angriffsvorbereitungen der Marsbewohner und Deutschlands
auf USA., und ähnliches.

2. Sie haben alle die gleichen Ansichten [...] Die etwas trübe Quelle
seiner Weisheit sind meist die hebräischen Varietébühnen am Broadway.

[...]

5. Sie kauen alle Gummi und lassen alle eine Zahnlücke frei [...] wohin das Gummi gelegentlich in Ruhestellung kommt.

[...]

10. Sie verwechseln alle Zivilisation mit Kultur.

[...]

13. Sie leben nur aus Konservendosen, ärgern sich aber, daß diese
keine Reißverschlüsse haben [...].«[25]

Es ist ein Katalog, in dem er sämtliche Klischeevorstellungen und
Feindbilder der Anti-Amerikanisten versammelt und aufwärmt. Die von
Ahlswede häufig zitierten Redensarten weisen auf sprachliche Insider-
Kenntnisse hin. All das beschreibt der Mediziner mit spitzem Griffel.
Allerdings wundert sich der Leser nach einigen Seiten schon, wie es der
Autor, wenn er alles so vorgefunden hat wie beschrieben, denn beinahe
zehn Jahre lang in diesem Land, in dem Geld alles gilt, aushalten konnte?
Was die amerikanischen Verhältnisse aus der Sicht Ahlswedes auszeich-
net, das sind die Gegensätze von Reich und Arm, das Fehlen jeder Bildung (genüsslich beschreibt er Bibliotheken bei seinen Gastgebern, die
nur aus Buchattrappen bestehen) und die »ungesunde« Atmosphäre eines
Völkergemischs. Der Autor weist überall auf den »schädigenden Einfluß«
der Juden hin, von Indianern und Negern, die abfällig mit erwähnt werden, ganz zu schweigen. Selbstverständlich haben die US-Amerikaner

auch den »Ghostwriter« oder »Geister-Schreiber« erfunden: »Zahllose Reporter [...] haben sich darauf spezialisiert, für jeden Nußknacker, der durch seine Backpulver oder Scheuerbürsten im ganzen Land bekannt geworden ist, sofort das gewünschte Essay, eine Autobiografie oder sogar ein technisches Buch in kürzester Frist fertig zur Unterschrift vorzulegen. Damit ist man dann Schriftsteller und findet sein Werk in vorderster Reihe in den Buchhandlungen. Natürlich muß man, um amerikanischer Autor zu werden, mit den nötigen ›Kokosnüssen‹ nachhelfen.«[26]

In solchen Fällen sei es meistens so, dass sich die Verleger an die Prominenten wenden und diesen die Dienste eines Geister-Schreibers gleich mit anpriesen. So gesehen muss man auf dem deutschen Buchmarkt der dreißiger und vierziger Jahre durchaus amerikanische Verhältnisse diagnostizieren, das heißt, genauer gesagt handelte es sich um eine im modernen Buchverlag gängige Arbeitspraxis, auf die auch deutsche Verlage nicht verzichten konnten. In Deutschland mag lediglich das Geheimnis um die Ghostwriter häufig besser gehütet worden sein. Aber die »Kokosnüsse« aus den Händen des Partei-Verlags wird Ahlswede nicht von sich gewiesen haben. Bei der riesigen Auflage, die Ahlswedes Schrift sicher unter anderem auch in die Hände der Soldaten beförderte, sollte es nicht verwundern, dass auf diesem Wege antiamerikanische Ressentiments mit lang anhaltender Wirkung unters Volk gebracht wurden. An die Bilder und Motive des Mediziners ließ sich auch nach 1945 noch anknüpfen. Und ›amerikanische Verhältnisse‹ werden bis heute immer wieder beschworen, wenn es darum geht, eine Gesellschaft als unsozial und im Spannungsfeld zwischen Arm und Reich stehend zu charakterisieren. So mag manche Propagandabotschaft ihre eigentliche Wirkung erst Jahre oder gar Jahrzehnte später noch entfalten.

›Unser Doktor‹: Joseph Goebbels als Journalist und Buchautor

Wo hätte die NSDAP ihren Berliner Gauleiter und späteren Reichsminister für Propaganda herbekommen, wenn Joseph Goebbels Anfang der zwanziger Jahre mit seinen Bewerbungen Erfolg gehabt und statt die Laufbahn eines Propagandisten einzuschlagen, als Journalist reüssiert

hätte? Vielleicht sogar als erfolgreicher Romancier? Beide Fragen sind
nicht rein hypothetisch. Zwischen 1922 und 1924 versuchte er sich zunächst als Volontär bei der *Westdeutschen Landeszeitung*. Später bot er seine
Dienste sowohl der *Vossischen Zeitung* als auch dem *Berliner Tageblatt* an.
Beides ohne Erfolg. Die beiden renommierten Blätter, das eine aus dem
Hause Ullstein, das andere aus dem Hause Mosse, wollten den arbeitslosen Akademiker nicht haben. Vielleicht rührte aus dieser Kränkung ein
Teil seines Hasses auf die Systempresse und die jüdischen Verlagshäuser
mit Tradition? Schon als Pennäler und Germanistik-Student musste er
schreiben. Er begann mit Skizzen für einen Roman *Michael Voormann. Ein
Menschenschicksal in Tagebuchblättern,* der erst 1929 im Zentralverlag der
NSDAP, Franz Eher Nachf., veröffentlicht wurde. Zu diesem Zeitpunkt
hatte der Autor, seit einigen Jahren Gauleiter im hart umkämpften Berlin, schon auf anderen Feldern von sich reden gemacht. Gemessen am
Bekanntheitsgrad seines Urhebers, wurde der *Michael* kein echter Bestseller. Er erreichte lediglich eine Auflage von rund 90 000 Exemplaren.
Aber Goebbels befand sich in einem Schreibfluss, der bis zum Ende der
nationalsozialistischen Herrschaft 1945 nicht mehr abreißen sollte: »Ich
schreibe nicht zu meinem Vergnügen, sonder weil mir mein Denken eine
Qual und eine Lust ist […] Es ist mir, als müßte ich beichten gehen.
Ich will mir das letzte von meiner Seele herunterschreiben.«[27] Goebbels' umfangreiche Tagebuchaufzeichnungen, heute eine wichtige Quelle
zur Geschichte des Dritten Reiches, entsprangen diesem Mitteilungs-
drang. Mit der Machtübernahme und der Gründung des Ministeriums
für Volksaufklärung und Propaganda im März 1933 hatte der frisch geba-
ckene Minister ein neues Aufgabenfeld. Journalistische Arbeiten traten
etwas in den Hintergrund, der Propagandaminister ging zunächst mit
Büchern an die Öffentlichkeit: *Das erwachende Berlin* (1933) sowie *Vom
Kaiserhof zur Reichskanzlei* und *Kampf um Berlin* (beide 1934). Am erfolgreichsten mit rund 660 000 verkauften Büchern wurde dabei sein Bericht aus der Kampfzeit *Vom Kaiserhof zur Reichskanzlei*[28].

Zwischen den führenden Köpfen der NSDAP kam es dabei auch
zu publizistischen Rangeleien. Genau verfolgte die Fachpresse die Popularität der großen Drei. Die Zeitschrift *Die Bücherei* veröffentlichte
über einige Jahre eine Hitliste der Titel, die von den Volksbüchereien

am häufigsten gekauft wurden. Im Jahr 1935 stand *Mein Kampf* auf dem Verkaufsrang 21 mit 243 Exemplaren, auf Platz 1 lag der Propaganda-minister mit *Vom Kaiserhof zur Reichskanzlei* (404 Exemplare), erst mit großem Abstand folgte Rosenbergs *Mythus* mit noch 126 Stück auf Position 70.[29]

Besonders merkwürdig wirkt dieser Wettbewerb der Großpropagan-disten, wenn man weiß, dass von ihnen und ihren Dienststellen zur selben Zeit ein eifriger Kampf gegen das ›Konjunkturschrifttum‹ geführt wurde. Die Verlockung, mit schnell auf den Markt geworfenem ›nationalem Schrifttum‹ Geld zu verdienen, war einfach zu groß. Eine wahre Flut von NS-Publikationen hatte sich nach 1933 auf den Buchmarkt ergossen. Viele Autoren und Verlage entdeckten plötzlich ihre nationalsozialisti-sche Ader. Der Kampf der führenden Leute gegen diese Erscheinung hatte auch und vor allem den Zweck, den Absatz der eigenen Werke zu schützen. Man wollte das einträgliche Geschäftsfeld nicht mit anderen teilen müssen. Die schnelle Sättigung des Marktes mit nationalsozialis-tischer Literatur konnten die Verlage schon im Sommer 1933 registrie-ren. Der Leiter des Verlags Coleman in Lübeck, bei dem unter anderem eine der ersten Goebbels-Biografien erschienen war, klagte bereits früh: »Unsere Reisenden [gemeint waren die Verlagsvertreter] bestätigen uns übereinstimmend, daß sowohl die Läger der Grossisten als auch der Sor-timenter mit nationaler Literatur überfüllt seien. Augenblicklich ist eine vollkommene Flaute im gesamten deutschen Buchhandel festzustellen. Das ist gewiß eine Konjunkturerscheinung, denn das Publikum kauft in den Sommermonaten keine Bücher. Aber in diesem Jahr ist eine wahre Hochflut von sogenannter nationaler Literatur auf den Markt gebracht worden, sodaß sowohl der Großbuchhandel als auch das Sortiment im Augenblick nicht aufnahmefähig [sind].«[30] Und auch andere Häuser wie der für Kinder- und Jugendliteratur bekannte Loewe Verlag mussten schon im Jahr zwei nach der Machtübernahme feststellen: »Zeitgebun-dene Bücher werden heute nicht mehr verlangt.«[31] Teilweise kann man den scharfen Ton, der in der NS-Presse gegen die ›Konjunkturritter‹ an-geschlagen wurde, fast schon verstehen, denn die Konjunktur nationaler Stoffe trieb seltsame Blüten. So erhielt der Autor Wilfrid Bade, dessen Roman *Die SA erobert Berlin*[32] in über 70 Tageszeitungen als Fortsetzung erschien und als Buch an die 60 000 Mal verkauft wurde, das Angebot eines Übersetzers, der das Werk unter dem Titel »Wodennis de S. A. Berlin in ne Wull kreegen hett« ins Plattdeutsche übertragen wollte. Die beigefügte Leseprobe konnte Bade, der als Ministerialrat in Goebbels' Ministerium tätig war, aber nicht davon überzeugen, dem Übersetzungsplan zuzustimmen. Einleitend hieß es dort: »Jau vertellen wull ik mal, wodennis de S. A. Lüd Berlin in 'e Wull kreegen. Dat ji Wilfried Bade sien Bok ›Die S. A. erobert Berlin‹ ni rech tau Kopp kriegen künnt, kann 'k ni denken. [...] Awer lot ju man hierwegen keen grise Hor wassen. Ik warr ju den ganzen Siegellack nu mal up Platt verklofideln.«[33]

Aus Goebbels' Sicht konnte der Absatz der eigenen Bücher derweil gar nicht hoch genug sein, er war kein Konjunkturritter, er gab den Ton an! Nur so war es ihm möglich, beständig über die eigenen Verhältnisse zu leben. Sein Anwesen auf Schwanenwerder in Berlin kaufte er sich von Geldern, die ihm Max Amann auf Drängen Hitlers in Anerkennung seiner Bedeutung als einem »der besten Autoren des Eher Verlages«[34] hatte zukommen lassen.

Weiche Propaganda in Reinkultur:
Die Reemtsma Cigaretten-Bilderalben

Neben der braunen Flut auf dem Buchmarkt hatten die Fahnenträger des Dritten Reiches nach 1933 aber noch ganz andere Probleme. Ihre in der ›Kampfzeit‹ so erfolgreiche Propaganda gegen die verhasste Republik von Weimar hatte sich überlebt. Gegen wen oder was sollte man fortwährend wettern, wenn man selbst am Ruder war? Nun musste es vor allem gelingen, den »Schwung der Bewegung« auf neue Ziele umzuleiten. Es schlug die Stunde der »Integrationspropaganda«[35]. Die Propagandisten hatten nun nicht mehr in erster Linie die Aufgabe, eine eingeschworene Schar von Kämpfern gegen das ›System‹ aufzustacheln, sondern sie sollten viele ›Volksgenossen‹ für die Mitarbeit am neuen Staat gewinnen. Hier half nur eins: Man musste auf Formen der Populärkultur zurückgreifen, die weiten Kreisen der Bevölkerung vertraut waren. Nun kamen teilweise verpönte Medien wie der Heftroman zu neuen und unerwarteten Ehren. Es wurden aber auch moderne Publikationsformen aufgegriffen

Ich erinnere mich noch der Jahre, da Hitler – eben aus der Festung entlassen – den Neuaufbau seiner Partei begann. Damals verlebten wir einige schöne Ferientage auf seinem geliebten Obersalzberg, hoch über Berchtesgaden. Wir wanderten über die Berge, spannen Zukunftspläne und sprachen über Theorien, die heute längst Wirklichkeit geworden sind.

Wenige Monate später saßen wir in einem Zimmer eines kleinen Berliner Hotels. Soeben hatte die Partei schwere Schläge getroffen, Mißmut, Zank und Hadersucht hatte selbst die Parteigenossen ergriffen, und die ganze Organisation drohte zu zerfallen.

Da war es Hitler, der nicht den Mut verlor, der den Abwehrkampf organisierte, der überall helfend eingriff und der, selbst beladen mit Sorgen persönlicher und politischer Art, die Zeit und die Nerven fand, alle Widerstände zu überwinden und seinen Mitkämpfern das Rückgrat zu stärken.

Es ist ein schöner und edler Zug an Adolf Hitler, daß er niemals einen Menschen fallen läßt, der einmal sein Vertrauen gewonnen hat! Je mehr die politischen Gegner auf ihn einhämmern, je unverbrüchlicher ist die Treue seines Führers. Er ist keiner von denen, die starke Charaktere nicht neben sich dulden können. Je härter und kantiger der Mann, um so lieber erscheint er ihm. Und gibt es Gegensätze unter den Mitkämpfern, unter seiner versöhnenden Hand finden sie Ausgleich. Wer hätte es jemals für möglich gehalten, daß in unserem Volk der Individualitäten eine Massenorganisation erstehen könnte, die alles, aber auch alles umfaßt und umspannt. Dieses Werk ist Adolf Hitlers Verdienst! Hart und unerbittlich in den Grundsätzen, weitherzig und verstehend

In den Bergen. Hier traf der Führer große Entscheidungen

Stille Rast zwischen den Versammlungen

Bayrische Jugend besucht den Führer und Dr. Goebbels auf dem Obersalzberg

Familienalbum. Die Cigaretten-Bilderalben der Firma Reemtsma gehörten zur sogenannten weichen Propaganda. Verschiedene Bände wie hier Deutschland erwacht *mit Fotos von Hitler und Goebbels erreichten Millionenauflagen.*

und mit geballter wirtschaftlicher und propagandistischer Macht weiterentwickelt und für die eigenen Ziele ausgebeutet. Kein Produkt auf dem
Buchmarkt zeigt diese Form der Propaganda in so idealtypischer Weise
wie die Sammelbildalben. Die bekanntesten darunter waren die Cigaretten-Bilderalben der Firma Reemtsma. Sie gehören zugleich zu den auflagenstärksten Printprodukten auf dem Buchmarkt jener Jahre überhaupt.
Viele von ihnen knackten die Millionenmarke, alle Auflagen aber gingen
in die Hunderttausende. Als Beispiel unter vielen mag das Cigaretten-
Bilderalbum *Deutschland erwacht*[36] dienen. Die Bildauswahl zu zahlreichen
dieser Werke oblag Hitlers Leibfotografen Heinrich Hoffmann. Der Text
des vorliegenden Bandes stammt von Wilfrid Bade, ergänzt wurde er
durch kürzere Beiträge unter anderem von Hitlers Adjutanten Julius
Schaub, Reichsjugendführer Baldur von Schirach oder Reichspressechef
Otto Dietrich. Das Album zeigt vor allem marschierende Anhänger der
NSDAP aus allen nur denkbaren Perspektiven, jubelnde Volksmassen,
junge Fahnenträger und natürlich die dynamisch-entschlossenen Führer
der Bewegung in eindrucksvollen Fotos. Das Sammelalbum, in das der
Leser die Abbildungen selbst einklebte, wurde – in seiner Handhabung
dem privaten Fotoalbum ähnlich – zum kollektiven Erinnerungsalbum
der ›Volksgemeinschaft‹. Es konservierte eine Vergangenheit, die man
nun mit Hunderttausenden teilte. Die Bildchen oder Bilderscheck-Gut-
scheine fanden sich in den Zigarettenschachteln und sollten somit gleichzeitig die Markentreue der rauchenden Kundschaft stärken.

Auch wenn das Privatunternehmen Reemtsma mit seinem 1932 ge-
gründeten Cigaretten-Bilderdienst nach außen als Herausgeber der Alben auftrat, die Bild- und Textregie lag – nachweislich zumindest für
diesen Band – ganz in den Händen des Propagandaministeriums. Karl
Hanke, Ministerialrat im RMVP und enger Vertrauter von Goebbels,
hatte einen ersten Kontakt zwischen dem Textautor Bade und der Firma
Reemtsma hergestellt. Hanke war schon seit 1932 persönlicher Adjutant
des ›Doktors‹ und saß seit Gründung des Ministeriums als dessen persönlicher Referent im Ministerbüro. Er trug für die beim Cigaretten-Bilderdienst in Hamburg-Bahrenfeld erschienenen Titel die Verantwortung eines Herausgebers. Er verhandelte mit der Firma Reemtsma – zusammen
mit Heinrich Hoffmann –, war in beratender Funktion in den gesamten

Produktionsprozess eingebunden und bekam während der Entstehungs-
phase die jeweiligen Manuskriptteile zur Freigabe vorgelegt. Hanke bestimmte die thematische Ausrichtung des Bandes maßgeblich.[37]

An den Alben lässt sich besonders augenfällig zeigen, wie privatwirtschaftliche und propagandistische Interessen Hand in Hand gingen. Zwar
gehörten auch sie unzweifelhaft zum Konjunkturschrifttum, aber sie traf
kein Bannstrahl, da sie mit dem Segen von ganz oben und unter Beteili-
gung der führenden Stellen entstanden. Sie wirkten integrierend in zweierlei Hinsicht: Einmal sollten sie alle ›Volksgenossen‹ für die gute Sache
begeistern helfen, daneben verhalfen sie der Firma Reemtsma zu einem
neuen Image vom ursprünglich angefeindeten Großkapital zum gern ge-
sehenen Unterstützer der NS-Sache.[38]

Und es gab auch viele Alben zu zivilen Themen, wie zur Kunstge-
schichte oder zur heimischen Tier- und Pflanzenwelt. Günter Grass erinnert sich, mit diesen Alben erste kunsthistorische Kenntnisse erworben zu haben, nicht zuletzt dank seiner rauchenden Mutter, die für den
Nachschub an Sammelbildchen sorgte.[39]

Von Auflagenmillionären und »gewerblicher Bienenzucht«

Angesichts solcher parteiamtlicher Gemeinschaftsproduktionen im großen Stil mutet die Kampagne, die Goebbels zeitweise innerhalb seines
Ministeriums führen ließ, mehr als scheinheilig an. In einer internen Mitteilung wetterte er schon 1934 gegen all jene, die sich im Amt künstlerisch betätigten. Und das waren nicht wenige. Eine »Verquickung von
amtlicher und privater schöpferischer Arbeit« hielt der Minister für
höchst problematisch: »In meinem Ministerium sollen weder Bildhauer,
noch Dichter, noch Filmschauspieler, noch Theaterregisseure arbeiten«,
so Goebbels weiter, »meine Mitarbeiter haben vielmehr die Aufgabe, die
Kunst und die Künstler aus wahrem künstlerischem Empfinden heraus
zu betreuen und ihre produktive Tätigkeit in die richtigen Kanäle zu lenken.«[40] Für den Fall, jemand könne der schöpferischen Tätigkeit nicht
entsagen, stellte der Minister seinen Untergebenen sogar anheim, den
Dienst zu quittieren.

Die Richtlinien des Ministeriums waren formal gesehen klar. Jede Nebentätigkeit, auch die schriftstellerische, musste auf dem Dienstweg genehmigt werden. Beamte des Ministeriums sollten insbesondere bei »Veröffentlichungen politischen Inhalts«[41] und solchen, die den Geschäftsbereich des Ministeriums berühren, auf die Nennung ihrer Dienststelle in der Publikation verzichten. Bücher sollten so nicht den Anschein amtlicher Verlautbarungen bekommen. Allerdings sind beide Richtlinien nie vollständig eingehalten worden. Immer wieder musste innerhalb des Ministeriums auf sie aufmerksam gemacht werden. Goebbels' scharfer Appell aus den Anfangsjahren des Propagandaministeriums, sich entweder auf die künstlerische *oder* die administrative Arbeit einzulassen, war verhallt. Die Ministerialbürokratie war über die Jahre hin immer wieder bemüht, die künstlerischen Energien zu kanalisieren. Noch 1941 versammelten sich hochrangige Beamte des Hauses, um dem Problem der schriftstellerischen Nebeneinkünfte Herr zu werden. Es seien zum Teil beträchtliche Einnahmen erzielt worden, die »in einigen Fällen sogar das Einkommen aus der Haupttätigkeit übersteigen«[42]. Da hier vielfach Informationen verwendet würden, die der Einzelne aus seiner amtlichen Tätigkeit erhielt, sei es doppelt ungerechtfertigt, dass mit diesem dienstlichen Wissen private Einkünfte erzielt worden seien. Die hochrangig besetzte Runde entwarf den Plan zur Errichtung einer Stiftung, der zumindest ein Teil dieser Einnahmen zugeführt werden solle. Daraus könnten dann Ausgaben für die Allgemeinheit, etwa für »Kameradschaftsabende« des Ministeriums bestritten werden.

Die Stiftung wurde nicht mehr ins Leben gerufen. Neben Bedenkenträgern in der Ministerialbürokratie wird auch Goebbels selbst schon aus eigenem Interesse kaum ein Befürworter dieses Modells gewesen sein. Schließlich hatte die Bereicherung auf allen Ebenen der Diktatur längst Methode – was sollten da pseudorechtsstaatliche Gedankenspiele einiger Verwaltungsfachleute? Zudem waren höchste Regierungsstellen immer wieder mit der Reglementierung weit harmloserer Nebentätigkeiten beschäftigt: »Der Herr Reichsminister des Innern weist darauf hin, daß der gewerbsmäßige Betrieb der Bienenzucht durch Beamte als Nebenbeschäftigung grundsätzlich genehmigungspflichtig ist.«[43]

Während sich die einen um ihre Honorareinnahmen sorgten, war das Bücherlesen anderen »Lebenselixier« geworden – und doch zugleich lebens*gefährlich*. Victor Klemperer hielt zur Lektüre von Rosenbergs *Mythus* in seinem Tagebuch fest: »Viel habe ich nicht davon verstanden, u. das Wenige ist immer dasselbe.«[44] Die Rosenberg-Lektüre geriet dem mutigen Romanisten zum Verhängnis, als sie bei einem der zahlreichen ›Besuche‹ der Gestapo im Hause Klemperer aufflog: »Diesmal wurde mir *diese* Lektüre als furchtbares Verbrechen angerechnet. Das Buch wurde mir auf den Schädel gehauen, ich wurde geohrfeigt, man drückte mir einen lächerlichen Strohhut [...] auf: ›Schön siehst Du aus!‹ Als ich dann auf Befragen angab, bis 1935 im Amt gewesen zu sein, wurde ich von zwei mir schon bekannten Kerlen zwischen die Augen gespuckt.«[45] Victors ›arische‹ Frau Eva, die kurz darauf dazukam, verteidigte ihren Mann. Sie habe das Buch ausgeliehen, sie allein interessiere sich dafür. Dennoch beharrten die Gestapo-Männer darauf, dass das Buch unverzüglich zurückzugeben sei und dass es die Klemperers in Zukunft unterlassen sollten, eine Leihbücherei überhaupt nur aufzusuchen. Der Haushalt des Ehepaars war nach dem Auftritt der Gestapo-Schergen verwüstet, von der seelischen Zerstörung ganz zu schweigen. Auf seine unnachahmlich nüchterne und ganz auf seine wissenschaftliche Arbeit konzentrierte Art resümierte Klemperer danach: »Aber die eigentliche irreparable Schädigung besteht doch im Fortfall der Leihbibliothek. Nun ist meine Studienmöglichkeit noch mehr eingeschränkt als bisher. Ich werde in allen jüdischen Familien [...] herumbitten u. -betteln; aber fraglos bin ich sozusagen noch matter gesetzt als zuvor.«[46]

Auch das war ›Bestsellerlektüre‹ in Deutschland im Reich der Nationalsozialisten.

3. Im Westen was Neues:
Konjunktur der Kriegsbücher

Vom Schützengraben an den Schreibtisch

Er tat sich schwer mit dem Sturz in die Bedeutungslosigkeit. Zwar wurde ihm kein Berufsverbot auferlegt, aber im Vergleich zu seinen märchenhaften Bestsellererfolgen vor 1945 verkaufte er jetzt nur noch wenige Bücher. Nun musste er sich unter anderem mit Auftragsarbeiten wie Firmen-Festschriften über Wasser halten. Im Entnazifizierungsverfahren gelang es Paul C. Ettighoffer, den Ausschuss von der Integrität seiner Person zu überzeugen. Zwar war er NSDAP-Mitglied gewesen, was ihn zunächst belastete, allerdings machte er glaubhaft, er sei gewissermaßen im Kampf *gegen* die Partei um seine Existenz als freier Schriftsteller *in* die Partei eingetreten – ein gesinnungsakrobatisches Kabinettstückchen: »Seine Parteizugehörigkeit hat ihn aber nicht vor den Intrigen und dem Hass der Parteibonzen schützen können.«[1] Die Mitglieder des Haupt-Entnazifizierungsausschusses in Bonn im Jahr 1949 bedauerten ihn mit diesem Satz förmlich und machten sich damit eine Argumentation zu eigen, die wohl der Feder von Ettighoffers Rechtsanwalt entstammte.

Paul Coelestin Ettighoffer zählte im Dritten Reich zu den ganz Großen seines Fachs. Fast alle seine Bücher erreichten Auflagen von 200 000 oder mehr Exemplaren. Mit *Verdun, das große Gericht* schrieb er eines der erfolgreichsten Weltkriegsbücher seiner Zeit, es verkaufte sich an die 400 000 Mal. Zugleich war es das erste Buch bei seinem damaligen Verlag C. Bertelsmann, von dem innerhalb eines Jahres 100 000 Exemplare abgesetzt werden konnten.[2] Es ist eines jener Produkte, die den Aufstieg des bodenständigen Unternehmens zu einem weltweit operierenden Medienkonzern markieren. Der Verlag aus Gütersloh brachte Ettighoffer erst den großen Erfolg und umgekehrt.

Entschlossen und mit klarem Blick hatte der junge Ettighoffer als ›Stoßtruppführer‹ irgendwo an der Westfront im Kreis seiner Männer für ein Foto posiert, dass später das Frontispiz seines Kriegserlebnisbuches zieren sollte. Noch näher konnte ein Autor seinem Thema kaum kommen. Das Foto soll »wenige Stunden vor einem Angriff« aufgenommen worden sein. Es bürgt für die Echtheit des Erzählten. Der Bucherfolg aber war wohl kalkuliert und kein Zufallsprodukt. Der Verdun-Bericht kam als Auftragsarbeit zwanzig Jahre nach der großen Schlacht im Jahr 1936 auf den Buchmarkt. Ettighoffer wurde in der Folgezeit zu einem der erfolgreichsten Bertelsmann-Autoren überhaupt.[3]

Das Werk Ettighoffers war Teil einer ganzen Flut von Kriegsromanen, Kriegserlebnisbüchern oder – wie es an anderer Stelle sogar hieß – der »Wehrbelletristik«[4]. Als es 1936 erschien, hielt dieser starke Boom schon einige Jahre an, ja die damaligen Buchmarktforscher vermuteten, dass der Sättigungsgrad des Marktes mit dieser Literaturform bald erreicht sein musste. Das Leipziger Institut für Leser- und Schrifttumskunde, das auf Basis der Ausleihstatistiken verschiedener lokaler Volksbüchereien schon seit Mitte der zwanziger Jahre Leserforschung betrieben hatte, widmete dem »Weltkriegsbuch«, also dem »Erlebnis- und Erinnerungsbuch des Frontsoldaten«, eine – nicht weniger militaristisch – »Frontbericht zur Leser- und Schrifttumskunde« betitelte Studie. Die Forscher diagnostizierten darin ein 1929 einsetzendes und dann stark ansteigendes Leserinteresse am Themenkreis »Weltkrieg«. Mit diesem Anstieg habe sich die »nationale Erneuerung« gewissermaßen schon vor 1933 angedeutet. Erwähnt werden die einschlägigen Autoren wie Edwin Erich Dwinger, Werner Beumelburg, Hans Zöberlein oder Ernst Jünger. Diskret verschwieg die Studie dagegen Schriftsteller wie Ernst Glaeser oder Ludwig Renn, die mit *Jahrgang 1902* oder *Krieg* rund zehn Jahre nach dem Zusammenbruch von 1918 am Anfang dieses wiedererwachenden Interesses am Weltkrieg gestanden hatten. Häufig totgeschwiegen – oder wenn, dann nur als Negativ-Beispiel genannt – wird Erich Maria Remarques *Im Westen nichts Neues, der* Weltkriegsroman schlechthin. Ein Buch, das zum Teil das große Interesse am Thema in der Bevölkerung erspürt hatte und geschickt aufgriff, zum Teil aber auch neues Interesse weckte und weiter verstärkte. Der Vorabdruck des Romans war 1928/1929 in der *Vossischen Zeitung* erfolgt, das Buch im Ullstein Verlag wurde innerhalb eines Jahres über 1 Million Mal gedruckt, bereits ein Jahr später kam der zugehörige Tonfilm in die Kinos.[5] Der Titel hatte sich mit einer bis zu diesem Zeitpunkt nicht gekannten Absatzgeschwindigkeit verkauft. Er galt damit lange Zeit als der erste echte Bestseller der deutschen Literaturgeschichte und ist bis heute eines der erfolgreichsten deutschen Bücher geblieben. Auch Joseph Goebbels, der spätere Propagandaminister, las es bereits im Juli 1929 in einem Rutsch weg: »Ein gemeines, zersetzendes Buch. Die Kriegserinnerungen eines Eingezogenen. Weiter nichts. Nach 2 Jahren spricht von diesem Buch kein Mensch mehr. Aber es hat seine Wirkung getan in Millionen Herzen. Das Buch ist gemacht. Deshalb so gefährlich.«[6]

Doch Goebbels täuschte sich hinsichtlich der Lebensdauer des Buches. Remarque blieb über viele Jahre der Lieblingsgegner der Rechten, an dem man sich abzuarbeiten hatte, den man in den Schatten stellen wollte. Als die Verfilmung in die deutschen Kinos kam, erzwangen die Nationalsozialisten durch Randale bei mehreren Aufführungen in Berlin ein Verbot des Streifens, das der Gauleiter Goebbels als großen Sieg feiern konnte. Dennoch, ob ausdrücklich oder nur in Andeutungen: Remarque blieb bei allen Diskussionen um das Weltkriegsbuch stets präsent. So konnten die Kritiker in Alfred Rosenbergs *Bücherkunde* zwar einerseits über die Vielzahl der Kriegsbücher frohlocken – da hier doch endlich »die gewaltige Leistung des Frontkämpfers ihre Würdigung« erlebe. Andererseits bestand bei der Fülle der Texte auch immer wieder die Gefahr, vom rechten Weg abzukommen: »Bei anderen [Autoren] wieder tritt das Naturalistische so breit hervor, daß es das Heldische fast ganz zu verdrängen scheint und bedenklich an Remarque erinnert.«[7] Wohin der NS-Autor auch kam, der von den rechten Kritikern geschmähte ›Asphaltliterat‹ Remarque war schon da – zumindest gemessen an seinem Erfolg.

Das ›Buch vom Krieg‹ sollte zum erfolgreichsten und alles beherrschenden Buchtyp der Literatur des Dritten Reichs werden; und das nicht nur durch den neuen, bald am Horizont heraufziehenden Konflikt. Zu diesem Schluss muss kommen, wer sich die Verkaufszahlen ansieht und die Top 100 der gefragtesten Bücher genauer unter die Lupe nimmt. Rechnet man Sachbücher, Kriegserlebnisbücher, einschlägige Romane und die dann vom spanischen Bürgerkrieg an neu erscheinenden fast tagesaktuellen Frontberichte in Buchform hinzu, lässt sich die Geschichte

*Paul Coelestin Ettighoffer, einer der erfolgreichsten Autoren von Kriegs-
romanen und Erlebnisberichten, posiert im Sommer 1943 in Wehrmachtsuniform am Polarkreis.*

der Bestseller unterm Hakenkreuz als die Geschichte einer permanenten
Auseinandersetzung mit dem Weltkrieg und den unmittelbaren Kriegs-
folgen beschreiben. Zugleich zeigt sich ein permanentes ›sich beweisen
müssen‹ sowohl inhaltlich als auch ökonomisch: Die nationalen Autoren
wollten, ja mussten die besseren, authentischeren und erfolgreicheren
Kriegsbücher schreiben.

Frontkämpfer in Hitlers Diensten: P. C. Ettighoffer, Werner Beumelburg, Hans Zöberlein

Ettighoffer nahm an diesem Wettkampf teil, der sich jetzt entfesselte. Auch er war dabei gewesen. 1914 hatte sich der in Colmar gebürtige Elsässer als Kriegsfreiwilliger gemeldet, wurde mehrfach verwundet und für besondere Verdienste ausgezeichnet. Nach dem Krieg arbeitete er als Reporter und Autor. *Verdun. Das große Gericht* ist eine journalistische Arbeit. Das Buch präsentiert sich als quellengestützte Gesamtschau der Ereignisse rund um Verdun, der der Autor durch sein eigenes ›Dabeigewesensein‹ gewissermaßen Leben einhaucht. Der dokumentarische Charakter wird durch zahlreiche Fotos von den Kriegsschauplätzen verstärkt.

Wo bei Remarque Einzelne, die ein Gesicht haben, leiden und sterben, ist hier die Kriegsmaschinerie am Werk. Der Erzähler behält den Überblick über das Geschehen. Heraufbeschworen wird ein Geist, der alle Frontkämpfer, auch die der ehemaligen Feinde, vereint. Das Buch lässt keinen Zweifel daran, dass die »Blutmühle« Deutsche und Franzosen gleichermaßen sinnlos verschlungen hat. Den Abschluss bildet ein Epilog, in dem Ettighoffer von den Gedenkfeiern zum zwanzigsten Jahrestag der Schlacht von Verdun berichtet, die die ehemaligen Kriegsgegner aus allen Nationen nun gemeinsam begehen: »In den Sprachen der hier anwesenden Frontkämpfer legten die Tausende vor den Gebeinen der Toten den Schwur ab, den Weltfrieden zu halten und zu schützen. Und in allen Sprachen Europas hallte es nacheinander weithin durch die Nacht: ›Wir schwören es!‹«[8]

Der Schwur konnte nicht verhindern, dass es nur drei Jahre später in Europa wieder Krieg gab – gleichwohl durfte Ettighoffers Weltkriegsepos weiter erscheinen. Gut zwanzig Jahre nach Verdun trug der Autor wieder Uniform, diesmal die der Wehrmacht. Er leistet Dienst als stellvertretender Kompaniechef einer Propaganda-Einheit[9], in der er seine journalistischen Fähigkeiten in den Kriegsdienst stellen konnte. In dieser Zeit gehörte Ettighoffer mit seinen Büchern zu den unterhaltungsliterarischen Spitzenverdienern: So erzielte er aus dieser Tätigkeit im Jahr 1942 Einnahmen in Höhe von rund 100 000 RM. Im selben Jahr erhielt

er den Erwin von Steinbach-Preis der Goethe-Stiftung. Sein Verlag feierte dies mit einer Anzeige auf der Titelseite des *Börsenblatts:* »Er, der
Kämpfer des Großen Kriegs, gab Erinnern und Vorbild der Väter weiter
an die neue Generation, stärkte mit seinen Büchern ihren Wehrwillen
und trat unterm Stahlhelm mit ihr noch einmal zum großen Waffengange
an, der den Sieg auch jener vollenden wird, die damals fielen, damit wir
leben sollten.«[10] Der später als Zweiter Weltkrieg bezeichnete Konflikt
wird hier als die konsequente Fortsetzung des Ersten geschildert. Die
Zwischenkriegszeit war gewissermaßen nur ein Durchatmen. In einem
kurzen Portrait Ettighoffers unter der Überschrift »Dichter unter Waf-
fen« hatte der Autor selbst noch viel fanatischere Töne angeschlagen. In
Form eines Glaubensbekenntnisses textete er: »Wir Soldaten glauben an
den deutschen Sieg! Wir alle glauben so felsenfest daran wie an Gott und
an die Sendung des Führers. [...] Wir glauben an unsern Sieg wie an unsere Kraft und unser gutes Wollen. Und unser Sieg wird ebenso groß sein
wie jene Schmach, die man uns in der Zeit des langen Waffenstillstands
von November 1918 bis August 1939 antat. Wir glauben an den Führer
und an Deutschland und an den Sieg, wir Soldaten von 1914 bis 1940!
Wir glauben! So sei es!«[11]

Schon viele Jahre vor Ettighoffer war Werner Beumelburg einer der
ersten aus dem national-konservativen Lager, der mit seinem Buch auf
Remarque und die anderen zu antworten versuchte. Beumelburg war
als Soldat an der Westfront eingesetzt gewesen, auch er machte nach
dem Krieg Karriere als Journalist, während der er unter anderem bei
der *Deutschen Allgemeinen Zeitung* in Berlin tätig war.[12] Sein *Sperrfeuer um
Deutschland* erschien im gleichen Jahr wie *Im Westen nichts Neues*. Obwohl
der Autor in seinem Vorwort bekundet, die »kriegerischen Vorgänge mit
den seelischen Vorgängen«[13] verschmelzen zu wollen, gibt sein *Sperrfeuer*
im Wesentlichen eine Chronik des Ersten Weltkriegs von den »Schüssen
von Serajewo« bis zum Zusammenbruch im November 1918 unter der
Überschrift »Vae victis!« wieder. Der allwissende Erzähler führt souve-
rän durch das Geschehen, stellt die Ereignisse im Graben neben die Ge-
spräche bei den Stäben. Auch hier wird Gegnern und deutschen Soldaten
gleichermaßen ›Respekt‹ erwiesen. Der Tod des Einzelnen wird dabei

häufig von Bildern verschlungen, die mehr verschleiern als enthüllen: »Immer weiter wechseln die Divisionen. Viele sind schon zum zweitenmal, einige zum drittenmal hier. Sie gehen durch die Mühle, werden aufgefüllt und gehen abermals durch die Mühle.«[14] Die Auseinandersetzung der nationalen Dichter mit Remarque ging bis ins Detail. Sogar der emotional ergreifende Schluss von Remarques Roman, dem das Erfolgsbuch seinen Titel verdankte, findet sich bei Beumelburg wieder – freilich in entschärfter Form: »Die Welt hat sich an das Schauspiel schon lange gewöhnt. Sie weiß, daß hier keine Sensationen mehr zu erwarten sind. Die beiderseitigen Heeresberichte haben nichts Interessantes mehr über Verdun zu melden. Das ›übliche Artilleriefeuer‹ wird der tägliche lakonische Ausdruck.«[15]

Beumelburg hatte schon im Verlauf der zwanziger Jahre im Auftrag des Reichsarchivs verschiedene Bücher über die Schlachten des Weltkriegs geschrieben. Es waren Vorarbeiten, auf die er dann für seine beiden erfolgreichsten Bücher, die Weltkriegschronik *Sperrfeuer* (363 000) und den Frontroman *Gruppe Bosemüller* (164 000), zurückgreifen konnte. Selbst wenn sich der Autor mehr als viele andere aus dem Grabengetümmel erhob und manche Zusammenhänge des Kriegsgeschehens, die Mechanik der Schlacht präzise und gut lesbar beschrieb – große Dichtung war es keinesfalls. Sogar wenn man der *Gruppe Bosemüller* gewisse literarische Qualitäten zuerkennen mag, die Tatsache, dass jemand wie Beumelburg Mitglied und Schriftführer der gleichgeschalteten Dichterakademie werden konnte, sagt viel über die Güte der im nationalsozialistischen Deutschland verbliebenen Autoren aus.

Entscheidender als textliche Qualität war für die Wirkung der Weltkriegschronik ihre politische Einordnung und Bewertung. Der Geist der Frontgeneration wurde heraufbeschworen, um Deutschland in Zeiten der Wirtschaftskrise wieder Zuversicht einzuhauchen. Versailles und die Folgen wurden für die deutsche Misere verantwortlich gemacht. Auch hier verpflichteten die Toten des Weltkriegs die Lebenden zu neuen Opfern: »[…] daß aus den Gebeinen der Toten eine Generation erwachse, treu und tapfer und männlich wie jene – das ist unser Gebet«[16].

Eine treffende Analyse der Kriegsliteratur inmitten des Krieges lieferte Victor Klemperer, der sich noch im August 1944 mit Beumelburgs

Büchern beschäftigte. Zur selben Zeit notierte er bereits Straßenkämpfe zwischen den Alliierten und der Wehrmacht am Rande von Paris in seinem Tagebuch! Interessant sei es vor allem, so der trotz seiner eigenen Lebenssituation erstaunlich nüchtern beobachtende Philologe, »der chronologischen Schichtung des Weltkriegsromans nachzugehen. Erst das übliche Hurrageschrei. Dann der Pazifismus, dann Gegenströmung in zwei Linien: als neuer Chauvinismus u. als neue Ethik.«[17] Zur neuen Ethik rechnete Klemperer Beumelburg, der in der Tat in *Sperrfeuer* das Verbindende zwischen den Soldaten aller kriegführenden Mächte hervorhob, eine Generation der Frontkämpfer über die Grenzen hinweg beschrieb.

Der einflussreichste Verkünder des »neuen Chauvinismus« dagegen war Hans Zöberlein. Er galt als strammer Parteisoldat. Sein »langnasiges dunkeläugiges Subalterngesicht mit Hitlerbürstchen« – so Klemperer mit spitzer Feder – erblickten Hunderttausende Leser schon beim Aufschlagen seines Buches *Glaube an Deutschland*. Das 1931 erstmals im Eher Verlag erschienene Werk verkaufte sich während des Dritten Reiches über 740 000 Mal. Ähnlich erfolgreich wurde sein zweiter Roman *Befehl des Gewissens,* von dem fast eine halbe Million Exemplare abgesetzt wurden. Schreckliche Berühmtheit jenseits des Buchmarkts erlangte Zöberlein Ende April 1945, als der Krieg eigentlich – so glaubten viele – längst vorbei war. Nicht so Zöberlein. Der ehemalige Front- und spätere Freikorpskämpfer, der auch den Putsch der Nazis am 9. November 1923 mitgemacht hatte,[18] beteiligte sich als Anführer eines Werwolf-Kommandos maßgeblich an einem Verbrechen, das unter dem Namen ›Penzberger Mordnacht‹ bekannt geworden ist. Insgesamt 16 Bürger der oberbayrischen Gemeinde Penzberg, Männer wie Frauen, wurden ermordet, weil sie angesichts der heranrückenden Alliierten ihren NSDAP-Bürgermeister abgesetzt hatten. Diese ›Vergeltungsaktion‹ ist eines der wenigen Verbrechen, das dem als Propagandagespenst umgehenden Werwolf – einer von Himmler und anderen in der Endphase des Krieges geplanten Untergrundbewegung – tatsächlich zuzuordnen ist. Zöberlein wurde 1948 wegen Mordes zum Tode verurteilt, die Strafe später in lebenslängliche Haft umgewandelt. 1958 wurde er aus gesundheitlichen Gründen entlassen. Noch im Entnazifizierungsverfahren hatte Zöberlein sich damit gebrüstet, immer noch überzeugter Nazi und Antisemit zu sein.

Knapp zwanzig Jahre zuvor hatte sich Zöberlein selbst in der öffentlichen Debatte um Remarques Roman in Position gebracht und den Autor im *Völkischen Beobachter* der Fälschung bezichtigt.[19] Das Gerücht, Remarque sei gar kein Frontkämpfer gewesen und habe – in der Logik der Leute vom Schlage Zöberleins – somit gar kein Recht, über ein solches Thema zu schreiben, nährte sich fortan aus diesen Quellen. Von da an war die Beteuerung, der Autor habe selbst die Front erlebt, fester Bestandteil jedes Kriegsbuches. Zöberleins eigenes Werk wird von einer zweiseitigen Auflistung eröffnet, die sämtliche Kämpfe aufführen soll, die im Militärpass des Autors verzeichnet waren. Die Detailfreude setzt sich im Buch fort, in dem der Leser auf fast 900 Seiten den in epischer Breite geschilderten Erlebnissen Zöberleins folgen kann. Was nicht ausgespart wird, sind die Kriegsgräuel. Das Soldatentum ist kein sauberes Handwerk, sondern im Kampf Mann gegen Mann sind Verwundung, Verstümmelung und Tod allgegenwärtig und werden drastisch beschrieben. Anders als bei Beumelburg oder Ettighoffer wird vom Gegner oft in abwertender Form gesprochen: »Beim Franzmann aber ging die Werferei sicher nicht unblutig ab. Einmal sah ich, wie ein Stahlhelm drüben in einer Handgranatenwolke emporwirbelte. ›Den Kopf hätte ich sehen mögen, der ihn aufgehabt hat‹, meinte mein Nachbar.«[20] Als Grund für die Niederlage der Deutschen wird immer wieder ihre materielle Unterlegenheit ins Feld geführt, die auch durch heldenhaften Kampf nicht aufzuwiegen war. Durch den Detailreichtum seiner Schilderung widerlegt der Autor die vorgeschobene Authentizität seines Kriegserlebens selbst. Nach unzähligen Artillerieangriffen und wirren Wanderungen durch Trichterfelder werden einzelne Granateinschläge oder Dialoge mit einer Genauigkeit wiedergegeben, die heute allenfalls ein Blogger mit Laptop und Digitalkamera auf dem Schlachtfeld erreichen könnte. Dem einfachen Soldaten Zöberlein nimmt man es nicht ab, dass er sich über zehn Jahre nach dem Geschehen an so viele Kleinigkeiten erinnert haben soll. »Wie kommt das Buch zu seinem, zu diesem Ruhm?«, fragte sich schon Victor Klemperer kopfschüttelnd. »Nach den ersten hundert von fast 900 Seiten ist es mir noch nicht ganz klar. Es steht künstlerisch u. sozusagen militär-

Kriegserlebnisbücher und Darstellungen zum Weltkrieg bildeten eines der wichtigsten Marktsegmente der dreißiger Jahre. Hier ein Muster-Schaufenster des Scherl Verlags aus dem Jahr 1934.

technisch weit unter Beumelburg. Es malt mit Verdun beginnend u. dann im Westen verbleibend sehr anschaulich, aber sehr einförmig in endlosen Variationen u. Wiederholungen die Situationen des einfachen Soldaten im Kampf. Das ist 1000 x geschildert worden. Ist Z. einer der ersten oder der neunhundertste?«[21]

»Z.« war zwar mit Sicherheit nicht der Erste, aber nach Remarque für viele Jahre der Erfolgreichste. Der wichtigste Grundstein für Zöberleins Erfolg war die Protektion durch den selbst ernannten ›Größten Feldherrn aller Zeiten‹. Adolf Hitler hatte dem Buch ein Geleitwort beigegeben: »Man hört das Herz der Front schlagen, den Quell jener Kraft, der unsere unvergänglichen Siege schuf.«[22] Das Buch sei so etwas wie das Vermächtnis der Frontgeneration an die heutige Jugend. Damit war es die Pflichtlektüre der Nationalsozialisten zum Weltkrieg, die in allen

Empfehlungslisten auftauchte und vom Verlag unter die »Standardwerke des deutschen Schrifttums« gezählt wurde. Der mehrfach ausgezeichnete Frontkämpfer war, gemessen an seinen Verkaufszahlen, einer der erfolgreichsten Schriftsteller der nationalsozialistischen ›Bewegung‹.

Über die Fronten hinweg: Die deutsch-französische Liebesgeschichte von *André und Ursula*

Erstaunlich nur, dass es keineswegs allein der aggressive Nationalismus eines Zöberlein war, der das Bild bestimmte. Neben ihm feierte – und dies trotz aller Angriffe auf Remarque und den geschmähten Defaitismus und Pazifismus – eine ganz andere Textgruppe große Erfolge: die der »pazifistischen Kriegsromane«. Klemperer hatte die Strömung geortet und die Literaturlenker des Systems setzten sich mit ihr auseinander. Die meisten dieser Texte sind den »deutsch-französischen Verständigungsromanen« zuzurechnen. Sie seien, so wurde noch 1939 vor Kriegsbeginn in einem Fachblatt für den Leihbuchhandel doziert, »aus einer ehrlichen Verständigungsbereitschaft heraus entstanden«, die zeige, »wie sehr gerade dieses Thema der Verständigung zwischen zwei großen europäischen Kulturnationen dem deutschen Menschen und Künstler am Herzen«[23] liege. In Deutschland und Frankreich ist für die Zeit zwischen den Kriegen eine ganze Reihe deutsch-französischer Liebesgeschichten zu verzeichnen, die vielfach den Krieg als Hintergrund haben.[24]

Mitte der dreißiger Jahre lag diese Verständigung auch in Deutschland im Trend. Zunächst zeigte sich die Nation als weltoffener Gastgeber der Olympischen Spiele 1936, ein Jahr später präsentierte sich Hitlers Reich der internationalen Öffentlichkeit auf der Weltausstellung in Paris.

Im selben Jahr, 1937, erschien eines der überraschendsten Erfolgsbücher jener Zeit: *André und Ursula* von Polly Maria Höfler. Bis Kriegsende wurden von dem Liebesroman rund 400 000 Exemplare verkauft. »Dieses Buch schrieb eine Frau. Darum wurde es kein Kriegsbuch, wie es anfänglich schien, sondern die Geschichte einer tiefen Liebe«[25], so der Rezensent in der *Zeitschrift der Leihbücherei*. Aber es ist dennoch ein Buch geworden, das hier in einem Atemzug mit der Kriegsliteratur verhandelt werden muss, der man es vom Charakter her zurechnen kann.

Die lothringische Schriftstellerin Polly Maria Höfler (eigentlich Paula Sofie Höfler)[26] muss als NS-Sympathisantin gelten. Sie hatte den letzten deutsch-französischen Konflikt am eigenen Leib erlebt. 1907 im zu dieser Zeit noch deutschen Metz geboren, wurde sie 1919 mit ihrer Familie vertrieben.[27] Nach dem Gymnasium besuchte sie eine Handelsschule, lernte Stenografie und Schreibmaschine und arbeitete in verschiedenen kaufmännischen Betrieben als Sekretärin, schließlich als Stenotypistin bei der Reichs-Rundfunk-Gesellschaft in Frankfurt am Main. In dieser Stellung muss sie der Erfolg ihres Romans überrascht und dazu bewogen haben, ihre Aushilfstätigkeit als Schreibkraft im Juli 1937 aufzugeben.[28] Nach dem Zweiten Weltkrieg machte sie aus ihrer Einstellung gegenüber den Nationalsozialisten kein Hehl. Trotzdem hatte sie der Liebesgeschichte zwischen der Deutschen Ursula und dem Franzosen André Duval eine ganz eigenartige Wendung verliehen.

Der Roman wurde ein eindringliches Plädoyer für eine deutsch-französische Aussöhnung und ein Appell an den Friedenswillen der Völker, ja die Autorin stellte den Frieden als eines der höchsten Güter überhaupt dar. Sie erzählt ihre Geschichte im Angesicht der traumatischen Erfahrungen des Ersten Weltkriegs. »Der Krieg brachte hundertfachen Tod und schuf tausendfältiges Leben. Was wir fortan schaffen und streben, gründet sich auf die Taten unserer Toten. Sie haben sich für uns zum Opfer gebracht, und sie haben gewonnen, was auch wir gewinnen müssen, um es dauernd zu besitzen: den Frieden.«[29]

Die Deutsche Ursula bekommt als kleines Mädchen das Fronttagebuch eines französischen Soldaten geschenkt. Als sie es Jahre später wieder entdeckt und begeistert zu lesen beginnt, entsteht bei ihr der Wunsch, das Buch den Hinterbliebenen des Frontkämpfers zurückzubringen. Ihn selbst, André Duval, hält sie für tot – doch schon bald erkennt sie das Gegenteil. Ursula reist nach Frankreich und verliebt sich in den wesentlich älteren André, der seinen Lebensunterhalt als Arzt verdient. Allerdings findet ihre Liebe ein tragisches Ende, da André noch vor der Hochzeit bei einem Autounfall stirbt. Am Ende des Buches wird angedeutet, dass Ursula sich die Liebesgeschichte nur erträumt haben könnte. Ihr Geliebter wäre dann schon 1916 vor Fort Douaumont gefallen.

Höfler scheint selbst an die Friedensbekundungen der Nationalsozialisten geglaubt zu haben. Ihre Ursula wird im Buch gefragt, ob »le Führer‹ es mit seinen Friedensversicherungen ernst meine?« Worauf sie mit »Heilig ernst« antwortet. »Da können Sie jeden Deutschen befragen, Monsieur. Wir müssen es doch schließlich wissen, nicht wahr? Denn es ist unser eigenstes Fühlen und Denken, was der Führer in seinen Worten ausdrückt.«[30] Wieder sind es die Frontkämpfer hüben wie drüben, die die Hand zum Freundschaftsgruß reichen wollen. Die Autorin ist mit ihrer Protagonistin eins in ihrer Liebe zu Frankreich, dem Land, seinen Menschen und seiner Kultur. Sicher tauchen an einigen Stellen Klischeevorstellungen vom ›Sündenbabel‹ Paris auf mit seinen »Lichtreklamen, Negerbars, Nackttänzen, Girls«[31]. Aber Paris ist so wenig Frankreich wie das Berlin der ›Systemzeit‹ aus Sicht vieler Nazis für das ganze Deutsche Reich stehen konnte. Über Politik wird im Roman erstaunlich offen debattiert. Der Unterhaltungsroman entwirft keine Szenerie, die völlig ohne Zeitbezug auskommt. Im Gegenteil. Was von der Protagonistin nicht goutiert wird, ist das bolschewistische Fahrwasser, in das die französische Politik von Zeit zu Zeit zu geraten droht. Auf der anderen Seite kostet es Ursula viel Kraft, die Menschen, mit denen sie zusammentrifft, davon zu überzeugen, dass die »so gefürchtete Armee Adolf Hitlers nicht zum Kriege hin, sondern vom Kriege fort marschiere«[32]. Will man denn nach nazistischem Gedankengut forschen, dann lässt es sich finden. So hat André zwei Stiefgeschwister, die – legt man die Maßstäbe der ›Rassenhygiene‹ an – gar nicht hätten zur Welt kommen dürfen. Andrés Stiefbruder ist, immer am Rande der Geisteskrankheit lebend, am Ende sogar für seinen Tod verantwortlich. Freilich sollte nicht vergessen werden, dass solche ›medizinischen Überlegungen‹ in den zwanziger und dreißiger Jahren in aller Welt angestellt wurden. Allerdings wurden sie nirgends so drastisch in die Tat umgesetzt wie im deutschen Euthanasie-Programm.

Dennoch erfüllt der Roman weder die Erwartungen, die man an einen Propaganda-Text hat, noch kann er als reine Fluchtlektüre gedient haben: Der Erste Weltkrieg und seine Toten bilden den Grundstein der gesamten Erzählung. Die Abhängigkeit des menschlichen Schicksals vom politisch-historischen Geschehen wird immer wieder deutlich gemacht.

Verblüffend ist vor allem, dass dieser Text weiter gedruckt, verkauft

und gelesen werden konnte, als die Wehrmacht Adolf Hitlers längst ganz
Europa unterjocht hatte und auch in Frankreich einmarschiert war. Ja,
sogar Sonderausgaben für die Truppe wurden produziert.³³ Und in Zeiten, in denen der allgegenwärtige Propagandaminister vom ›totalen
Krieg‹ schwadronierte, da nehmen sich die pazifistischen Gedanken der
Höfler doch wie Fremdkörper aus. Dass solche Texte von den Lesern
dankbar aufgenommen wurden, lässt sich erklären. Sicher konnten viele
bei der Lektüre ihrer eigenen Friedenssehnsucht nachhängen. Gerade
die Rezeption von *André und Ursula* macht deutlich, warum auch die
›gleichgeschaltete‹ Literatur immer noch ein gewisses subversives Potential beinhaltete: Bei der stillen Lektüre in den eigenen vier Wänden
konnte jeder im Text lesen, was er wollte. Denn sogar die sonst so ge-
strengen Lektoren des Amtes für Schrifttumspflege empfahlen den Roman unter der Rubrik »gute Bücher zur Unterhaltung«. Das Buch sei
»sowohl in dichterischer wie in menschlich-politischer Hinsicht wertvoll« und könne »nur jedem nachdrücklich empfohlen werden«³⁴. Dabei
hatte auch Rosenbergs Lektor den Grundgedanken des »Weltfriedens«,
der das Buch trägt, herausgearbeitet. Zum Zeitpunkt der Buchbesprechung befand sich das Deutsche Reich noch im Zeitalter des Appease-
ments. Vor allem versuche die junge Autorin, in der Darstellung beiden
Völkern »auf Grund der politischen, rassischen und volkhaften Gegebenheiten gerecht zu werden«, sie sei dabei »weit entfernt von weichlichem
Pazifismus«.

   Entscheidend bei diesem und vielen anderen »friedensverherrlichen-
den Kriegsbüchern« war, dass die Verständigung zwischen den Nationen
völkisch grundiert war. Das heißt auch für *André und Ursula:* Jeder der
beiden weiß, wohin er gehört, welches Blut in seinen Adern fließt. Nur
wenn sich die Völker auf ihre Wurzeln besinnen und diese ehren, können
sie sich die Hand reichen. Nicht Internationalismus wird gepredigt, sondern verständigungsbereiter Nationalismus.

   Der Autorin scheint das Buch zunächst keinen dauerhaften Wohlstand
gebracht zu haben. Noch in den Jahren 1939 und 1940 erhielt sie Zuwen-
dungen der Deutschen Schillerstiftung, für die sie sich auch in Richtung
Reichsminister Dr. Goebbels artig bedankte. Das Geld helfe ihr bei der

Arbeit an ihrem dritten Roman. »Durch Verschulden« ihres Verlegers sei
sie »moralisch und wirtschaftlich so schwer geschädigt worden«, dass sie
»vor einer Katastrophe stand«[35] – mit diesen Worten hatte Polly Maria
Höfler in einem Schreiben an die Schillerstiftung auf ihre prekäre Finanz-
situation hingewiesen. Schon im Jahr zuvor hatte der Gutachter der Stiftung der jungen Autorin ein hervorragendes Zeugnis ausgestellt. »Insgesamt liegt hier eine Leistung vor, die im Dichterischen wurzelt und die
darum voll zu würdigen ist. Eine Unterstützung aus ordentlichen Mitteln
hat künstlerisch gesehen ihre Berechtigung. Über die menschliche Seite
des Falles geben die Unterlagen keinen Aufschluß.«[36] Auch der Gutachter der Schillerstiftung hob hervor, was die Liebesgeschichte in *André
und Ursula* vor anderen auszeichnete. Es werde eine Brücke der Liebe
zwischen einem Franzosen und einer Deutschen geschlagen, »ohne daß
die beiderseitigen völkischen Bindungen letztlich aufgegeben werden«.

Der Autorin fiel es nach dem Krieg nicht schwer, sich als ›Pazifis-
tin‹ zu präsentieren. Ihr Text selbst, der auch nach 45 weiter erfolgreich
aufgelegt wurde, ermöglicht diese Interpretation. So wurde Anfang der
achtziger Jahre des 20. Jahrhunderts eine Taschenbuchausgabe veranstal-
tet, die mit der Unterzeile »Einer der schönsten Liebesromane in der
Dichtung dieses Jahrhunderts. Das Vermächtnis für den Frieden« warb
und ganz zum Geist einer erstarkenden Friedensbewegung in der Bundesrepublik jener Jahre passte. Ebenfalls abgedruckt wurde das Nachwort aus der ersten Nachkriegsausgabe des Textes, das die Autorin »in
den Ruinen von Frankfurt am Main, am Tage Allerseelen 1948« zu Papier
gebracht hatte. Darin versuchte die Autorin selbst, ihr Handeln zu bewerten und ihr Buch einzuordnen. »Damals, als ich es schrieb, war ich
jung und gläubig. Ich glaubte vor allem an den kommenden Weltfrieden,
denn es war um das Jahr 1936, um die Zeit der Olympiade in Berlin, der
großen Weltausstellung in Paris. [...] Und so schrieb ich damals manches
Wort, das heute keine Gültigkeit mehr hat. Denn inzwischen ist eine
Welt in Trümmer gesunken [...] und wir sind beinahe zu kraftlos, um
noch zu glauben – seit wir erkennen mußten, daß wir zu Götzenbildern
gebetet haben.«[37] Und sie widmete nun, da der von Deutschland ausge-
löste Feuersturm über die Welt vorbei war, diesen Roman »dem unbekannten Soldaten des Zweiten Weltkriegs; unter welcher Fahne er auch

gekämpft haben mag«[38]. Der versöhnliche Gestus hatte weiter Gültig-keit. Die Verfilmung ihres Romanstoffes konnte die Autorin nicht mehr miterleben. Sie starb 1952, der Film *André und Ursula* mit Ivan Desny in der männlichen Hauptrolle kam drei Jahre später in die deutschen Kinos.

Geschäfte mit dem Heldentod: Von Kaisers Korvetten-kapitän Fritz Otto Busch zu Hitlers U-Boot-Kommandant Günther Prien

»Wie wird die Literatur des zweiten Weltkrieges aussehen?« Das hatte sich schon Victor Klemperer beim Blick auf die Kriegsromane des Ers-ten gefragt. Die neue Kriegsliteratur wurde – vor allem was die wirklich erfolgreichen Bücher anbelangte – eine Literatur des Sachbuchs. Lässt man die eher humoristischen Titel mit Landser-Anekdoten außen vor, so war das bestverkaufte aktuelle Kriegsbuch das autobiografische Werk des von Hitler hochdekorierten U-Boot-Kommandanten Günther Prien *Mein Weg nach Scapa Flow,* gefolgt vom Buch über die Schlacht um *Narvik* des Marineschriftstellers und Korvettenkapitäns Fritz Otto Busch mit über 600 000 Stück.

Günther Prien sollte als einer der Ersten zum Kriegshelden aufge-baut werden. 1908 geboren, gehörte er der Generation an, die den Na-zis alles verdankte. Nach einer Ausbildung bei der Handelsmarine hielt er zwar 1931 sein Kapitänspatent in den Händen, fand aber aufgrund der Weltwirtschaftskrise keine Anstellung und schlug sich im freiwilli-gen Arbeitsdienst durch. Im Januar 1933 kam er zur Kriegsmarine und stieg dort bis zum U-Boot-Kommandant auf. Im Oktober 1939 drang er mit seinem bald legendären Boot U 47 in einer handstreichartigen Operation in die Buch von Scapa Flow ein, den Heimathafen der bri-tischen Flotte, und versenkte dort das Schlachtschiff Royal Oak. Nach siegreicher Rückkehr wurde ein Starkult um ihn betrieben, der einen Ansturm junger Freiwilliger zur U-Boot-Waffe auslöste. »Er ist ein tol-ler Bursche und ein richtiger Volksheld. Und macht nur verwegene Stü-cke«, so Goebbels im Tagebuch, »dabei so nett und so sympathisch.«[39] Solches ›Kriegsglück‹ musste auch medial ausgewertet werden. »Hun-derttausende haben auf dieses Buch gewartet, haben sich gewünscht, daß der erste Ritterkreuzträger der Kriegsmarine einmal aus seinem Leben erzählen wird. Nun hat er es getan«, so schrieb der Rezensent einer Kurzbesprechung im *Großdeutschen Leihbüchereiblatt,* »und nun werden es Hunderttausende lesen wollen!«[40] – Es wurden am Ende fast 900 000 Exemplare und der Titel kam damit unter die 20 bestverkauften Bücher im Dritten Reich.

Erzählt wird die Geschichte des kleinen Jungen aus einfachen Verhältnissen, der zum Kapitän und am Ende zum gefeierten Star aufsteigt – dank der Nationalsozialisten. Höhepunkt des Buches ist der Überfall auf Scapa Flow und der darauf folgende Besuch in der Reichskanzlei, bei dem die ganze Mannschaft für ihre Tapferkeit ausgezeichnet wird. Die Kameradschaft über die Fronten hinweg spielte im Vergleich zu den Büchern des Ersten Weltkriegs nun keine Rolle mehr. Im Gegenteil, es ist von tiefem Hass die Rede, der die Kriegsgegner beherrscht. Die Ritterlichkeit wurde auch in der Literatur begraben. »Wir sind höflich zueinander, ritterliche Gegner, wie aus einem Schullesebuch. Aber hinter dieser Höflichkeit steht ein eiskalter, klirrender Haß, der Haß zweier Völker, die sich zum letzten, entscheidenden Gang gegenübertreten um Sein oder Nichtsein auf dieser Welt.«[41] So beschreibt Prien das Zusammentreffen mit dem Kapitän eines von ihm angegriffenen Frachters auf hoher See. Weiter fällt auf, dass der Krieg hier trotz aller Angriffe und Opfer viel stärker beschönigt wird als in der älteren Weltkriegsliteratur. Es scheint den sauberen, präzisen Angriff zu geben; der »Stier von Scapa Flow« – so sein Spitzname – hatte selbst einen solchen Präzisionsschlag durchgeführt. Opfer und Leid haben in diesem Buch keinen Platz. Im Nachwort räumt Prien ein, dass er die Reihenfolge der geschilderten Ereignisse um der Dramaturgie willen leicht verändert habe. Das Buch war eine Auftragsarbeit, zu der ihn der Deutsche Verlag ermuntert hatte. Dass ein Ghostwriter Prien unter die Arme griff, ist gut denkbar. Gerade in den großen Sachbuchverlagen war es auch damals schon gängige Praxis, einen Autor mit Namen und einen mit handwerklichen Fähigkeiten zusammenzuspannen. *Mein Weg nach Scapa Flow* sollte der erfolgreichste Titel der Buchsparte des als Deutscher Verlag firmierenden arisierten Ullstein Verlags werden. Die 120 000 Exemplare, die die Druckmaschinen als Startauflage verlassen hatten, waren bereits am ersten Verkaufstag im Oktober 1940 vergriffen. Von einer Übersättigung des Publikums mit Kriegsthemen konnte gut ein Jahr nach dem Überfall auf Polen offenbar noch keine Rede sein. Schließlich ließen sich solche Erfolgsgeschichten in einer von ersten Siegen geprägten Zeit gut verkaufen.

Der Deutsche Verlag registrierte wie viele andere Häuser auch nach Kriegsbeginn eine gewaltig gewachsene Nachfrage nach Lesestoff. Der Umsatz des Buchverlags lag – nicht zuletzt dank des Erfolgstitels des U-Boot-Kommandanten – um 50 Prozent über dem Umsatz des gleichen Monats im Vorjahr.[42]

Der ›Prien‹ blieb wohl in erster Linie ein Buch für die Jugend. Im dritten Kriegsjahr waren 145 Hitler-Jungen zum Kriegseinsatz im Deutschen Verlag abkommandiert und halfen im Filialdienst bei der Zustellung von Zeitungen und Zeitschriften aus: als Ersatz für die vielen zum Militärdienst eingezogenen fest angestellten Mitarbeiter. Die Hitler-Jungen wurden nach drei Monaten Tätigkeit mit einem feierlichen Appell verabschiedet. Als Dankeschön bekamen sie das Buch des ›KaLeu‹ Prien überreicht. Eingeklebt war eine Urkunde, die sie an die Zeit beim Deutschen Verlag erinnern sollte.[43] – Der Autor des Werkes war zu diesem Zeitpunkt bereits bei einem Einsatz im Nordatlantik gefallen. Die Todesmeldung hatte die NS-Propaganda mehr als zwei Monate geheim gehalten. Der Verlust dieses hochdekorierten Kriegshelden wog schwer, ließ sich aber am Ende doch nicht verschweigen.

Ähnlich rasant wie beim Buch über Prien verlief der Verkauf von Fritz Otto Buschs *Narvik. Vom Heldenkampf deutscher Zerstörer*. Das Buch war bereits im Jahr der Besetzung Norwegens und der Schlacht um Narvik erschienen. Schon im Januar 1941 waren 200 000 Exemplare verkauft, das Ereignis wurde in der Branchenpresse gefeiert.[44] Offenbar zählte bei diesen Bucherfolgen vor allem die Aktualität, sie waren vom Buchabsatz her ›Schnelldreher‹, d.h. Bücher, die sich innerhalb kürzester Zeit in großen Stückzahlen vertreiben ließen.

Sein Narvik-Buch ist – lässt man moralische Maßstäbe außen vor – handwerklich im Großen und Ganzen sauber gemacht, wenn man ihm auch an vielen Stellen anmerkt, dass es mit ›heißer Nadel gestrickt‹ wurde. In einer Mischung aus Reportage, fiktionalen Elementen und

Mit dem Kriegsbeginn 1939 begann die Zeit der ›Schnelldreher‹ auf dem Buchmarkt: Von Fritz Otto Buschs Narvik *waren innerhalb weniger Monate nach Erscheinen über 200 000 Exemplare verkauft.*

dokumentarischen Passagen schildert es das Kommandounternehmen »Weserübung«, das in die Besetzung Norwegens mündete. Im englischen Sprachraum würde man *Narvik* heute als Faction bezeichnen. Buschs Kriegsbuch, aber auch das von Prien lesen sich in jedem Fall besser und sind eingängiger als die Machwerke eines Zöberlein. Hier fanden die Jungs aus der HJ-Generation ohne Zweifel den zu ihnen passenden Lesestoff. Für Busch, der in den dreißiger Jahren im Hauptberuf Schriftleiter (also Chefredakteur) der Marine-Blätter *Die Reichsmarine* und *Deutsche Marine-Zeitung* war,[45] bot die Textproduktion für diesen Markt mehr als einen kleinen Zusatzverdienst. Im Kalenderjahr 1941, das Jahr, in dem der erste warme Honorarregen des *Narvik*-Bestsellers aus dem Weihnachtsgeschäft niederging, erzielte Busch satte 242 084,47 Reichsmark Honorar aus seiner schriftstellerischen Tätigkeit.

»A[us] über 60 in meinem Leben geschriebenen Büchern« seien diese Honorare erwirtschaftet worden, so fühlte er sich bemüßigt, seiner Erklärung gegenüber der Reichsschrifttumskammer als Kommentar beizugeben. Auch im Folgejahr zählte er mit rund 97 400 Reichsmark Jahreseinkommen nur aus Honoraren zu den absoluten Top-Verdienern der Branche.[46] Wie hoch seine Einkünfte tatsächlich waren, wird erst ersichtlich, wenn man die damaligen Durchschnittseinkommen der einfachen Leute dagegenhält, die sich so zwischen 150 und 200 Reichsmark pro Monat für einen Arbeiter bzw. Angestellten bewegt haben dürften.

Keine Frage: Buschs Buch war ein überragender wirtschaftlicher Erfolg und es wird auch propagandistisch seine Wirkung erzielt haben, indem es junge Männer für einen sinnlosen Krieg begeisterte. Geschildert wird auch hier ein eher ›sauberer‹ Krieg, der sich wie vom Feldherrnhügel aus betrachtet darstellt. Der Tod, das Leiden wird ausgeblendet, rückt in die Ferne. Auch bei Busch ist die Kameraderie der Weltkriegsbücher verschwunden. Englische Gräueltaten gegenüber wehrlosen schiffbrüchigen deutschen Soldaten werden immer wieder geschildert und: »Der Engländer muß eben, wenn er seine übliche Arroganz zeigt, kräftig aufs Maul geschlagen werden, auf etwas anderes reagieren die Söhne der Insel nicht.«[47]

Fritz Otto Busch war ein echter Schreib-Profi. Der Korvettenkapitän der Reserve – eine Rangbezeichnung, die er als festen Namenszusatz führte – hatte selbst am Ersten Weltkrieg teilgenommen und war seit den zwanziger Jahren als Kriegsmarineschreiber tätig. Der große Erfolg stellte sich für ihn aber erst nach der Machtübernahme durch die Nazis ein. Busch hatte sich frühzeitig in der NS-Schrifttumspolitik engagiert. Auf Vorschlag des Kampfbundes für deutsche Kultur wurde er in den gleichgeschalteten deutschen PEN aufgenommen.

Bei der Tagung des internationalen PEN-Clubs in Ragusa im Mai 1933 war Busch Mitglied der deutschen Delegation. Dort schlug den Vertretern des ›neuen Deutschlands‹ verständlicherweise viel Kritik entgegen: »Die ganze Atmosphäre war derart durch die Bücherverbrennung vergiftet«, schrieb er in einem internen Bericht für seinen Heimatverband, »und außerdem durch den Haß auf unsere jetzige Regierungsform vernebelt, daß es wirklich ganz außerordentlich schwer war, auch nur die einigermaßen Vernünftigen zu einem milderen und gerechteren Urteil über Deutschland zu bringen. Dieses Urteil wurde jedoch sofort wieder umgestoßen, sowie Toller redete oder Telegramme der ›Emigranten‹ ankamen und die Judenfrage [...] aufs Tapet kam.«[48]

Wes Geistes Kind der Korvettenkapitän war, kam vor allem in einer Rede zum Ausdruck, die er im Manuskript schon vorbereitet hatte und vor dem internationalen PEN halten wollte – die Abreise der deutschen Delegation unter Protest verhinderte dies schließlich. Sie wurde später im Wortlaut in einer Zeitschrift in Deutschland abgedruckt: »Unser eigenes, volkhaftes Schrifttum war geknechtet, 14 Jahre lang«, so ist dort zu lesen, »nun kann es sich endlich, endlich frei entfalten. Das Wesentliche muß Freiheit haben zum Besten der Nation, nicht das Unwesentliche, das ewige Verneinende, das Kleine und Schmutzige.«[49]

Wenn auch die weiteren Dokumente zu Buschs Werdegang und Haltung in jenen zwölf Jahren eher dünn gesät sind, unstrittig ist, dass er zu den Gewinnern einer ›Säuberung‹ des deutschen Schrifttums zählte. Zu Hans Hinkel, dem damaligen Geschäftsführer der Reichskulturkammer, hatte er einen guten Draht. Dieser lobte seine politische Haltung: »Auf ihren Wunsch hin bestätige ich Ihnen sehr gern, [...] daß Sie mir als bewährter, zuverlässiger Parteigenosse und als im Sinne unserer Bewegung seit Jahren kämpfender Schriftleiter bekannt sind.«[50]

Und obwohl hier kommerzieller Erfolg und ein mutmaßliches propagandistisches Interesse der Machthaber zusammenfielen, war die Literaturkritik zu Busch keineswegs einhellig. Insbesondere aus Kreisen der SS-nahen Presse kamen Angriffe. So nahm Kurt Eggers Buschs Buch zum Anlass, sich in der Zeitschrift *Weltliteratur* Gedanken über die künftige Kriegsbelletristik zu machen. Eggers selbst war der Prototyp des jungen SS-Dichters: Er diente als Panzerkommandant in der SS-Division Wiking, sein späterer Soldatentod machte ihn zum Helden und zum Namenspatron für eine SS-Kriegsberichterkompanie. Aus der Sicht der SS und sicher ganz im Sinne der Rosenberg-Leute konnte kein Berufenerer über das Thema Krieg und Literatur dozieren: »Busch ist ein bekannter Marineschriftsteller, der eine ganze Reihe von Büchern und Bänden über die deutsche Schifffahrt, vornehmlich über die Kriegsmarine geschrieben hat. Und daß auch sein Narvikbuch ein großes Erfolgsbuch sein wird, geht schon aus der Tatsache hervor, daß der Verlag als Erstauflage bereits 150000 Exemplare gedruckt hat.«[51] Aber Eggers gönnte Busch den Erfolg nicht, schließlich schreibe er nicht aus dem unmittelbaren Erleben heraus. Allein aus den Kreisen der Narvikkämpfer könne einst, »wenn die Zeit gekommen ist, der Künder und Sänger kommen«, der das endgültige Heldenepos dieser Nordlandfahrt erzählen wird. Buschs Buch ist aus Eggers' Sicht nur tagesaktuelles Schrifttum. Die junge Generation, die »in der Kartentasche ein kleines Heft« bei sich habe, um sich an der Front Skizzen für späteres dichterisches Schaffen zu machen, sei für die wahre Kriegsliteratur zuständig. Zu ihnen zählte sich der Rezensent selbst. Was er an Busch vor allem kritisiert, sind rückwärtsgewandte Ideen, etwa wenn dieser einen Marinedekan auftreten lässt, der in einem feierlichen Gottesdienst die Einheiten verabschiedet: Der Soldat dieses Krieges brauche laut Eggers solchen Beistand nicht. Er schöpfe seine Kraft allein aus der Quelle des Nationalsozialismus. Und diese Kritik am christlichen Gedankengut oder an einer falschen Nostalgie mit Blick auf Friedrich den Großen, den Buschs Marinedekan in seiner Predigt in einer Anekdote zur Himmelspforte schickt, wurde nicht nur von Eggers allein vorgetragen. Über Buschs Buch hatte sich hinter den Kulissen ein Streit entwickelt, der durch die Kritik der Parteiamtlichen Prüfungskommission an einigen Passagen des Werkes ausgelöst worden war. Rund um den ›Fall Narvik‹ wurde ein Schriftwechsel entfesselt, an dem sich neben dem Chef der PPK, Philipp Bouhler, auch der Leiter der Parteikanzlei der NSDAP, Martin Bormann, sowie Joseph Goebbels, Wilhelm Keitel und Admiral Raeder, der Buschs Buch ein Vorwort gewidmet hatte, beteiligten. Die Kontroverse wurde erst durch ein ›Führerwort‹ beendet. »Der Führer habe erklärt, er wünsche keine Neuauflage in der vorliegenden Form«.[52]

Die Historikerkommission, die die Verstrickung des Hauses Bertelsmann ins Dritte Reich aufklären sollte, gab in ihrer Untersuchung an, das Buch sei bei einer Auflage von 605 000 aus dem Verkauf genommen worden. Vielleicht hatte der Titel sich ohnehin überlebt, waren mehr Bücher gar nicht im Markt unterzubringen? Schließlich hatte der Titel mit 650 000 Reichsmark Reingewinn so viel erwirtschaftet wie kein zweiter des Hauses während des Krieges. Hier habe sich, so die Untersuchung weiter, »erstmals für Hitler, Goebbels, Bormann und Bouhler ein unangenehmer Beigeschmack mit dem Namen des erfolgreichen Gütersloher Unternehmens« verknüpft. Hier zeige sich, so die gewagte Argumentationskette der Historiker, »wie schnell das nach wir vor bestehende latente Misstrauen gegenüber dem theologisch fundierten Verlag aktiviert werden konnte«[53].

Gerieten Busch und Bertelsmann also – so ist man versucht zu fragen – in die Krise, weil beide so gottesfürchtig waren? Wohl kaum. Während Bertelsmann weiter Hunderttausende mit platter, kriegsverherrlichender Propaganda verdiente, ließ Busch den Gottesdienst in seinem Narvik-Buch mit einem Bekenntnis zum neuen Deutschland ausklingen: »Wir haben unserer gefallenen Kameraden gedacht. Tapfer und stolz sind sie in den Tod gegangen für unseren Führer, unser Volk und unser Vaterland. Sie bleiben die Unsrigen. Auf uns warten neue Aufgaben. Wir werden sie erfüllen. Dem Führer haben wir es geschworen. Wer auf die Flagge des Führers schwört, hat nichts mehr, was ihm selber gehört. Es lebe der Führer!«[54]

Hier schrieb keiner, der fundamentale Kritik aus dem NS-System heraus auf sich gezogen hatte, sondern einer, dessen Erfolg ihm manche neiden mochten und der an einer bestimmten Stelle mehr zufällig zum Spielball der komisch-kleinkarierten und stets auf ihren eigenen Vorteil bedachten Schrifttumsbürokraten geworden war. Nicht mehr und nicht weniger. Auch sein Verlag war kein Opfer der eigenen theologischen Grundausrichtung, sondern zählte zu den Kriegsgewinnern.

4. Lachendes Leben, lustiges Volk:
Humor und Komik

Maulkorb für den ›Führer‹? Die Bestseller von
Heinrich Spoerl

Heinrich Spoerl war einer der erfolgreichsten Autoren im Dritten Reich. Fast alle seine Texte verkauften sich zu Hunderttausenden: *Die Feuerzangenbowle, Der Gasmann, Wenn wir alle Engel wären, Der Maulkorb*. Die Geschichtensammlung *Man kann ruhig darüber sprechen* wurde als sein erfolgreichstes Buch nahezu eine Million Mal verkauft.[1] Die meisten seiner Bücher wurden schon kurze Zeit nach Ersterscheinen verfilmt. *Der Maulkorb* 1938, *Der Gasmann* 1941 und schließlich als bekannteste Ikone *Die Feuerzangenbowle* unter dem Filmtitel *So ein Flegel* im letzten Kriegsjahr.

Typisch für Spoerls Werk und für viele erfolgreiche Unterhaltungstexte in jenen Jahren ist dabei eine auffällige Zeitlosigkeit. Bis auf den *Gasmann*[2], der eindeutig im Deutschland der Nationalsozialisten spielt, sind Handlungsort und Epoche, in denen die Spoerl-Texte angesiedelt sein sollen, ansonsten kaum genau auszumachen. Die Kulissen bilden undefinierbare Kleinstädte, irgendwo in Deutschland, irgendwann in der ersten Hälfte des 20. Jahrhunderts. Buch und Film zur *Feuerzangenbowle* gehören heute zum populärkulturellen Allgemeingut der Deutschen. Kaum einer wird – sollte man den Mann oder die Frau auf der Straße dazu befragen – darin einen typischen ›Nazi-Stoff‹ sehen. Aber sowohl das Buch, erstmals 1933 erschienen, als auch der Film, 1944 mit Heinz Rühmann in der Hauptrolle in die Kinos gekommen, tragen deutlich die Zeichen der Zeit. Gerade in ihrer vordergründigen Geschichtslosigkeit.

Aber das Erstaunlichste dabei: Spoerls Romane zeigen aus heutiger Sicht sogar teilweise kritisches Potential. Im *Maulkorb,* erstmals 1936 erschienen, verunstaltet ein betrunkener Staatsanwalt nach einer wilden Zecherei das Denkmal des Landesfürsten. Der Regent hatte sich, so die

Gerüchte, zuvor abfällig über seine Untertanen geäußert. Wieder aus-
genüchtert, beginnt der Staatsanwalt in den folgenden Tagen eine Ermittlung wegen Majestätsbeleidigung gegen Unbekannt, die sich unwei-
gerlich gegen ihn selbst richten muss. Der *Maulkorb* ist eine Parodie auf
Obrigkeitsgläubigkeit und Untertanengeist par excellence. Eine Liebesgeschichte zwischen der Tochter des Staatsanwalts und einem Künstler,
der das ›Attentat‹ des Beamten beobachtet hat, wird zudem noch eingeflochten. Hier finden sich alle Zutaten für einen erfolgreichen Unterhaltungsroman. Im Verlauf der Handlung gibt es reichlich Gelegenheit,
sich über engstirnige Bürokraten zu amüsieren. Der Text bot vielfältige Anspielungen, die der Leser auf das herrschende Regime beziehen
konnte. Allerdings wäre es kein so erfolgreicher und von offizieller Seite
auch wohl gelittener Text gewesen, wenn nicht am Ende ein versöhn-
licher Schlussakkord angeschlagen worden wäre: Die Liebenden kriegen sich, der Staatsanwalt muss der eigenen ›Verderbtheit‹, sprich Täter-
schaft nicht ins Auge blicken und sogar der Landesherr kann bald über
den Vorfall schmunzeln. Aber auch die Fundamentalkritik am Fürsten
wird entschärft: Die abfälligen Bemerkungen über seine Landeskinder
hat der Regent gar nicht gemacht. Sie und somit die Verwicklungen der
ganzen Geschichte waren ein Produkt der Fantasie, einer Sphäre jenseits
der Realität entsprungen.

Der Rausch scheint der Zustand, in dem sich das Ganze am besten
ertragen ließ. Nicht nur im *Maulkorb,* sondern auch in der *Feuerzangenbowle.* Hier war die Droge sogar titelgebend. Alles durchwehte der gleiche kleinbürgerliche Mief und der gleiche harmlose Humor, der auch
im Deutschland des Wirtschaftswunders weiter massenkompatibel war.
Wenn Filme wie *Wenn wir alle Engel wären* oder eben die *Bowle* durchs
Wohnzimmer der sechziger und siebziger Jahre flimmerten, schien die
Welt noch in Ordnung. Mühe- und gedankenlos bediente man sich bei
den Ikonen einer anderen Zeit und machte sie zu den eigenen.

Bemerkenswert an Spoerls Werk ist, dass es auf offizieller Ebene von
allen Seiten gelobt wurde. Für Goebbels war der Autor vor allem ein Lie-
ferant glänzender Drehbuchstoffe, der sich vom Gros der Schriftsteller
abhob: »Eine Reihe von Manuskripten für Propaganda und Film durch-
geprüft«, vermerkte er in seinem Tagebuch, »von Spoerl ein gutes Ma-

nuskript *der Gasmann*.«[3] Spoerl schrieb für die breite Masse, die sich das Buch kaufte oder in der Bücherei auslieh. Vom Buchhandelsspezialisten Erich Langenbucher wurde er 1940 zu den »meistgelesenen Autoren unserer Leihbüchereien«[4] gezählt. Aber sogar die *Bücherkunde,* das Organ von Goebbels' liebstem Gegenspieler Rosenberg, war voll des Lobes. Auch hier schien »der wunderbare Humor Spoerls [...] allgemein bekannt«[5]. Spoerls *Wenn wir alle Engel wären* konnte sogar »als überdurchschnittliche Unterhaltungslektüre durchaus empf[o]hlen«[6] werden. Aus dem Mund der sonst so unterhaltungsfeindlichen Rosenberg-Leute eine unschätzbare Auszeichnung. Was der Rezensent am *Maulkorb* hervorhob, zeigt zweierlei. Erstens: Die satirischen Qualitäten wurden als solche erkannt und auch benannt. Zweitens: Besonders geschätzt wurde das aus Sicht der Obrigkeit versöhnliche Ende. »Soll eine Behörde einen Beamten, der einen Fehltritt begangen hat, decken oder ihn fallen lassen, um ihm gegenüber die Autorität der Behörde zu wahren?«[7] – darin sah der Rezensent Spoerls Kernfrage. Die besonders glückliche Fügung für den Autor bestand nun darin, die Verwicklungen aufgelöst zu haben, ohne die Obrigkeit zu entlarven: »Der Beamte wird vor den Folgen seines Fehltritts bewahrt, gleichzeitig bleibt aber auch die Autorität der Behörde gesichert.« Beruhigt ließ sich resümieren: »Das Buch ist zu empfehlen.« Noch etwas verräterischer geriet der *Bücherkunde* die Betrachtung zur Anekdotensammlung *Man kann ruhig darüber sprechen:* Es sei ein »wunderbares Buch, das zwar keine tiefgründigen Weltweisheiten vermitteln, sondern erfreuen und *erleichtern* will«[8]. Man wusste um die Ventilfunktion solcher Texte. Dies war sicher einer der Gründe, dem Autor teilweise Freiheiten zu lassen, ihm kritische Bemerkungen, die sich auf die nationalsozialistische Herrschaft bezogen, nicht übel zu nehmen. »Wir leben in einer geistigen Neugeburt« verkündete Spoerl in seinem Text »Bücher haben ihr Schicksal«[9], der in der eben genannten Anekdotensammlung enthalten war. Er sparte dabei nicht mit Seitenhieben auf die NS-Literaturlenkung, wenn es zum Beispiel hieß: »Die meisten Bücher sind zeitgebunden und für die Nachwelt bestenfalls Kuriosa. Nur die ganz Großen sind zeitlos, aber ob sie ganz groß sind, das kann man nie wissen, das sieht man erst, wenn sie zeitlos geworden sind.«[10] Ein Schicksal, dass sich für fast das ganze zeitgebundene NS-Schrifttum erfüllen sollte: Heute sind sämtliche dieser Werke sowie ein großer Teil der in dem hier vorliegenden Buch behandelten Schriften nur noch als »Kuriositäten« von Interesse.

Aber auch die offiziellen Parolen der Schrifttumsförderung wurden von Spoerl in »Bücher haben ihr Schicksal« nicht verschont. »Das Buch ist ein Schwert des Geistes«, griff er das Pathos der Schrifttumspropaganda auf. »Es soll kämpfen, meinethalben auch mit Kanonen schießen; in einer lauten Zeit werden leise Bücher überhört. Aber es soll nicht mit Platzpatronen knallen. Noch weniger mit Giftgas die Luft verpesten. Auch Tränengas halte ich für unwürdig. Viele Bücher kämpfen nicht, sondern tun nur so, sie ziehen die breite Heerstraße hinterdrein, mit Trommeln und Trompeten, gegen das, was längst besiegt und erledigt ist. Die haben es gut, da kann nicht viel passieren. Dann schon lieber die sanften Bücher für die sanften Leute, die ihre Ruhe haben wollen, überall und auch beim Lesen.«[11]

Dass zu viel getrommelt und trompetet und mit Platzpatronen geschossen wurde, wusste der unangepasste Leser nur zu gut. Er bekam hier seinen Text, bei dem er sich mit seiner Kritik aufgenommen und verstanden fühlte – der aber kein umstürzlerischer Text war, sondern einer mit einem für den neuen Staat versöhnlichen Ausgang.

Immer wieder gab es Gerüchte über die möglicherweise nicht alleinige Urheberschaft Spoerls an seinen Romanen. In den aus der Reichsschrifttumskammer überlieferten Unterlagen versucht Spoerl selbst zum Beispiel eine Mitautorschaft seiner Ehefrau Gertrud zu lancieren.[12] Alle denkbaren Varianten wären für die Entstehung moderner Unterhaltungstexte nicht ungewöhnlich. In jedem Fall gilt es eine abschließende Biografie des äußerst erfolgreich schriftstellernden Anwaltes immer noch zu schreiben.

Amüsantes von der Stange: Banzhafs lustige Sammlungen aus dem Hause Bertelsmann

Unter den 20 am höchsten aufgelegten Büchern des Dritten Reiches sind die beiden Anthologien von Johannes Banzhaf *Lachendes Leben* und *Lustiges Volk* zu finden. Die eine kam auf über 900 000, die andere auf über

800 000 Exemplare. *Lachendes Leben* war damit der am besten verkaufte Bertelsmann-Titel in der NS-Zeit überhaupt. Johannes Banzhaf, leitender Mitarbeiter im C. Bertelsmann Verlag in Gütersloh, setzte darin auf eine Mischung aus bewährten ›Klassikern‹ und zeitgenössischen Autoren: Neben Peter Rosegger und Ludwig Thoma finden sich Bertelsmann-Hausautoren wie Will Vesper oder Fritz Müller-Partenkirchen. Bezeichnete Banzhaf seine Stellung 1938 noch als die eines »literarischen Mitarbeiters und Lektors«, so trat er drei Jahre später gegenüber der Reichsschrifttumskammer als Herstellungsleiter in Erscheinung.[13] Offenbar waren seine Ambitionen, sich als Programmmacher für den Belletristikbereich zu etablieren, gescheitert.[14]

Er war, 1907 geboren und noch jung an Jahren, umfassend verlegerisch tätig, kümmerte sich sowohl um die Inhalte und deren Produktion als auch um pfiffige Vertriebsideen. Banzhaf dachte und konzipierte Bestsellererfolge vom Ende der Verwertungskette her. Was wollen die Leute lesen, wie muss das erfolgreiche Produkt beschaffen sein? Die beiden Anthologien waren von vornherein auf den Markt hin ausgerichtet worden. Wenn Produkt und Zielgruppe definiert waren, dann galt es noch die optimale Produktions- und Vertriebsstrecke aufzubauen, die für Verleger und Herausgeber – als der er in den beiden Fällen in Erscheinung trat – maximale Verdienstmöglichkeiten eröffneten. Banzhaf gelang es, einen Großteil der Autoren, vor allem die »kleiner und unbedeutender« Beiträge, mit einem Pauschalhonorar für alle Auflagen abzufinden, nur die bekannteren unter ihnen wie Heinz Steguweit oder Paul Keller erhielten für jede Folgeauflage von jeweils 20 000 Stück erneut Geld.[15] Nach den Unterlagen von Bertelsmann bekam Banzhaf ein Honorar von 7,5 % vom Ladenpreis. Die erste Auflage warf bei einem Verkaufspreis von 2,85 Reichsmark bereits rund 4275 Reichsmark für den Honorartopf ab, aus dem aber zur gleichen Zeit lediglich 2000 Reichsmark an die Autoren auszuschütten waren. Bei allen Folgeauflagen blieben pro 20 000 satte 3275 Reichsmark für den Herausgeber übrig. Ein gutes Geschäft! Noch günstiger versuchte Banzhaf die Erlösseite zu gestalten, in dem er ›gemeinfreie‹ Beiträge, wie etwa das Volkslied »Auf de schwäbsche Eisebahne« aufnahm. Bei einem Beitrag von einem gewissen »Woerner« täuschte sich Banzhaf allerdings und bekam bald nach Erscheinen unangenehme Post. Hilfesuchend wandte er sich daraufhin an die Reichsschrifttumskammer: »Diese Kurzgeschichte hat ganz die Form einer Anekdote. [...] Ich suchte daraufhin alle mir zur Verfügung stehenden Literaturgeschichten durch nach dem Namen Woerner, fand ihn aber nicht. Das bestärkte mich in der Annahme, daß der Beitrag frei sei.«[16] Die Verfasserin, die sich hinter »Woerner« verbarg, wollte sich danach allerdings nicht mit den von Banzhaf angebotenen 12 Reichsmark zufriedengeben, sondern verlangte 250. Eine sicher überzogene, in Anbetracht des späteren Erfolges der Anthologie aber nicht völlig abwegige Forderung. Der Ausgang des Honorarstreits ist nicht überliefert. Gut dokumentiert dagegen sind die ungewöhnlichen Einkommensverhältnisse von Johannes Banzhaf, der zum Beispiel für 1941 runde 32 000 Reichsmark an Einkünften aus schriftstellerischer Tätigkeit angab[17], dies bei einem regulären monatlichen Verdienst von – auch schon überdurchschnittlichen – 475 Reichsmark.[18] Zwei Jahre später, auf dem Höhepunkt des kriegsbedingten Bücherbooms, erhöhte sich Banzhafs publizistisches Einkommen auf über 73 000 Reichsmark. Die Versuchung, mit geschickten Manövern auf dem Buchmarkt schnell viel Geld zu verdienen, muss in dieser Zeit besonders groß gewesen sein. Banzhaf machte dafür gemeinsame Geschäfte mit dem Versandbuchhändler Matthias Lackas, der seinen ›Handel‹ im Laufe des Krieges auf windige Deals mit Papierschecks verlegte. Diese Bescheinigungen erlaubten es Verlagen, auf bestimmte Papierkontingente zuzugreifen. Ohne Papierschecks, die die Kriegswichtigkeit einer Produktion belegen sollten, ließen sich keine Druckaufträge mehr abwickeln. Lackas wurde später wegen des Vorwurfs der Papierschieberei und des Handels mit gefälschten Schecks sogar in Haft genommen und zum Tode verurteilt. Auch Banzhaf saß bald zusammen mit anderen Bertelsmann-Angestellten in Haft, in der er fast bis Kriegsende verbleiben musste. Lackas kam schließlich mit dem Leben davon und konnte im Nachkriegsdeutschland weiter im Buchhandel tätig bleiben. »Die Triebfeder des Verlegers [Heinrich Mohn] war ökonomisches Kalkül, nicht allein im Sinne der Profitmaximierung«, so schließt der Bericht der unabhängigen Kommission zur Geschichte Bertelsmanns im Dritten Reich den »Fall Lackas« ab, »sondern auch der Sicherung einer dominanten

Marktposition. Aber auch wenn Mohn an den Aktionen seiner Mitarbeiter nicht beteiligt war oder davon nichts wußte, so hatte er doch ein Betriebsklima geschaffen, in dem während des Kriegs zwar herausragende Geschäftserfolge erzielt wurden, aber daneben persönlicher und geschäftlicher Ehrgeiz, Bereicherungsstreben und laxe Kaufmannsmoral gedeihen konnten.«[19] Auch für Johannes Banzhaf war die Versuchung sich zu bereichern zu groß gewesen. Die 38 Offiziershäuser, die er zusammen mit Lackas im Juli 1943 in Ostpreußen für rund 1,4 Millionen Reichsmark erworben hatte, waren nach dem Krieg dahin.[20] Banzhaf entfaltete nach 1945 keine nennenswerten Aktivitäten mehr in der Buchbranche.

Harmlose Unterhaltung? Wilhelm Busch, Ludwig Thoma oder O. E. Plauen im Kriegseinsatz

Um das Schlagwort Unterhaltung wurden im Dritten Reich zwischen den wichtigsten Schrifttumslenkern hitzige Diskussionen geführt. Goebbels vertrat einen sehr entschiedenen Standpunkt pro Unterhaltung: »Vor allem legten wir Wert darauf, die Unterhaltungsliteratur als solche zu pflegen. Denn wir waren der Überzeugung, je mehr ein Volk von den Sorgen des Alltags angefressen wird, um so mehr hat es Anspruch auf Entspannung und Erholung. [...] Wir waren der Überzeugung, daß die Nation für die schweren Daseinskämpfe, die sie für die Zukunft auszufechten habe, der Kraft bedürfe, und wir waren weiter der Überzeugung, daß das Kraftreservoir der Nation am besten durch nationale Freude gefüllt würde«, so agitierte er im typischen Goebbels-Stil die wichtigsten Vertreter des deutschen Buchhandels auf der Kantate-Tagung am 10. Mai 1936 in Leipzig. Noch war der Krieg weiter entfernt, warf in den »Daseinskämpfen« aber schon seine Schatten voraus. »Ich muß mich aber in diesem Zusammenhang dagegen verwahren«, so der Propagandaminister weiter, »daß Freude gleichbedeutend ist mit geistlosem Kitsch. [...] Wir haben die deutsche Literatur davor gerettet, daß sie nun in einem üblen stinkigen Treiben von Konjunkturhyänen versank. [...] Unterhaltung braucht nicht immer mit der Schwere des Gedankens belastet zu sein, aber sie muß rein, sie muß frisch, sie muß gekonnt sein.

Auch das reine Unterhaltungsbuch hat seine Berechtigung [...] Der entspannte Mensch arbeitet leichter und freudiger als der gespannte und verkrampfte Mensch.«[21]

Insbesondere nach Kriegsbeginn stieg die Nachfrage nach unterhaltenden Lesestoffen gewaltig an. Diese überraschende Konjunktur führte in zahlreichen Fällen sogar zur Eröffnung neuer Verlage.[22] Vor dem Hintergrund dieser Entwicklungen rissen die Appelle für das »gute Unterhaltungsbuch« nicht ab. Sebastian Losch, Referent unter anderem für das Büchereiwesen im Hauptreferat I des Propagandaministeriums, sprach von einer »Überschwemmung mit leichter und leichtester Unterhaltungsliteratur«[23] schlechter Qualität. Mit Beginn des Krieges im September 1939 sei diese Fehlentwicklung, die trotz häufiger Mahnungen der zuständigen Stellen an die Verlage immer weiter voranschreite, schwer ins Gewicht gefallen.

Rosenbergs Umfeld hatte schon auf Goebbels' Äußerungen anlässlich der Kantate-Tagung 1936 mit scharfer Kritik reagiert. Dort fürchtete man einen allzu nachlässigen Umgang im Propagandaministerium mit Kitsch und seichter Unterhaltung. Angesichts der steigenden Nachfrage im Krieg und besonders im Hinblick auf die Frage, was wollen und vor allem was sollen die Soldaten im Felde lesen, machte man sich auch hier zur publizistischen ›Entscheidungsschlacht‹ bereit. 1944 widmete man ein ganzes Heft der *Bücherkunde* dem Schwerpunktthema Unterhaltung. Darin wurde die These vertreten, dass der entspannte Mensch eben gerade nicht besser arbeiten und kämpfen kann, sondern dass Unterhaltung und Entspannung die Kampfkraft schwächen. Der Unterhaltungsroman sei Teil »der großen Verführung, die im Film geradezu Orgien feiert«, in deren Mittelpunkt der »Flucht- und Zerstreuungsgedanke«[24] stehe. Es sei endlich zu begreifen, »daß wir mit Zerstreuung gar nicht durch diese angespannteste Zeit hindurchkommen, sondern nur mit einer ungeheuren Sammlung aller Kräfte, wie es auch instinktsicher die Kameraden empfinden, die nach dem besten, erhebenden deutschen Dichtgut an der Front verlangen.«[25]

Der Blick auf die Bestsellerliste zeigt, dass sich kriegsbedingt die Linie des Propagandaministers durchgesetzt hatte, wenn auch zunächst nur aus rein pragmatischen Gründen: Die Leser wollten Unterhaltungslektüre, also bekamen sie sie auch. In einem nationalsozialistischen Nachkriegsdeutschland wären die Diskussionen mit Sicherheit erneut aufgeflammt. *Die* Haltung der Nationalsozialisten zur Unterhaltung lässt sich nicht ausmachen. Es gab stets unterschiedliche Strömungen, mal mit mehr, mal mit weniger Einfluss.

Es verwundert nicht, dass die Verlage vor allem auf Altbewährtes zurückgriffen. Mit Autoren, die bereits vor 1933 zum unterhaltungsliterarischen Kanon gehört hatten und deren nationale Gesinnung und Herkunft im NS-Sinne ›untadelig‹ war, konnte man am wenigsten falsch machen. So mit Ludwig Thoma, dessen *Jozef Filsers gesamelter Briefwexel* mehr als 300 000 Mal gedruckt wurde, davon unzählige Male allein für die Wehrmacht. Auch das Werk des unverwüstlichen Wilhelm Busch – dem deutschen Ahnherrn des Comicstrips – feierte Erfolge. Zwar sind genaue Zahlen hier schwer zu ermitteln, dennoch gingen die Auflagen der zwischen 1933 und 1945 produzierten Alben, deren Ersterscheinen zu diesem Zeitpunkt zumeist an die 60 Jahre zurücklag, häufig in die Hunderttausende.

Busch galt als unangreifbarer Klassiker des gezeichneten und getexteten Humors. Er war Teil des bürgerlichen Bildungskanons, seine Bildgeschichten gehörten so auch zum festen Inventar des Kinderzimmers von Joachim Fest und seinen Geschwistern: »Das andere Eden, das sich mir mit acht oder neun Jahren wie auf ein geheimes ›Sesam!‹ hin zu öffnen begann, war die Welt der Bücher. [...] Später kam zu unserem unstillbaren Vergnügen Wilhelm Busch dazu; ich erinnere mich, daß *Die fromme Helene, Fipps der Affe* sowie vor allem *Max und Moritz* die ersten Texte waren, die ich noch vor dem Schulbeginn mit zunächst begleitendem Finger las.«[26] Auch von Buschs Alben wurden reichlich Exemplare für die Truppenbetreuung produziert. Die ›echten‹ Comics zogen in Deutschland allerdings erst nach 1945 ein. Zwar war Walt Disney auch 1935 noch auf dem deutschen Markt präsent, etwa mit seinem Kinderbuch *Drei kleine Schweine,* aber das war weit davon entfernt, Bestsellercharakter zu erlangen,[27] auch wenn sich der *Berliner Lokalanzeiger* gewiss war: »Dies Buch wird einen beispiellosen Jubel auslösen!«[28]

Man mag nun die Unterhaltungsliteratur jener Jahre als inhaltlich harmlos einstufen, nahezu gänzlich frei von allen Anspielungen auf das

Regime und ohne konkreten Zeitbezug. Von ihrer Funktion her waren diese Stoffe das genaue Gegenteil von harmlos. Sie trugen (zumindest im Sinne Goebbels') ihren Teil zur ›Wehrhaftmachung‹ des deutschen Volkes bei – ob sie es nun wollten oder nicht. Doch kann man diese Autoren für das, was sie schrieben, schuldig sprechen?

Noch schwieriger zu beantworten wird die Frage dadurch, dass sich gerade im Bereich der Unterhaltungsliteratur zahlreiche Schriftsteller tummelten, die alles andere als regimetreu waren. Eine der tragischsten Geschichten in diesem Zusammenhang ist die von Erich Ohser, besser bekannt unter seinem Pseudonym O. E. Plauen.[29] Unter seinem bürgerlichen Namen hatte er vor der Machtübernahme politische Karikaturen gegen die Nazis gezeichnet und wurde von ihnen deshalb zunächst mit Berufsverbot belegt. Die später unter seinem Pseudonym veröffentlichten Bildgeschichten von Vater und Sohn wurden auch in Buchform zu Bestsellern. Ohser konnte sogar zeitweise in Goebbels' Renommierblatt *Das Reich* politische Karikaturen unterbringen, freilich nun im Sinne der Machthaber. Dass er innerlich nach wie vor nicht zum Regime stand, wurde Ohser 1944 zum Verhängnis. Er und sein Freund, der Journalist und Autor Erich Knauf, wurden wegen ihrer regimekritischen Äußerungen denunziert. Knauf wurde hingerichtet, Ohser entzog sich dem drohenden Prozess vor dem Volksgerichtshof durch Selbstmord.

Vom KZ-Insassen zum Erfolgsautor: Ehm Welk und die *Heiden von Kummerow*

»Das ist eine herrliche Lausbubengeschichte voller Nichtsnutzigkeiten, Frechheiten, Übermut und Humor. [...] Von diesem Buch versprechen wir uns einen Sonder-Erfolg!« So warb der Ullstein Verlag im Mai 1937 für einen »heiteren Sommer-Roman« von Ehm Welk. *Die Heiden von Kummerow* sollten ein gigantischer »Sonder-Erfolg« werden. Sie gelangten mit über 730 000 verkauften Exemplaren auf Rang drei der bestverkauften Romane im Dritten Reich, überflügelt lediglich von Schenzingers Tatsachenroman *Anilin* und dem Blut-und-Boden-Epos *Barb* der Kuni Tremel-Eggert.

Die Heiden von Kummerow enthielten alle Zutaten, die ein Bestseller im Bereich der leichten Unterhaltung jener Jahre brauchte. »Dieses Buch

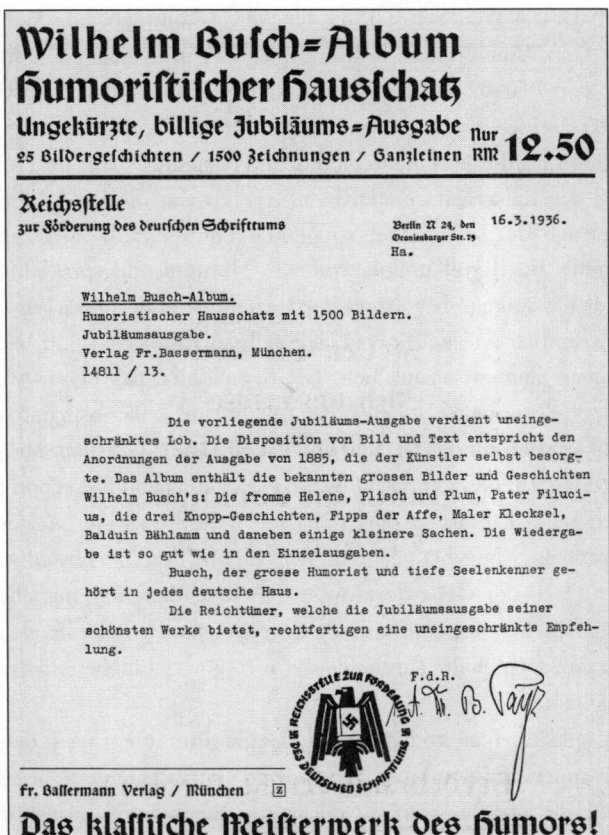

*Werbung mit allen Mitteln. Für den Klassiker des deutschen Humors warb der
Verlag mit einer Anzeige im* Börsenblatt, *die wie ein offizielles Schreiben der
Reichsstelle zur Förderung des deutschen Schrifttums aufgemacht war.*

erzählt in achtzehn Kapiteln, der Wahrheit gemäß, was sich in einem
halben Jahre, von Palmarum bis Michaelis, als der Kuhhirte die Gegend
verlassen mußte, an hellen und düsteren Ereignissen, an menschlichen
Handlungen der Liebe und des guten Willens, der Schwäche und der
Böswilligkeit zutrug in Kummerow im Bruch hinterm Berge«[30], so der
Auftakt zu Welks Werk. Er siedelte seine Lausbubengeschichten in einem fiktiven Örtchen irgendwo in Vorpommern an. In Biesenbrow in

der Uckermark war Welk selbst 1884 zur Welt gekommen, hier kannte er sich aus. Sein Vater und die bestimmenden Figuren seiner Kindheit wie Lehrer und Pfarrer auf dem Dorfe standen ihm Modell. Die Geschichten der Heiden sind handwerklich gut erzählt und kurzweilig zu lesen. Zeitlich sind die Ereignisse, von denen berichtet wird, im Deutschen Reich der Kaiserzeit einzuordnen, irgendwann um die Jahrhundertwende. Auch hier lieferte Welks Jugend das nötige Zeitkolorit. »Ein ausgezeichnetes Buch voll unübertroffenen Humors und sprudelnder Lebensfreude«[31], äußerte begeistert der Rezensent in der *Zeitschrift der Leihbücherei*. Ähnlich wie bei Spoerl lässt sich auch bei Welk ein leicht aufrührerisches Element ausmachen. Die Sympathien des Lesers werden auf Martin Grambauer gelenkt, der mit Johannes Bärensprung aus dem Armenhaus befreundet ist, und auf Martins Vater Gottlieb. Dieser gilt als welterfahren, denn er hat in Berlin gearbeitet, und fast schon intellektuell, denn er hält als einziger der Bauern des Ortes eine Zeitung. Gottlieb Grambauer begehrt gegen die Kirche und den Pfarrer auf. Ein gewisser antiklerikaler Geist durchweht den Text, dies mag manchem nationalsozialistischen Kritiker besonders gefallen haben. Allerdings sind alle Figuren Welks (auch die Kirchenleute) mit sehr viel Liebe und Sympathie gezeichnet.

Bei allen Anklängen an konventionelle Heimatliteratur – Welk denkt und schreibt anders. Er baut kleine Brüche und überraschende Momente und Motive in die Handlung ein, die die ärgsten Erzählkonventionen immer wieder aufbrechen. Es gibt auch hier, ähnlich wie bei Ganghofer, eine Ebene der Selbstreflexion des Mediums, wenn Martin beim Warten bei der Schneiderin Schmökerhefte in die Hände fallen, deren klischeebeladene Handlung vorgeführt wird. Will man Widerständiges zwischen den Zeilen lesen – bei Ehm Welk ist es möglich. So doziert in einer Passage der Kantor Kannegießer vor versammelter Schulklasse: »Ich sage euch, der Geist wird doch siegen, ganz gewiß immer dann, wenn sich ihm ein ehrliches Herz zugesellt. Und ganz bestimmt dann, wenn dazu auch noch Mut kommt. Nicht bloß der Mut, der dreinschlägt, sondern auch der Mut zum Bekennen. Das merkt euch, ihr Kummerower Faulpelze. [...] Der Mensch, der nach dem Großen strebt, kennt überhaupt nicht Feind und Freund. [...] Er kennt bloß schlechte und gute Menschen, aber die soll er nicht danach richten, wie sie zu ihm sind, sondern ob sie anderen Gutes oder Böses tun.«[32] Was für große und entlarvende Worte in so finsteren Zeiten. Ehm Welk sei »im Grunde [eine] unpolitische, bestimmt unfanatische, unnazistische Natur«, vermerkte Victor Klemperer nach der Lektüre des Romans *Die Lebensuhr des Gottlieb Grambauer*[33] im Februar 1945. Dennoch bewegte den Romanisten die Frage, was Welk an sich habe, das ihn den Machthabern genehm mache? Dies geschehe »1) durch seine Liebe zum Landleben, 2) durch sein ständiges Betonen, daß Glauben wesentlicher sei als Wissen.«[34] Und 3) – aber nicht erst an dritter Stelle – sei, um Klemperer zu ergänzen, vermerkt, dass gerade das Unpolitische, etwas Entrückte dieser sonnigen Landschaft und der urwüchsigen Leute im Bruch die Geschichten aus Kummerow zum Erfolgsstoff im Dritten Reich machten.

1944 wurde dem Nachfolgeband der *Heiden* sogar noch eine Ehrung von ganz oben zuteil. Das Buch hatte, obwohl erst 1943 erschienen, ebenfalls schnell die Hunderttausend überschritten: »Unser Autor Ehm Welk erhielt für seinen bei uns herausgebrachten Roman *Die Gerechten von Kummerow* den 1. Preis in Höhe von RM 15000 des Reichsministeriums für Volksaufklärung und Propaganda für Unterhaltungsschrifttum. Einen 2. Preis in Höhe von RM 10000 erhielt Heinz Steguweit für den *Ritter Habenichts*«[35], vermerkte der Direktor des Deutschen Verlags (vormals Ullstein), Max Wießner, stolz in seinem Rapport für den Monat Oktober, den er an den Mutterkonzern Eher in München abgab.

Der Wettbewerb war Teil der groß angelegten Versuche des Propagandaministeriums, die Produktion unterhaltender Lesestoffe anzuregen. Goebbels betonte immer wieder die »größte Bedeutung« der unterhaltsamen Literatur vor allem »seit Kriegsbeginn«.[36] Vonnöten sei »ein leichtes, fesselndes Schrifttum, das keinen großen seelischen Aufwand erfordert, sondern unaufdringlich vom Alltag hinwegführt. Inhalt wie Sprache müssen der breiten Masse unserer Volksgenossen und unserer Soldaten ohne weiteres zugänglich sein; ein frischer und fortschreitender Fluß der Handlung, ohne langatmige Ausdeutungen und Betrachtungen soll den Leser fesseln und in den Bannkreis des Buches ziehen. Gerade diese Erzählungen sind es, die seit Kriegsbeginn wieder und wieder von der Wehrmacht und vom Volk in der Heimat begehrt werden.«[37] Der 1942

vom Werbe- und Beratungsamt für das deutsche Schrifttum in Goebbels'
Ministerium ausgerufene Wettbewerb für »unterhaltendes Schrifttum«
war Teil dieser Kampagne. »In Frage kommen humoristisches Schrifttum, Abenteuer- und Erlebnisbücher, Kriminal-, Liebes- und Sportro-
mane usw.«[38] Es gebe in der Gegenwart keinen »Mangel an bedeutenden
Büchern, die große Probleme in dichterischer Weise gestalten«, hieß es
da weiter, jedoch fehlten immer noch »fesselnde Bücher, die dem Bedürfnis der Volksgenossen nach Entspannung und Unterhaltung dienen«, dies gelte vor allem auch für die »im Felde stehenden Soldaten«.
Die Abgabefrist musste mehrfach verlängert werden und ganz am Ende
konnte der Deutsche Verlag den Triumph seines Autors nicht mal mehr
werblich ausschlachten, denn ebenfalls von Goebbels' Ministerium war
die Sprachregelung herausgegeben worden, nach der über Preisverlei-
hungen und ähnliche Veranstaltungen nicht mehr in der Presse berichtet
werden durfte. Welks Sieg fand im Schatten des ›totalen Kriegs‹ unter
Ausschluss der Öffentlichkeit statt.[39]

Aber was war das für eine Geschichte, diese Karriere des Autors Ehm
Welk! Seine Laufbahn als Journalist hatte 1934 ein jähes Ende genommen,
weil er sich – damals schon im Dienste des Hauses Ullstein stehend – in
einem Leitartikel in *Die Grüne Post* kritisch zur Lage der gleichgeschalteten Presse und gegenüber Goebbels geäußert hatte. Das Blatt wurde auf
drei Monate verboten, Ehm Welk kam für mehrere Tage in Haft in das
Konzentrationslager Oranienburg.[40] »Der Artikel stellt eine einzige ver-
antwortungslose Verunglimpfung der Absicht des Reichspropagandami-
nisters Dr. Goebbels dar, die Gleichförmigkeit in der deutschen Presse
aufzulockern«,[41] so kommentierte das bereits auf Linie gebrachte *Berliner
Tageblatt*. Nach dem Berufsverbot blieb Welk nur die Flucht aufs Land.
Dort begann er als Ghostwriter und Buchautor wiederum für Ullstein
tätig zu werden – protegiert offenbar durch die Fürsprache von Hans
Friedrich Blunck. Viele Jahre später, 1942, sollte ihm sogar wieder offiziell gestattet werden, sich als Schriftleiter zu betätigen.[42]

Wie groß muss aber die Not der NS-Kulturbürokratie gewesen sein,
wenn sich kein wirklich linientreuer Autor als erster Preisträger in einem
Wettbewerb für unterhaltendes Schrifttum gefunden hatte? Oder aber,
wie pragmatisch gab man dem nach, was das Volk der Leser wünschte

und was vielleicht sogar eine Art Ventilfunktion für die bürgerlichen und kritischen Leserkreise hatte?

Heute ist Ehm Welk wohl vielen noch als ›Heimatdichter‹, der der Uckermark und ihren Bewohnern ein Denkmal gesetzt hat, ein Begriff. Allerdings war das Wirken des Autors nicht von jeher auf die Region beschränkt. Nach 1945 gehörte er zum gemeinsamen deutsch-deutschen Erbe der Unterhaltungsliteratur. Die Verfilmung seiner *Heiden von Kummerow* erfolgte 1967 in einer der wenigen Gemeinschaftsproduktionen von DDR und Bundesrepublik, Mitwirkende waren unter anderem Paul Dahlke, Theo Lingen und Ralf Wolter sowie Kinder, die damals auf Rügen für den Dreh vor Ort ausgewählt wurden. Hier fanden auch die meisten Außenaufnahmen statt.[43] In der DDR kam Ehm Welk zu hohen Ehren, 1954 erhielt er den Nationalpreis und war Mitglied der Deutschen Akademie der Künste.

Humor und Komik spielen eine schillernde Rolle im Dritten Reich. Einerseits lassen sich hier am ehesten kritische Stimmen aufgreifen und entsprechende Impulse abfangen. Humor und Komik tragen immer auch den Keim des Subversiven in sich, wenn sie sich auch nicht zwangsläufig gegen die Diktatur wenden müssen. Dies mag ein Grund sein, dass bestimmten Kreisen von Nationalsozialisten Unterhaltungsliteratur insgesamt und humoristisches Schrifttum im Besonderen stets suspekt blieb. Andererseits wurde der Humor in der Literatur für das Regime von Jahr zu Jahr unverzichtbarer als Flucht- und Rückzugsort der von Arbeitseinsatz und Kriegsdienst erschöpften Massen. »Wer so ein ernstes Handwerk treibt wie die Soldaten, der will auch richtig herzlich lachen«[44], so wird von den Leserwünschen aus einer Frontbuchhandlung berichtet. »Die Härte des Daseinskampfs vergessen zu lassen«, diese Funktion erfüllen »die üblichen Mittel, wie sie uns mit unserem reichgegliederten Kulturleben zur Verfügung stehen im Radio, im Kino, im Theater und im Schrifttum. Gerade das humoristische Buch steht hier mit in vorderster Linie«[45] – so wurde kurz und knapp die Rolle der leichten Unterhaltung in einem Fachblatt für Leihbibliothekare resümiert. Dass man auf Humor nicht völlig verzichten konnte, darüber fand sich sogar ein Konsens zwischen den Parteien, die sonst über Unterhaltungsschrifttum trefflich streiten konnten. Etwas verhaltener, aber dennoch grundsätzlich zustimmend, äußerte sich ein Autor der *Bücherkunde:* »Humor in vielerlei Gestalt quillt aus einem schier unversiegbaren Brunnen. Sicher ist der Krieg für viele Erscheinungen das auslösende Moment geworden, sicher sind darunter auch manche, die nur für den Tag geschrieben wurden, doch ein Teil, ein guter Teil trägt schon jetzt in sich das Siegel der Bewährung. Auch damit kann ein Krieg gewonnen werden.«[46] An erster Stelle der darunter abgedruckten Empfehlungsliste stand ein alter und erfolgreicher Bekannter der Unterhaltungsindustrie: Johannes Banzhafs *Lachendes Leben.*

5. Von A(rzt) bis Z(ukunft):
Das moderne Unterhaltungsbuch, seine Themen und Autoren

Geschichte einer jungen Ärztin: *Angela Koldewey*

Eine unter Autoren auch in den dreißiger und vierziger Jahren weit verbreitete Spezies war die des schreibenden Mediziners. Neben den in der Literaturgeschichte bekanntesten wie Alfred Döblin (der 1933 Deutschland verlassen musste), Hans Carossa oder Gottfried Benn (die sich arrangierten) und Hanns Johst oder Rudolf Georg Binding (die beide ihr Medizinstudium nicht abschlossen) gibt es eine ganze Reihe unter den in diesem Buch erwähnten Schriftstellern, die Ärzte waren: Eduard Ahlswede, Hellmuth Unger, Karl-Aloys Schenzinger, A. J. Cronin, Axel Munthe oder Johanna Haarer. Die Verbindung Arzt und Autor scheint damals durchaus werbewirksam gewesen zu sein. So fasste etwa Erich Langenbucher im *Großdeutschen Leihbüchereiblatt* mehrere Neuerscheinungen in einem Artikel unter dem Titel »Romane aus der Welt des Arztes« zusammen. Der Verlag von Hellmuth Unger und Betina Ewerbeck verbreitete sogar das Wort vom »Dichterarzt«[1]. Unter dem Label »Neues Volk« bestand das aus dem »Verlag der Deutschen Ärzteschaft« beim Hartmannbund entstandene Verlagshaus in enger Verbindung zum Rassenpolitischen Amt der NSDAP.[2] Das Amt sollte die rassenhygienischen und bevölkerungspolitischen Vorstellungen der NS-Medizin propagandistisch verbreiten. Die in diesem Verlag veröffentlichten Schriften waren somit Rädchen im Getriebe der Propagandamaschinerie. Die Vorstellung vom Arztroman, die wir heute haben, bei denen es sich, dem Klischee folgend, in der Regel um Liebesgeschichten in der Welt der Weißkittel handelt, trifft auf jene Veröffentlichungen nur bedingt zu. Dennoch gab es eine ganze Reihe von fiktionalen Stoffen, die im Arztmilieu angesiedelt waren.[3] Auch Betina Ewerbecks Roman *Angela Koldewey* gehört dazu. Von ihm wurden über 240 000 Exemplare abgesetzt.

Sie sei selbst Ärztin und kenne »die Nöte und Mühen aus eigener Arbeit«[4] – dieses Qualitätssiegel wurde dem Werk in einer Besprechung verliehen. Der Text von Betina Ewerbeck wie auch die Vita der Autorin zeigen in vielerlei Hinsicht typische Elemente. Ewerbeck wurde nebenberuflich zur Schriftstellerin, gleichwohl verhalf ihr die Schreiberei zu einem zumindest zeitweilig beträchtlichen Einkommen. Während sie für 1937 noch ganze 1300 RM als Verdienst aus publizistischer Tätigkeit angab, steigerte sich diese Summe für das Jahr 1941 (zwei Jahre nach dem Erscheinen von *Angela Koldewey*) auf stolze 35 880 RM.[5] Auch in Ewerbecks Roman ist eine Liebesgeschichte eingewoben. Die Geschichte trägt stark autobiographische Züge. Die Titelheldin geht, um ihr Studium abzuschließen, an die Universität nach Freiburg im Breisgau. Dort hatte sich die Autorin selbst 1938 mit einer Dissertation zum Thema »Veränderung der Hauttemperatur bei Gelenkrheumatismus im Verlauf einer Badekur« promovieren lassen. Der Roman der Ewerbeck enthält nur ganz zarte Hinweise, die eine Datierung der Handlungszeit auf die dreißiger Jahre erlauben. Geschildert wird der Kampf einer jungen Ärztin um berufliche Emanzipation und zugleich wissenschaftlichen Erfolg. Auch die traurige und tödliche Seite der medizinischen Realität wird nicht ausgespart, sondern teilweise drastisch geschildert. Eine Tatsache, die ihr fast ein Buchverbot eingebracht hätte, wenn nicht Beistand aus Kreisen der Reichsschrifttumskammer gekommen wäre.[6] Die junge Ärztin, die Ewerbeck beschreibt, fühlt sich zur Medizin berufen, weil sie den Menschen helfen will. Dafür ist sie bereit, fast alles zu opfern.

Auf den ersten Blick vielleicht erstaunlich ist, dass hier im Buch Aspekte der ganzheitlichen Medizin stark ins Blickfeld treten. Besonders positiv werden die Ärzte geschildert, die nicht nur ihrer Schulmedizin vertrauen, sondern die immer den kompletten Menschen mit seiner sozialen Herkunft im Auge haben und damit die größten Heilungserfolge erzielen. Dabei bildet der Roman Tendenzen ab, die sich in der Medizin der dreißiger Jahre abzeichneten: Die Naturheilkunde oder biologische Medizin wurde zunehmend hoffähig. Es gab Bestrebungen von ranghohen Nationalsozialisten wie dem fränkischen Gauleiter Julius Streicher oder dem Reichsärzteführer, Schulmedizin und biologische Medizin in einer großen Synthese zum Wohle der ›Volksgemeinschaft‹ zusammenzuführen.[7] Die offizielle Förderung von Homöopathie und den Verfahren der Naturheilkunde ist dabei eben die eine Seite der Medaille, deren andere Rassenkunde und Euthanasie heißen. Und sogar diese Aspekte der Medizin im Dritten Reich werden im Sinne der ›weichen Propaganda‹ im Buch so ganz nebenbei mit abgehandelt. Der wichtigste Freund der Hauptfigur im Buch aus Jugendjahren stammt aus einer Familie, die nach der Logik der Rassenlehre ›vorbelastet‹ ist: »›Eine schwere Erbkrankheit‹, dachte sie voll Entsetzen.«[8] Und der einzige Ausweg für die Zukunft konnte nur heißen, in einer Verbindung mit diesem Mann auf Kinder zu verzichten – freiwillig versteht sich: »Der Schmerz, den sie damals leise empfunden hatte, kam jetzt mit ganzer Gewalt über sie. Sie konnte Martin nicht heiraten. Alles hing für sie davon ab, daß sie ein Kind bekam.«[9] Die Protagonistin und Identifikationsfigur im Roman nimmt also im Geist der Erbgesundheitslehre eine vorbildliche Haltung ein. Die Propaganda für die ideologischen Grundsätze der Nationalsozialisten wurde hier nicht brachial vorgetragen, sondern subtil eingeflochten.

Und das Frauenbild wird ideologiekonform zurechtgerückt. Zwar geht es nicht um ein ›zurück an den Herd‹, aber die volle Erfüllung kann eine Frau – selbst wenn sie beruflich erfolgreich sein sollte – allein in der Mutterschaft finden. Auch das war Realität im Nationalsozialismus: Die Frau wurde als Mutter gefeiert und als Arbeitskraft (vor allem im Krieg) dringend gebraucht.

Angela Koldewey, die Hauptfigur, verschrieb sich dem Kampf gegen eine bisher nur schlecht erforschte Krebserkrankung, die sie schließlich bei sich selbst ebenfalls diagnostizieren muss. Dennoch heiratet sie einen Arzt-Kollegen, bekommt einen Sohn, wissend, dass sie nur noch wenige Jahre leben wird. Am Ende führt ihr Mann Angelas Forschungsarbeit fort, sie opfert sich als Ärztin und Mutter buchstäblich auf: »Jetzt war es soweit. Die große Aufgabe war gelöst, der Weg zur Heilung gefunden. Sie hatte bis zuletzt daran mitgearbeitet – und nun, wo er mit der Botschaft vor sie hintreten konnte: es ist geschafft, auch du wirst noch gerettet werden – da erlahmten ihre Kräfte.«[10]

Angela Koldewey wurde auch in Nachkriegsdeutschland weiter verkauft und gelesen. Die 1956 im Bertelsmann Lesering herausgegebene

Version konnte bis hin zur Szene über die »Erbgesundheit« unverändert erscheinen.[11]

Bilderbücher für Verliebte: Reinhold Conrad Muschler, Dinah Nelken

Karl Drucklieb war Buchhändler mit ganzem Herzen. Auch seine Frau lernte er im Buchhandel kennen. Es herrschten schwere Zeiten für einen aufrichtigen Bibliophilen, als er 1938 seine Lehre begann, die ihn unter anderem nach Kassel und Leipzig führte. Was der junge Mann schnell begriff, waren die Codes, die sich in manchen Buchhandlungen zwischen Kunden und Verkäufern eingebürgert hatten. Zwar erinnert auch er sich daran, dass jede Buchhandlung, wenn schon nicht unbedingt aus tiefster Überzeugung, so aber doch zur eigenen Absicherung ein Alibi-Regal mit der gängigen NS-Literatur unterhalten musste. Traf man dann als beratender Buchhändler aber auf einen Leser, der sagte, »ich hätte gern ein Buch, das mir etwas gibt«[12], so war Drucklieb klar: Der wollte *andere* Literatur, also etwas *Nicht*-Regimekonformes lesen.

Vielleicht hätte er ihm sogar eines der Bücher von Reinhold Conrad Muschler empfehlen können, obwohl es nicht ganz seinen Vorstellungen von guter Literatur entsprach, denn das war »schöner Kitsch«, wie er noch heute weiß. Und erfolgreicher Kitsch obendrein! Muschlers Novelle *Die Unbekannte* befand sich mit 460 000 Exemplaren unter den 50 meistverkauften Büchern in NS-Deutschland überhaupt.

Muschler hatte die Totenmaske der »Inconnue de la Seine« zum Ausgangspunkt seiner Dichtung gemacht. Abformungen und Abbildungen der Maske der unbekannten Toten, deren Leiche man um 1900 in Paris gefunden hatte, waren wegen ihres geheimnisvollen Lächelns bald zu einem beliebten Wandschmuck in Künstlerkreisen avanciert und lieferten Inspiration für diverse literarische Werke. Auch den Umschlag von Muschlers im Heyne Verlag erschienenen Bändchen zierte eine Fotografie der Maske. Der von einer wahren Begebenheit inspirierte Band war bald ins Dänische, Englische, Holländische, Italienische, Finnische, Norwegische, Ungarische und Schwedische übersetzt.[13] Ähnlich wie andere vor ihm versuchte Muschler das Geheimnis der Unbekannten zu ergründen. Bei ihm ist sie eine Waise, die, als ihre Pflegetante stirbt, aus der Provinz nach Paris aufbricht und auf diesem Weg ihre erste und einzige große Liebe trifft. Da der Mann allerdings schon einer anderen versprochen ist und am Ende einiger glückseliger Tage zu dieser Verlobten zurückkehrt, hat die Liebe zwischen Lord Bentick und Madeleine Lavin keine Zukunft. Madeleine nimmt sich daraufhin das Leben und stirbt verzückt, da sie sich im Tod mit ihrem Geliebten vereint sieht: »>Ja, Thom, ich bin's ... ich komme!< – Ihr Antlitz lächelte verklärt, als man sie fand.«[14]

Was machte nun aber Muschlers besonderen Erfolg aus? Schließlich schrieb er noch weitere weit verbreitete Texte, die hohe Auflagen erreichten. *Die Unbekannte* war schon von Umfang und Preis her das ideale Geschenkbuch. Hinzu kam ihr unverfänglicher Inhalt, sowie ein zeitgenössischer Autor, der mit den Mitteln der Klassiker des 19. Jahrhunderts ›dichtete‹. Dem flüchtigen Betrachter mag er sogar schnell als NS-Autor gelten. Er war Mitglied im Kampfbund für deutsche Kultur und zeitweise Mitglied der NSDAP. 1933 ließ sich seine jüdische Frau von ihm scheiden – die Gründe mögen sowohl im Privaten wie auch im Politischen gelegen haben –, nach 1945 bemühte sich Muschler vergeblich um eine Rehabilitierung – er hatte seinen Stempel als Nazi-Gefolgsmann weg.[15] Muschler war schon 1932 in die NSDAP eingetreten und hatte sich im Kampf um die Macht als Parteigenosse verdient gemacht, wie ihm sein Ortsgruppenleiter aus Berlin-Halensee bescheinigte.[16] Dies verhinderte nicht, dass insbesondere aus dem Umfeld Rosenbergs scharf gegen Muschler geschossen wurde, während andere Organe seine Werke priesen: »Die Sprache ist von seltener Schönheit, durchaus musikalisch, tonreich. Form und Inhalt sind im schönsten Einklang.«[17] Ganz andere Worte dagegen von Anfang an in der *Bücherkunde,* in der Muschler mit den Prädikaten »Vielschreiber« und »Asphaltliterat« bedacht wurde – zudem wurde er als »Judenliterat«[18] beschimpft. Und der Gutachter der *Bücherkunde* drohte mit dem Äußersten: »Einem derartig unglaublichen Buch wie diesem gegenüber, dessen Verfasser sich nicht gescheut hat, die schmierigsten und verächtlichsten Dinge als nationale Angelegenheiten zu behandeln, gibt es nicht mehr die Möglichkeit einer wohlwollenden, auch in der Ablehnung noch hilfsbereiten

Kritik, sondern nur noch die unerbittliche Forderung: ›écrasez l'infame‹.«[19] Lösche ihn aus!

Einem Dilemma wird Muschler bis zum Ende nicht entkommen sein: sich der Bewegung einerseits andienen zu wollen, andererseits aber beißenden Spott und Abneigung ernten zu müssen. Glaubt man Muschlers Weggefährten, so ist der Autor daran beinahe zerbrochen. Die öffentliche Schelte setzte ihm gewaltig zu. 1937 wandte sich der dem Autor besonders verbundene Ortsgruppenleiter von Berlin-Halensee erneut an Hans Hinkel, den Geschäftsführer der Reichskulturkammer, mit der Bitte um Hilfe und Rat. Muschler hatte dem Ortsgruppenleiter seinen Parteiaustritt mitgeteilt. »Tatsache ist jedenfalls, daß er sich wohl mit Recht als Parteigenosse ungemein gekränkt fühlen muß, wenn die nationalsozialistische Presse seine Arbeiten in einer nicht wiederzugebenden Weise kritisiert.« Zwar erwarte sich Muschler keine Vorteile durch seine Parteimitgliedschaft, aber »eines kann aber doch wohl ein ehrlicher Kämpfer verlangen, und das ist, daß ihn dieselbe Partei, der er mit ganzem Herzen gedient hat, nicht derartig mit Schmutz besudelt, wie es tatsächlich hin und wieder in sog. Bücherbesprechungen festzustellen war und ist.«[20] Muschlers finanziellem Erfolg tat dieses zwiespältige Verhältnis zum offiziellen Nationalsozialismus dennoch keinen Abbruch. Noch in den vierziger Jahren war er mit über 15 lieferbaren Büchern auf dem Markt vertreten.

Ein weitaus kritischeres Verhältnis zur nationalsozialistischen Führungsclique muss man bei Dinah Nelken unterstellen. Die im Jahr 1900 als Bernhardine Schneider zur Welt gekommene Autorin lebte in der Künstlerkolonie in Berlin-Wilmersdorf in einem bis zum Machtantritt der Nazis illustren Umfeld. Hier waren von 1923 an Siedlungsblöcke als Heimstatt speziell für Schauspieler, Schriftsteller und bildende Künstler errichtet worden. Im März 1933 veranstalteten die neuen Machthaber mit ihren SA-Schlägertrupps dort wie überall im Land groß angelegte Razzien. Der *Völkische Beobachter* vermeldete nicht ohne Stolz noch am selben Tag den Vollzug eines solchen Übergriffs: »Die Berliner ›Künstlerkolonie‹ endlich ausgehoben«. »Dieser Gebäudekomplex beherbergte seit seinem Bestehen eine Auslese übelster Intellektueller und Kommu-

ne-Blutredner, die dort in luxuriösen Wohnungen, im Schutze eisenbe-
schlagener Türen, ihre Haßgesänge gegen das erwachende Deutschland
verfaßten.«[21] Unter diesen »üblen Intellektuellen« lebten oder hatten in
der Nachbarschaft von Dinah Nelken gelebt: Johannes R. Becher, Ernst
Bloch, Sebastian Haffner, Ludwig Renn, Erich Weinert, um nur einige zu
nennen.[22] Unter ihrem Mädchennamen hatte Nelken in ihrem Roman-
erstling *Eineinhalb Zimmer-Wohnung,* der 1933 bei Goldmann erschienen
war, das Leben in der Künstlerkolonie als Quelle der Inspiration genutzt.
Vor allem aber verdanken wir Dinah Nelken eines der ungewöhnlichsten Bestsellerbücher der dreißiger und vierziger Jahre: *Ich an Dich. Ein
Roman in Briefen mit einer Geschichte und ihrer Moral für Liebende und solche,
die es werden wollen.*[23]

Ich an Dich ist eine Liebesgeschichte, in erster Linie aber ein gelungenes Geschenkbuch. Die Story wird nicht klassisch erzählt, sondern sie
setzt sich dem Leser aus Text- und Bildcollagen zusammen. »Die Geschichte einer Liebe, so trivial und so tragisch, so einfach und so erhaben
wie jede Liebe, in Briefen, Zetteln, Fahrkarten, Telegrammen, Kinobil-
letts und kleinen, zufälligen Bekenntnissen der Sehnsucht. Ein Bilderbuch? Nein, ein Lesebuch, in dem wir – lächelnd, um nicht zu weinen –
den Roman zweier Liebenden erzählten.«[24]

Das Buch ist technisch extrem aufwändig produziert, mehrfarbig gedruckt und vermittelt durch eingeklebte Fotos, faksimilierte Billets und
Notizzettel den Eindruck eines privaten Albums. Der Anteil von Dinah
Nelkens Bruder Rolf Gero Schneider am Erfolg des Werkes als Ideenge-
ber und Gestalter ist mindestens ebenso hoch einzuschätzen wie der der
Autorin. *Ich an Dich,* das nach 1945 noch einige Nachauflagen erlebte,
kann damit als einer der Urahnen jener Batterien von Geschenk- oder
Gimmick-Büchern gelten, die heute die Regale der Buchhandlungen fül-
len. Deren Erfolg beruht in erster Linie auf einer brillanten Idee und
einem genialen Titel. Ihr Inhalt ist erst in zweiter Linie von Bedeutung.
Bei *Ich an Dich* sorgte für die große Nachfrage der traurige Umstand,
dass seit Kriegsbeginn, nachdem zahllose Paare zu langfristigen unfreiwilligen Trennungen gezwungen wurden, solcherart Bücher Konjunktur
haben mussten. Bis zum Ende des Dritten Reichs kam der Band auf weit
über 200 000 verkaufte Exemplare. Die schon bald nach Erscheinen rea-

lisierte Verfilmung des Stoffes unter dem Titel *Eine Frau wie du* mit Brigitte Horney in der Hauptrolle hatte die Auflage schon nach kürzester Zeit auf das über Fünffache steigen lassen.[25] Bereits die Zeitgenossen sahen in der werbenden Wirkung des Films den Hauptgrund für den Erfolg des Romans – in diesem hier vorliegenden Fall, aber auch generell anhand anderer Beispiele aus der damaligen Literatur.

Noch vor Erscheinen der Buchausgabe bezeichnete Dinah Nelken den »starken Widerhall« auf den vorab im *Silberspiegel,* einer Mode- und Lifestyle-Zeitschrift des Scherl Verlags, veröffentlichten Roman als ihren »bisher schönsten Erfolg«[26]. Nelken hatte ihrem Briefroman einen leichten, unbeschwerten Ton verliehen. Sie bewahrte darin ein Lebensgefühl, das auf den ersten Blick eher den zwanziger Jahren zugehörig scheint und an journalistische Texte jener Jahre oder Arbeiten von Kurt Tucholsky, Erich Kästner oder Irmgard Keun denken lässt. Kein Wunder, schließlich war auch Nelken in den Blättern von *Morgenpost* bis *Dame* publizistisch groß geworden. Die Illustrationen ihres Bruders Rolf Gero Schneider, mit einem dem Leser aus der Gebrauchsgrafik jener Jahre vertrauten Federstrich, transportieren ebenfalls eine gehörige Portion Lebensgefühl der Roaring Twenties. Auch hier wieder kein Bezug auf Nazi-Deutschland. Damit entstand eine freundliche Reminiszenz an die jüngere Vergangenheit, die anderen Werken der leichten Muse von Spoerls Romanen bis Rühmanns Filmen gleichfalls zum Erfolg verholfen hatte. Das Buch erinnerte an die Liebsten in der räumlichen Ferne und andere, bessere Zeiten, die nur wenige Jahre zurücklagen.

Wie aber fand sich die Autorin im Deutschland der Nationalsozialisten zurecht? Sie ging nicht auf totalen Konfrontationskurs, sondern pflegte, da hauptberuflich als Autorin tätig, einen kooperativen Umgang mit der Reichsschrifttumskammer. Ein gewisser Pragmatismus spricht aus ihrem Umgang mit staatlichen Stellen, schließlich hatte sie als geschiedene Frau schon frühzeitig für den eigenen Unterhalt sorgen müssen. Wenn das Hauptabsatzgebiet ihrer Texte auch weiterhin Deutschland blieb, so ging sie zumindest räumlich auf Distanz. Zunächst finden wir sie in Wien wieder, wo sie 1938 vom sogenannten Anschluss eingeholt wurde. Später lebte sie zeitweise in Jugoslawien. Ein Antrag auf die Zuteilung von Reisezahlungsmitteln für die Arbeiten an einem Buch über Dalmatien,

Frühjahr 1939:   1.— 10. Tausend
Sommer 1939:   11.— 40. Tausend
Sommer 1940:   41.— 70. Tausend
Herbst 1940:   71.—100. Tausend
Sommer 1941: 101.—140. Tausend
Herbst 1941: 141.—190. Tausend

Druck von
Paul Schettlers Erben AG.
Köthen / Anhalt

Einer der ungewöhnlichsten Bestsellererfolge im Dritten Reich und Prototyp vieler Geschenkbücher: Dinah Nelkens Ich an Dich. *Ein Roman in Briefen mit einer Geschichte und ihrer Moral für Liebende und solche, die es werden wollen* aus dem Jahr 1939.

Hans Fallada

Bauern, Bonzen und Bomben

Roman · 568 Seiten · In Vorbereitung: 11.–15. Tausend · Der große Erfolg des Gesamtwerkes Hans Falladas ermöglicht es uns, diesen Roman nunmehr zu den gleichen Ladenpreisen seiner anderen Romane zu liefern.

Neuer Preis: Kartoniert RM 4.50 (statt RM 6.50) · **Leinenband RM 5.50** (statt RM 7.50)

Benutzen Sie bitte diese Gelegenheit zu erneuter tätiger Verwendung. Wir unterstützen Sie durch ein besonders günstiges Vorzugsangebot (Gemischt-Bezug) auf dem Zettel.

Ferner
erschienen
vom gleichen Verfasser:

**Kleiner Mann —
was nun?**

Roman · 81.–84. Tausend
368 Seiten
Kartoniert RM 4.50
Leinenband RM 5.50

—

**Wer einmal
aus dem Blechnapf
frißt**

Roman · 21.–25. Tausend
510 Seiten
Kartoniert RM 4.50
Leinenband RM 5.50

Ernst Rowohlt

Urteile über
„Bauern, Bonzen und
Bomben":

„Ein ernstes und gutes Buch
unserer Zeit."
Der Angriff, Berlin

„Ein Zeitdokument von ungeheurer Plastik."
Berliner Lokal-Anzeiger

„Eine Kraft für die kein
Wort zu viel ist."
Paul Alverdes
in der Neuen Rundschau, Berlin

„Der Kampf des aufrechten
deutschen Bauern um die
Scholle steht hier vor uns
neu auf. Fallada schuf ein
seltenes Zeitbild, einen wirklich gekonnten Roman, der
zugleich hervorragend geeignet ist, auf die Kräfte
aufmerksam zu machen, die
im deutschen Bauerntum enthalten sind." Thor Goote

Verlag · Berlin W 50

Jst. Ullstein

Umschlag zu Nr. 126. Leipzig, Sonnabend den 2. Juni 1934. 101. Jahrgang.

**Börsenblatt
für den Deutschen
Buchhandel**

Eigentum des Börsenvereins der Deutschen Buchhändler zu Leipzig

Romane am Abgrund. Goebbels zeigte sich in seinem Tagebuch begeistert von den Büchern Hans Falladas, aus Rosenbergs Umfeld kam dagegen vernichtende Kritik.

das sie wieder zusammen mit ihrem Bruder in Angriff nehmen wollte, wurde 1940 von den zuständigen Stellen in Deutschland abgelehnt.[27] Schließlich reiste sie nach Italien weiter, wo sie das Kriegsende erlebte; erst in den fünfziger Jahren erfolgte ihre Rückkehr nach West-Berlin.

Dinah Nelkens literarisches Werk blieb in der Bundesrepublik weitgehend unbeachtet, während sie in der DDR unter anderem 1976 mit der Verfilmung ihres Romans *Das angstvolle Heldenleben einer gewissen Fleur Lafontaine* mit Angelika Domröse in der Hauptrolle einige Anerkennung erfuhr. Nelkens Sohn Peter hatte das Nazi-Regime in der Emigration und Illegalität überlebt und sich 1945 bewusst für den sowjetisch besetzten Teil Deutschlands entschieden. In der DDR war er von 1958 bis zu seinem Tod acht Jahre lang Chefredakteur der Satirezeitschrift *Eulenspiegel*.[28] Seine Mutter engagierte sich in den achtziger Jahren in der Initiative »Künstler für den Frieden«, die sich im Zuge der Friedensbewegung gegen die militärische Hochrüstung in Europa wandte. Sie starb im Januar 1989, im Jahr des Mauerfalls, in West-Berlin.

Gesellschaftsromane am Abgrund: Hans Fallada

Er zählt zu den wenigen Autoren, die sowohl in der Weimarer Republik als auch im Dritten Reich Erfolge feierten und bis heute zum literarischen Kanon zählen: Hans Fallada. Seine Geschichte ist die einer tragischen Erfolgsgeschichte. Der Bestseller, der ihm den endgültigen Durchbruch verschaffte, war der Roman *Kleiner Mann – was nun?*, der 1932 erschien, als die Republik bereits im Sterben lag. Fallada kam nicht umhin, seine Werke dem Geist der Stunde anzupassen, da er Deutschland nicht verlassen wollte und weiter um Anerkennung kämpfte. 1933 wurde er denunziert und geriet für zehn Tage in SA-Haft. Die im Jahr nach dem Machtantritt der Nationalsozialisten herausgegebene Volksausgabe von *Kleiner Mann – was nun?* war in wesentlichen Teilen, den Vorschlägen der Reichsschrifttumskammer folgend, bearbeitet worden.[29] Insbesondere Passagen, die auf die neuen Herren Bezug nahmen und leicht hätten missverstanden werden können, wurden entfernt. So wurde aus »Lauterbach«, der zu den Nazis »auch nur aus Langeweile gekommen« war, einer, der aus Langeweile »Torwart« wurde. Aber: »Fußball war nicht langweilig. Er stürzte aufs Spielfeld, er erwies sich bei Zusammenstößen als ein außerordentlich besonnener junger Mann«. Und Fußball war wie Straßenschlacht, denn vor 33 hieß es: »Die Nazis waren nicht langweilig. Er kam rasch in den Sturm, er erwies sich bei Zusammenstößen als ein außerordentlich besonnener junger Mann.«[30]

Was für Falladas Texte gilt, galt für zahllose andere auch: Gerade da, wo die Nazis unsichtbar wurden, waren sie besonders präsent. Die Anpassung bestand oft nicht darin, die neuen Fahnen flattern zu lassen, sondern sie im Gegenteil einzuholen.

Der Rowohlt Verlag schaltete 1934 für seinen Erfolgsautor Titelseiten im *Börsenblatt*. Der *Kleine Mann* lag zu diesem Zeitpunkt bei 84 000 verkauften Exemplaren, über 180 000 sollten es im Dritten Reich noch werden, von *Wer einmal aus dem Blechnapf frißt* waren bereits 25 000 abgesetzt. Zu Werbezwecken zu *Bauern, Bonzen und Bomben* wurden Pressestimmen aus *Der Angriff*, Goebbels' Berliner Kampfblatt, zitiert: »Ein ernstes und gutes Buch unserer Zeit.« Der Schriftsteller Thor Goote kam ebenfalls zu Wort. Auch hier versuchte der Verlag, die Aufmerksamkeit der Leser (und der Kritik) auf die Aspekte im Werk Falladas zu lenken, die den Leuten bei Rowohlt besonders zeitgemäß erschienen: »Der Kampf des aufrechten deutschen Bauern um die Scholle steht hier vor uns neu auf. Fallada schuf ein seltenes Zeitbild, einen wirklich gekonnten Roman, der zugleich hervorragend geeignet ist, auf die Kräfte aufmerksam zu machen, die im deutschen Bauerntum enthalten sind.«[31]

Einer wie Fallada war zwangsläufig in Gefahr, unter die Räder zu kommen, denn es blieb nicht bei ausschließlich positiven Stimmen. Zwar war ihm der Propagandaminister selbst gewogen: »Nachmittags gelesen: Fallada *Wolf unter Wölfen*. Ein tolles Buch. Aber der Junge kann was.«[32] Fallada war die Art des Erfolgsautors aus der ›Systemzeit‹, die Goebbels gerne für sein neues Reich gewinnen wollte. Aber schon im eigenen Haus regte sich Widerspruch: »Unsere Schrifttumsabteilung spricht sich in einem Gutachten sehr scharf gegen Fallada aus. Ich hatte von der Seite auch nichts anderes erwartet.«[33] Auch zu erwarten war, dass die noch verbliebenen bürgerlichen Blätter die Qualitäten des Autors und die Bedeutung seiner Bücher für kritische Leser erkannten und ihn positiv besprachen, wogegen aus dem Umfeld Rosenbergs beißende Kritik kam.

Die Vorbemerkungen zu seinen Büchern, die der Autor entgegen dem Rat seines Rowohlt-Lektors einsetzen wollte, um die Rezeption in einem günstigen Sinn zu lenken,[34] retten ihn nicht. Im Gegenteil. In einer Rubrik der *Bücherkunde* mit dem bezeichnenden Namen »Die Rumpelkammer« wurde sein Roman *Wolf unter Wölfen* 1938 verbal vernichtet. In der »Rumpelkammer« setzte man sich sogar mit der positiven Aufnahme in der übrigen Presse auseinander, die vom *Völkischen Beobachter* über die *BZ. am Mittag* bis zur *Deutschen Allgemeinen Zeitung* reichte. »Sie werden erfahren, daß der Verfasser, wie kaum ein anderer Deutscher, erzählen kann«, zitierte der Gutachter das *Berliner Tageblatt*.[35] Der Publikumserfolg, den Fallada hatte, solle gar nicht in Abrede gestellt werden. Gerade weil Presse und Rundfunk ein positives Bild zeichneten, ließe sich die Beliebtheit der Bücher beim breiten Publikum kaum leugnen. Allerdings war Erfolg bei der Masse im Sinne Rosenbergs und seiner Leute kein positives Merkmal: »Was die Beliebtheit Falladas erklären kann, ist einmal der leicht eingängliche Stil, dieser flache und banale Alltagsjargon, über den er nirgends hinauskommt, ferner die Fähigkeit, durch einen äußerst geschickten Aufbau Spannung zu erzeugen, und schließlich das rasche Tempo seiner Erzählweise. Die wirren Stoffanhäufungen seiner Werke befriedigen den Unterhaltungstrieb einer unkritischen Menge. Dennoch bleibt es immer unsere Aufgabe, gegen literarische Machwerke, wie die Falladas, auf das Schärfste die Stimme zu erheben.«[36]

Die Verkaufserfolge sprechen für eine weiterhin insgesamt überwiegend positive Aufnahme des Autors, der seine Honorareinnahmen von rund 48 000 Reichsmark im Jahr 1939 auf über 74 000 Reichsmark 1942 steigern konnte.[37] Beides Summen, die ein sehr komfortables, unabhängiges Leben erlaubten. Der Fall Fallada zeigt jenseits des Finanziellen, wie zerstörerisch für den Menschen allein die permanente Unsicherheit sein konnte, in der ein Autor schwebte.

Am deutlichsten wurde dies beim Drehbuchprojekt zu dem Film *Der eiserne Gustav,* das Fallada in Goebbels' Auftrag übernommen hatte. Die erste Fassung Falladas wurde zurückgewiesen, er musste die Handlung zeitlich verlegen und den Sohn des Droschkenkutschers in die NSDAP eintreten lassen. Erst so fand der Text die Billigung des Propagandaministers. Dennoch wurden die bald darauf begonnenen Dreharbeiten auf Betreiben Rosenbergs wieder eingestellt. Sein Amt ließ auch den auf Basis des Drehbuches geschriebenen Roman auf die Liste des unerwünschten Schrifttums setzen. Zwar finden wir ihn noch 1941/42 unter den insgesamt 13 lieferbaren Büchern des Autors, aber der kommerzielle Erfolg konnte die psychischen Wunden dauerhaft nicht heilen. Hans Fallada starb 1947 an den Folgen seiner Alkohol- und Morphiumsucht.

Eine andere Form des Gesellschaftsromans, der im unterhaltungsliterarischen Segment außerordentlich erfolgreich war, war die Familiensaga – in zeitgenössischen Besprechungen auch als Familien- oder Sippenroman bezeichnet. Während Fallada längst zum Kanon der klassischen Moderne im deutschen Sprachraum gehört, sind hier die Autoren weitgehend vergessen. So zum Beispiel William von Simpson mit den Romanen *Die Barrings* und *Der Enkel,* zwei Teilen einer Familiensaga, die beide auf weit über 300 000 Exemplare kamen. »Im Ganzen aber ist dieser Familienroman von einer respektablen Könnerschaft, handwerklich solide, gut komponiert, ökonomisch durchgeführt, vor allem aber reich an Wissen um die Dinge, von denen er handelt, also: ein Zeugnis trefflichen schriftstellerischen Geistes!«[38], so urteilte damals die Zeitschrift *Weltliteratur.* Die Geschichte eines ostpreußischen Adelsgeschlechts aus der Zeit nach der Reichsgründung bis zum Ersten Weltkrieg war also durchaus gelungen. Krampfhaft versuchten einige Schriftleiter den Geist der Zeit in das Werk, das viel eher in der Nachfolge Fontanes stand als an der völkischen Literatur orientiert war, »hineinzufühlen«. Der Familie erwachse, so heißt es an einer Stelle, »die Loslösung von Heimat und Boden; aber das von den schollentreuen Barrings weiterwirkende innere Erbe wird wieder Erfüllung fordern und finden.« Und weiter: »Das Gegenwartsempfinden wird besonders berührt durch die hohe und warme Auffassung von der Scholle und den wirtschaftlichen und sozialen Verpflichtungen für ihren Besitzer.«[39]

Noch erfolgreicher waren die Kaufmanns- und Lehrlingsromane eines Fritz Müller-Partenkirchen, der mit *Kramer & Friemann* über 400 000 Exemplare verkaufte, von *Die Firma* immerhin noch über 130 000. Hier treffen wir gewissermaßen auf die bürgerlich-merkantile Spielart der Familiensaga, in der Tradition von Gustav Freytags *Soll und Haben* stehend.

Während in einer Buchbesprechung *Die Firma* nur den »literarisch anspruchslosen Lesern« anempfohlen wurde, konnte die *Bücherkunde Kramer & Friemann* »unbedenklich« empfehlen.[40] Die Titel beider Autoren sind heute nur noch antiquarisch zu haben.

Georg von der Vring: Die Spur der Kriminalromane

»Nach einer Zeit der ernsthaften Lektüre, oder wenn Eva sehr zerschlagen ist, muß ein ›spannender‹, möglichst ein Criminalroman heran. So sind wir eben bei Edgar Wallace, *Der grüne Bogenschütze* gelandet.«[41] Nicht nur den Klemperers, allen Lesern galt und gilt der Krimi bis heute als ein Flaggschiff der Unterhaltungsliteratur. Im Dritten Reich spielte er ebenfalls eine bedeutende Rolle. An die 3000 Kriminalromane erschienen in dieser Zeit in Deutschland.[42] Der Höhepunkt der Krimi-Welle wurde 1937 und 1938 mit 385 beziehungsweise 447 Neuerscheinungen erreicht. Sogar vom internationalen Krimi waren die deutschen Leser zunächst nicht abgeschnitten. Der von Klemperer gelesene, in Deutschland gut eingeführte Edgar Wallace war weit verbreitet. Eine Anzeige des Wilhelm Goldmann Verlags aus dem Jahr 1934 listete unter der Überschrift »Billige, gute und spannende Bücher für die Reisezeit«[43] nicht weniger als 32 »Detektiv-Romane« des Autors auf. Für Georges Simenon wurde mit auffälligen, doppelseitigen Anzeigen geworben, die den Nachnamen des Autors überdimensional groß brachten und damit den Markencharakter des Urhebers untermauerten.[44]

Vermutlich wegen seiner großen Verbreitung war das Krimi-Genre von Anfang an auch im Fokus der NS-Kulturlenker. Dabei ist zu vermuten, dass weniger der Krimi an sich als vielmehr der Krimi als besonders plakatives Beispiel populärer Literatur die Aufmerksamkeit der Schrifttumsbürokraten erregte. Die »Detektive mit der unvermeidlichen Pfeife im Mund«[45] wurden einigen Kritikern zu Symbolfiguren einer Literatur, die überwunden werden sollte. Einigkeit herrschte bei den Schrifttumslenkern bald darüber, dass es sich insbesondere beim Detektivroman um ein »spezifisches Erzeugnis der bürgerlichen Gesellschaft kapitalistischer, westlicher und vor allem angelsächsischer Prägung«[46] handele, das mit dem neuen Deutschland nicht mehr vereinbar sei. Darüber hinaus wurde die Gefahr gesehen, dass »Verbrechensschilderungen« in der Literatur insbesondere bei Jugendlichen den »Trieb zur Bandenbildung und zur Auflehnung«[47] anregen könnten – der Kriminalroman enthielt somit aus der Perspektive der verantwortlichen Literaturlenker ein stark anarchistisches und destabilisierendes Element. Hier finden sich Argumente wieder, die schon die Diskussionen um jugendgefährdende Schriften in der Weimarer Zeit geprägt hatten und die in veränderter Form bis heute beim Thema Jugendschutz immer wieder aufgerufen werden.

Nach Kriegsbeginn lassen sich zwei auffällige Tendenzen auf dem Buchmarkt feststellen. Einerseits das schon vielfach beschriebene steigende Bedürfnis nach unterhaltenden Lesestoffen, andererseits die von Seiten der Schrifttumsbürokratie jetzt gegen bestimmte Formen der Literatur radikaler durchgesetzten Verbotsmaßnahmen. Sie trafen auch und im besonderen Maße den Kriminalroman in allen seinen Schattierungen. Auf den Verbotslisten jener Jahre fanden sich von manchen Häusern beinahe komplette Verlagsprogramme verzeichnet. So traf es etwa 1940 im Wilhelm Goldmann Verlag sämtliche Werke von Edgar Wallace und alle lieferbaren Titel von Agatha Christie, um nur die heute noch bekanntesten zu nennen.[48]

Im Zuge dieser Verbotsmaßnahmen wollten gar einige Kritiker in der Wiederbelebung einer literarischen Gattung wie der des Krimis ein letztes, in Teilen erfolgreiches Rückzugsgefecht der bürgerlichen Gesellschaft erkannt haben: »Sollte es vielleicht so sein, daß die äußerlich überwundene bürgerliche Gesellschaft auf dem literarischen Feld gleichsam nochmals einen letzten Vorstoß versuchte? Es sei in diesem Zusammenhang an die Best-sellers vom Weihnachtsgeschäft der letzten Jahre zu erinnern. Hat da nicht selten ›Edelliberalismus‹ eine verspätete Blüte erlebt?«[49]

War man sich in der Ablehnung der angelsächsischen ›Auswüchse‹ weitgehend einig, so gingen die Meinungen hinsichtlich der Reformfähigkeit der Gattung doch weit auseinander. Eindeutig war in dieser Diskussion die Position von Sebastian Losch, Referent unter anderem für das Büchereiwesen im Hauptreferat I des Reichsministeriums für Volksaufklärung und Propaganda. Hier wurde das aus dem Ministerium übliche grundsätzliche Bekenntnis eben auch zu Büchern, »die lediglich der

Entspannung und Unterhaltung, der Ablenkung vom Einerlei des Tages und der Arbeit und der Aufmunterung dienen«[50] bekräftigt.

Eine Möglichkeit der Rettung des Genres für die neue Zeit, die in jenen Jahren dann auch vielfach praktiziert wurde, bestand darin, die verpönten Insignien der angelsächsischen Einflüsse zu entfernen, die Krimis mit deutschen Polizisten zu bevölkern und in einer modernen Industriegesellschaft mit rechtsstaatlichen Normen anzusiedeln, die kaum Verweise auf den NS-Staat bot.[51]

Der andere Weg, der ebenfalls erfolgreich beschritten wurde, war der der Historisierung des Stoffes. Was an anderer Stelle schon angemahnt worden war, »es könnte – könnte! – sich dann eine Form entwickeln, die den Verfassern an die Tradition Schiller, Kleist, Droste-Hülshoff anzuknüpfen erlauben würde«[52], wurde von Georg von der Vring erfolgreich umgesetzt. Sein zuerst bei Scherl, später bei Bertelsmann verlegter Roman *Die Spur im Hafen*[53] ist der Kriminalstoff mit der höchsten Auflage in dieser Zeit: 350000 Exemplare wurden mindestens abgesetzt.

Von der Vring war ein handwerklich guter Erzähler, der die Leser in seinen Bann zu ziehen vermochte. Angesiedelt ist die Geschichte um den Assessor Tewes, der den zunächst nur vermuteten Mord an seinem Onkel aufklären will, in der Zeit vor der Revolution von 1848. Das Buch wurde von der Kritik überwiegend positiv aufgenommen: »Dieser neue Roman des Dichters ist für einen großen Leserkreis geeignet, und es ist zu hoffen, daß diese gute Bearbeitung eines kriminalistischen Stoffes, mit einer Liebesgeschichte geschickt verbunden, manches Erzeugnis sattsam bekannter Art aus den Leihbüchereien verdrängt.«[54] Bemerkenswert in von der Vrings Text sind die Passagen, die auf die politischen Ereignisse der vierziger Jahre des 19. Jahrhunderts anspielen und in denen die Figuren des Romans durchweg mit ihren Sympathien auf der Seite der Freiheitskämpfer sind: »In diesem Augenblick wurde es mir grausam deutlich, wohin es führt, wenn eine große und kluge Nation auf die ungerechteste und kurzsichtigste Weise regiert wurde, so daß der Jugend gar nichts anderes übrig blieb, als sich gegen all die Torheiten zu erheben. Praktisch gesehen, erhoben sich die Söhne gegen die Väter, und sie stellten ihnen ihre Forderungen, die ihnen das frische und freiheitsdurstige Herz eingab. Viele Familien gingen damals an diesem Zwiespalt zugrunde.«[55] Hier ließe sich durchaus Raum für widerständige Gedanken vermuten, ein ›Zwischen-den-Zeilen-Lesen‹ derjenigen, die hier in finsteren Zeiten die Idee von Freiheit und Demokratie hochgehalten sehen wollten. Die Kritik damals hingegen erkannte, was sie erkennen wollte: Sie interpretierte die Freiheitskämpfer als ›deutschgesinnte Männer‹, die für ein ›Großdeutschland‹ kämpfen, und vereinnahmte sie somit – ob vom Autor beabsichtigt oder nicht – für Nazi-Deutschland.

Nach dem Krieg galt von der Vring vielen als Vertreter der Inneren Emigration. Vor 1933 hatte er zunächst Texte zum Ersten Weltkrieg, die die Sinnlosigkeit des Krieges und die Aussöhnung mit den ehemaligen Kriegsgegnern zum Inhalt hatten, veröffentlicht. Außerdem bekannte er sich in dieser Zeit zum demokratischen System.[56] Dennoch ließ er sich später vom NS-Regime vereinnahmen. Nach außen vielleicht am deutlichsten bei seinem Auftritt als einer der Hauptredner auf dem Deutschen Dichtertreffen und bei der Tagung der Europäischen Schriftstellervereinigung im Oktober 1942 in Weimar. Unter dem Titel »Das Einfache in der Dichtung«[57] entwickelte von der Vring Gedanken zu einem Prototyp des Volksdichters, der gewisse qualitative Grundvoraussetzungen erfüllt, aber dennoch immer auf Augenhöhe mit dem Leser bleibt. Zwei Eigenschaften, deren erste von den Produzenten des Kitsches und deren letzte von den geschmähten ›Literaten‹ der Weimarer Zeit nicht erfüllt wurden. Allen mit Unterhaltungsliteratur befassten Literaturlenkern konnte der Weg von der Vrings als der Königsweg der Unterhaltungsliteratur im Dritten Reich gelten: »Georg von der Vring hat sich mit einer geringen Zahl anderer deutscher Dichter zugleich in den Dienst unterhaltender Bücher gestellt, die zu den besten Leistungen auf diesem Gebiet zählen und eine glückliche Behandlung spannender und abenteuerlicher Stoffe aus sprachlicher Zucht und dichterischer Verantwortung darstellen.«[58] Und unmittelbar bezogen unter anderem auf seinen Roman *Die Spur im Hafen* wurde festgehalten, dass er damit eine Linie angestrebt habe, »die auch unsere klassischen Erzähler verfolgt haben, nämlich Werke aus dichterischer Sicht zu schaffen, die zugleich alle Elemente einer volkstümlichen, leicht zugänglichen und handlungsstarken Literatur für breite Volksschichten in sich vereinen.«

Zurück in die Zukunft: Hans Dominik und Co.

»Bedrückt durch die Lage, gehemmt durch die ständige Erwartung, zur Fabrikarbeit kommandiert zu werden, immerfort durch die stets schlechtere Ernährung – Kartoffeln, Kartoffeln, Kartoffeln – zum Einschlafen müde, las ich dieser Tage viel aus einem Reißer vor, der wie ein flacher Kriminalroman erst spannt u. dann einen faden Geschmack im Munde u. ein Gefühl der Beschämtheit hinterlässt. – Scham dass es noch Leute gibt, die so etwas schreiben u. Leute, die so etwas lesen, u. dass ich zu diesen Leuten gehöre. Hans Dominik, *Die Spur des Dschingis Khan.* Aber zu Ende lesen wollen wir diesen 1923 bei Scherl erschienenen *Roman aus dem einundzwanzigsten Jahrhundert* doch, trotz der Leere u. Flachheit u. Abgedroschenheit seiner Liebes- u. kriminellen Partien, denn als technische u. politische Utopie ist er interessant.«[59] Und es waren, wie die Auflagenzahlen belegen, nicht wenige Leute, die, ähnlich wie Victor Klemperer, vom Kaiserreich bis in die Bundesrepublik zu den Büchern von Hans Dominik griffen. Mindestens vier seiner Werke überschritten im Dritten Reich die Hunderttausendermarke, darunter sein 1939 erschienenes Buch *Land aus Feuer und Wasser,* das sogar auf eine Auflage jenseits der Viertelmillion kam. Insgesamt erschienen zwischen 33 und 45 einige hundert Zukunftsromane, die man heute unter dem Label Science-Fiction verkaufen würde. Aber keiner der Autoren war dabei so erfolgreich wie der ehemalige Ingenieur der Siemens-Werke Hans Dominik. Das erfolgreiche *Land aus Feuer und Wasser* gehört zu einer Trilogie von Romanen um Prof. Eggerth, einen genialen Erfinder. Der Band griff gleich mehrere typische Zukunftsroman-Themen auf: Ein deutscher Ingenieur kämpft um neue Siedlungsgebiete und für die Unabhängigkeit seines Vaterlandes von anderen Mächten. Ursprünglich lautete sein Auftrag – den er von einem Minister in Deutschland erhalten hatte –, außerhalb des Reiches eine Basis für die Zwischenlandung von Stratosphärenflugzeugen zu schaffen. Aber schließlich entsteht mehr als das, eine Kolonie für fünfzigtausend Einwohner: »Auf neuem Land, aus Feuer und Wasser geboren, hat deutsche Arbeit gewirkt.«[60] Die ewigen Gegenspieler der Eggerth-Leute sind Amerikaner, die sich im Wettlauf mit den Deutschen um neue Entdeckungen befinden – aber letztendlich natürlich unterliegen.

Klemperer hatte in seiner im ärgerlichen Ton verfassten Nachbetrachtung zur Dominik-Lektüre das Wesentliche an den Texten dieser Art erfasst. Ja, die Zukunftsromane der dreißiger und vierziger Jahre brachten keine Innovationen. Sie schrieben im Kern die Themen der zwanziger Jahre fort, waren in erster Linie Ingenieurs- und Allmachtsfantasien, technische Fortschrittsgemälde. Gesellschaftliche Utopien hatten hier keinen Raum, insbesondere seitdem sich die Nationalsozialisten selbst als die Erfüller aller gesellschaftlichen Wunschvorstellungen sahen. Wo man am Ziel angelangt war, verbot sich ein Nachdenken über andere Welten von selbst.

Es gibt unter den Zukunftsromanen jener Jahre einige Texte, die einen Handlungsraum jenseits der Erde aufsuchen, einen sogar, in dem ein Weltraumreisender Sex mit einer Außerirdischen hat. Aber diese Texte waren eher Nischenprodukte, ihre Auflagen blieben klein, ihr Verbreitungsgebiet oftmals auf die Leser der Leihbüchereien beschränkt, die ihrerseits dann doch wieder eine größere, aber schwer zählbare Öffentlichkeit formierten. Die erwähnte pikante Episode entstammt Gerhard Naundorfs *Stern in Not*[61]. In diesem Buch reisen Erdlinge zum Asteroiden Ceres, auf dem ein Volk von Amazonen herrscht, die allesamt leicht bekleidet umherwandeln und permanent unter Männermangel leiden. So muss das Unvermeidliche früher oder später geschehen. Diese etwas schlüpfrigen Passagen, die sicher nicht der reinen Lehre der Rassenideologie genügten, mögen dazu geführt haben, dass das Werk von der *Bücherkunde* kurz nach Erscheinen unter die »nicht zu fördernde Literatur« eingereiht wurde.[62] Weitergehende Folgen für den Vertrieb hatte dies jedoch nicht, noch zwei Jahre später war der Titel über den Großhandel zu bestellen.

Auch mit Blick auf Hans Dominik zeigt sich die Haltung der Schrifttumslenker nicht frei von Verwerfungen. So wurde etwa *Ein Stern fiel vom Himmel* von den einen als »materialistisch«[63] bezeichnet und für die Volksbücherei abgelehnt, während die *Bücherkunde* »die Förderung des Buches vor allem in Jugendbüchereien und Leihbibliotheken«[64] ausdrücklich empfahl. Dass von Seiten der Literaturproduzenten solche Äußerungen der Schrifttumsbürokraten stets sorgsam geprüft wurden, zeigt ein Briefwechsel Dominiks mit seinem Verleger Dr. von Hase. In dessen Verlagshaus Hase & Koehler in Leipzig war zuvor auch *Land aus Feuer und Wasser* erschienen. Ein Artikel im *Reich* zur Frage der »Zukunft des deutschen Romans« hatte den Verleger aufgeschreckt. Dort bezog Bernhard Payr, Herausgeber der *Bücherkunde* und seit 1943 zugleich Cheflektor für den Branchenriesen Eher, klar Stellung gegen »technische Zukunftsromane«, die von der Realität längst überholt seien. Die dort geschilderten Dinge fand er dem Bereich der »spielerischen Fantasie längst entrückt und in den des Tragischen einbezogen«[65]. Hase war vom Grundtenor des Artikels tief beunruhigt: »Das klingt doch wie eine förmliche Absage der Partei gegen ihre Romane.«[66]

Von einer solchen grundsätzlichen Absage konnte allerdings keine Rede sein. Dominik durfte seinen Verleger beruhigen. »Erfreulicherweise wird aber die Literatur nicht von diesen Leuten gemacht, sondern von den anderen, die um solche Dinge wissen«, so antwortete Dominik an Hase. »Die anderen«, das waren zweifelsohne die Mitarbeiter des Propagandaministeriums und nicht zuletzt Goebbels selbst, der zu Dominiks 70. Geburtstag telegrafiert hatte: »Sie haben mit Ihren Romanen Hunderttausenden Lesern fesselnde Bücher in die Hand gegeben und ihnen damit Freude und Entspannung bereitet. Ich übermittle Ihnen meine herzlichsten Wünsche.«[67] Dominik dankte dem Minister für seinen Gruß: »Sie beweisen mir [...], daß auch auf Seiten der Regierung meine jahrelangen Bemühungen, in unterhaltsamer Form naturwissenschaftlich-technische Kenntnisse zu vermitteln und Interesse und Verständnis für die Großtaten deutscher Forschung zu erwecken, wohlwollend gewürdigt wird.«[68]

Das war der Schlüssel zu Dominiks Erfolg: Nicht das Fantastische stand im Vordergrund, sondern die erzählerisch ausgeschmückten Zukunftswelten sollten nur das Vehikel sein, um naturwissenschaftlich-technische Informationen zu transportieren. So jedenfalls die Selbstdarstellung des Autors. Dr. Karl Soll, Leiter des Scherl-Buchverlages und einer der Väter des Dominik'schen Erfolges mit Zukunftsromanen, charakterisierte Dominiks Schaffen im Jahr 1936 in einem Brief an den Autor ähnlich: »Vor allem aber sind es keine wahren Phantasieerzeugnisse; für jeden einzelnen [Roman] wurde der technische Aufbau auf einem tragfähigen wissenschaftlichen Grunde errichtet.«[69] Was Soll für Dominik formulierte, gilt auch für fast alle anderen Autoren des Genres: Der Zukunftsroman im Deutschland der dreißiger und vierziger Jahre steht dem Technik- und Rohstoffroman näher als dem, was man heute gemeinhin als Science-Fiction bezeichnet. Dominik sah seine literarischen Vorbilder dann auch eher beim historischen Roman. Er hatte Ausflüge ins Weltall und Zusammentreffen mit fremden Zivilisationen schon in den späten zwanziger Jahren mit seinem Roman *Das Erbe der Uraniden* eingestellt. Denn »ein Zukunftsroman, der im Jahr 6000 nach Christi spielt«, sei »einfach unmöglich«[70]. »Mehr denn irgendwo anders«, so der Autor weiter, »ist hier eine weise Selbstbeschränkung am Platze, wenn der Autor mit seiner Arbeit noch glaubhaft wirken und das Interesse der Leser fesseln will. Grundsätzlich wird er gut daran tun, für seine Erzählung eine Zeit zu wählen, die wenigstens die jüngsten seiner Volksgenossen nach menschlicher Voraussicht noch miterleben werden.«[71]

6. Wa(h)re Volksliteratur:
Karl May, Courths-Mahler und die Helden der Schmökerhefte

Sogar der ›Führer‹ liest Karl May!

Als der Karl-May-Verlag im Jahr 1938 sein 25-jähriges Jubiläum feierte, konnte er für seine Pressearbeit auf eine wahre Flut von Artikeln zurückgreifen, die in der Folge von Achenbachs Reportage über einen Besuch auf dem Obersalzberg erschienen waren. Der Journalist hatte mit seinem Bericht einen echten Boom ausgelöst. Achenbach gebührte das Verdienst, als Erster »auf die May-Bände des Führers aufmerksam«[1] gemacht zu haben und der Karl-May-Verlag verwendete Zitate aus Achenbachs Artikel in seinen Prospekten: Indirekt rührte also sogar der ›Führer‹ die Werbetrommel für den sächsischen Autor.[2]

Viele positive Rezensionen vom *Völkischen Beobachter* bis zum *Schwarzen Korps,* der Zeitschrift der SS, waren vorzuweisen. Und sogar prominente Nazi-Autoren äußerten sich öffentlich positiv zu May: »Wenn ich in meiner Jugend nicht Karl May gelesen hätte, es wäre heute eine Lücke in meiner Entwicklung zu spüren. Er hat in seinen Werken den Raum unserer Jugendfantasie kühn ausgeschritten und die Tiefe jugendlicher noch unverhärteter Herzen ausgepeilt – der ewig junge Deutsche Karl May. Hans Zöberlein am 20. Februar 1938 nach der Führer-Rede im Reichstag.«[3]

Seine Vorliebe für diese Abenteuerliteratur teilte Adolf Hitler mit vielen, vor allem jugendlichen ›Volksgenossen‹. Zwar waren die Erstausgaben der Karl-May-Bücher bereits mehrere Jahrzehnte vor dem Machtantritt der Nazis erschienen, trotzdem gelangten – vermutlich auch wegen der prominenten Schützenhilfe – einige von ihnen auch nach 1933 noch unter die bestverkauften Romane der Zeit. So wurden allein vom *Schatz im Silbersee* im Dritten Reich rund 300 000 Exemplare abgesetzt und auch der erste Band von *Winnetou* kam noch auf fast 100 000 verkaufte

Bücher. Vom *Schatz im Silbersee* erschien sogar im Jahr 1943 eine Sonderausgabe des Oberkommandos der Wehrmacht mit dem Vermerk »nur für
den Gebrauch innerhalb der Streitkräfte«[4].

Die Protektion von höchster Stelle führte dazu, dass sich etliche prominente Nazi-Gegner auf Karl May einschossen. Hier verbanden sich
bildungsbürgerliche Vorbehalte gegen diese Form der Massenliteratur
mit dem Versuch, im Werk des Abenteuerschriftstellers faschistoide Tendenzen auszumachen. »In seinem Artikel ›Karl May, Hitler's Literary
Mentor‹, der 1940 erschien, griff Klaus Mann den Autor der Abenteuerbücher an«, so Barbara Haible in ihrer Studie *Indianer im Dienste der NS-
Ideologie*. »Er warf ihm vor, Millionen von Lesern negativ beeinflußt und
ihre Herzen und Seelen mit heuchlerischer Moral und der Glorifizierung
von Grausamkeit vergiftet zu haben. Hitlers Vorliebe für Mays Romane
und seine Auffassung, Old Shatterhands Überzeugungen und Taktiken
ließen sich auf die reale Politik übertragen, waren nach Manns Meinung
keine Ausnahmeerscheinung, sondern müssen im Zusammenhang mit
der Wirkung Mays auf viele andere deutsche Leser gesehen werden.«[5]

Schon vor 1933 hatte es immer wieder scharfe Kritik am Erfinder
des *Winnetou* gegeben, meist aus Kreisen, die sich um das ›gute Jugendschrifttum‹ bemühten. Einer ihrer aktivsten Vertreter war der Lehrer
Wilhelm Fronemann. Er kämpfte gegen die gesteigerte Anerkennung,
die Mays Werk nach der Machtübernahme scheinbar erfuhr. So wandte
er sich in einem Schreiben an den Nationalsozialistischen Lehrerbund gegen die Aufnahme von Mays Werk in den *Katalog guter Jugendschriften*.[6] Er
bezog damit direkt Position gegen Hans Schemm, den fränkischen Gauleiter und bayrischen Kultusminister, der zugleich Chef des Lehrerbun-
des war. Dieser hatte den Satz in die Welt gebracht, dass »zum deutschen
Buben und Mädel [...] mehr als die sogenannte Schulbravheit [gehört],
nämlich Mut, Entschlußkraft, Schneid, Abenteuerlust und Karl-May-Ge-
sinnung!«[7] Was Fronemann als Argumente gebrauchte, in Mays Büchern
würden pazifistische, ja marxistische Gedanken unters Volk gebracht,
fand dort kein Gehör. Fronemann setzte seine Attacken gegen May sogar
nach dem Krieg (nun in der DDR) fort. Allerdings war er argumenta-
tiv jetzt auf die Linie eingeschwenkt, May habe zum Nationalsozialismus
kongenial gepasst und viele seiner Tendenzen bedient.[8]

Doch alle offiziellen Lobreden auf Karl Mays Bücher und die vermeintliche Protektion von ganz oben können nicht darüber hinwegtäuschen, dass der Sachse nie zu den völlig unumstrittenen Autoren gehörte. Karl May war auf dem ›Weg hinab‹ zum Schund noch relativ weit oben angesiedelt, aber eben auf alle Fälle kein Dichter, sondern im besten Falle ein erfolgreicher Volksschriftsteller. Auch in den diversen Empfehlungslisten für das ›gute Buch‹ sucht man den Autor meist vergeblich.

Die unterschiedlichen Lager nationalsozialistischer Kulturpolitik fochten um solche populären Autoren harte Richtungskämpfe aus. Zwei Grundfragen wurden in den Auseinandersetzungen immer wieder umkreist: Zum einen, ob Unterhaltungsliteratur an sich nötig und wenn ja, in welcher Form der NS-Zeit angemessen sei, zum anderen, ob es eine Abgrenzung der von vielen Funktionären herbeigeredeten ›Volksliteratur‹ nach unten hin geben müsse. Dabei war insbesondere die zweite Diskussionslinie keineswegs neu. Debatten um den schädigenden Einfluss bestimmter trivialer Formen der Unterhaltung sind so alt wie die mehr oder weniger seriell-industriell gefertigten Texte selbst.

Wenn dann von bestimmten Seiten, insbesondere aus dem Umfeld Rosenbergs und seiner Zeitschrift *Bücherkunde,* gegen die seichte Unterhaltung, den Schmöker, den leichten Kriminal- oder Abenteuerroman gewettert wurde, hat man May selten direkt genannt, oft aber mitgedacht.

Die literarische Halbwelt von Hedwig Courths-Mahler bis Ludwig Ganghofer

Neben Karl May gab es weitere Autoren und Autorinnen, die noch Kinder der wilhelminischen Zeit waren und deren Bücher auf dem Markt blieben. Während der Erfolg der einen anhielt oder sich sogar noch steigerte, gerieten andere nach 1933 in schwierigeres Fahrwasser. Hedwig Courths-Mahler zählt nach Höhe ihrer Gesamtauflage zu den erfolgreichsten deutschsprachigen Autorinnen aller Zeiten. Insgesamt verfasste sie rund 200 Romane und Novellen. Im Dritten Reich jedoch befand sie sich in permanenter Verteidigungsstellung. Wo gegen die Literatur der ›heilen Welt‹ gewettert wurde, galt sie als Paradebeispiel. Keines ihrer zwischen 1933 und 1945 erschienenen Bücher konnte an alte Verkaufs-erfolge anknüpfen. Gleichwohl waren die Titel noch überall präsent: In privaten Bibliotheken, kommerziellen Leihbüchereien und nicht zuletzt im Gedächtnis der Leser. Die immer gleichen Liebesgeschichten, bei de-nen die Liebe etwa Standesunterschiede überwinden hilft und sozial Be-nachteiligten Vermögen und Ansehen verschafft, wurden zu Prototypen des trivialliterarischen Wunschversprechens und sind bis heute Sinnbild des Kitsches.

1935 unternahm der Verlag, der sowohl die Bücher der Courths-Mah-ler als auch einer ihrer Töchter, Friede Birkner, verlegte, eine verzwei-felte Form der Anzeigenwerbung. Dort wurde zunächst Börries Freiherr von Münchhausen zitiert, von dem im *Börsenblatt* vom 2. Januar 1934 zu lesen war: »Frau Courths-Mahler, die Vielgelästerte, hat einmal ge-schrieben, daß sie in Millionen Menschen überhaupt erst das Bedürfnis zum Buche geweckt, sie überhaupt erst Bücher kaufen gelehrt habe …« Daraufhin bezog man in fett gedruckten Lettern Stellung gegen die An-griffe auf die eigene Autorin: »Die Großen des Schrifttums sollten sich immer bewußt sein, daß, rein rechnerisch, rein äußerlich gesprochen, H. Courths-Mahler den Verlag und den Vertrieb der wertvollen Bücher sozusagen erst möglich macht.«[9] Ein Massenerfolg mit Neuerscheinun-gen der Autorin war unter den neuen Machthabern jedoch nicht mehr zu erreichen. Im Lagerkatalog des bedeutendsten Großhändlers waren 1941/42 lediglich noch fünf ihrer Titel verzeichnet und käuflich zu er-werben.[10] Ein Gesuch Hedwig Courths-Mahlers, aus der Schrifttums-kammer entlassen zu werden, scheiterte dennoch daran, dass »die Werke der Courths-Mahler noch vertrieben werden«[11].

Aber im Krieg bekam die geschmähte Literaturform von Seiten der Leser neuen Auftrieb. So gab es 1943 aus Hamburger Leihbibliotheken zu berichten, dass »80 ›neue‹ Courths-Mahler […] im Handumdrehen ›vergriffen‹« waren. Ja, der Berichterstatter musste einräumen, dass in Kriegszeiten wieder Schriftsteller gefragt seien, »die in einem höheren Bewußtsein als überwunden gelten können«[12]. Mit dem gesteigerten Unterhaltungsbedürfnis nach 1939 schienen sich manche Maßstäbe zu verschieben, wurden von einem Teil der Verantwortlichen auch trivialere Stoffe wieder eher akzeptiert, während zeitgleich die Debatten um die richtige Form der Unterhaltung an Heftigkeit zunahmen. Wann immer dann in kulturpolitischen Artikeln jener Jahre das Prädikat vom ›wahren Volksschriftsteller‹ gebraucht wurde, mussten Hedwig Courths-Mahler und ihresgleichen als das Gegenbild, als die ›falschen‹ Volksschriftsteller mitgedacht werden, die die Leser mit ihren Werken ›benebeln‹.

Im Kampf gegen solche Formen der Unterhaltung agierte die von Alfred Rosenberg herausgegebene *Bücherkunde* als Sprachrohr seines Amtes für Schrifttumskunde besonders heftig. Im »Unterhaltungsroman« wollte man dort – von der Warte der hohen Literatur aus gesehen – die zweitniedrigste Qualitätsstufe an Texten überhaupt ausgemacht haben (unterboten nur noch vom »Groschenroman«). Sie entstammten allesamt der »literarischen Traumfabrik«[13]. Hier werde eine Welt propagiert, die aus Sicht des Nationalsozialismus längst überholt sei: die Welt des Glamours, der Reichen und Schönen, die nichts mit der eigenen Lebenswirklichkeit zu tun habe. In Rosenbergs Umfeld wurden auch ganz unverhohlen Pfeile gegen Goebbels abgeschossen, der ja für einen durchaus breiteren Begriff von Unterhaltung stand.

Ebenfalls in der ›Traumfabrik‹ arbeitete der Unterhaltungsschriftsteller Ludwig Ganghofer. Die Bücher des bereits 1920 verstorbenen Autors feierten im Dritten Reich, wie auch davor und danach, große Erfolge. Vier seiner Romane verkauften sich allein zwischen 1933 und 1945 je um die 300 000 Mal. Freilich war er zunächst schon durch seine Herkunft und das Setting seiner Romane unverdächtig, schwamm im Strom der Heimatkunstbewegung der Jahrhundertwende mit. Der völkische Literaturpapst Adolf Bartels hatte den bayrischen Autor zwar als »Unterhalter« qualifiziert, ihn aber dennoch in seinen Kanon aufgenommen.[14] Auch Hitler war schon in seinen Jugendjahren in Wien auf den Autor gestoßen, »an Ganghofer fand Adolf« aber, wie sich ein Jugendfreund später erinnerte, »absolut nichts«.[15] Ganghofer blieb vermutlich deshalb so erfolgreich, weil er mit seinen Heimatromanen bestimmte Forderungen der neuen Zeit bediente, ohne aber dem NS-Schrifttum im eigentlichen Sinn zuzugehören. Die Leser konnten etwas in die Hand nehmen, das vermeintlich nach ›Blut und Boden‹ roch, in Wirklichkeit aber vor allem Bilder aus der guten alten Zeit transportierte. Zudem schützte der Nimbus, fast so etwas wie ein moderner Klassiker der Heimatliteratur (neben Ludwig Thoma) zu sein, vor unmotivierter Kritik. Schon die Zeitgenossen hatten diese Hinwendung zur klassischen Unterhaltungsliteratur der Jahrhundertwende bemerkt. Es geschehe aus »Verlegenheit«, sei ein »Hinauszögern der Auseinandersetzung des nachhinkenden Selbst mit dem kulturpolitischen Heute. Bestenfalls der Drang, Illusionen wiederzuerwecken, die den Schimmer, die ›Beglückung‹ der Jugend derer um 1910–20 ausmachten.«[16] Übersetzt hieß das von Seiten der Hardliner: Es wurde toleriert, war aber auf Dauer keine Lösung, sondern nur ein Phänomen des Übergangs, bis die echte, eigene NS-Unterhaltungsliteratur an die Stelle dieser überkommenen Titel treten könnte. Ganghofer ist hier zusammen auch mit einem Autor wie dem Norweger Gulbranssen zu nennen: Beider Erfolg wurzelte in derselben Quelle. Sie wurden verkauft, weil sie einschlägige Stoffe und Themen bedienen konnten, ohne anbiedernd der Konjunktur nachzuäffen. Gleichwohl boten beide Literatur, die einem Schema folgte.

Ganghofers Romane, zum Beispiel das schon sprichwörtlich gewordene *Schweigen im Walde*[17] (1899 erstmals erschienen), tragen alle Kennzeichen trivialer Unterhaltungsliteratur. Die Figuren sind klar konturiert und folgen einem einfachen Gut-Böse-Schema, es gibt keine Zwischentöne, keine Verwerfungen. Alle Bilder und Motive werden überdeutlich herausgearbeitet, so dass auch der unaufmerksamste Leser die Botschaften des Textes vermittelt bekommt. Allein das Leitmotiv vom schweigenden Wald wird im vorliegenden Roman fast bis zur Penetranz wiederholt.

Im Zentrum der Handlung steht eine Liebesgeschichte zwischen einem zivilisationsflüchtigen Adligen und einer bürgerlichen Künstlertochter; und freilich – sie kriegen sich am Ende. Variiert wird das alte Thema der Unterhaltungsliteratur vom sozialen Aufstieg, indem sich die Träume so vieler Leserinnen und Leser zumindest in der Literatur erfüllten. Dabei war Ganghofer immerhin raffiniert genug, einige selbstironische Passagen in sein Buch einzubauen. Eine der Hauptfiguren, der Förster, ist der Lektüre trivialer englischer Unterhaltungsromane verfallen. In diesen Büchern sucht er eine Kompensation für sein ansonsten verkümmertes Seelenleben. Er wird von seiner Fluchtlektüre allerdings

Deutsche Dichter der Berge

LUDWIG GANGHOFER

Das Gotteslehen
Roman aus dem 15. Jahrhundert .... Auflage 266 000

Der Ochsenkrieg Roman in 2 Bänden gebunden in einem Band. 575 Seiten 134 000
Neue Sonderausgaben

Der Dorfapostel
Großvolumroman. 482 Seiten .... Auflage 332 000

Waldrausch Roman in 2 Bänden, gebunden in einem
Band. 504 Seiten .... Auflage 172 000

Die Martinsklause Roman in 2 Bänden, gebunden in einem Band. 525 Seiten ...... Auflage 536 000

Edelweißkönig Gebirgsroman .... Auflage 484 000

Schloß Hubertus Roman in 2 Bänden, gebun-
den in einem Band. 512 Seiten .... Auflage 677 000

Der Mann im Salz Roman in 2 Bänden, gebunden in einem Band. 509 Seiten ...... Auflage 233 000

Das Schweigen im Walde
Roman. 511 Seiten .... Auflage 531 000

Der Klosterjäger
Roman aus dem 14. Jahrhundert. 512 Seiten . Auflage 440 000

JACOB CHRISTOPH HEER

Der Wetterwart Roman. 480 Seiten .. Auflage 515 000
An heiligen Wassern Roman. 425 Seiten . Auflage 453 000

RICHARD VOSS

Alpentragödie
Roman aus den Engadiner Bergen.
450 Seiten .... Auflage 194 000

Diese drei Dichter, deren jeder die eigene, nur ihm gegebene Art hat, das Leben seiner engeren Heimat zu schildern, verbindet die gleiche Liebe zu den Bergen, auf denen die Freiheit wohnt, auf deren Gipfeln man dem Odem Gottes zu spüren meint. In ihren Werken weht diese reine Gottesluft, und wer sie liest, fühlt sich in reinere Höhen erhoben, fühlt sich hinweggetragen auf den Flügeln der Dichtung aus den Niederungen des Alltags zu feiertäglichem Genießen. Und darin liegt das Geheimnis ihres immer wachsenden Erfolges.

Die immer wieder notwendig werdenden Riesenauflagen der einzelnen Bände unserer Reihe

Dichter der Berge

beweisen ihre große Absatzmöglichkeit. Von all diesen Werken
können Sie täglich viele Partien verkaufen.

Die außerordentlich schöne Ausstattung der vornehmen Ganzleinen-Geschenkbände unterstützt
Sie beim Verkauf auf das wirksamste.

Jeder Band in Halbleder-Luxus zu RM 3.75, in Ganzleder-Luxus zu RM 4.80

2 85 MARK

Jeder Band in Ganzleinen

TH. KNAUR NACHF. VERLAG · BERLIN W 50

Ludwig Ganghofer war einer der Altmeister der Unterhaltungsliteratur, dessen Bücher im Kaiserreich, der Weimarer Republik und durchgängig bis in die fünfziger Jahre hinein großen Zuspruch fanden. Hier eine Verlagsanzeige aus dem Jahr 1934.

enttäuscht, sie erweist sich als unzureichend. Aber vielleicht ja auch nur, weil es sich um eine ausländische, gewissermaßen ›artfremde‹ Fluchtwelt handelt?

Es ist sehr wahrscheinlich, dass die radikalen Kulturkämpfer aus Rosenbergs Umfeld – den ›Endsieg‹ und auch ihren eigenen kulturpolitischen Sieg vorausgesetzt – einen Ganghofer früher oder später aus ihrem Literaturkanon ausgesondert hätten. Schon beizeiten wurden von Rosenbergs Mannen scharfe Töne angeschlagen, galt es doch nicht mehr oder weniger als die »literarische Halbwelt« zu bekämpfen. Die »Leser von literarischem Kitsch«, so schrieb Werner Bökenkamp in der *Bücherkunde,* seien in allen »Volksschichten zu finden«. Zwar hatte der Autor vor allem die Romanzeitschriften im Blick, vieles traf aber auch die Unterhaltungsliteratur in ihrer Breite: »Die Personen liegen wie Schablonen bereit […] Der hochstaplerische Graf Babbiani oder der edle deutsche Ingenieur […] Eine Welt der Illusionen, des Glückshungers, der Schablone und der ständigen Wiederholung rollt vor uns ab. Nach 1933 wurden im Zuge des Rassegedankens die Helden blond und nordisch und die Betrüger düster und schwarz; man verließ zum Teil die Bars und setzte die Personen in eine Dorfschenke; es roch nicht mehr nach Pariser Parfüms, sondern nach Mist, und der Generaldirektor begann sich so volksverbunden zu benehmen, daß er seine Sekretärin heiratete. Was will man eigentlich mehr?

Die Blubo-Welle ist dann schnell wieder verebbt, und das bürgerliche Milieu behauptete weiterhin das Feld, so weit gereinigt, daß es sich mit den Schrifttumsgesetzen gerade noch verträgt.«[18]

Es war ein offener Angriff auch auf Goebbels und sein Propagandaministerium, den Rosenberg von seinen Leuten vortragen ließ. Goebbels hatte im Jahr zuvor auf der Kantate-Tagung, der großen alljährlichen Kundgebung des deutschen Buchhandels, einer Art Branchentreff, eine für seine Position zur Unterhaltungsliteratur maßgebliche Rede gehalten. Sein klares Bekenntnis zur Notwendigkeit unterhaltenden Schrifttums – »je mehr ein Volk von den Sorgen des Alltags angefressen wird, um so mehr hat es Anspruch auf Entspannung und Erholung« – akzentuierte er mit dem Slogan »Kraft durch Freude«[19]. Der Rosenberg-Mann Bökenkamp paraphrasierte Goebbels, als er die Argumente der Verteidiger des Kitsches aufzählte, und schreibt: »Wir helfen den armen Volksgenossen mit unserer Literatur für einige Zeit über die Sorgen und die Freudlosigkeit des Alltags hinweg und versetzen ihn in eine schönere Welt«, um dann noch ein hämisches »Kraft durch Freude!«[20] nachzuschieben. Eigentlich ein Affront gegen den ›Doktor‹. Und der Autor machte klar, dass nicht nur er die Position Goebbels' zu weich und nachsichtig fand, sondern dass jener das Problem des Kitsches nicht richtig erkannt habe: »Wir sind der Meinung, daß dieses Übel radikaler und unbarmherziger angefaßt werden muß, als es bisher geschehen ist. Wir sehen hierin eine Gefahr für den Geist des Volkes, die in friedlichen Zeiten unter dem Schein des Harmlosen geduldet wird, in entscheidenden Stunden aber verhängnisvoll werden kann.«[21]

Dass sich die publizistische Auseinandersetzung zwischen dem Goebbels- und dem Rosenberg-Lager im Krieg noch zuspitzen sollte, lässt sich hier schon erahnen. Im konkreten Fall Ganghofer aber gab der Erfolg dem Autor bis 1945 – und letztlich sogar darüber hinaus – recht. Schon in den dreißiger Jahren waren viele Ganghofer-Bücher verfilmt worden. Ein zeitgenössischer Artikel nennt nicht weniger als zwölf (!) Romane des Autors, die auf Zelluloid gebannt worden seien oder deren Verfilmung gerade vorbereitet werde.[22] Ein Boom, der sich im Deutschland der fünfziger Jahre mit einer Welle von Heimatfilmen fortsetzte. Goebbels sah den medienübergreifenden Erfolg dieses Genres – wie so häufig – ganz pragmatisch und vor allem von der pekuniären Seite: »*Gewitter im Mai, ein Ganghoferfilm, wie alle diese Filme sind. Aber sie machen gute Kasse.*«[23] Ein Fazit, das sich so auch auf Ganghofers Bücher übertragen ließ.

Feindbild ›Pulp Fiction‹

Die leichte Unterhaltungsliteratur war nicht nur Gegenstand kulturpolitischer Auseinandersetzungen im Lande, sie diente auch als Zielscheibe im Propagandakrieg gegen die Alliierten. Die Fronten zwischen den Großmächten weltweit waren 1941 weitgehend geklärt. Die USA befanden sich auf der Seite der Kriegsgegner Deutschlands. Es war höchste Zeit, alte Feindbilder wiederzubeleben, zum Beispiel das des ungebildeten Amis. Pulp, »zu Deutsch Brei«, sei die geistige Kost von Hunderttausenden in Amerika. Billige Heftromane, mit denen im Jahr 85 Millionen Dollar Umsatz gemacht würden, verbreiten haarsträubende Geschichten und bescheren ihren Produzenten satte Gewinne. »Und der Name ist absolut zutreffend, weil man einen solchen Schundbrei wirklich nur naiven Kindern einstopfen kann«,[24] so war im *Großdeutschen Leihbüchereiblatt* zu lesen. Mehr als 100 solcher Magazine seien in den USA mit einer wöchentlichen Gesamtauflage von rund 15 Millionen Exemplaren auf dem Markt.

Bei den Heftromanen, den ›Schmökern‹ im eigentlichen Sinn, sind wir auf der imaginären Werteskala von der hohen Literatur aus gesehen ganz unten angekommen. Und der Rezensent des Jahres 1941 hatte in dieser Hinsicht gut reden, denn die einschlägigen Pulps des deutschen Marktes waren zum Großteil verboten. Die im Oktober 1940 erschienene und von Goebbels' Ministerium herausgegebene *Liste der für Jugendliche und Büchereien ungeeigneten Druckschriften* listete sie alle auf, die Schmökerhefte, die Generationen von Jugendlichen (und Erwachsenen) mit heißen Ohren gelesen hatten: *Jörn Farrow's Abenteuer* (1937–1939, 114 Hefte), *Die Abenteuer des Billy Jenkins. Wild-West-Reihe* (1934–1939, 263 Hefte), *Rolf Torrings Abenteuer* (1937–1939, 132 Hefte), *Jan Mayen* (1936–1938, 120 Hefte), *Sun Koh, der Erbe von Atlantis* (1933–1936, 150 Hefte) oder *Tom Shark. Der König der Detektive* (1929–1939, 553 Hefte) – um nur einige zu nennen. Die Indizierung kam quasi einem totalen Verbot gleich, denn die entsprechenden Hefte – in guter Gesellschaft von zum Beispiel sämtlichen Edgar-Wallace-Romanen, zu diesem Zeitpunkt rund 150 (!) verschiedene Titel und Ausgaben – durften nicht mehr öffentlich ausgelegt, nicht durch fliegende Händler vertrieben, nicht in Büchereien gleich welcher Art verliehen noch Jugendlichen unter 18 Jahren überhaupt zugänglich gemacht werden. So hatte es der Präsident der Reichsschrifttumskammer, Hanns Johst, verfügt. Doch bis zum Verbot hatten die Heftchen zum festen Bestandteil der Massen- und Unterhaltungsliteratur gehört. Zwar gestaltet sich die Ermittlung von konkreten Auflagenzahlen heute schwierig, aber die Heftromane können beim Blick auf die Bestseller des Dritten Reichs nicht außer Acht gelassen werden, sie gehören dazu. Nach Aussagen eines Verlegers einschlägiger Hefte erreichten in Deutschland Mitte der dreißiger Jahre einzelne Nummern noch Auflagen zwischen 250 000 und 500 000 Stück[25] – der deutsche Schmöker war dem amerikanischen *pulp magazine* an Breitenwirkung also durchaus ebenbürtig.

Jugendgefährdung anno 33: *Sun Koh, der Erbe von Atlantis*

Aber den Kampf gegen Schmutz und Schund hatten nicht erst die Nazis ausgerufen. Vor allem im Kaiserreich und in der Weimarer Republik erlebten die Schmökerhefte eine erste Blütezeit – stets misstrauisch beäugt und bekämpft von eifrigen Pädagogen und selbsternannten Jugendschützern. Besondere Einblicke in die Entwicklung der Unterhaltungsliteratur nach 1933 erlaubt eine Serie wie *Sun Koh, der Erbe von Atlantis* von Paul Alfred Müller, die erst im Jahr der Machtübernahme gestartet wurde. Bei einer Laufzeit von drei Jahren, in der wöchentlich je ein Heft erschien, lassen sich die Folgen der Literaturpolitik der Nazis gewissermaßen am lebenden Objekt beobachten. Die Story, die der Autor unter dem Pseudonym Lok Myler zum Besten gab, ist schnell erzählt: Sun Koh, der Nachfahre eines geheimnisvollen Königsgeschlechts, muss mit seinen Helfern Hal Mervin, einem englischen Lausbuben, und dem schwarzen Preisboxer Nimba zahlreiche Abenteuer in aller Welt bestehen. Das Trio verfügt über ungeahnte technische Mittel, die in einer verborgenen Stadt im mexikanischen Dschungel von ehemals arbeitslosen deutschen Ingenieuren (!) entwickelt werden. Alle ihre Anstrengungen richten sich darauf, das Wiederauftauchen des fantastischen Kontinents Atlantis vorzubereiten und ihn am Ende für neue Siedler in Besitz zu nehmen.

Paul Alfred Müller war als Autor populärer Stoffe recht erfolgreich. Im Hauptberuf Gewerbeschullehrer, erzielte er im Jahr 1937 ein Einkommen aus schriftstellerischer Tätigkeit von 3615 Reichsmark.[26] Insgesamt schlug er sich durchs Dritte Reich als Schriftsteller tapfer durch. Dabei bewahrte ihn aber auch sein kurz nach der Machtübernahme am 1. Mai 1933 erfolgter Parteieintritt[27] nicht vor Konflikten mit der Schrifttumsbürokratie. Denn es war weniger die Gesinnung des Autors, sondern vielmehr das Medium Heftroman an sich, das den neuen Machthabern suspekt blieb.

Gegen die Serie *Sun Koh* lief schon seit Ende 1934 ein Verbotsverfahren vor der Prüfstelle Berlin für Schund- und Schmutzliteratur. Die Prüfstelle arbeitete im Geschäftsbereich des Reichsministers des Innern auf Basis des bereits 1926 in der Weimarer Republik erlassenen Gesetzes, das einen Verkauf an Jugendliche unter 18 Jahren und ein öffentliches Feilbieten indizierter Druckschriften untersagte. Einleiten konnten solche Verfahren die Landeszentralbehörden und Landesjugendämter. Im Falle *Sun Kohs* war das württembergische Innenministerium aktiv geworden. Der Verlag gab vor der Kammer zu Protokoll, dass bis zum Frühjahr 1935 im wöchentlichen Rhythmus insgesamt nun über 100 Hefte erschienen seien. Die Startauflagen hätten je Titel bei 10000 Exemplaren gelegen, seit 1934 bei 8000. In den Gutachten, die im Zuge des Verfahrens zu den einzelnen Heften eingeholt wurden, stand vor allem der Seriencharakter der Hefte in der Kritik. Es handele sich um »übelste Romanlektüre«. Man werde gezwungen, die ganze Serie zu kaufen, obwohl man schon für zehn dieser »Schriftchen«[28] ein gutes Buch anschaffen könne. »Die Rohheit der Gesinnung, die Missachtung des Menschenlebens [...] wirken abstoßend. [...] Anhaltendes Lesen solcher ›Literatur‹ erstickt in halbwüchsigen Menschen nach und nach alle edleren Regungen des Herzens«, so urteilte der Gutachter. Besonders bemerkenswert fand er, dass »die handelnden Personen [...] ausnahmslos englische oder spanische Namen«[29] führen. Auch musste es – wie das Beispiel *Sun Koh* zeigt – in den Augen der Gutachter nicht unbedingt von Vorteil sein, wenn ein Autor versuchte, den Geist der neuen Zeit in sein Werk einfließen zu lassen. Zwar habe der Autor die Geschichten »geschickt geographisch und geschichtlich verankert« und es sei Gelegenheit gegeben, »besonders moderne Probleme« zu behandeln: So in Heft 63 gleich eingangs »die Überwindung des Raums, dann ›Rassevölker‹, bestimmt, die Erde zu beherrschen«[30]. Aber es sei »eine Entwürdigung der Fragen, um deren Lösung die Besten ringen, sie als Füllsel in diesen Geschichten und in solch phrasenhaftem Ton als erledigt behandelt zu sehen. Wenn vom Verfasser deren Einschaltung als Rettung der Räuber- und Mordgeschichten gedacht war, so dürfte das Gegenteil erreicht worden sein.«[31]

Allerdings handelte es sich bei dem hier beschriebenen Prüfungsvorgang noch um ein rechtsstaatliches Verfahren auf gesetzlicher Grundlage: Die betroffenen Verleger und Autoren hatten ein Recht zur Stellungnahme, das sie im vorliegenden Fall reichlich in Anspruch nahmen. Der Verleger brachte nicht nur den Autor, sondern auch noch den von ihm selbst schon bei der Manuskriptbearbeitung beauftragten Lektor sowie seine Gewährsleute aus dem Umfeld des Propagandaministeriums in Stellung. Der Autor brach in seinen Schreiben eine Lanze für die Volksliteratur. Zwar könne man versuchen, die Leser durch Erziehung auf eine höhere Entwicklungsstufe zu bringen. Es werde aber noch »Generationen dauern, bevor das Ziel erreicht ist. In der Zwischenzeit müssen wir weiterhin mit Millionen von Lesern rechnen, die aus seelischer Bedingtheit heraus nicht zum ›guten Buch‹, sondern zur ›Volksliteratur‹ greifen.«[32] Auch die Beratungsstelle der Vereinigung der Verleger für Volksliteratur sprang gegenüber der Prüfstelle in die Bresche. Sie arbeite unter Aufsicht der Reichsschrifttumsstelle, »in Verbindung mit den Wünschen des Propagandaministeriums« und auf Veranlassung der Reichsschrifttumskammer. Aus ihrer Sicht sprächen vor allem wirtschaftliche Gründe dagegen, mit allzu harschen Verboten vorzugehen. »Die maßgeblichen Persönlichkeiten sind sich nämlich auch darüber vollkommen im Klaren, daß man wirtschaftliche Betriebe nicht zerschlagen darf, sondern daß man sie umstellen soll. Ich bitte deshalb, im vorliegenden Fall auch dem Verlag Bergmann Gelegenheit zu geben, seine Heftreihe, soweit sie zu Beanstandungen Anlaß gibt, umzustellen. Es kann dies mit Leichtigkeit geschehen, indem diejenigen Hefte, die Unwahrscheinlichkeiten oder Rohheiten enthalten sollten, abgeändert werden.«[33]

Der Vertreter der Beratungsstelle musste im Sinne der Verleger intervenieren, schließlich handelte es sich um eine aus der Verbandsarbeit hervorgegangene Institution, deren Aufgabe es war, zwischen wirtschaftlichen und politischen Interessen zu vermitteln. 1937 ging diese Beratungsstelle in einer Dienststelle der Reichsschrifttumskammer auf, ein weiteres Jahr danach wurden die Zensuraufgaben der Stelle von der Schrifttumsabteilung des Propagandaministeriums direkt übernommen.[34]

Schließlich meldete sich auch noch der vom Verlag bezahlte Lektor zu Wort. Er sei als »alter Parteigenosse« beauftragt worden, die Manuskripte daraufhin zu prüfen, »daß sie nichts enthalten, was dem nationalsozialistischen Geiste widerspricht und daher irgendwie beanstandet werden könne«[35].

Der Einsatz solcher Lektoren zeigt, dass die Verlage von sich aus bemüht waren, ihre Produkte möglichst unangreifbar zu machen. Ein harsches und nachträgliches Einschreiten gleich welcher Zensurinstanz war mit wirtschaftlichen Verlusten gleichzusetzen. Der Lektor griff die Gutachten der Prüfstelle auch in einzelnen Punkten an. So verwahrte er sich gegen den Vorwurf der »Ausländerei«, den er in den Gutachten lese. »Dem Gutachter scheint aber entgangen zu sein, daß der beste Freund Sun Kohs, sein einziger Duzfreund, ein hervorragender deutscher Techniker mit dem guten deutschen Namen Dr. Peters ist!«

Doch trotz des geballten Einsatzes konnte nicht verhindert werden, dass die Schriftenreihe durch das Verfahren vor der Prüfstelle zunächst auf dem Index landete. Wo sie allerdings – dank der nationalsozialistischen Machthaber – nicht lange blieb, denn das »Gesetz zur Bewahrung der Jugend vor Schund- und Schmutzschriften« wurde im April 1935 außer Kraft gesetzt. Warum dies geschah, lässt sich nur mutmaßen. Zum einen sollte das ›Buchverbotswesen‹ aus einem quasi rechtsstaatlichen Bereich herausgeholt werden. Die neuen Literaturwächter wollten sich nicht mehr in die Karten schauen lassen. Allerdings entstand nun eine Überwachungslücke von sage und schreibe fünf Jahren, denn die erste *Liste der für Jugendliche und Büchereien ungeeigneten Druckschriften* erschien – obwohl schon 1935 angekündigt – erstmals im Jahr 1940![36]

Ob es im Falle *Sun Kohs* überhaupt zu einer nennenswerten Unterbrechung im wöchentlichen Erscheinungsrhythmus kam, ist nicht überliefert. Tatsache ist jedoch, dass der Held, obwohl ihm die Prüfstelle mit Heft Nr. 103 den Garaus gemacht hatte, bis Heft 150 durchhalten durfte, um das lang ersehnte Wiederauftauchen von Atlantis an Bord seines Luftschiffs zu erleben.

Ein ›Neger‹ verschwindet: Die schleichende Anpassung an den Zeitgeist

Die Serie *Sun Koh* zeigt einen schleichenden Anpassungsprozess an die neuen Machtverhältnisse. So wird in den ersten Heften die Rassentrennung am Beispiel der USA scharf kritisiert, im weiteren Verlauf wird eingeräumt, es gebe Menschen mit »unterschiedlichem Wert«, zu denen auch Nimba – Sun Kohs dunkelhäutiger Begleiter – zähle, denn er »trägt fremdes Blut«[37] in sich. In Heft Nr. 139 schließlich lässt der Autor Nimba sterben. Es war für Serienhelden zu gefährlich geworden, sich mit schwarzen Helfern zu umgeben. Nicht nur im Heftroman war die »weichliche literarische Farbigenschwärmerei«[38] rassistisch argumentierenden Literaturkritikern wie dem NS-Barden Will Vesper ein Dorn im Auge. Selbst Klischeebilder, wie der ›arme Schwarze‹ oder der ›edle Indianer‹, die in der Unterhaltungsliteratur häufig anzutreffen sind, wurden als »Verherrlichung farbiger Rassen«[39] empfunden und vom nationalsozialistischen Standpunkt aus abgelehnt.

Und nicht nur im chronologischen Verlauf der Heftreihe lassen sich solche Veränderungen feststellen. Sogar bei den Nachauflagen älterer Hefte wurde in Text und Erscheinungsbild eingegriffen. Auch hier musste Nimba ›sterben‹: Er wurde, wenn es zu zweiten oder dritten

»Weichliche literarische Farbigenschwärmerei« war den rassistisch argumentierenden Literaturkritikern ein Dorn im Auge. Eine Folge: Sun Kohs Helfer Nimba musste per Retusche von den Umschlägen der Nachauflagen verschwinden.

Auflagen kam, mal mehr mal weniger geschickt einfach von den Titelbildern wegretuschiert.

Auch gegenüber anderen Weggefährten zeigte sich Sun Koh wortbrü-
chig. Versprach er den Nachkommen der Inkas in den Anden in Heft Nr.
21 zunächst noch, er werde sie zu sich »in ein neues Land rufen, in dessen
Bergen ihr wieder frei und groß sein könnt«[40], so staunte der aufmerksame Leser einige Heftnummern und etwa ein halbes Jahr später nicht
schlecht, wenn einer seiner Mitarbeiter bezüglich der für Atlantis be-
nötigten Siedler verkündete: »Er braucht [...] tüchtige Menschen. [...]
Diese Menschen sollen ausschließlich aus Deutschland kommen – mit
Genehmigung und mit Willen der Reichsregierung.«[41]

Zwar kamen nach Kriegsbeginn zahlreiche Heftchenserien auf die Verbotslisten, dies bedeutete aber kein generelles Ende des Mediums Heftroman. Nur bestimmte Themen und Spielarten wurden ausgeschlossen,
etwa »der Detektiv, mit der unvermeidlichen Pfeife im Mund«[42]. Dabei
wurden die »billigen Abenteuer- und Kriminalgeschichten«[43] auch von
der im nationalsozialistischen Sinne erzogenen Jugend noch mit Begeisterung gekauft, gelesen und getauscht: »Das Lesen dieser Hefte greift
dort, wo sie erst einmal auftauchen, wie eine Epidemie um sich.«[44] Es
sind gängige Erzählmuster aus der Unterhaltungsliteratur, die oft ganz
besonders scharf attackiert werden: »Der wahre Held steht stets im
Dienste eines großen Gedankens, einer Gemeinschaft, einer völkischen
Aufgabe. Der ›Held‹ der Groschenhefte handelt fast immer privat.«[45]
Er kenne keine »völkischen Grenzen«, wende sich ins Kosmopolitische,
schwärme vielleicht für fremde Länder oder das Exotische. Es war der
verheißungsvolle Flucht-Raum der Fantasie, der die Jugendlichen anzog
und der im Sinne vieler NS-Kulturpolitiker unzugänglich gemacht werden sollte.

Im Auftrag von Partei und Wehrmacht: Schmökerhefte als Propagandavehikel

Mit »Genehmigung und mit Willen der Reichsregierung« konnten zahlreiche Heftchen weiter erscheinen, ja weitere Heftreihen neu hinzutre-
ten: neuer Wein in alten Schläuchen. Dass das Format bei der Jugend

ankam, war erwiesen. Auffällig ist, dass insbesondere nach dem großen Schlag gegen die für Jugendliche ungeeigneten Schriften nach Kriegsbeginn zahlreiche neue NS-nahe Heftchenreihen an den Start gingen, darunter die *Erlebnis-Bücherei* (1940–1945, 105 Hefte), die *Aufwärts-Jugend-Bücherei* (1940–1944, 97 Hefte) die *Kriegsbücherei der deutschen Jugend* (1939–1945, 156 Hefte) oder die *Kolonial-Bücherei* (1940–1942, 88 Hefte), und andere ›staatstragende‹ Heftreihen wie die *Spannenden Geschichten* von Bertelsmann (1935–1941, 126 Hefte) weiterlaufen konnten.[46] In der *Erlebnis-Bücherei* wurde ganz offensichtlich schon mit den Titelbildern an die erfolgreichen Pulps der Vorkriegszeit angeknüpft. Die Nr. 45, *Auf Jagd im australischen Busch,* sieht aus wie ein Wild-West-Schmöker. Allerdings wird der Bericht über den »Feldzug gegen die Kaninchen-Landplage« als »Tatsachenbericht«[47] verkauft.

Kennzeichnend für viele erfolgreiche systemkonforme Heftreihen war, dass staatliche oder parteinahe Stellen und Personen an ihrer Herausgabe und auch ihren Gewinnen beteiligt waren. Wilhelm Ihde, der von 1937 bis 1943 als Geschäftsführer der Reichsschrifttumskammer amtierende Mitarbeiter in Goebbels' Ministerium, trat bei der *Erlebnis-Bücherei* als Herausgeber in Erscheinung – und dies sicher nicht nur für Gottes Lohn. In anderen Verlagen hatte er sich auch schon als Krimi-Autor betätigt.[48]

Die in den Steiniger-Verlagen Berlin herausgegebene *Kriegsbücherei der deutschen Jugend* zeigte den Schmöker jetzt gewissermaßen in sein Gegenteil verkehrt. Sie entführte die Jugendlichen nun nicht mehr aus dem Alltag in ferne Fantasiewelten, sondern sie zwang sie in den allgegenwärtigen Krieg zurück. Die Heftchen wurden »im Auftrag des Jugendführers des Deutschen Reiches und im Einvernehmen mit den Oberkommandos des Heeres und der Kriegsmarine und dem Oberbefehlshaber der Luftwaffe«[49] herausgegeben. Sie sind Propaganda- und Werbeschrift für den bedingungslosen Kriegseinsatz der deutschen Jugend. Thematisch können sie an den breiten Strom der Kriegsliteratur anschließen. Am Beispiel der *Spannenden Geschichten* im Hause Bertelsmann ging das bis hin zu den Autoren, indem Leute wie Beumelburg oder Ettighoffer eben auch für diese kleine Form texteten. Das Mittel der Verführung wendete sich am Ende mit tödlicher Konsequenz gegen

Auferstehung der Schmökerhefte. In Format und Aufmachung knüpften die systemkonformen Produkte – hier aus einer Reihe der Steiniger-Verlage – an bewährte Publikationsformen der Weimarer Zeit an.

die Verführten selbst. Die Heftchen begleiteten die jungen Soldaten schließlich auch noch als Tornisterschriften in den sinnlosen Krieg. Ein Schmöker mit dem vielsagenden Titel *Die eisernen Drei. In jedem Feldzug einmal abgeschossen und auch jetzt wieder dabei* war reinste Rekrutenwerbung: »Deutscher Junge! Seite um Seite dieses Büchleins hast Du wieder mit glühendem Herzen gelesen. Was hat Dich nun mehr begeistert, die wunderbare Kameradschaft der Eisernen Drei, ihr Kampfesmut, die Art ihrer Einsätze? Nun wird in Dir der Wunsch wieder doppelt lebendig sein, selbst einmal in einem dieser Riesenvögel zu fliegen, zu kämpfen und zu siegen.«[50] Es folgte eine Beschreibung des Weges zum Piloten bis hin zu den körperlichen Voraussetzungen, die die »arische Blutreinheit« wie selbstverständlich einschloss. Und: »Auskunft über Deine Bewerbung geben Dir das nationalsozialistische Fliegerkorps, die Wehrbezirkskommandos (Gruppe Luftwaffe) bzw. die Nachwuchsoffiziere bei den Luftgaukommandos.«

Der von Goebbels mit Blick auf die Unterhaltungsliteratur ausgerufene Slogan »Kraft durch Freude« ist wortwörtlich mit einer der erfolgreichsten Heftserien des Dritten Reiches verbunden: *Hillgers Deutsche Bücherei*. Das Reichsamt Deutsches Volksbildungswerk der NS-Gemeinschaft Kraft durch Freude brachte als Herausgeber unter diesem Label an die 1000 Einzeltitel auf den Markt. Die Deutsche Arbeitsfront, also die gleichgeschalteten Gewerkschaften, zu der die Gemeinschaft gehörte, war die mitgliederstärkste Massenorganisation im Dritten Reich, noch größer als die Partei selbst. In *Hillgers Bücherei* zeigt sich exemplarisch, wie man sich einen unterhaltungsliterarischen Kanon im nationalsozialistischen Sinne vorzustellen hat. Ähnlich wie in *Reclams Universalbibliothek* waren hier alle Genres vom Sachbuchthema über erzählende Prosa bis hin zur Lyrik versammelt. Darunter Klassiker der Unterhaltungsliteratur aus dem In- und Ausland. Die ersten Hefte von James Fenimore Cooper oder Charles Sealsfield greifen noch das Wild-West-Genre auf. Insgesamt dominieren aber deutsche Autoren des 19. Jahrhunderts wie Storm, Keller, Fontane, Freytag, Hebbel, Droste-Hülshoff und die wichtigsten Vertreter der deutschen Klassik. Hier hatte man durchaus kein Problem damit, einen seriellen Kaufzwang herzustellen, ja er war erwünscht. Die Hefte waren für eine Mengenabnahme durch die Massenorganisationen und Bildungseinrichtungen vorgesehen. Entsprechende Eindrucke weisen auf Rabatte ab 500 bzw. 1000 Stück Abnahme hin. Die Deutsche Arbeitsfront war, neben dem Eher-Konzern, der zweite große parteinahe Akteur auf dem Verlagssektor, zu der zum Beispiel auch die Hanseatische Verlagsanstalt gehörte. Neben Klassikern wurden in der Reihe Titel untergebracht, die reine Propagandabroschüren waren, etwa *Spione, Verräter, Saboteure*[51], herausgegeben im Einvernehmen mit dem Oberkommando der Wehrmacht. In dieser ›Aufklärungsschrift‹ – die mir vorliegende Ausgabe weist das 240. Tausend auf – werden Anleitungen gegeben, woran feindliche Spionageversuche zu erkennen und wie sie zu verhindern sind. Am Anfang und Ende steht das Motto: »Treue dem Führer! Schutz dem deutschen Volke! Tod dem Verräter!« Aber solche markigen Sprüche dürfen eines nicht vergessen machen: Die Propaganda im Dritten Reich war neben einem Mittel zur politischen Beeinflussung der Massen auch und nicht zuletzt ein großes Geschäft – unterhaltende Stoffe und die kleine Form der Heftromane waren gutes Transportmittel und idealer Nährboden.

Biene Maja, Heidi, Lederstrumpf: Kleiner Ausflug zum Kinder- und Jugendbuch

Es gab viele Jugendliche, die sich unter dem kritischen Blick ihrer Erzieher und Lehrer den ›Schmökern‹ hingaben. Sicher war die Auswahl der eigenen Lektüre dabei immer auch von der sozialen Herkunft abhängig. Neben den Romanheftchen gab es natürlich das Marktsegment des klassischen Kinder- und Jugendbuchs, das hier noch kurz gestreift werden soll.

Es hat sie gegeben, die antisemitischen Hetzschriften aus dem Stürmer Verlag, die sich als Kinderbücher ausgaben: *Der Giftpilz. Ein Stürmerbuch für Jung und Alt* von Ernst Hiemer oder mit sprechendem Titel *Trau keinem Fuchs auf grüner Heid und keinem Jud bei seinem Eid. Ein Bilderbuch für Groß und Klein* von Elvira Bauer.

Zumindest für den *Giftpilz* ist in seinem Erscheinungsjahr 1938 eine Auflage von 70 000 Exemplaren nachgewiesen.[52] Hier sollten schon die Kleinsten mit antisemitischem Gedankengut vertraut gemacht werden.

Früh übt sich! Heute werden diese unsäglichen Pamphlete antiquarisch zu horrenden Summen gehandelt.

Sicher hatten die Bände ihre Käufer- und Leserschaft, aber sie haben das Bild vom Kinder- und Jugendbuch nicht allein geprägt. Das Marktsegment verdient eine eigene Untersuchung, soll hier zum Abschluss des Kapitels aber noch kurz gestreift werden. Etliche der in diesem Abschnitt behandelten Autoren wie Hans Dominik oder Karl May zählen ohnehin zum Jugendbuch oder chargieren in der Einordnung zwischen Erwachsenenlektüre und Adoleszenzschmöker.

Insgesamt wurden viele Klassiker der Jugendliteratur nach 1933 weiter gelesen. Dazu gehören etwa Grimms Märchen, die in zahlreichen Ausgaben und Bearbeitungen auf dem Markt waren und bis in den Krieg hinein in hohen Auflagen nachgedruckt wurden. Das Gleiche gilt für Gustav Schwabs Nacherzählungen der *Schönsten Sagen des klassischen Altertums* – und das nicht nur, weil sie zu Hitlers eigener Lieblingslektüre in jungen Jahren gehört haben sollen.

Sicher spielte hier eine große Rolle, in welche Welt – wir würden heute sagen wie bildungsnah oder bildungsfern – ein Kind hineinwuchs. Joachim Fest, mit bürgerlichem Hintergrund, bemerkte zwar bei seinen Klassenkameraden die Erfolge der Groschenhefte, an ihm sei dies aber vorbeigegangen. Folgen wir seinen Leseerlebnissen als Kind und Heranwachsender, so treffen wir auf einige sicher in vielen Häusern verbreitete Bücher. Zunächst war da natürlich der *Struwwelpeter,* dann aber vor allem Wilhelm Busch mit all seinen Figuren – der auch als Erwachsenenlektüre weiter gefragt blieb – und natürlich Karl May. Auch viele fremdsprachige Jugendbücher waren weiter im Bücherregal zu finden. So berichtet Fest für die Zeit nach 1934/35 von *Onkel Toms Hütte* von Harriet Beecher-Stowe, der *Dr. Doolittle*-Reihe von Hugh Lofting, James Fenimore Coopers *Lederstrumpf* und *Wildtöter* und den Erzählungen und Romanen von Mark Twain oder Hermann Melville. Und nicht zuletzt, neben den echten deutschen Klassikern, die der Lehrersohn ebenfalls las, auch Hans Dominik, »dessen Romane den Blick auf hochtechnisierte, mit silbrigen Apparaturen vollgestellte Zukunft öffneten«[53].

Andere berichten Ähnliches. Marcel Reich-Ranicki erinnert sich noch besonders an *Oliver Twist* von Charles Dickens und Daniel Defoes *Robin-*

son Crusoe. »Auch ich hatte, schon sehr früh, eine Zeit, in der mich populäre historische Romane interessierten – der Bestseller *Ben Hur* des Amerikaners Wallace also und *Quo Vadis* des polnischen Nobelpreisträgers Henryk Sienkiewicz [...] Ferner las ich, respektvoll und doch ein wenig gelangweilt, Coopers *Lederstrumpf*-Romane.«[54] Und natürlich immer wieder, auch bei Reich-Ranicki, Erich Kästners Jugendbücher, die, von *Emil und die Detektive* bis zum *Doppelten Lottchen,* im Reich verboten waren. »Freilich konnte man sie in manchen Antiquariaten für ein paar Pfennige erstehen: Die jetzt unwillkommenen Titel wurden unter der Hand verramscht.«[55]

Der Lektüremix aus Erich Kästner, Rudyard Kipling, aber eben auch dem *Hitlerjungen Quex,* der die neue, politisierte Jugendliteratur mit beinhaltete, und an den sich Ilse Kleberger erinnert, ist vermutlich sogar noch etwas repräsentativer als die Berichte von Fest, der ja einem Elternhaus entstammte, das sich ganz klar gegen den Nationalsozialismus positionierte und sicher auch die Lektüre der eigenen Kinder dementsprechend beeinflusste.

Eine deutschsprachige Autorin aus der Schweiz, die mit ihren Werken auch heute noch zum Kernbestand der Jugendbuchthemen gehört (wenn auch vermutlich häufig nur noch in der Walt-Disney-Film-Fassung), war schon damals präsent: Johanna Spyri mit ihren *Heidi*-Romanen. Wenn auch die meisten dieser Titel, die in den zehner Jahren erstmals erschienen waren, Anfang der Dreißiger schon an die 300 000 Gesamtauflage erlebt hatten, so wurden die Bücher bis in die vierziger Jahre hinein immer wieder aufgelegt. Und 1943 war sie mit einem Titel sogar noch in der *Grundliste für das deutsche Leih- und Werkbüchereiwesen* als Empfehlung enthalten.[56]

Wie im gesamten Belletristikbereich, so waren auch im Jugendbuch skandinavische Texte gefragt. Marie Hamsun, die Frau des deutschfreundlichen Nobelpreisträgers Knut Hamsun, brachte es mit *Die Langerudkinder* auf rund 125 000 verkaufte Bücher. Auch Selma Lagerlöfs *Nils Holgersson* kam auf ansehnliche Auflagen.

Ein anderer Klassiker, ein deutsches Kinderbuch, das 1924 erstmals erschien und es allein zwischen 33 und 45 auf vermutlich bis zu 200 000 verkaufte Exemplare brachte, war *Die Häschenschule* von Fritz Koch-Gotha. Auch heute ist es in immer neuen Ausgaben noch im Kinderzimmer zu finden.

Ein echter Welterfolg des deutschsprachigen Kinderbuchs war, ähnlich wie *Heidi, Die Biene Maja und ihre Abenteuer* von Waldemar Bonsels. 1912 erstmals erschienen, stand die Gesamtauflage im Jahr 1938 bei rund 770 000. Eine Marke, die insgesamt von nicht so vielen Büchern überhaupt erreicht wurde. Allein zwischen 33 und 45 sind schätzungsweise mindestens 150 000 Stück vertrieben worden. Das Besondere daran: Der Autor galt im Dritten Reich als nicht unumstritten. Anfangs waren mehrere seiner Werke sogar verboten und landeten auf den Scheiterhaufen. Warum, das lässt sich nicht mehr im Einzelnen klären. Möglicherweise seien einige Texte »zu anarchistisch und in den erotischen Szenen zu freizügig«[57] gewesen. Dies galt sicher nicht für *Die Biene Maja* und *Himmelsvolk,* die ihrem Autor schon zu Lebzeiten, aber anhaltend bis heute Weltruhm einbrachten. Für die eben genannten Kritikpunkte spricht, dass Ähnliches in einer Buchbesprechung zu einer Biografie über Bonsels in der *Bücherkunde* anklingt. Da ist von Büchern die Rede, die »mit ihrer durchsichtigen Spannungskunst wie ein höherer Karl May« wirken, und auch von »reichlich schwülen und überhitzten Dichtungen, in denen der Dichter sich mit dem erotischen Problem nicht eben siegreich abkämpft und abquält«[58]. Als er im Dritten Reich zu Dichterlesungen herangezogen werden sollte, ergab das beim Kreisleiter der NSDAP Starnberg eingeholte Gutachten keine negativen Punkte: »W. Bonsels hat durch Vernichtung einiger seiner Bücher bedeutenden Schaden erlitten, trotzdem sucht er sich der neuen Zeit anzupassen und einzuordnen.«[59] Und das Fazit der Gauleitung München-Oberbayern, die das »Gutachten« angefordert hatte, lautete: »Der Obengenannte ist nicht Mitglied der NSDAP, jedoch Angehöriger der NSV. Sein soziales Verhalten ist einwandfrei. Bonsels bemüht sich, den Pflichten der Bewegung gegenüber gerecht zu werden. Die Gauleitung München-Oberbayern erhebt keine politischen Bedenken.«

Im Propagandaministerium war man rund vier Jahre später noch ähnlicher Meinung. Die einstmals verbotenen Schriften müssen in eine Neufassung der *Liste des schädlichen und unerwünschten Schrifttums* schon deshalb nicht aufgenommen werden, da sie gar nicht mehr lieferbar seien. Das

RMVP suchte den pragmatischen Weg und fand ihn, ohne die Bücher im Einzelnen überhaupt zu prüfen! Was weiter für den Autor sprach, war, dass ihm Goebbels persönlich mit einem Telegramm zum 60. Geburtstag gratuliert hatte. Maßgebend aber für die Nicht-Wiederaufnahme seiner Werke sei eine Übereinkunft zwischen Propagandaministerium und dem Amt Rosenberg gewesen: »Im Hinblick auf die gute Auslandswirkung, die Bonsels durch seine Werke in den letzten Jahren zweifellos erzielt hat, werden seiner Person und seinem Schaffen keinerlei Schwierigkeiten bereitet. Die Partei selbst wahrt eine gewisse Zurückhaltung, hat aber keine Bedenken gegen eine normale Förderung seines Werkes.«[60]

Die Geschichte um den Autor der *Biene Maja* hat noch einen besonderen Haken. Nach 1945 sah sich Bonsels plötzlich Vorwürfen ausgesetzt, in Teilen seines Werkes antisemitisches Gedankengut verbreitet zu haben. Sein 1943 erschienenes Buch *Dositos. Ein mythischer Bericht aus der Zeitwende* brachte ihm zunächst ein Publikationsverbot ein. Ein amerikanischer Kulturoffizier bezeichnete den Inhalt als »very dirty«. Die US-Amerikaner, die mit der Prüfung des Falls beauftragt waren, gingen geschickt vor. Sie ließen einen Verleger, mit dem Bonsels bereits in Verhandlungen zur Herausgabe eines neuen Werkes stand, ein Statement des Autors zu *Dositos* einfordern – freilich ohne ihm die Auftraggeber offenzulegen. »In Wahrheit handelt es sich«, so Bonsels in seinem Antwort-Brief, »um rein sachliche Auseinandersetzungen zwischen dem Deutschtum und dem Judentum, bei denen ich mich (damals, nicht jetzt) ausdrücklich von der Partei distanziert habe.«[61] Die Amerikaner waren unter anderem deswegen auf Bonsels aufmerksam geworden, weil er einzelne Exemplare von *Dositos* hochrangigen Nazi-Führern, wie dem Reichsminister Frick, gewidmet hatte. Ganz gleich wie man den Inhalt des Pamphlets (so die Kulturoffiziere) und Bonsels' Einstellung zum Antisemitismus bewerten mag, so konnte es gehen: Der durch Verbote in seiner Existenz bedrohte und im Dritten Reich offenbar extrem um Anpassung bemühte Bonsels geriet ein zweites Mal zwischen die Stühle.

Ebenfalls nicht ungeteilte Aufnahme – wenngleich keine vergleichbaren scharfen Angriffe wie auf Bonsels erfolgten – fand der Roman *Perdita* der deutsch-englischen Autorin Isabel Hamer. Sie ist heute, im Gegensatz zum Autor der *Biene Maja,* fast gänzlich vergessen. Die letzte Auflage von *Perdita* liegt dreißig Jahre zurück. Im Dritten Reich kam der 1938 ersterschienene Roman auf rund 130 000 Exemplare, nach 1945 wurde der Titel ein Millionenerfolg, Buchklub und Taschenbuchausgaben folgten. Die 1912 als Tochter eines englischen Offiziers und einer deutschen Adligen geborene Isabel Dorothy Hamer wuchs zunächst in England auf und kam in den dreißiger Jahren nach Deutschland. Sie heiratete einige Zeit später Hermann Leins, den Verleger des Rainer Wunderlich Verlags in Tübingen, bei dem *Perdita* erschienen war. Das Buch ist stark autobiografisch geprägt. Sie beschreibt das Leben eines Mädchens, das – deutsche Mutter, englischer Vater – früh Waise wird und nach dem Tod ihrer bayerischen Pflegetante »zu englischen Verwandten nach London verpflanzt« wird. »Die Sehnsucht nach Menschen, die zu ihr gehören, und die Auseinandersetzung mit zwei Heimaten bestimmen die Entwicklung der heranwachsenden Perdita. Das Leben der englischen Aristokratie steht in grellem Gegensatz zum Nachkriegsdeutschland. Als die Achtzehnjährige endlich in England einzuwurzeln beginnt, weckt die Begegnung mit einem Deutschen [...] die Sehnsucht nach der verlorenen deutschen Heimat wieder auf. Für Perdita wird diese Liebe in doppeltem Sinne zum Gleichnis des Heimatfindens.«[62]

Der englische Name der Autorin mochte dem Verlag auch damals schon ins Marketingkonzept gepasst haben, versprach er doch, so etwas wie einen Hauch der großen weiten Welt in die Wohnstuben zu bringen. Mit *Perdita* liegt ein Text vor, der möglicherweise eher für erwachsene Leser gedacht war. Zumindest wurde er damals so eingeordnet. Aber diese fließenden Grenzen zwischen Jugend- und Erwachsenenschrifttum sind für bestimmte Autoren, wie wir gesehen haben, typisch und ein Phänomen, das auch heute – man bedenke nur die Jugend- und Erwachsenenausgaben von *Harry Potter* – durchaus noch geläufig ist.

Die Geschichte der Heimatsucherin entsprach zunächst einmal durchaus dem literarischen Themenspektrum der Zeit. Der Heimat- oder Sinnsucher ist geradezu ein Prototyp der nationalsozialistisch-völkischen Literatur von Hermann Burte bis Gustav Schröer oder Kuni Tremel-Eggert. Aber gerade hier, so ein zeitgenössischer Rezensent, scheitert die Autorin. »Wir lesen allzuviel nüchterne wägende Wertvergleiche, fast einseitig und etwas oberflächlich – Zustand der Handtücher in den Hotels, Leistungsfähigkeit der Autos, soziale Fragen –, wo wirkliche Gestaltung des Ringens um die Zugehörigkeit erwartet wird, wo es um letzte Fragen des Blutes geht.«[63] Auch mache die Titelheldin ihre Entscheidung von Äußerlichkeiten abhängig, »in völliger Nichtachtung schicksalshafter Gebundenheit, die völlig unabhängig vom Persönlichen die Entscheidung fällt«. »Diese Schwäche des Romans«, so der Rezensent weiter, sei »um so bedauerlicher, als das Buch, davon abgesehen, mit der lebendigen, teilweise recht amüsanten Darstellung der englischen Verwandtschaft und des Familienlebens eine anmutige Liebeshandlung unserer Zeit darstellt.«

Es gilt dennoch festzuhalten: Isabel Hamers Roman konnte ungehindert erscheinen, er entsprach eben nur nicht ganz dem Zeitgeist. Die Autorin hielt sich, und das war im Verlagsprogramm des Wunderlich Verlags eigentlich auch zu erwarten, vom ›völkischen Blutstrom‹ fern. Der Berliner Buchhändler Hans Benecke nannte den Wunderlich Verlag in Tübingen in einem Atemzug mit anderen Häusern, mit denen ihn »besondere Sympathie verband«.[64] Bei Wunderlich wurden auch auf Seiten der Buchhändler immer noch Reste einer gewissen verlegerischen Unabhängigkeit begrüßt.

7. Fremde Erzählkunst:
Bestseller aus dem Ausland

Auf der schiefen Bahn: Der Schweizer John Knittel
und seine *Via Mala*

Er war eine wahrhaft weltmännische Erscheinung: der Schweizer Erfolgsautor John Knittel. In seinem hellen Leinenanzug und farbigen Hemd schien er ein eleganter Engländer, der »durch den palmenschattigen Park des Winterpalace-Hotels in Luxor«[1] schlenderte. Er vertrieb sich die Zeit bis zum Treffen mit einer österreichischen Journalistin, die ein Interview von ihm haben wollte, indem er Zigaretten »wie ein Franzose« mit Spitze rauchte. Sein Gang erinnerte an die »Schweizer Hirten und Jäger«, sein »spähender Blick« glich dem eines »deutschen Seemannes« und das »jungenhaft helle Lachen« dem eines »österreichischen Offiziers«. Hier war er: der kosmopolitische Europäer schlechthin. Knittel personifizierte für die Leser im Deutschland der dreißiger Jahre das mondäne Leben der oberen Zehntausend. Mit ihm kam etwas Glanz ins Dasein der einfachen Leute. Er führte als Mensch das vor, worüber man im Unterhaltungsroman gerne las: Ein Leben in exotischen Ländern umgeben von Glamour und Geheimnis. Eine Haltung, die zumindest von den politischen Hardlinern im Dritten Reich abgelehnt und der verpönten ›Systemzeit‹ zugeschrieben wurde. Ihren Reiz auf die Zeitgenossen übte sie dennoch aus.

Knittel wuchs im schweizerischen Basel auf. 1891 war er als Sohn einer Missionarsfamilie in Britisch-Indien geboren worden. Bereits unter seinen Mitschülern in Basel hatte ihm seine exotische Herkunft den Spitznamen »Hindu-Knittel«[2] eingetragen. Carl Jacob Burckhardt, der mit Knittel die Schulbank drückte, erinnerte sich später: »Er blieb stets ein Wanderer, aber wo auch immer er seine Zelte aufschlug, war er jeweils vollkommen zu Hause: jahrelang in Ägypten, am Rande der Wüste, auf dem Rücken arabischer Pferde, in Biarritz, in den Alpen oder am

Fuße des Atlas regierte er auf seine Weise und ließ eine erstaunte Anhängerschaft zurück, die es sich nicht erklären konnte, weshalb der Alltag plötzlich so farbig geworden war.«[3]

Und Farbe brachte er auch ins Leben seiner Hunderttausende zählenden Leserschar in ganz Europa. Er war der geborene Erzähler, der mit seiner Person für die Glaubwürdigkeit seiner Geschichten stand. Auch wenn Englisch seine literarische Sprache war, blieb der deutsche Sprachraum Knittels wichtigstes Absatzgebiet.

Ende der dreißiger Jahre, in der für den Autor vermutlich erfolgreichsten Dekade, zählte sogar der Propagandaminister Joseph Goebbels zu seinen größten Fans. Ein ums andere Mal notierte er sich nach abendlicher Knittel-Lektüre Bemerkungen wie »großartig geschrieben«[4], »hinreißendes Buch«[5], »schauerlich schöner, ergreifender Roman, der tief ans Herz rührt«[6] in sein Tagebuch. Später – Europa befand sich bereits im Krieg – lernten sich der Schweizer Kosmopolit und der nationalsozialistische Agitator persönlich kennen.

Sein großer Verkaufserfolg in Nazi-Deutschland und die der Öffentlichkeit nicht unbekannt gebliebenen Treffen mit Goebbels brachten Knittel in der Schweiz bereits während des Krieges in den Verdacht, Spionage fürs Deutsche Reich zu betreiben beziehungsweise nationalsozialistische Propaganda unter den eidgenössischen Intellektuellen verbreiten zu wollen. Schweizer Polizei und Armee stellten Nachforschungen an, Beweise für die erhobenen Beschuldigungen ließen sich jedoch nicht finden.[7] Vielmehr existieren in der Schweiz Dokumente, die nahelegen, dass Knittels Treffen stets mit Billigung und in Kenntnis der eidgenössischen Regierungsstellen erfolgt waren, denen er nach seiner Rückkehr jeweils Bericht zu erstatten hatte. Sogar Goebbels hielt in seinen Aufzeichnungen fest, dass Knittel den Inhalt dieser Unterredungen »bei nächster Gelegenheit [...] dem Bundesrat mitteilen werde«[8]. Knittel hatte sich wohl in beide Richtungen als eine Art Diplomat präsentiert. Es musste etwaigen Neidern also nach 1945 nicht schwerfallen, die Verdächtigungen, Knittel sei ein Nazi-Freund gewesen, zu verstärken und weiter in Umlauf zu bringen. Knittel trat daraufhin selbst aus dem Schweizerischen Schriftstellerverband (SSV) aus, der Verkauf seiner Werke brach, zumindest in der Alpenrepublik, zeitweise ein.[9]

Hierzulande jedoch trug ihm diese Haltung nach 1945 niemand nach. Auch hinsichtlich der Nachkriegsrezeption sind Autor und Werk typisch für die Bestseller im Dritten Reich. Der Erfolg ging in der Bundesrepublik weiter, beziehungsweise steigerte sich noch. Unzählige Buchklub- und Taschenbuchausgaben der Werke Knittels folgten bis heute. Verfilmungen mit Gert Fröbe (1961) und als TV-Mehrteiler mit Mario Adorf (1985) machten den Via-Mala-Stoff zum populärkulturellen Allgemeingut. Was man Knittel im Zusammenhang mit seinen Treffen mit Goebbels allenfalls vorwerfen könne – so sein Schwiegersohn Hubert Furtwängler (ein Neffe des mit Knittel befreundeten Dirigenten) später in einem Brief –, sei »seine anfängliche Unbeschwertheit, aus schriftstellerischer Neugier, aus Freiheitsdrang und einem gewissen missionarischen Optimismus sich sozusagen selbst mit dem Teufel einzulassen, wenn es ihm gefiel. Er war der Ansicht, man sei noch längst kein Irrer, wenn man ein Irrenhaus besucht.«[10] Aber der Makel, ein Nazi-Freund gewesen zu sein, blieb bis in unsere Tage haften.[11]

Glaubt man Goebbels' Aufzeichnungen, so haben sich der Erfolgsautor und der Propagandaminister mehrmals getroffen, teils im eher ›privaten‹ Rahmen im Landhaus des Ministers am Bogensee, teils anlässlich offizieller Termine wie beim Dichtertreffen 1942 in Weimar. Zweifel an Goebbels' Notizen sind zumindest in diesen Punkten nicht angebracht. Welchen Zweck hätte es, sich solche Zusammentreffen auszudenken? Für Goebbels lag der Fall klar. Er nannte Knittel in einer Reihe mit Hamsun. In ihnen beiden habe er »die besten Freunde des Reiches aus dem geistigen Europa«[12].

Die Reputation eines solchen Autors in der internationalen Öffentlichkeit war den Kulturverantwortlichen stets sehr wichtig. Man wollte ihn als Aushängeschild einer mit Deutschland verbundenen Unterhaltungsliteratur nicht verlieren. So wandte sich etwa das Propagandaministerium 1937 entschieden gegen einen Versuch, auf dem Weg über die Reichsschrifttumskammer ein Buch Knittels, den Roman *Der Commandant,* wegen seiner »kommunistischen und pazifistischen Tendenz«[13] in die *Liste des schädlichen und unerwünschten Schrifttums* einzureihen. Das Propagandaministerium widersprach vehement. Zum einen seien die beanstandeten Tendenzen Aussagen einzelner Romanfiguren und somit nicht mit der Meinung des Autors oder der Grundaussage des Werkes zu verwechseln. Aber noch schwerer wogen die zu erwartenden Reaktionen der Öffentlichkeit: »Der Autor des Buches gehört zu den in Deutschland meistgelesenen ausländischen Schriftstellern, der in seinem Gesamtwerk keineswegs kommunistische oder pazifistische Tendenzen vertritt. Darüber hinaus genießen seine Schriften internationale Anerkennung, so daß das Verbot des bereits 1933 erschienenen vorliegenden Werkes im heutigen Zeitpunkt Folgen nach sich ziehen würde, die sich in propagandistischer Hinsicht nachteilig für das kulturpolitische Ansehen Deutschlands auswirken würden.«[14]

Zu einem letzten Besuch beim Propagandaminister im Jahr 1943 begleitete Knittels Tochter Margaret – ihres Zeichens Konzertpianistin – ihren Vater. An jenem Abend unterhielt sie am Klavier die im Hause Goebbels versammelte Gesellschaft mit Musik von Bach und Beethoven. Vater und Tochter hatten vor allem eines im Sinn: Sie wollten für das Leben der Freunde seiner Töchter und seines Schwiegersohns Hubert Furtwängler bitten. Jene gehörten zum Widerstandskreis der Weißen Rose. Doch in dieser Hinsicht blieb der Besuch des Schweizers in Lanke ohne Erfolg.

Heute lassen sich die wahren Beweggründe Knittels nicht mehr ergründen. Fest steht, dass er sich vor 1945 nicht demonstrativ gegen Nazi-Deutschland positioniert hat. Nach Kriegsende mag es dann opportun gewesen sein, sich der Fürbitte für verurteilte Widerstandskämpfer zu bezichtigen. Die verschiedenen Besuche und Auftritte lassen sich allein damit jedoch nicht begründen. Ein moralisches Urteil darüber lässt sich heute kaum noch fällen. Allerdings steht fest, dass der Schweizer Autor zu den erfolgreichsten ausländischen Schriftstellern im Deutschen Reich zählte. Berücksichtigt man die Tatsache, dass er seine Manuskripte in Englisch verfasste, auch zu den erfolgreichsten fremdsprachigen Autoren. Sowohl mit *El Hakim* als auch mit *Via Mala* konnte Knittel die 200000er Marke der verkauften Exemplare überschreiten, dabei sind die Ausgaben für die verschiedenen Buchgemeinschaften noch nicht einmal mit eingerechnet. Zählt man die von Orell Füssli für den Schweizer Markt produzierten Exemplare hinzu, die vermutlich zum Teil auch ihren Weg nach Deutschland fanden, so ist von eher drei- bis vierhunderttausend Exemplaren allein der *Via Mala* auf dem deutschen Markt auszugehen.

Das Buch über die Familiendynastie der Lauretz, die im engen, feuchten Alpental der Via Mala hausen und dort ihren Lebensunterhalt als Sägemüller verdienen, hat alles, was ein gutes Unterhaltungsbuch (bis heute) auszeichnet. Es ist kraftvoll erzählt, Liebe und Verbrechen verbunden mit der Verstrickung des Menschen in schicksalhafte Zusammenhänge, denen er – gleich was er tut – kaum entrinnen kann, fesseln den Leser von Anfang an.

Andreas von Richenau, eine der Hauptfiguren aus Knittels Roman, verknüpft aus Liebe zu Sylvia Lauretz sein Schicksal mit dem der Sägemüllerfamilie. Er erhält als Untersuchungsrichter den Auftrag, das Verschwinden des Vaters seiner Frau, des brutalen Patriarchen Jonas Lauretz, zu untersuchen. Er entdeckt dabei ein grausames Familiengeheimnis: Der Tyrann wurde gemeinschaftlich ermordet und auch seine geliebte Frau Sylvia wusste davon. Um sie und das gemeinsame Kind zu schützen, begeht der von Natur aus zutiefst integre Staatsdiener Betrug und Urkundenfälschung. Nur so kann er die Untersuchung abschließen und den Fall ad acta legen lassen. Dabei verrät er seine Ideale zu Gunsten eines ganz persönlichen, privaten Glücks – das dabei dennoch zwangsläufig von seiner Tat überschattet wird und getrübt bleibt. Was er auch getan hätte, sein Glück war und blieb zerstört. Eine einmal begangene Untat – das wäre aus Knittels Werk als Lehre zu ziehen – lässt sich nicht einfach ungeschehen machen. Sie muss früher oder später gesühnt werden. Das Böse lässt sich durch weitere Verfehlungen nicht zum Guten wenden.

Die Zeitungen in Europa waren von dem Band begeistert. Die *Neue Freie Presse* Wien schrieb überschwänglich: »Diese *Via Mala* – vielfachen Sinn erhalten diese Worte im Roman« (die übersetzt aus dem rätoromanischen so viel wie schlechter Weg bedeuten) » – ist eines der schönsten und größten Romanwerke der letzten Jahre.«[15] Und auch die Blätter in England waren des Lobes voll. Hier wurde die Tatsache hervorgehoben, dass es sich bei Knittel um einen Schweizer handele, der seine Texte in Englisch verfasse. Seine Schreibe aber werde von Buch zu Buch besser, sein Stil sei »kraftvoll und direkt«. Und die wenigen Kritikpunkte bei-

Gute Erzähler waren Mangelware im Deutschland der Nazis. Vom Schweizer Autor John Knittel und seinen Werken — hier in einer Anzeige aus dem Börsenblatt *1934 — ließ sich nicht nur der Propagandaminister begeistern.*

seite gelassen, so der Rezensent des *Daily Telegraph,* »handele es sich bei *Via Mala* um ein kraftvolles und nicht unoriginelles Werk, das die meisten Menschen werden lesen wollen«[16].

Via Mala war das Werk, mit dem Knittel 1934 endgültig der Durchbruch gelang. Gewidmet hatte er es seinem »lieben Freunde, dem großen Musiker Wilhelm Furtwängler in aller Herzlichkeit«. Später folgte die Bearbeitung des Stoffes zum Bühnenstück. Noch 1941 lief es im Rose-Theater in Berlin als »Volksdrama in vier Akten und sechs Bildern« unter der Regie von Hugo Welle.[17] Sogar eine aufwändige Ufa-Produktion des Stoffes wurde in Angriff genommen. Der Film kam aber vor Ende des Krieges nicht mehr zur Aufführung. Zu »düster und pessimistisch« sei er ausgefallen, konstatierte Goebbels nach einer ersten Sichtung des Streifens im Jahr 1944. »Ich glaube nicht, daß wir ihn so, wie er jetzt ist, dem Publikum in der heutigen Zeit vorführen können.«

In der Vorweihnachtszeit 1943 hatte das Buch seinen Weg auch zu Victor Klemperer gefunden, der sich die für ihn so lebensnotwendige Lektüre nur noch unter Mühen beschaffen konnte. Klemperer fand den Knittel »überraschend gut u. bedeutend. Stellenweise an Dostojewski erinnernd. Ein Vatermord aus Familiennotwehr. Das Dilemma des Richters. Soziale Zustände in der Schweiz der Gegenwart. Packender Erzähler, ernsthaftester Psychologe u. Moralist.«[18]

Vermutlich war es aber jene Art schicksalhafter Verstrickung, die in *Via Mala* geschildert wird, von der viele Menschen in Deutschland spätestens seit der Jahreswende 1942/43 mehr als genug hatten. Das ›Kriegsglück‹ hatte sich – kaum noch zu übersehen seit der Niederlage bei Stalingrad – gegen die Aggressoren gewendet. Der Film und wohl auch das Buch waren Unterhaltungsstoffe in erster Linie für Friedenszeiten – damit hatte der Propagandaminister vermutlich recht.

»Erschreckend hohe Zahl von Übersetzungen«

Waren da noch mehr solche Bestseller in der Übersetzungsliteratur im Deutschland der Nazis? Der Gedanke erscheint fast absurd – doch es hat sie gegeben. Allen voran die skandinavischen Autoren – bei dem Faible vieler NS-Ideologen für alles Nordische vielleicht kein Wunder. Nimmt man sich die 200 bestverkauften Bücher der Jahre 1933 bis 1945 vor, dann finden sich darunter allerdings gerade zwei Handvoll Autorinnen und Autoren nicht deutscher Herkunft. Verglichen mit dem heutigen Buchmarkt war ausländische Literatur also eher ein Nischenphänomen. Umso deutlicher müssen die wenigen Titel ihre Spuren (vor allem auch bei den Lesern) hinterlassen haben. Begierig wurde gerade nach 1933 von denen, die es wissen wollten, all das aufgesogen, was den Blick über den Tellerrand des Reiches hinaus weitete. Eine Hochzeit der Übersetzungsliteratur waren die letzten beiden reinen Friedensjahre 1937/1938. Da war das System der Literaturlenkung im NS-Staat einigermaßen etabliert. Die ersten großen Phasen der Verunsicherung waren vorbei und es gab noch keine Einschränkungen durch die Kriegswirtschaft. Jährlich erschienen damals über 500 Werke, die aus anderen Sprachen übersetzt waren. Insgesamt bewegte sich der Anteil der übersetzten Werke an der Gesamtzahl der neu erschienenen fiktionalen Literatur in jenen zwölf Jahren in Deutschland zwischen 4 und 12 Prozent.[19] 2008 haben die deutschen Verlage über 7340 Bücher aus anderen Sprachen übersetzt, 8,8 % sämtlicher Erstauflagen in diesem Zeitraum waren Übersetzungen.

Was dann im Krieg die Forderungen an gute Übersetzungsliteratur waren, zeigte ein Artikel in der Zeitschrift *Die Weltliteratur* im Jahr 1941: »1. sie muss ein klares und echtes Bild vom Wesen und Eigenart des Landes bilden, denn darin liegt der erste große Vorzug und Wert.

2. die Schöpfung muß künstlerisch hochstehend, wertvoll und gekonnt sein.

3. wir lehnen alle Autoren, die gegen uns hetzen, ab.«[20]

Insbesondere Punkt 3 ließ die für eine Übersetzung in Frage kommenden Bücher immer rarer werden. So lässt sich der Kriegsverlauf an den Ursprungssprachen der übersetzten Literatur ablesen. Etwa fällt die Zahl der aus dem Englischen und Amerikanischen übersetzten Titel vom Höchststand mit rund 250 Werken im Jahr 1938 mit Kriegsbeginn schlagartig ab. Die Übersetzungen aus den skandinavischen Sprachen dagegen bewegen sich durchweg auf einem hohen Niveau von um die 100 Bücher im Jahr. Zwar dominierten über die vollen zwölf Jahre gerechnet dennoch die Übersetzungen aus dem Englischen (1378 + 173 Titel aus den USA), aber dicht gefolgt von Frankreich (438) und Norwegen (418), Dänemark (244) und Schweden (234).[21]

Neben den bereits genannten Autoren drangen noch die Amerikaner Warwick Deeping mit *Hauptmann Sorell und sein Sohn* (300 000) und Her-

vey Allen mit *Antonio Adverso* (264 000), der Holländer Felix Timmer-
manns, der Schwede Axel Munthe mit *Das Buch von San Michele* (160 000)
sowie der Ungar Zsolt von Harsányi und der Franzose Antoine de Saint-
Exupéry in den Bereich der mehr als 100 000 Mal verkauften Bücher vor.

»Bis in den Krieg hinein wurden von Seiten der Verleger besonders viele
Übersetzungen aus fremden Sprachen angeboten«, so erinnerte sich ein
Buchhändler später an die Zeit, »für das Publikum war das eine Garantie
dafür, daß diese Werke nichts mit der offiziell gewünschten Literatur zu
tun hatten. Geistiger Anschluss an das Ausland wurde nur durch Literatur möglich, wobei zahlreiche Verleger Mut zum Risiko bewiesen.«[22]

Dass fremdsprachige Literatur in jenen Jahren generell verboten gewesen sei, ist also ein glattes Fehlurteil über das Deutschland der Nazis.
Allerdings befanden sich immer wieder ausländische Autoren aus den
verschiedensten Gründen auf den Indizierungslisten, zudem geriet die
Literatur anderer Länder in der Regel analog zum Kriegsverlauf in Misskredit: Standen zum Beispiel amerikanische Autoren zunächst noch hoch
im Kurs, so änderte sich das mit dem Kriegseintritt der USA schlagartig. Immerhin brachten es einige US-Amerikaner unter die 100 bestverkauften Bücher der Jahre 33 bis 45, darunter der Jahrhunderterfolg *Vom
Winde verweht* von Margaret Mitchell. Auch einmal ergangene Verbote
konnten in Einzelfällen wieder aufgehoben werden, wenn zum Beispiel
ein bestimmtes Buch der Propaganda von Nutzen sein konnte.

Über die Reichsschrifttumskammer gab es seit 1935 einen Kontroll-
mechanismus für Übersetzungsliteratur: Verlage mussten sich vor dem
Abschluss von Lizenzverträgen mit ausländischen Verlagspartnern eine
entsprechende Erlaubnis holen. Zudem versuchten die Schrifttumslenker mit publizistischen Mitteln der – aus ihrer Sicht – Flut von Übersetzungsliteratur gegenzusteuern. In den einschlägigen Postillen wurde
gegen angloamerikanische Romane gewettert[23] – mit mäßigem Erfolg –,
denn sie waren beim Publikum beliebt. »Zugegeben, es erscheint auch
heute noch ab und zu wertvolle Literatur im Reiche des Hakenkreuzes:
ausländische Übersetzungen oder Bücher von ehedem, in denen der Autor noch sagen durfte, wie er die Welt sieht. Diese Bücher bevorzugt ein
beträchtlicher Teil der deutschen Leserschaft …«[24], so beobachteten und

erklärten die *Deutschlandberichte der Sozialdemokratischen Partei* im November 1937 die nicht unerhebliche Nachfrage nach fremdsprachiger Lesekost. »Kurz, der anspruchsvolle Leser greift in Deutschland mit Vorliebe zu Werken, durch die noch der Atem der Freiheit, der Wahrheit und die freiere Luft eines liberalen Zeitalters streicht. Jüngstvergangenes wird zur Lockung, zur Sehnsucht, zum romantischen Stoff.«[25]

Dagegen sprachen die Spitzel des Sicherheitsdienstes der SS (SD) in ihren Berichten von einer »erschreckend hohen Zahl von Übersetzungen«[26], die kaum zu steuern sei. Bemängelt wurde dabei vor allem die Qualität der übersetzten Texte, es handele sich keinesfalls immer um besonders »wertvolle« Bücher. »Zum Teil beruht der Erfolg der Übersetzungen in der Flucht bürgerlicher Leserschichten aus der ›Politik‹ (Riesenauflage von Mitchell: *Vom Winde verweht*), wie sich zumeist der Verleger durch Herausgabe von Übersetzungen der kulturpolitischen Verantwortung entzieht.«[27] Aber sogar die skandinavischen Bücher fanden bei den SD-Leuten keine Gnade, denn auch hier sickerten gewissermaßen gegen den Nationalsozialismus gerichtete Gedanken nach Deutschland ein. Der Bericht legte in jedem Fall seine Finger in die beim deutschen Schrifttum vorhandenen Wunden: »Zum Teil glichen die Übersetzungen auch den offensichtlichen Mangel an guter Unterhaltungsliteratur (Belehrung und Entspannung) aus. NSLB und HJ haben sich hier mehrfach bemüht, das Niveau allmählich zu heben und eine seichte Erotik auszuschalten. Die praktischen Erfolge waren ebenso wie die Versuche zur Schaffung eines wirklichen Jugendbuches bisher gering.«[28]

So blieben denn die Verbotsmaßnahmen gegen fremdsprachige Literatur nicht zuletzt aus pragmatischen Gründen verhalten und wurden nur stufenweise der jeweiligen politischen Großwetterlage angepasst. Im September 1939 wurden Buchhandlungen und Leihbüchereien zum Beispiel dazu aufgefordert, die meisten Übersetzungen von französischen und englischen Zeitgenossen »aus den Schaufenstern und von den Ladentischen«[29] zu nehmen, dabei durften Bücher aber noch weiter abverkauft werden. Eine hundertprozentige ›Säuberung‹, gar in den Regalen der Leser, bedeutete dies nicht. Auch der Bezug von Büchern aus der Schweiz und Österreich war lange Zeit möglich. Wer die Originalsprachen lesen konnte, durfte dies auch weiterhin tun. Die Kataloge des

Buchhandels boten eine breite Palette mit zum Beispiel englischsprachiger oder französischer Literatur an. Hier erwies sich dann eher die Devisenknappheit des Reichs als Importhindernis, etwa wenn es im Buchkatalog der Nicolaischen Buchhandlung in der Abteilung »Französische Literatur« hieß: »Neuaufnahmen konnten der Devisen-Schwierigkeiten wegen nicht erfolgen.«

Eine spätere vertrauliche Mitteilung an die Verleger und Sortimenter machte deutlich, dass für die Dauer des Krieges Auslieferung und Vertrieb von Übersetzungen aus dem Französischen und Englischen nicht erlaubt war – wobei wissenschaftliche Werke und solche von Autoren, die vor 1904 verstorben waren (deren Werke somit keinem Urheberrechtsschutz mehr unterlagen), von diesem Verbot nicht betroffen seien. Noch im Jahr 1939 war etwa in der Nicolaischen Buchhandlung in Berlin (fast) alles greifbar, was an englischsprachiger Literatur gelesen wurde: von Hervey Allen bis Edgar Wallace, von Pearl S. Buck bis Thomas Wolfe. Schließlich erfolgte erst 1941 nach dem Kriegseintritt der USA auch ein Verbreitungsverbot für sämtliche amerikanischen Druckerzeugnisse, das Himmler als Reichsführer SS in Abstimmung mit dem Propagandaministerium erlassen hatte.[30]

Dabei ist die Frage der urheberrechtsfreien fremdsprachigen Autoren im Zusammenhang mit den Indizierungen von größter Bedeutung. Sie offenbart, dass eine nicht unwesentliche Motivation für ein Verbot vieler ausländischer Werke darin bestand, mit einem solchen Schritt Devisen zu sparen. Die inhaltlichen Gründe oder die Tatsache, dass ein Autor einem ›Feindvolk‹ angehörte, kamen offensichtlich erst an zweiter Stelle. Die Literaturpolitik trug auf diesem Sektor ähnliche Züge wie die Wirtschaftspolitik mit ihren Autarkiebestrebungen. Alles Tun war stets verbunden mit der Erkenntnis, dass nichts teuer auf dem Weltmarkt eingekauft werden musste, was urheberrechtsfrei oder aus Eigenproduktion zu haben war.

Ein schottischer Arztroman: A. J. Cronins *Zitadelle*

Aspekte, die sich aus deutscher Perspektive propagandistisch verwenden ließen, fanden sich in den Geschichten des schottischen Arztes und Schriftstellers A. J. Cronin. Seine Bücher machten dadurch eine eigentümliche Karriere. Sie begann erst so richtig, als Österreich und somit der Verlagsstandort Wien des Zsolnay Verlags ans Deutsche Reich angegliedert worden war. Cronin war mit seinen Werken bereits 1932 ins Verlagshaus des jüdischen Verlegers Paul Zsolnay gekommen. Seine Bücher erschienen zunächst alle in einer kleineren Startauflage zwischen 3000 und 5000 Stück, so auch *Die Zitadelle* im Februar 1938, die sein größter Bucherfolg – zunächst im Dritten Reich und später auch im Nachkriegsdeutschland – werden sollte. »Ärzteroman, Tendenz beinahe wie ein Dumasstück [...] aber ein Dichter und ein Erzähler«[31], so Victor Klemperers Kurzbeschreibung des Werkes. Bis Oktober 1939 brachte es *Die Zitadelle* auf stolze 110 000 Exemplare, bevor ihr Vertrieb untersagt wurde; zehn Jahre nach Kriegsende war im deutschen Sprachraum bereits die halbe Million überschritten und der Erfolg setzte sich kontinuierlich fort: Der Cronin gehörte in der Ausgabe diverser Buchgemeinschaften auch nach 1945 zum festen Inventar zahlreicher deutscher Bücherschränke in Ost und West.[32]

Warum diese eigentümliche Entwicklung? Schon bald nach Erscheinen wurde das Werk von offizieller Seite gelobt: »Das Buch sollte auch in Deutschland weiteste Verbreitung finden. Es wird empfohlen.«[33] Es handelt sich bei dem Roman um einen auch heute noch höchst lesbaren Stoff, der, wie schon Klemperer anmerkte, eben gut erzählt ist. Damit wies Cronin eine Qualität auf, die – wie sogar Goebbels an anderer Stelle zugeben musste – vielen deutschen Autoren (vor allem den verbliebenen regimetreuen) abging.

Ein junger Arzt schickt sich in dem Werk an, Eingang in die Zitadelle, das festgefügte medizinische System Englands zu finden. Der Leser folgt seinem Berufs- und Lebensweg. Dabei erhält er Einblicke auch in die sozialen Probleme und gesellschaftlichen Verwerfungen im England der zwanziger Jahre des 20. Jahrhunderts. Über medizinische Zusammenhänge schreibt Cronin aufgrund seines eigenen Werdegangs detailliert und kenntnisreich, ohne aber den medizinischen Laien als Leser zu verprellen, aber auch ohne allzu schulmeisterliche Belehrung. Die Würze in diesem Unterhaltungsroman liefert die Liebesgeschichte des Protagonisten und sein berufliches Auf und Ab, die Gefahr, vom rechten Weg abzukommen, und die abschließende Läuterung.

Das eingangs zitierte Gutachten hatte dennoch Gewichtiges zu bemängeln: Dem Autor sei bei seiner Schilderung die »zersetzende Tätigkeit der Juden« in der englischen Ärzteschaft nicht bewusst gewesen. Hierin sahen die Gutachter den heikelsten Kritikpunkt.

Dennoch wurde Cronin von den Machthabern wegen seines kritischen Blicks auf die englische Gesellschaft geschätzt, so sehr, dass sie sogar nach dem Verbot der Werke des Autors ein einzelnes seiner Bücher wieder für Propagandazwecke freigaben: seinen Industrieroman vom Kampf gegen das Kapital *Die Sterne blicken herab,* der soziale Ungerechtigkeiten im englischen Bergarbeitermilieu thematisierte. »Die Neuausgabe des Buches geschah nicht auf Anregung des Verlags, sondern ist hauptsächlich vom Reichspropagandaamt hier in Wien betrieben worden«, schrieb der Verleger des ›arisierten‹ Zsolnay Verlags, Karl H. Bischoff, an die Parteiamtliche Prüfungskommission. »Das Reichsministerium für Volksaufklärung und Propaganda hat auf Einschritt des Reichspropagandaamtes Wien zugestimmt, daß dieses Werk neu herauskommen soll. In der Propaganda für das Buch wird allerdings nicht ausdrücklich auf die propagandistische Seite hingewiesen. Ich halte es auch für besser das Buch wirkt durch seinen Inhalt von sich aus.«[34] Und so durfte denn, argwöhnisch von den eigenen Parteigenossen beobachtet, sogar das verbotene Buch zum Propagandaeinsatz kommen. Der Zweck heiligte die Mittel. Insgesamt wurden unter staatlicher Förderung rund 80 000 Exemplare des Werkes produziert, in den Jahren 43 und 44 erfolgten sogar noch fremdsprachige Ausgaben, z. B. auf Lettisch oder Tschechisch und in gesonderter Aufmachung für die Wehrmacht. Victor Klemperer hatte das Buch schon 1936 gelesen und begeistert festgestellt: »Ein gewaltiges Werk, kommt schwer in Gang, läßt dann nicht los. Das Bedeutendste, was ich bisher von Cronin gelesen habe. Auch das Umfassendste. [...] Ein herrliches, reiches Buch, klassisch u. gewaltig.«[35]

So zeigt sich einmal mehr, dass man in bestimmten Kreisen wie dem Propagandaministerium sehr wohl Sinn für Qualität in zweifacher Hinsicht hatte: einen Sinn für das handwerklich gut Geschriebene und einen Sinn dafür, dass sich solche Qualität verknüpft mit den richtigen inhaltlichen Botschaften besser propagandistisch einsetzen ließ als irgendwelche parteiamtlichen Traktate oder Broschüren. Zumindest im Falle des Buches von Cronin hatten die Herren von der Gestapo und der Parteiamtlichen Prüfungskommission, die in erster Linie auf ihre Vorschriften blickten, das Nachsehen. Es kam dazu, dass einzelne Titel auf dem Buchmarkt noch präsent waren, während sonst ganze Literaturen (wie eben zum Beispiel die englische) einem Verbot unterlagen. Der Widerspruch blieb keinem verborgen. Klemperer notierte sich eine solche Beobachtung unter dem entlarvenden Stichwort ›Propaganda‹: »Englische Romane sind natürlich verboten; aber in jedem Schaufenster stehen Bücher von Cronin: er ist Schotte u. deckt Mängel der socialen Einrichtungen in England auf.«[36]

Was sich heute nicht mehr klären lässt, ist, ob der Autor für diese nicht autorisierte Nutzung seines Werkes jemals Autorenhonorare bekam. Aus propagandistischen Gründen wurden 1943 vom Propagandaministerium unter anderem noch folgende deutsche Ausgaben von Titeln aus dem englischen Sprachraum ausdrücklich empfohlen: Sinclair Lewis mit *Babbitt,* Jack London *In den Slums,* John Steinbeck *Die Früchte des Zornes,* Eric Linklater *Juan in Amerika* oder Liam O'Flaherty mit *Skerrett. Ein irischer Freiheitskämpfer.*[37]

Aufmerksamen Zeitgenossen wie Klemperer entging die Schizophrenie dieser Haltung nicht: »Ihr laßt in den Leihbibliotheken an englischen Büchern cursieren u. macht Reklame dafür, was Kritik an engl. u. amerikan. Zuständen enthält, was ihr zur ›Diffamierung‹ der anglo-amerikan. Moral gebrauchen zu können glaubt, Cronin's *Die Sterne blicken herab,* Linklater's *Juan in Amerika; Gone with the wind* ist verboten (wie engl. Bücher in ihrer Gesamtheit überhaupt), u. wo niemand nachprüfen kann, was drinsteht, da erhebt ihr Anschuldigungen.«[38]

»Bucherfolge wie einen Motor konstruieren«:
Vom Winde verweht

Dass der Weltbestseller von Margaret Mitchell auch in Deutschland ein dankbares Publikum fand, mag für manchen erstaunlich sein, erweist sich aber als nur folgerichtig. Das Werk hat in jeder Hinsicht das Zeug zum Schmöker, war gute Unterhaltungsliteratur im besten Sinne. Margaret Mitchells Tausend-Seiten-Wälzer wurde nach Erscheinen auch im Literaturblatt der *Frankfurter Zeitung* besprochen. Als Bestseller nahm man den Titel international (und eben auch in Deutschland) wahr. Die Journalistin Irene Seligo hatte das Buch für das angesehene Blatt, das bis zu seinem Verbot 1943 als Aushängeschild des gleichgeschalteten Journalismus für das Ausland diente, zu rezensieren. Sie kam in ihrem Artikel nicht umhin, über das Wesen solcher Erfolgsbücher an sich nachzudenken. Auch wenn »geistig anspruchsvolle Menschen in England und Amerika« die Bezeichnung abfällig gebrauchten, sei man allenthalben dabei, das Geheimnis dieser Bücher ergründen zu wollen. Gibt es einen Trick? Einen Konstruktionsplan, »nach denen es heute möglich sein müßte, einen zuverlässigen Bucherfolg wie einen Motor zu konstruieren«[39]? Eine Antwort musste ausbleiben, auch wenn von *Gone with the Wind* in Amerika bereits über 1,5 Millionen, in England schon über 110 000 Exemplare abgesetzt worden waren und der Titel »seit diesem Herbst auch in Deutschland Erfolge feiert«. Rund 300 000 Bücher sollten es im Deutschen Reich noch werden – angesichts des stolzen Preises von 12,50 Reichsmark eine gigantische Zahl. Schon das unverblümte Nachdenken über Bestseller in der *Frankfurter Zeitung* musste den Gralshütern der Literaturpolitik geradezu frivol erscheinen: »Niemand kann leugnen«, so Seligo weiter, »daß es abwechselnd mit Best Sellers von krasser Mittelmäßigkeit – längst gründlich vergessen trotz ihrer Millionenauflage – solche von starker Eigenwilligkeit und dichterischen Qualitäten gegeben hat.«[40] Diesen künstlich gemachten (und nicht ›organisch‹ gewachsenen) Erfolgen auch noch »dichterische Qualitäten« einzuräumen, glich einem Tabubruch. Mit den »fanatischen Gegnern des Massenerfolgs« sprach die Rezensentin dann diese Gralshüter sogar noch direkt an, die nicht müde wurden, diese durch »Tricks gemachten« (Erich Langenbucher) Verkaufsschlager der ›Systemzeit‹ zu geißeln, aber denen es seit der Machtübernahme nicht wirklich gelungen war, eigene Erfolge dagegenzusetzen.

Das Phänomen *Vom Winde verweht* machte auch vor den gebildeten Kreisen nicht halt. Fasziniert lasen auch die Klemperers aus der Mitchell: »Ein ungeheures Kunstwerk. Der Krieg zwischen Nord und Süd, 1861/65 von der Südseite her gesehen als Vernichtung einer höheren

Kultur. Alles Licht bei den humanen ›Sklavenhaltern‹, aller Schatten bei den Yankees.« Victor Klemperer wünschte sich am Ende gar, »der Mitchellroman hätte noch weitere tausend Seiten«. Wie ihnen, den aus dem kulturellen und gesellschaftlichen Leben ausgeschlossenen Juden, muss es vielen hunderttausend Lesern in Deutschland gegangen sein, die sich fasziniert in die Welt des Sezessionskriegs versetzen ließen und in manchem – ähnlich wie die Klemperers – auch die »Bezüge auf das Heute«[41] gesehen haben werden.

Die Buchvermarktung folgte schon damals den bis in unsere Tage noch gültigen Gesetzen. »Als die Mitchell ein Bestseller wurde, die deutsche Übersetzung immer noch nicht erschienen war [...] bezogen wir zig-stückweise die preiswerte englische Ausgabe und hatten einen Kundenmagneten«[42], so berichtete der Buchhändler Peter Weber, der zum Zeitpunkt des Siegeszugs der Mitchell in der Amelang'schen Buchhandlung in Berlin tätig war. Die Buchhändler wurden wie heute mit Leseexemplaren angefüttert. Bei der Mitchell bestanden diese aus den nicht aufgebundenen Rohbogen. So konnten, wie sich der Buchhändler Karl Drucklieb erinnert, immer mehrere Kollegen gleichzeitig an einem Buch lesen. »Ich als Lehrling kam natürlich ganz zum Schluss an die Reihe. Zu Hause warteten dann immer schon meine Mutter und meine Schwester, die auch ganz begierig darauf waren, die nächste ›Lieferung‹ der Mitchell in die Hände zu bekommen.«[43]

Und noch in anderer Weise konnten sich deutsche Leser in dem Buch zu Hause fühlen. Schildert es doch einen Kampf der Kulturen: Südstaaten gegen den Norden. Die Kultivierten gegen die Zivilisierten, denen Geld und Business über alles geht. Mit dem Sieg des Nordens ging die bessere Welt zugrunde, daran lässt die Autorin keinen Zweifel. Auch der fein kultivierte Rassismus der Konföderierten, von den »Yankees« als »Sklavenhalter« diffamiert, wird nicht hinterfragt, sondern als richtig bestätigt. Es gibt eine »Herrenrasse« und die »guten Schwarzen« im Roman ordnen sich bereitwillig unter, denn sie brauchen jemanden, der ihnen sagt, was zu tun ist, und ihnen Fürsorge angedeihen lässt: »Von Freiheit ich nun dicke genug. Ich nun wieder jede Woche Schwarzsauer essen mögen und mir wieder jemand sagen, was ich tun und nicht tun, und mich pflegen, wenn ich krank«[44], so äußert sich ein schwarzer Vorarbeiter gegenüber der Titelheldin Scarlett O'Hara, als er seine ehemalige Herrin in den Wirren der Nachkriegszeit wiedertrifft.

Gerade mit diesem Plädoyer für eine Gesellschaft mit Menschen erster und zweiter Klasse passte das Buch hervorragend in das Deutsche Reich der dreißiger Jahre, wo mit den »Nürnberger Gesetzen« 1935 der rassistische Antisemitismus Gesetzeskraft erlangt hatte. So konnte sich der Leser einerseits an fremden Welten ergötzen ohne andererseits sein eigenes Weltbild von der natürlichen Vorherrschaft einer Rasse über die anderen in Gefahr zu bringen. In diesem Sinne bediente Mitchells Werk den Zeitgeist.

Wie aber war dieser Bestseller für den deutschen Markt konstruiert worden? Dass er seine Erfolgsstory aus dem angloamerikanischen Sprachraum in den deutschen fortsetzen konnte, war zweien der wenigen verbliebenen Charakterköpfe unter den deutschen Verlegern zu verdanken: Henry Goverts und Eugen Claassen. Sie sind zwei von drei Verlegern, die neben Peter Suhrkamp im *Geheimreport* des Dramatikers Carl Zuckmayer zur Gruppe I: »Positiv (Vom Nazi-Einfluss unberührt, widerstrebend, zuverlässig)«[45] gezählt wurden. Sie hatten sich also auch vor den Augen des im Exil lebenden Zuckmayer, der solche Berichte im Auftrag des amerikanischen Geheimdiensts verfertigte, für eine Verlagstätigkeit nach dem Ende des Dritten Reiches empfohlen. Claassen und Goverts gründeten das zunächst H. Goverts Verlag genannte Unternehmen 1934 in Hamburg. Der amerikanische Weltbestseller wurde zum erfolgreichsten Titel ihres Hauses. Mit ihm verschafften sie ihrem noch jungen Unternehmen die nötigen finanziellen Mittel. Henry Goverts hatte vom großen Erfolg des Buches in Amerika aus englischsprachigen Kritiken erfahren. Über die Vermittlung einer amerikanischen Literaturagentin zog er noch im Jahr 1936 eine Option, die kurz darauf zu einem Vertrag mit dem amerikanischen Originalverlag führte. Der kaufmännische Erfolg wurde von der Skepsis seines Verlagspartners Claassen begleitet, dass das Werk »trotz literarischer Qualitäten nicht frei von kolportagehaften Passagen«[46] sei. Möglicherweise schwang bei Claassen in diesem Urteil auch die Angst mit, der kleine Verlag könne zu erfolgreich sein und so die Aufmerksamkeit der Kultur- und Schrifttumslenker mehr als nötig auf sich ziehen. Eine Überzeugung, der ein Freund Jahre später in einem Brief an Claassen Ausdruck verlieh: »Am besten ist man heute so klein wie möglich ...«[47] – zumindest wenn man ein unabhängiger, privater Verlag war (und bleiben wollte), der keine Protektion durch Partei oder Staat zu erwarten hatte.

Doch 1937 erwiesen sich alle Zweifel als unbegründet. Auflage um Auflage kam aus der Druckmaschine und fand den Weg zum Kunden. Sogar die Parteipresse war des Lobes voll: »Eine großartige und leidenschaftliche Schilderung amerikanischer Geschichte«, so der *Völkische Beobachter,* »mit einer verblüffenden Wiedergabe des historischen Milieus und einer Zeichnung menschlicher Charaktere von einer bewundernswerten geistigen Warte aus.«[48]

Vom Winde verweht musste damals schon eine große Breiten- und Tiefenwirkung erzielt haben. Es gehörte, obwohl ursprünglich Teil der amerikanischen Literatur, in den vierziger Jahren fast schon zum unterhaltungsliterarischen Kanon in Deutschland. Die Nachkriegserfolge von Buch und Film stellten sich so unmittelbar ein, weil der Boden dafür zwischen Herbst 1937 und Sommer 1941 gründlich vorbereitet worden war. Von diesem Zeitpunkt an war das Buch nicht mehr lieferbar, mit dem Eintritt der USA in den Krieg gegen Deutschland waren alle weiteren Auflagen unmöglich geworden.

Dennoch wurde Mitchells Buch erneut zum Gegenstand journalistischer Gedankenspiele an exponierter Stelle: in der Zeitschrift *Das Reich* im Jahr 1944. Bernhard Payr – Mitarbeiter von Rosenbergs Amt Schrifttumspflege, Cheflektor für den Eher Verlag und mehr den ›Gegnern des Massenerfolgs‹ zuzurechnen – machte das Werk zum Ausgangspunkt seiner ›Kriegsgedanken zu einem Vorkriegsbuch‹. Dabei konnte auch Payr die literarischen Qualitäten der Mitchell nicht leugnen. Sie verfügt über eine »ungewöhnlich große Kunst der Darstellung« und ihre Menschen sind so »lebendig geschildert [...], daß man sie und ihre Schicksale noch jahrelang in vielen Einzelheiten im Gedächtnis behält«.[49] Payr lässt einzelne Motive des Werkes Revue passieren. Dabei gibt er sogar die genauen Fundstellen seiner Zitate mit Seitenangaben an – ein Indiz dafür, dass die Mitchell nach wie vor zum festen Bestandteil vieler Bücherregale zählte. Payrs Ausführungen offenbaren jedoch das ganze geistige Elend, in dem die dogmatischen NS-Literaturfunktionäre festsaßen. Fiktionalität schien vielen unter ihnen ein unbekanntes Phänomen. Literarische Figuren wurden ungebrochen wahrgenommen. Eine ironische Distanz etwa des Autors zu Stoff und Protagonisten wurde nicht für möglich gehalten. Scarlett und Rhett sind in den Augen Payrs Propagandisten des »Dollarimperialismus« – ganz egal wie unsympathisch Scarlett auch gezeichnet sein mag. Dass der Leser seine eigene Haltung zu den Hauptfiguren und ihrem Treiben einnehmen könnte, kommt Payr gar nicht in den Sinn beziehungsweise es entzieht sich seinem gedanklichen Zugriff. Was konnte für den Zensor schlimmer sein als das Wissen, dass andere möglicherweise hier oder dort zwischen den Zeilen lesen mögen, er aber nicht im Geringsten nachvollziehen kann, *was* dort geschrieben steht?

Im Oktober 1944 aber war Payr vor allem daran gelegen, vor der Kulisse des Romans seine Durchhalteparolen zu entwickeln: »In der Einsicht, daß ein verlorener Krieg schlimmer ist als alle vorangegangenen Schrecknisse während des Krieges selbst, liegt eins der positivsten Erkenntnisse und Lehren dieses Buches.« Das Buch trägt eben den Geist Amerikas, des mächtigsten Kriegsgegners: »Wir alle haben inzwischen diesen Geist der Heuchelei und der skrupellosen Rücksichtslosigkeit kennengelernt und wissen, was wir von ihm zu erwarten haben, wenn das alte Europa ihm unterliegen sollte.«

Eine Differenzierung zwischen dem ›kultivierten‹ Süden und dem ›zivilisierten‹ Norden in Person der Yankees, die die Rezeption der ersten Jahre noch geprägt hat, ist 1944 in dieser Form nicht mehr erwünscht. Scarlett befindet sich am Ende des Romans ja bereits wieder im Aufbruch mit dem wunderschönen letzten Satz: »Schließlich, morgen ist auch ein Tag.« Das ›Yankeetum‹ scheint unverwüstlich und das ganze Buch von diesem Geist ›vergiftet‹.

Victor Klemperer fiel Jahre nach seiner Mitchell-Lektüre auch der Artikel im *Reich* in die Hände. Für ihn »liegt es auf der Hand, daß der Artikel im ›Reich‹ verlogene Kriegsarbeit ist. Denn aus den Äußerungen der Helden soll die Unmoral der Yankees herausgelesen werden, u. der Sieg der Nordstaaten soll der Sieg der Unkultur sein«[50].

Nordische Autoren: Trygve Gulbranssen und Knut Hamsun

Sie schrieben die bestverkauften fremdsprachigen Bücher auf dem deutschen Buchmarkt in jenen Jahren und zugleich die, deren Erfolg am wenigsten erstaunt: die skandinavischen Autoren. Allen voran die Norweger Trygve Gulbranssen und Knut Hamsun. Gulbranssen war vor allem mit seiner Björndal-Trilogie, die auf Deutsch in nur zwei Teilen unter den Titeln *Und ewig singen die Wälder* und *Das Erbe von Björndal* erschien, erfolgreich. Von jedem der beiden Bände setzte der Langen-Müller Verlag in München weit über eine halbe Million Exemplare ab. Damit gehörten die Bücher des Norwegers zu den bestverkauften Romanen im Dritten Reich überhaupt, seine Absatzzahlen wurden nur von wenigen deutschen Belletristikautoren übertroffen, kein anderer ausländischer Autor verkaufte mehr. Dabei wurde Gulbranssen von vielen Literaturlenkern mit einem leichten Naserümpfen angesehen, der etwas zum Trivialen neigenden Spielart der nordischen Literatur zugerechnet. Allein die ganz den populären Themen verschriebenen Vertreter des Leihbuchhandels sollten recht behalten: »Der ausgezeichnete Roman ist ebenso einer starken Einbildungskraft, wie einer strengen Selbstdisziplin zu verdanken, die einer großen schriftstellerischen Begabung dienen. Wir empfehlen das Buch wärmstens den Leihbüchereien. Es wird sehr viele Leser finden.«[51]

Gulbranssens Bücher erfuhren ein Schicksal, das auch für zahlreiche deutsche Werke des 20. Jahrhunderts typisch war. In den dreißiger Jahren stellte sich ein erster internationaler Bestsellererfolg (auf dem deutschen Markt sogar ein ganz außerordentlicher) ein, an den in der Nachkriegszeit nahtlos angeknüpft werden konnte. 1950 stand *Und ewig singen die Wälder* in Deutschland auf der Liste der 17 erfolgreichsten Bücher des Jahres auf Platz 1 mit einer geschätzten Gesamtauflage von nun über 1 Million Exemplaren.[52] Die ganz breite Popularisierung, in deren Zuge das Werk in Deutschland zum Prototyp des Heimatbuchs schlechthin wurde, erfolgte dann mit der 1959 uraufgeführten Romanverfilmung, in der Gert Fröbe, Inge Meysel und Hansjörg Felmy in Hauptrollen zu sehen waren.

Der sportbegeisterte Gulbranssen nahm als Korrespondent der Zeitung *Aftenposten* an den Olympischen Spielen 1936 in Berlin teil, bewahrte sich aber seinen kritischen Blick auf das Regime. Einladungen zu Vortragsreisen ins Deutsche Reich schlug er aus.[53] Auch nach der Besetzung Norwegens hielt er Distanz zu den deutschen Besatzern, dennoch galt sein Werk einigen Kritikern nach dem Krieg als skandinavische Form der Blut-und-Boden-Literatur. Für die deutschen Leser bestand der Reiz in der Gulbranssen-Lektüre vor allem darin, dass sie auf diese Art einen zeitgemäßen Stoff lesen konnten, ohne ›echte‹ Nazi-Schwarten vom Schlage einer Tremel-Eggert lesen zu müssen. In diesem Sinn verhieß die Lektüre eine Flucht ins Vertraute. Und bei aller Diskussion um literarische Qualitäten muss eingestanden werden: Erzählen konnte der Norweger in der Tat.

Als nächster Ausländer, nur von der Mitchell überflügelt, folgte auf der Bestsellerliste dann Knut Hamsun mit mindestens zwei Werken, die an die 300 000 Mal über den Ladentisch gingen: *Segen der Erde* und *Victoria*. Hamsuns Qualitäten hatte auch Joseph Goebbels erkannt, schon in den zwanziger Jahren ein Fan des norwegischen Nobelpreisträgers: »Hamsun ist der größte lebende Erzähler.«[54] Goebbels griff in seiner Zeit als Minister immer wieder zu den Büchern des Norwegers, seine Kommentare zur Lektüre waren immer von außerordentlicher Wertschätzung und Bewunderung gekennzeichnet. Auch die Sehnsucht nach einem ähnlich talentierten zeitgenössischen deutschen Erzähler, den der deutsche Buchmarkt jedoch bis zum Ende nicht hervorbrachte, schwang bei Goebbels stets mit. Hinzu kam die deutschfreundliche Haltung des Norwegers und seine Unterstützung für das nationalsozialistische Quisling-Regime in seiner Heimat. Auch Hamsuns Frau engagierte sich für die Nationalsozialisten in Norwegen, im Herbst 1940, also nach dem deutschen Überfall auf Norwegen, trat sie der Nasjonal Samling, der norwegischen faschistischen Partei bei.[55] Sie wirkte ebenfalls als Autorin in Deutschland und schrieb erfolgreiche Jugendbücher. »Zu den besten Freunden des Reiches aus dem geistigen Europa« hatte Goebbels Hamsun gezählt. Dominierte bei Goebbels zunächst die Verehrung für den Dichter, so wurde Hamsun ihm im Laufe des Kriegs als prominenter Verbündeter immer teurer. Schließlich waren die wohlwollenden

Unterstützer Deutschlands im neutralen Ausland bald dünn gesät. Ein Jahr nach Kriegsbeginn ließ Goebbels Hamsuns Veröffentlichungen im Ministerium unter die politische Lupe nehmen. Das Ergebnis war nach seinem Geschmack: »Selten äußerte sich ein großer Mann so england-feindlich wie er.«[56] Nur einen Monat später wandte sich der Nobelpreis-träger nach dem Angriff der Wehrmacht auf Norwegen ganz in diesem Geiste an seine Landsleute: »Norweger! Werft das Gewehr weg und geht wieder nach Hause! Die Deutschen kämpfen für uns alle und brechen jetzt Englands Tyrannei über uns und alle Neutralen.«[57]

Und die Zuneigung blieb keine Einbahnstraße. Im Frühsommer 1943 besuchte Hamsun sowohl Goebbels als auch Hitler. Dem Propaganda-minister schenkte er zum Dank für seine Gastfreundschaft sogar die Medaille, die er zum Nobelpreis erhalten hatte. »Ich kenne niemanden, Herr Minister«, schrieb er dazu an Goebbels gewandt, »der sich auf so idealistische und unermüdliche Weise jahrein und jahraus schriftlich und mündlich für Europa und die Menschheit eingesetzt hat wie Sie.«[58] Der kurze Besuch Hamsuns beim ›Führer‹ war, wie sich Goebbels erinnerte, »etwas verunglückt«[59]. Ob es tatsächlich an Hamsuns Schwerhörigkeit lag, dass es zu Missverständnissen kam, oder daran, dass Hamsun kriti-sche Fragen nach der Zukunft Norwegens stellte, so ob die deutsche Be-satzung nach einem Frieden beendet würde, lässt sich nicht abschließend klären. »Hamsun ist ja politisch ein Kind«, beschwichtigte Goebbels sich selbst, »und ist sich der Tragweite dessen, was er sagte, gar nicht bewußt gewesen.« Vor allem der ›Doktor‹ zeigte sich begeistert vom Kontakt mit dem großen Dichter. Es waren jetzt im Krieg 1943 kostbare, sel-tene Momente jenseits des für die Deutschen nicht mehr so freundlichen Kriegsgeschehens. Hitler schien der Besuch des Nobelpreisträgers ohne-hin weniger zu interessieren. Ihn quälten andere Sorgen. »Beim Führer wird es in Zukunft etwas schwieriger sein, Lyriker und Epiker, wie er sagt, zum Besuch anzumelden. Aber außer Hamsun gibt es ja wohl auch kaum einen weit und breit, bei dem es sich lohnte.«

Literarisch war Hamsun den deutschen Literaturlenkern so wert-voll, weil er ein Volksschriftsteller in ihrem Sinne war. Er kam aus dem Volk und hatte allen, »vom Arbeiter an der Maschine bis zum Gelehr-ten«[60], etwas zu sagen. Durch seine Herkunft war er der geborene Vermittler zwischen einer von der Natur beherrschten Welt und der Moderne, denn sein Heimatland »im Norden Europas liegt gleichsam am Rande der Zivilisation«. Gefeiert wurde Hamsun dann vor allem als ein Versöhner zwischen Moderne und bäuerlicher Lebenswelt, ein Versöhnungsversuch, der einer breiten Strömung im Nationalsozialismus – den Vertretern einer autochthonen Modernität, die ebenfalls eine Synthese von technischer Moderne und traditioneller Lebensweise suchten – sehr entgegenkam. Auch einzelne Leserstimmen zum Werk des Norwegers weisen, freilich propagandistisch instrumentalisiert, in diese Richtung. So schrieb »ein Finanzbuchhalter aus Mainfranken: ›Segen der Erde! Gerade uns hat das viel zu sagen. Denn welchem Volk hat das Schicksal in endlos langen Notjahren eindringlicher gezeigt als dem deutschen, wie verderblich und fluchwürdig es ist, wenn ein Volk den Sinn für den Wert der Arbeit an der mütterlichen Erde verliert, wenn es den Segen dieser Arbeit nicht mehr zu erkennen und zu würdigen vermag.‹«[61] Hamsun war auf alle Fälle eine ›Nummer‹ im Dritten Reich. »Ich begriff schnell, was der Name meines Vaters in dem Deutschland, das ich jetzt kennen lernte, bedeutete«[62], so erinnerte sich Hamsuns Sohn Tore später an seine Zeit in Deutschland: Ein Hamsun zu sein, öffnete sämtliche Türen.

Knut Hamsuns 85. Geburtstag am 4. August 1944 wurde in der deutschen Presse ausführlich gewürdigt. Auch Victor Klemperer nahm davon Notiz: »Er hat ein deutsches U-Boot besucht u. die Hoffnung ausgesprochen, daß Deutschland über Bolschewismus u. Judentum für Europa siegen werde.« Klemperer hatte bis zu diesem Tag nie ein Buch des Nobelpreisträgers gelesen. Er war ratlos. Nach allem was er wusste, konnte er sich nicht erklären, »wie dieser Naturalist u. Psychologe zum Nationalsocialismus kommt, *jetzt* dazu kommt oder dabei bleibt, wo doch sein Land unterjocht, wo alles Verbrechertum der NS ganz offenbar ist. Das Rätsel interessiert mich um so mehr, als Hamsun nicht nur ein gnädiges Goebbelsschreiben, sondern auch eine, sicher in vielen Blättern abgedruckte Dwinger-Huldigung erntet.«[63] Doch diese Ratlosigkeit teilt Klemperer mit vielen Verehrern des Autors Hamsun bis heute. Wie konnte er in seinem politischen Urteil so fehlgehen? »Wie dieser Mann zum Nationalsocialismus halten kann, ist mir nur durch absolute Vergreisung erklärlich«[64], versucht Klemperer an anderer Stelle sich dieses

Mysterium begreifbar zu machen. Im Prozess, der nach Kriegsende in Norwegen gegen Hamsun angestrengt wurde, erkannten die psychiatrischen Gutachter auf mildernde Umstände, da sie bei ihm geschwächte seelische Kräfte diagnostizieren konnten, das Strafverfahren wurde eingestellt. Allerdings brachte die Entschädigungssumme, zu der er verurteilt wurde, die Familie an den Rand des Ruins.[65]

Der Tod des kleinen Prinzen:
Antoine de Saint-Exupéry

»Die Vervollkommnung einer Erfindung grenzt hart an Erfindungslosigkeit. Erst wenn aus unseren Geräten jede sichtbare Spur der technischen Bearbeitung geschwunden ist und wir sie so natürlich und selbstverständlich wie vom Meer gerundete Kieselsteine ergreifen, wird man langsam vergessen, daß es sich überhaupt um so etwas wie eine Maschine handelt.« Der das schrieb, Antoine de Saint-Exupéry, gehört mit seinem *Kleinen Prinz* noch heute zu den beliebtesten Büchern der Deutschen. Die Zeilen entstammen seinem Werk *Wind, Sand und Sterne,* erstmals 1939 auf Französisch, schon ein Jahr später in Deutschland erschienen. Der begeisterte Flieger beschrieb die Faszination der Aeronautik in fesselnder Sprache und in einem Ton, der auch in Deutschland verstanden wurde. Mit seinen Vorstellungen von einer Technik, die sich der Natur wieder anverwandelt, also organische Züge annimmt, war er nicht weit entfernt von einer breiten Strömung technischer Philosophie im Deutschland der dreißiger Jahre. Doch vor allem gelang es ihm, nicht durch philosophische Gedankenspiele zu langweilen, sondern mit seinen Fliegergeschichten zu unterhalten. Saint-Exupéry ist vermutlich der einzige Bestsellerautor des Dritten Reiches, der im aktiven Kampf – zuletzt als Flieger auf amerikanischer Seite – gegen die Deutschen stand, aber dessen Bücher bis zum Kriegsende weiter verkauft werden durften. Nach der Niederlage Frankreichs war er über Lissabon im Dezember 1940 nach New York gereist. Nach Kriegsbeginn wurden in Deutschland missliebige Autoren der ›Feindstaaten‹ aus dem Handelsverkehr gezogen. Nicht so Saint-Exupéry. Er findet sich sogar auf Listen mit Büchern, für die sich zum Beispiel Leihbuchhändler in besonderem Maße einsetzen sollten.

Dort steht er noch 1940 – aus welchem Grund auch immer – zusammen mit anderen englischen und französischen Autoren, »die uns in Folge der kritischen Einstellung des Verfassers zu der Politik seines Vaterlandes wichtige Aufschlüsse zu vermitteln imstande sind«[66]. Und schon wenige Monate zuvor war an selber Stelle sein Buch *Nachtflug* vorgestellt worden, das – folgt man der kurzen von Dr. Vernunft (sic!) verfassten Inhaltsangabe – ganz den heroischen Menschen beschwört: »Aber die Glückseligkeit des einzelnen hat vor der Allgewalt der Tat keinen Raum. Die Sache fordert, daß man ihr dient. Ohne die Aufopferung des privaten Ichs ist für die Menschen nichts gewonnen.«[67] So gnadenlos wie alle, die Deutschland den Rücken kehrten, aus dem Literaturleben ausradiert wurden – den Franzosen übersah man. Dabei blieb auch er nicht stumm, sondern schrieb im November 1942 einen offenen Brief an »alle Franzosen« im *New York Times Magazine,* in dem er zu Einigkeit im Kampf gegen die Deutschen aufrief.[68] Später ging er auf eigenes Betreiben hin wieder in den Kriegsdienst, als Aufklärungsflieger auf der Seite der Amerikaner. Dass die Bücher dieses exponierten Kämpfers gegen die Nazis weiter in Nazi-Deutschland verkauft und gelesen wurden, zeigt, dass Zensur- und Kontrollapparat alles andere als allmächtig waren.

Saint-Exupéry hoffte, dass spätestens beim gemeinsamen Kampf mit »fünf oder sechs Messerschmitts« die Differenzen zwischen den Franzosen der unterschiedlichen politischen Lager vergessen sein würden. Doch seine Begegnung mit den Messerschmitts verlief für den Autor des *Kleinen Prinzen* nicht glücklich. Von einem Aufklärungsflug im Juli 1944 vor der französischen Mittelmeerküste kehrte er nicht zurück. Noch fast sechzig Jahre später suchte man seine Spuren. Seine Maschine konnte geborgen werden, ein ehemaliger deutscher Jagdflieger bekannte sich in verschiedenen Interviews dazu, den berühmten Autor abgeschossen zu haben. Horst Rippert war zum fraglichen Zeitpunkt mit seiner Messerschmitt 109 von Marseille aus ebenfalls auf einem Aufklärungsflug, als er ein feindliches Flugzeug sichtete und kurzerhand abschoss. Rippert hatte schon damals alle Bücher von Saint-Exupéry gelesen: »Er war einer meiner Favoriten. Weil er auch so viel über die Fliegerei geschrieben hat.«[69] Und noch ein anderer Soldat der Wehrmacht schwärmte von dem Franzosen: Ernst Jünger. Er zähle, neben wenigen anderen, »zu der ganz kleinen, doch hohen Ritterschaft, die aus dem ersten Weltkrieg hervorgewachsen ist. Erst wenn die Glut erkaltet, treten die Diamanten, gleichsam aus schwarzem Kohlenfluß, hervor.«[70] So schrieb er in typisch Jünger'schem Duktus in sein Frankreich-Tagebuch und zählte sich dabei selbst wohl mit unter die Diamanten.

Im Karl Rauch Verlag in Leipzig brachte es *Wind, Sand und Sterne* derweil bis ins Jahr 1945 auf die stolze Auflage von 135 000 verkauften Exemplaren.

8. Im Schatten der Klassiker:
Die gehobene Literatur

Zwischen Herrschaftssicherung und Anarchie:
Von Lichtenberg zu Goethe

Feierlich getragene Stimmung im herbstlichen Weimar. Anlässlich der Eröffnung der zweiten Woche des deutschen Buches 1935 schritten die Schrifttumsgewaltigen zur Kranzniederlegung an den Särgen von Goethe und Schiller – allen voran Joseph Goebbels. Nach dem pompösen Auftakt wurden Werbeveranstaltungen für das Buch im ganzen Reich durchgeführt. Ein Prozedere, das auch in den nächsten Jahren seine Fortsetzung fand. Die Anführer der ›Bewegung‹ zeigten sich gern an der Seite der Dichterfürsten der Vergangenheit. Der Geist der großen Dichter sollte beschworen, eine Traditionslinie von ihnen bis zum Nationalsozialismus gezogen werden.

Die deutsche Klassik war und blieb einer der wichtigsten Bezugspunkte innerhalb der Literatur im Dritten Reich. Diese Autoren gehörten zum schulischen Bildungskanon, mit ihnen war man aufgewachsen. Zudem hatten sie den Vorteil, dass sie sich gegen jedwede Vereinnahmung nicht mehr aktiv zur Wehr setzen konnten. Gehörten Klassiker wie Schiller oder Goethe, schon weil sie vielfach Schullektüre waren, zu den echten Longsellern des deutschen Buchmarktes, so kamen nach 1933 noch zahlreiche Ausgaben, Sammelbände und Anthologien dazu, die für mehr oder weniger propagandistische Zwecke instrumentalisiert wurden. Dabei beschränkten sich solche Bezüge nicht allein auf die deutsche Klassik, nein, auch auf die Romantik oder die griechische Antike griff man gern und häufig zurück und verwendete Elemente dieser Epochen als Ausstattungsmerkmal.[1]

Eine der weit verbreiteten Neuzusammenstellungen klassischer Texte war *Goethe an uns. Ewige Gedanken des großen Deutschen*[2]. Ein Buch, das von einer Rede des Reichsjugendführers Baldur von Schirach eingeleitet wurde. Die 1938 erstmals aufgelegte Broschüre kam auf eine Auflage von mehr als 170 000 Exemplaren. Für die Jugend war Goethe mit Bedacht gewählt worden. Karl Otto Conrady, damals Jungvolk und HJ-Mitglied, später als Achtzehnjähriger in der Wehrmacht, erinnert sich, dass ihm, dem humanistisch Gebildeten, Goethe so etwas wie Heimat vermittelte. Außerdem:»Da war nicht wenig (vermeintlich oder wirklich) Passendes zu finden: ›Wer ist ein unbrauchbarer Mann? / Der nicht befehlen und auch nicht gehorchen kann.‹«[3]

Aber die Klassiker wurden nicht nur von den Herrschenden instrumentalisiert, bei den Klassikern sammelten sich auch alle die, die mit der Gegenwartsliteratur nichts anfangen konnten und deren bevorzugte zeitgenössische Autoren möglicherweise verboten oder vertrieben waren. Was sollte sonst der Grund dafür sein, dass sich ein Aufklärer wie Georg Christoph Lichtenberg großer Beliebtheit erfreute und eine Vielzahl von neuen Ausgaben und biografischen Arbeiten über diesen Autor erschienen? Nach Kriegsbeginn sogar manches auch im handlichen Format und als Gabe für die Soldaten im Felde gedacht. Ausgerechnet Lichtenberg unter den beliebtesten Klassikern in der Diktatur? Ein Denker, der gerade für seine frische, unkonventionelle, ja bisweilen revolutionäre Art zu denken bekannt war?

Dolf Sternberger diagnostizierte 1938 in der *Frankfurter Zeitung* eine richtiggehende Lichtenberg-Welle:»Die Sympathie mit Lichtenberg hat sich neuerdings ziemlich verbreitet, aber, mit Lichtenberg zu reden: ›Sie ist ein schlechtes Almosen!‹«[4] Der Artikel unter dem vielsagenden aufklärerischen Titel »Selbstdenken« war ein typisches Beispiel für einen Text der vergleichsweise liberalen *Frankfurter Zeitung,* die als geistiger Sammelplatz Andersdenkender diente. Wer zwischen den Zeilen lesen wollte, der konnte es hier ausgiebig tun. Sternberger nutzte die Betrachtungen über den brillanten Göttinger nicht als Rückzugsraum ins Vergangene, sondern als Ausgangsbasis für kühne Ausfallschritte gegen die zeitgenössische, genauer gesagt nationalsozialistische Dichtung, indem er schrieb, Lichtenberg sei einer der »seltenen eigentlichen Schriftsteller oder Prosaisten deutscher Sprache«. Und weiter: »Es scheint dies geradezu ein Symptom zu sein für einen starken Durst nach *bon sens,* Schärfe des Ausdrucks, kritischen Witz – welches alles denn auch ganz sicher ein

Nach der Kranzniederlegung am 31. Oktober 1937 zu Ehren von Schiller und Goethe anlässlich der Woche des deutschen Buches in Weimar. Links neben Goebbels Philipp Bouhler, der Chef der Parteiamtlichen Prüfungskommission, und Hanns Johst, Präsident der Reichsschrifttumskammer.

nützliches Korrektiv und eine gute Schule für unsere Literatur darstellen könnte.« »Könnte« wohlgemerkt, wirklich zugetraut wird er es den schneidigen NS-Barden nicht haben, einem wie dem ›buckligen‹ Lichtenberg auch nur das Wasser zu reichen.

Klemperer vermerkte später zum Verbot der *Frankfurter Zeitung:* »Das letzte Blatt, das einen anständigen Ton u. ein gewisses Niveau gewahrt hatte. Um dieses Niveaus willen oder aus bloßer Papier- u. Arbeiternot stillgelegt?«[5]

Kultbücher der Kriegsgenerationen: Rilkes *Cornet* und Flex' *Wanderer zwischen beiden Welten*

»So erfolgreich wie fragwürdig, so berühmt wie berüchtigt«[6], schreibt Marcel Reich-Ranicki in seinen Lebenserinnerungen und hat mit allem recht: *Die Weise von Liebe und Tod des Cornets Christoph Rilke* gehörte nicht zum Besten, was Rainer Maria Rilke zu Papier gebracht hat. Sie ist wahrhaftig »süßlich« und »sentimental«, aber sie war auch sehr, sehr erfolgreich. Das erstmals 1906 erschienene Insel-Bändchen, die ›Nr. 1‹ der bibliophilen Insel-Bücherei, kam allein zwischen 1933 und 1945 auf eine Auflage von über 350 000 Exemplaren, schon 1938 bedeutete das eine Gesamtauflage seit Erscheinen von rund einer halben Million.[7]

Aber die Geschichte vom *Cornet* war nicht nur verkaufsträchtig, sondern auch als Text sehr wirkungsmächtig. Marcel Reich-Ranicki hatte das Buch bei einem Heimabend des Jüdischen Pfadfinderbundes in Berlin kennengelernt. »Einer unsrer Führer, wohl knapp über zwanzig, schaltete die Deckenbeleuchtung ab und rückte ein an der Seite stehendes Pult in die Mitte. [...] Er trug einen langen Militärmantel aus dem Ersten Weltkrieg, in der einen Hand hielt er eine Taschenlampe, in der anderen ein dünnes Buch. [...] Der junge Mann begann zu lesen.«[8] Joachim Fest, Jahrgang 1926, erinnerte sich ebenfalls daran, dass er den *Cornet* abschnittsweise auswendig hersagen konnte.[9]

Erzählt wird die kurze Geschichte eines anderen jungen Mannes, des Adligen Christoph Rilke, der auf einem Feldzug die Liebe kennenlernt und nach dieser ersten Nacht den Heldentod stirbt – in der Schlacht gegen die Türken. »Im nächsten Frühjahr (es kam traurig und kalt) ritt ein Kurier des Freiherrn von Pirovano langsam in Langenau ein. Dort hat er eine alte Frau weinen sehen«[10], so endet das schmale Bändchen, das sich trefflich an einem Abend vortragen lässt.

Rilke hat mit seinen Zeilen, die er – so nährte der Autor selbst die Legende – in einer Nacht niedergeschrieben haben wollte, das Lebensgefühl zweier Kriegsgenerationen eingefangen: »Aus einem Moment tiefen und starken Jungseins [...] mag in jene Zeilen eine Bewegung eingeflossen sein, ein Etwas an unausgegebenem und unausgebbarem Glück, ein Vorrat, der sich Ihnen auch heute noch mitteilt: Sonst wäre ja nicht zu

verstehen, wieso gerade diese so mangelhafte Leistung in Hunderttausenden von Exemplaren sich verbreiten konnte.«[11] Anders ließe sich die
Konjunktur des Bändchens im Ersten und im Zweiten Weltkrieg kaum
erklären. Es war eine Geschichte mit hohem Identifikationspotential für
die zahllosen jungen Männer, die ohne Lebenserfahrung in Liebesdingen
zu Lebenserfahrungen in Sachen des Kriegs gezwungen wurden oder
sich freiwillig dazu hergaben. Erfahrungen, auf die in der Rückschau so
mancher gerne verzichtet hätte. »Der von Langenau schreibt einen Brief,
ganz in Gedanken«, so lesen wir bei Rilke über den *Cornet,* »langsam malt
er mit großen, ernsten, aufrechten Lettern: ›Meine gute Mutter, seid
stolz: Ich trage die Fahne, seid ohne Sorge: Ich trage die Fahne, habt mich
lieb: Ich trage die Fahne —‹

Dann steckt er den Brief zu sich in den Waffenrock, an die heimlichste
Stelle, neben das Rosenblatt. Und denkt: Er wird bald duften davon. Und
denkt: Vielleicht findet ihn einmal Einer … Und denkt: …; denn der
Feind ist nah.«[12]

Es gab mindestens noch ein Buch mit vergleichbarem Kult-Charakter
nach dem Weltkrieg: *Der Wanderer zwischen beiden Welten* von Walter Flex.
Auch hier steht der ›Heldentod‹ im Mittelpunkt der Erzählung, die noch
dadurch einen ›besonderen Reiz‹ bekommt, dass der Autor und Ich-Er-
zähler tatsächlich im Krieg im Osten fällt, gewissermaßen in persona das
Schicksal seiner literarischen Helden teilt. »Wildgänse rauschen durch
die Nacht/Mit schrillem Schrei nach Norden —/Unstäte Fahrt! Habt
acht, habt acht!/Die Welt ist voller Morden!«, so lauten die berühmtes-
ten Zeilen des Werkes, das die Transformation der Wandervogeljugend
zur Frontkämpfergeneration beschreibt. *Der Wanderer zwischen beiden Welten* hat vor allem bei der bündischen und der akademischen Jugend eine
begeisterte Aufnahme gefunden und »ein breiten Schichten zugängliches
Verständigungsfeld«[13] abgesteckt, so heißt es in einer Studie zur Literatur im Dritten Reich, in dem sich antimoderne Protesthaltung und
idealistische Traditionen verbanden, in einem »Musterbuch eines ideo-
logisch renovierten nationalen Konservatismus der späten Wilhelminischen Jahre«. *Der Wanderer zwischen beiden Welten,* gemeint ist die Welt
der Wandervögel (»Aller Glanz und alles Heil deutscher Zukunft schien
ihm aus dem Geist des Wandervogels zu kommen …«[14]) und die der

Soldaten, war beinahe noch erfolgreicher als der _Cornet_. Im Laufe des Dritten Reichs erreichte das Bändchen, das 1917 erstmals erschienen war, mit seiner Gesamtauflage die Millionenmarke, wovon zwei Drittel nach 1933 über den Ladentisch gingen. Es war, dem _Cornet_ ähnlich, ein Begleiter der Soldaten, Tornisterschrift und stiller Trost für die Daheimgebliebenen zugleich. Hellmuth Langenbucher hatte das Besondere an Walter Flex für den Nationalsozialismus auf den Punkt gebracht: Er fiel im Krieg und verlieh damit seinem Buch die wirklich ultimative Authentizität. Wortwörtlich lesen wir in Langenbuchers Literaturgeschichte von 1937 zum _Wanderer zwischen beiden Welten:_ »Der Opfertod als Vollendung von Leben und Werk.«[15] Wahnwitziger lässt sich die ins Verderben führende Verblendung eines ganzen Volkes kaum dokumentieren.

Der einzige, aber entscheidende Unterschied zwischen den Kultbüchern von Flex und Rilke: Der Autor des _Wanderers_ ist heute zu Recht ebenso weitgehend vergessen wie sein Hauptwerk, das einmal das Glaubensbekenntnis einer Generation war. Ganz anders Rilke, der mit seinem Gesamtwerk fester Bestandteil einer jeden deutschen Literaturgeschichte ist, lediglich über dessen _Cornet_ wird heute kaum noch ein Wort verloren.

Hesse, Frisch, Bergengruen: Aus dem Dritten Reich in den Literaturkanon der Nachkriegszeit

Bei allem Pomp, den die NS-Literaturgewaltigen mit den Klassikern betrieben, ist zu erwarten, dass sich im Windschatten der großen deutschen Dichter, die man für die eigenen Traditionslinien zu reklamieren suchte, das originäre NS-Schrifttum entfalten musste. Doch weit gefehlt: Bei der Suche nach der NS-eigenen Literatur, die gewisse ästhetische Qualitätsstandards hält, läuft man ein ums andere Mal ins Leere. Stattdessen kommt allüberall Widerspenstiges bis Widerständiges zu Tage.

Er wurde vor, im und nach dem Dritten Reich in Deutschland gelesen: Hermann Hesse. Er gehörte in jenen Jahren nicht zu den absoluten Topsellern, aber viele seiner Bücher waren bis weit in den Krieg hinein zu haben. Hesse lebte schon seit 1922 in der Schweiz, seit 1924 sogar mit der Schweizer Staatsangehörigkeit versehen. Noch in den vierziger Jahren waren an die dreißig Einzeltitel von Hesse im deutschen Buchhandel lieferbar, darunter Klassiker wie *Unterm Rad, Steppenwolf* oder *Siddhartha*. Ein Großteil davon erschien im S. Fischer, später Suhrkamp Verlag. Hermann Hesse war mit Sicherheit kein Kollaborateur, schon gar kein Parteigänger der Nazis – auch wenn ihn Heinrich Himmler mit Freude gelesen hatte.

Er habe sich einen »neutralen Standpunkt zwischen den Fronten bewahrt«[16], wobei er sowohl von den NS-Scharfmachern als auch von manchen Emigranten dafür kritisiert wurde. Hans Sarkowicz hat in seinem Lexikon der *Literatur in Nazi-Deutschland* dokumentiert, dass es sogar ein offizielles Verbot von Angriffen auf den Schweizer Autor gab. Die renommierten und im Ausland angesehenen deutschsprachigen Autoren, die noch im Reich veröffentlichen konnten, waren rar. Deshalb wurde in einer vertraulichen Verlautbarung, offensichtlich mit Unterstützung des Propagandaministeriums und der Parteiamtlichen Prüfungskommission, verfügt, »daß der Schriftsteller Hermann Hesse zukünftig keinerlei Angriffen mehr ausgesetzt und daß demnach die Verbreitung seiner Werke im Reich nicht behindert werden soll«[17]. In ähnlicher Weise hatte das Propagandaministerium ja auch schon Hesses Landsmann John Knittel gegen Anwürfe verteidigt. Man wollte es sich in beiden Fällen nicht mit den letzten verbliebenen Aushängeschildern für das Ausland verderben.

Auf einen weiteren Landsmann Hesses, den man gemeinhin erst mit der deutschsprachigen Literatur der Nachkriegszeit in Verbindung bringt, sei an dieser Stelle auch noch kurz verwiesen. Allerdings waren seine ersten Bücher noch weit davon entfernt, Bestseller zu sein oder überhaupt in einer breiten Öffentlichkeit Beachtung zu finden: Max Frisch. Immerhin drei Werke konnten von ihm in Deutschland zwischen 1934 und 1943 erscheinen. Bei allem was er tat, versuchte er eine offene Provokation der Nationalsozialisten zu vermeiden. Seine Haltung bezeichnete er selbst als »geistige Landesverteidigung«[18]. Auch ihm gelang es, Distanz zu bewahren, und sich nicht der Kollaboration schuldig zu machen. Der Barsortimentskatalog von 1941/42 verzeichnete Frischs in der Deutschen Verlags-Anstalt erschienene *Antwort aus der Stille,* eine Erzählung über einen Bergsteiger, unter den lieferbaren Titeln.[19]

»Wir erhielten Lektüre – ich lese jetzt den grandiosen *Großtyrannen* von Bergengruen vor«[20], so die begeisterte Notiz von Victor Klemperer im April 1945. Noch kurz vor Kriegsende bekam der standhafte Klemperer dieses außergewöhnliche Buch in die Hände. Es ist wahrhaft ein erstaunliches Stück Literatur, das bereits zehn Jahre zuvor in der Hanseatischen Verlagsanstalt erschienen war. Diese hatte damit ihr belletristisches Programm gestartet.[21] Erstaunlich ist es vor allem dann, wenn man es in dem literarischen Umfeld jener Jahre in Deutschland betrachtet und wenn man bedenkt, dass der Verlag, in dem es erscheinen konnte und der auch verlegerische Heimat für Ernst Jünger war, der Deutschen Arbeitsfront (also den gleichgeschalteten Gewerkschaften) gehörte, somit mittelbar Robert Ley unterstellt war.

In Werner Bergengruens Roman *Der Großtyrann und das Gericht* wird eine Art Kriminalgeschichte erzählt, angesiedelt in der italienischen Renaissance. Ein wichtiger Unterhändler des Großtyrannen wird ermordet aufgefunden. Der Großtyrann beauftragt seinen Sicherheitchef mit der Ermittlung des Täters. Im Laufe des Romans gerät der ganze Stadtstaat in Aufruhr: Tote werden des Mordes beschuldigt, Todgeweihten werden Geständnisse untergeschoben und Unschuldige bezichtigen sich selbst des Verbrechens. Die verblüffende Lösung am Schluss sieht den Großtyrann selbst als den Täter, der damit sein Volk auf die Probe stellen wollte, aber so beinahe seine Macht verloren hätte.

Der Großtyrann wird als totalitärer Herrscher gezeichnet, der verschiedene Züge der Nazi-Führer, allen voran Hitlers, trägt. Er ist allgegenwärtig, taucht plötzlich in den privatesten Momenten wie aus dem Nichts heraus auf. Er zeigt sich allmächtig, steht über dem Gesetz. Zudem beruft er sich bei seiner Herrschaft auf den Willen des Volkes, den er »deutlicher erkennt als diese selbst«[22]. Der Großtyrann hat die Herrschaft der »Parteiungen der Geschlechter und der Zünfte«[23] beendet, die sich häufig nicht einig waren, und damit erst unter seiner Herrschaft große Aufbauwerke wie die Konstruktion einer Brücke ermöglicht.

Ein junger Jurist, der darum kämpft, sein Erbe zu bewahren und die Unschuld seines Vaters zu beweisen, blickt hinter die Maske der Macht. »Diomede schauderte es. Denn hier zum ersten Male war es, als blicke er durch einen Mauerspalt ins Innere des Großtyrannen und gewahre, daß hinter aller zweiflerischen Klugheit dieses Mannes, von ihr umschirmt, aber von ihr nicht angefochten, ein Stück ungemessener, ja, fast wahnwitzig erscheinender Selbstüberhebung verborgen lag.«[24]

Dass sich beim *Großtyrann* vielfältige Möglichkeiten boten, das Buch als Parabel auf das Dritte Reich zu lesen, ja dass sich dies quasi aufdrängte, war auch den Zeitgenossen nicht verborgen geblieben. »Die Gestalt des Großtyrannen, des Principe, wird zu einem Ideal-Hitler gemacht. Der Mann hat Machtwillen, ist Tyrann – aber er ist es, um ganz Cassano zu heben, das unter demokratischer Herrschaft verfiele«[25], so hatte Klemperer nüchtern festgehalten. Umso erstaunlicher ist es, dass der Roman zunächst sogar von den Dogmatikern aus Rosenbergs Schrifttumsstelle eine positive Rezension bekam: »Das Buch hat dem Leser viel zu geben, vor allem, da die Sprache lebendig und künstlerisch wertvoll ist!«[26] Und auch vom ›Publikum‹ wurde der *Großtyrann* angenommen. An die 200 000 Exemplare wurden von dem Werk im Dritten Reich abgesetzt. Sogar Sonderausgaben für die Frontbuchhandlungen der Wehrmacht gingen noch 1941 in die Produktion. Und das alles, obwohl man von offizieller Seite nicht sehr gut auf den Autor zu sprechen war. Der Ortsgruppenleiter der NSDAP am Wohnort Bergengruens hatte an die Gauleitung berichtet: »Bergengruen dürfte politisch nicht zuverlässig sein. Wenn er auch, wenn dazu Anlaß besteht, an seinem Fenster die Hakenkreuzfahne zeigt, oder bei Sammlungen immer und gerne gibt, so gibt seine sonstige Haltung trotzdem Anlaß, ihn als politisch unzuverlässig anzusehen.

Weder er noch seine Frau und Kinder sind Mitglied einer Gliederung. Der deutsche Gruß ›Heil Hitler‹ wird weder von ihm noch von seiner Familie angewendet, auch wenn er ab und zu die Hand ein wenig erhebt. Eine NS-Presse bezieht er soweit bekannt ebenfalls nicht.«[27]

1937 hatte man Bergengruen schon aus der Reichsschrifttumskammer ausgeschlossen, was einem Schreibverbot gleichkam. Dennoch konnte er mit einer ›Dauersondergenehmigung‹ weiterarbeiten. Der Leiter von Goebbels' Schrifttumsabteilung hatte sich für den Autor persönlich stark gemacht »aufgrund des literarischen Wertes«[28] seiner Veröffentlichungen. Die ablehnende Haltung vieler Offizieller gegenüber Bergengruen scheint ihre Ursache weniger im kritischen Potential seines Werkes gehabt zu haben, sondern vielmehr in der Tatsache, dass er mit einer ›Dreivierteljüdin‹ verheiratet war – und auch nach 1933 weiter zu ihr hielt.

Fin-de-siècle: Bindings *Opfergang,* Carossas *Das Jahr der schönen Täuschungen*

Es ist sicher kein Zufall, dass sich all die Literatur, die ein gewisses Maß an handwerklicher Qualität aufwies und innerhalb der großen Linien der Literatur im Dritten Reich mehr oder weniger unberührt erscheinen konnte, an klassisch-konventionellen Mustern orientierte. »Es ist heute schwer zu verstehen«, so Hans Sarkowicz in seinem Lexikon, warum Rudolf Georg Binding »zu seinen Lebzeiten eine solche Anerkennung als ›Dichter‹ genoss.«[29] Allerdings hätten die zeitgenössische Kritik und nicht zuletzt die Leser seinen Stil als »klassisch und formvollendet« geschätzt.

Avantgardistisches wird man in dieser Kategorie des gehobenen Schrifttums vergeblich suchen, dann schon eher Rückgriffe auf Bewährtes. Bindings Novelle *Der Opfergang,* erstmals 1912 erschienen, kam allein zwischen 1933 und 1945 auf eine Auflage von über 450 000 Exemplaren. Den *Opfergang* gab es, so makaber es klingen mag, auch als Feldpostausgabe des Insel Verlags in Leipzig. Dabei hat Bindings *Opfergang* wenig mit dem zu tun, was man hunderttausendfach von den Soldaten verlangte: sich zu opfern. Es ist vielmehr ein mit Fin-de-siècle-Motiven ausgestattetes Kabinettstückchen, das im von der Cholera heimgesuchten Hamburg spielt. Aber schon der Titel allein barg Potential für Propaganda. So ist es kein Wunder, dass Bindings Novelle vom Regisseur Veit Harlan in einem Farbfilm in Szene gesetzt wurde, der 1942 in die Kinos kam. Allerdings wurde der Kern der Geschichte für den Film komplett verdreht. »Ein Schimmel, ein Mädchen und die blitzenden Wasser der Alster sind der zauberhafte Auftakt zu einem tiefen, liebesseligen Erlebnis«, schrieb die *Berliner Illustrierte Zeitung* unter der Überschrift »Bindings Meisternovelle *Opfergang*«[30] zum Filmstart. Hier machte offenbar das alte Medium Werbung fürs neue.

Das Zentrum der Bindingschen Fabel: Albrecht Froben hat seinen Jugendschwarm, seine Cousine Octavia, geheiratet. Während er bei ihr

»Meeresstille« und »gedämpftes Licht« findet, sind seine eigentlichen Elemente »Sonnenglut« und »Sonnenlust«[31], wie seine Frau Octavia weiß. Das Schicksal nimmt seinen Lauf und Albrecht begegnet der geheimnisvollen Nachbarin Joie, die ihn mit ihrem amazonenhaften Wesen und ihrer erotischen Ausstrahlung anzieht. Das Liebespaar, zu dem Albrecht und Joie werden, erkrankt an der Cholera. Sie haben sich bei der Rettung eines Kindes aus armen Verhältnissen angesteckt. Albrecht stirbt vor seiner Geliebten, in den Armen seiner Frau. Seine größte Sorge: Dass nun auch Joie sterben muss, weil sie seinen abendlichen Gruß, den er ihr in der Zeit der gemeinsamen Krankheit bei einem Spaziergang in der Dämmerung von ferne stets entsandte, nicht mehr sehen wird. Auf den Opfergang nun begibt sich Octavia. Sie verkleidet sich wie ihr Mann Albrecht und grüßt die Geliebte ihres Mannes von ferne, um sie zu täuschen und damit zu retten. »Und da hat Joie etwas wie eine Pflicht gefühlt, gesund zu werden, und hat sich Ruhe und Überwinden erkämpft, damit der Opfergang einer edeln Frau nicht vergebens gewesen sei.«[32]

Wenn er auch kein Nationalsozialist aus Überzeugung war, so hat sich Binding doch in gewisser Weise vom Nationalsozialismus vereinnahmen lassen. Sein früher Tod bewahrte ihn davor, sich nach dem Krieg wegen seines Pakts rechtfertigen zu müssen. Vor allem zu Beginn der Nazi-Herrschaft hatte er sich für das neue Reich auch in publizistischen Debatten eingesetzt. Bei seiner Totenfeier allerdings sei das offizielle Deutschland nicht präsent gewesen.[33] Wobei Hellmuth Langenbucher den ›Dichter‹ Binding noch in der *Bücherkunde* 1940 in einem längeren Artikel würdigt. Im Hinblick auf die von Binding verfasste Reiterliteratur (der Autor war begeisterter Reiter und Pferdezüchter) heißt es dort, dass diese Werke »sorgfältige Sprachbehandlung« beweisen, »die Binding ihnen angedeihen läßt, und die diese Arbeiten zu einem Genuß machen für jeden, der Verständnis hat für eine herrenhafte innere Haltung«.[34] Heinrich Himmler hat den *Opfergang* gleich zweimal gelesen. »Geschichte einer sich selbst und ihre Gefühle voll und ganz beherrschenden hohen, aufopfernden Frau«[35] hatte er sich 1920 nach seiner ersten Lektüre notiert. Und acht Jahr später dann: »Eine Erzählung von Tragik und vollem Menschentum und Frauenhoheit. Diese Menschen sind edel und groß.«[36]

Auch Hans Carossa stand im Schatten Goethes und der Klassiker des

19. Jahrhunderts und bekannte sich vielfach zum Altmeister, wie die *Bücherkunde* in einer Buchbesprechung vermerkte. Erstaunlich offen wird darin Carossas Zugehörigkeit beschrieben: Er sei ein Mensch »seiner Zeit [...], der Zeit, die durch das Bürgertum ihr Gepräge empfing.«[37] Der Gutachter führte ferner aus, dass sich Carossa aus seiner Sicht dennoch immer wieder zu »unserer Zeit«, also zum Nationalsozialismus bekenne. Aber nicht nur dies, auch der Befund, dass er ein »Dichter von hohen Graden« sei, trug zu dem auf das Gesamtwerk bezogenen positiven Urteil bei. Das besprochene Werk, wie die meisten anderen seiner Bücher, seien weitgehend biografisch geprägt und es sei eigentümlich, »wie wenig Carossa sich auf die Erfindung verläßt«. Das erst 1941 erschienene Buch *Das Jahr der schönen Täuschungen* wird eines seiner erfolgreichsten Werke im Dritten Reich. So poetisch und gelungen der Titel, so geglückt ist die ganze Schilderung aus der Zeit von Carossas Studienbeginn in München um die Jahrhundertwende; das Werk ist als Zeitbild auch heute noch durchaus lesbar. Nach kritischem Potential fahndet man bei Carossa allerdings vergebens. Allenfalls noch, wenn Carossa im Zusammenhang mit einer Dichterlesung davon spricht, dass »wir älteren [...] vielleicht noch zu sehr einer Zeit an[hängen], wo es keine Verbände der Schreibenden, keine staatlichen Einrichtungen für sie gab«[38]. In diesem Buch wird ebenfalls die Fin-de-siècle-Stimmung der Jahrhundertwende beschworen, aber Carossa blickt gläubig auf das 19. Jahrhundert zurück, zumindest auf dessen technische Errungenschaften von »Eichendorff und Mörike« über »die großen und neuen Schriftsteller und Künstler Frankreichs« bis hin zur »Genfer Konvention«. »Stolz und Freude durchdrang die Lebendigen; selig priesen sie sich, in dieser Zeit der Zeiten zu atmen, allen Fluch glaubten sie von der Welt genommen.«[39]

Über 140000 Mal wurde das Insel-Buch verkauft. Sein Erfolg ist schnell erklärt, war es doch eine unverfängliche und ›staatlich anerkannte‹ Fluchtlektüre, die zudem sogar dem anspruchsvolleren Leser etwas zu geben vermochte. In Bindings wie in Carossas Werk war zweierlei zu finden, was die Menschen im Deutschland der vierziger Jahre berührte. Zum einen entwarfen beide Bilder eines vergangenen Jahrhunderts, der ›guten, alten Zeit‹, wenn man so will, die sich als Projektionsfläche für Wünsche und Träume der Jugend anbot. Zum anderen lebte

man selbst in einer Zeit, die mit aller Konsequenz dem Untergang ge-
weiht war. Wer sehen wollte, konnte das bereits erkennen.»Sonderbar –
der Frieden, der in solchen Büchern sich zeigt, erscheint mir irgendwie
unfruchtbar, und doch sehnen wir uns unsagbar nach dem Frieden!«, so
schrieb Heinrich Böll anlässlich der Lektüre der *Schönen Täuschungen* an
seine Frau Annemarie. Und dabei konnte Böll schon mit manch ›bürgerlichem‹ Element Carossas nicht mehr so viel anfangen wie andere seiner
Zeitgenossen: »Was mich oft befremdet an diesen – ich möchte sagen
›bürgerlichen‹ Schriftstellern ist die Tatsache, daß ihre Helden immer
später das schöne, liebenswürdige und nicht außergewöhnliche Mädchen
heiraten, während die ›Abenteuer‹ verschwinden. Dieses ›Happy-End‹
der Ordentlichkeit finde ich scheußlich […] Aber eine gewisse Art von
Bücherschreibern kann keinen Roman ohne dieses ›End‹ fertigbringen,
und damit zeigen sie – vielleicht unter Zwang – das Gesetz ihres We-
sens …«[40] – und natürlich ihre Grenzen auf.

Wie aber verhielt sich Carossa zum NS-Regime und wie die NS-Lite-
raturlenker zu ihm? Er habe – so Hans Sarkowicz in seinem Lexikon zur
Literatur im Dritten Reich – den Nationalsozialismus »dezidiert« abgelehnt und auch der Berufung in die gleichgeschaltete Dichterakademie
nach 1933 »couragiert« widerstanden.[41] Auf der anderen Seite war er
auch immer wieder zu Konzessionen bereit, nahm wichtige Literaturpreise an, schrieb etwa ein Grußwort zum 50. Geburtstag des ›Führers‹
oder begrüßte in einer Rede den ›Anschluss‹ Österreichs und des Sude-
tenlandes »überschwenglich«[42]. Für beide Seiten war klar: sie brauchte
einander. Carossa sein Absatzgebiet im deutschen Sprachraum, Goebbels
und Co. einen Vertreter der bürgerlichen Literatur als Repräsentant für
das Ausland, aber auch als Identifikationsfigur für die bürgerlichen Leser im Lande, die es ja immer noch gab. Goebbels' größter Coup dabei
war, dass es ihm gelang, Carossa als Präsident der von ihm neu ins Leben
gerufenen Europäischen Schriftstellervereinigung zu lancieren. Carossa
wurde dazu mehr gedrängt und überredet als überzeugt.[43] Die Vereinigung sollte ein Gegengewicht zum internationalen PEN sein: eine Vereinigung der Schriftsteller aus dem besetzten bzw. neutralen Europa unter
deutscher Führung. Carossa kam Goebbels, wie der Autor später selber
feststellte, »als unpolitischer Mann für den politischen Zweck, den man

im Auge hatte, gerade«[44] recht. Man brauchte ein neutrales, vorzeigbares Aushängeschild.

Vom »Wunsch-« zum »Glückwunschkind«:
Ina Seidel

Noch im Dezember 1944 berichtete die Zeitschrift *Das Reich* vom veränderten Buchmarkt im ›totalen Krieg‹. Bücher und Leser »zwischen Wunsch und Erfüllung« war das Motto. Und auf die Frage, »welche Bücher werden am heftigsten umworben?«[45], wie so oft auch hier unter anderem die Antwort: *Das Wunschkind* von Ina Seidel. Der sehr umfangreiche Band war bereits 1930 erstmals erschienen und brachte es im Verlauf der dreißiger und vierziger Jahre unter die erfolgreichsten Romane der Zeit. »Nach dem übereinstimmenden Urteil maßgebender Sortimenter wird die neue billige Ausgabe von Ina Seidel *Das Wunschkind* das diesjährige Weihnachtsgeschäft beherrschen«[46], so trommelte die Deutsche Verlags-Anstalt auf der Titelseite des *Börsenblatts* im Herbst 1934 für seine Autorin. Anlässlich Seidels 50. Geburtstag ein Jahr später zog der Verlag abermals alle Register, wies darauf hin, dass die Autorin und ihr Werk durch die Berichterstattung zu dem Jubiläum in der Presse im Blickpunkt stehen werden, und bot zahlreiches Werbematerial wie »einen vierseitigen *Wunschkind*-Sonderprospekt«, ein »*Wunschkind*-Plakat« oder ein »Dichterbildnis im Format 24 x 30 cm«[47] für den Buchhandel an.

»Cohns brachten ein dickes Buch, das ich oft nennen gehört u. immer – ich weiß nicht weshalb – für reine Unterhaltungsware gehalten habe: *Das Wunschkind* von Ina Seidel«, so notierte sich Victor Klemperer. »Ich sagte mir, wenn ein Wälzer von über 1000 Seiten, 1930 erschienen, es auf 350000 Exemplare gebracht habe, dann müsse er irgendwie charakteristisch für das Denken seiner Zeit sein. Woraus ich die Berechtigung vor mir selber schöpfte, den Band zu lesen. Urteil, vorläufiges, nach den ersten 100 Seiten: ungeheuer charakteristisch für die Blutromantik, für die Relation Romantik – Materialismus-Rasse-Sippe. Fraglos eine bedeutende u. interessante, wenn auch mir persönlich wenig zusagende Leistung. Stil scheint mir auf Ricarda Huch hinzuweisen.

Klassische Form für romantische Entgrenzung u. Entgeistigung in Natur u. Blut.«[48]

Vermutlich wird die Gesamtauflage der Seidel zu diesem Zeitpunkt schon etwas höher gelegen haben, als es Klemperer vermutete. Seine Charakterisierung legt die Frage nahe, ob die Autorin nicht unter den NS-nahen Autoren in diesem Buch hätte verhandelt werden müssen? Was für die Seidel gilt, gilt für alle hier besprochenen Bücher: Es wurde versucht, sie in erster Linie aus dem Blickwinkel der zeitgenössischen Leser zu sehen und zu werten. Im Übrigen wird es bei der Literatur so wenig wie bei anderen Dingen eindeutige Zuordnungen geben können und *Das Wunschkind* fand bis weit in den Krieg hinein begeisterte Leser aus allen Kreisen. »Wirklich ein sehr schönes und spannendes Buch, das mich nicht mehr loslassen wird, bis ich es ganz bezwungen haben werde«[49], schrieb auch der Soldat Heinrich Böll an seine Frau Annemarie. Und in der Tat: Handwerklich war der Roman gut gemacht, dabei bewegte sich die Autorin in der literarischen Tradition des 19. Jahrhunderts.

Erzählt wird die Geschichte der Cornelie von Tracht, die, aus preußischem Adel stammend, ins katholische Mainz einheiratet. Der Roman spielt zwischen 1793 und 1813 vor dem Hintergrund der Napoleonischen Kriege. Cornelies Mann fällt im Feldzug gegen die Franzosen. Sie bleibt zurück mit Christoph, dem ›Wunschkind‹, das in der letzten gemeinsamen Nacht der Liebenden gezeugt wurde: »Und so geschah dies, daß in dieser Nacht ein loderndes Wetter Himmel und Erde zusammenschlug, – daß der prasselnde Regen die reife Ähre ausdrosch und das junge Korn in den Boden stampfte. Tags darauf hing die Ähre leer. Aber schon quoll im Erdreich der Keim.«[50] Ähnliche Stellen lassen sich viele finden, in denen die Mütterlichkeit in ihrer Verbindung zu Scholle und Blut beschworen wird: »›Erde ist deine Mutter!‹ sang's ihr zu Häupten, über ihr, in ihr.«[51] Solche Passagen hatten Klemperer zu seiner Bemerkung von der Blutromantik gebracht. Zentrale Themen des Buches sind Herkunft und Abstammung und die Frage, wie weit sie das Leben beeinflussen, oder ob sich der Mensch von den Bestimmungen durch sein ›Blut‹ lösen kann. Am Ende verliert Cornelie ihren Sohn ebenfalls wieder an den Krieg, aber es bleibt eine vage Hoffnung, dass das Mütterliche über den Krieg siegen könnte: »Aber der Tag wird kommen – und er muß kommen – da die Tränen der Frauen stark genug sein werden, um gleich einer Flut das Feuer des Krieges für ewig zu löschen.«[52]

Modern an dem Text ist allenfalls der Ansatz, das ganze Geschehen allein aus der Perspektive der Protagonistin Cornelie und der anderen weiblichen Romanfiguren heraus zu beschreiben. Hans Sarkowicz kommt in seinem Personenlexikon zu dem Schluss, dass Ina Seidel in mancherlei Hinsicht als Vorläuferin der feministischen Literatur hätte gelten können. Dass dies heute nicht so gesehen werde, hänge »vornehmlich mit der in mythischen ›Urgründen‹ wurzelnden Heroisierung des Mütterlichen zusammen, die im nationalsozialistischen Mutterkult ihre Entsprechung fand«[53].

Eine weitere Gefahr für Ina Seidel – und es war eine Gefahr, in der alle schwebten, die im Deutschland der Nazis schreiben und publizieren wollten – war die der Korrumpierung durch das Regime. Wer ließ sich nicht gerne umwerben und hofieren? Die Frage bleibt, zu welchem Preis das jeweils geschah. Die Antworten darauf lassen sich nur individuell geben. Man kann die Konsequenz für diese Künstlerbiografien nicht deutlicher und klarer beschreiben, als es Victor Klemperer mit Blick auf Ina Seidel tat: »Auch hier Toleranz u. Geistigkeit: die platonische Idee Deutschland, aus Süden u. Preußen gemischt u. abstrahiert, in Christoph verkörpert. Auch hier aber die Gefahr des Abgleitens ins Blut. So liegen die Dinge 1930 bei einer innerlich reinen Dichterin. Von hieraus ist zu ersehen, was der Natsoc. erbt, u. wie er das Erbe herunterzieht, vom Geist zum Blut, zum Materialismus, zur Versklavung, zur Lüge.«[54]

Seidel war schon seit 1932 Mitglied der Sektion für Dichtung der Akademie der Künste. Ihr Schriftstellerkollege Werner Bergengruen verpasste ihr den Spitznamen »Glückwunschkind«, weil sie sich zu einer Hitlerhuldigung hatte hinreißen lassen, die zum Geburtstag des ›Führers‹ am 20. April 1942 abgedruckt wurde und mit den Worten schloss: »Dort, wo wir als Deutsche stehen, als Väter und Mütter der Jugend und der Zukunft des Reiches, da fühlten wir heute unser Streben und unsere Arbeit dankbar und demütig aufgehen im Werk des einen Auserwählten der Generation – im Werk Adolf Hitlers.«[55]

Dies alles tat ihrem literarischen Weiterleben nach 1945 zunächst jedoch keinen Abbruch. Sie gehörte ganz fest zum Literaturkanon der

Nachkriegzeit. Später versuchte sie ihre Fehltritte durch mangelnde politische Bildung zu erklären. »Ich möchte nochmals darauf hinweisen, daß jener Beitrag zu einer Glückwunschkundgebung 1939 geschrieben wurde. [...] Als das Fachblatt *Der Schriftsteller* ihn 1942 ohne mein Wissen nochmals abdruckte, hätte ich mich infolge inzwischen gewonnener Erfahrungen und Einblicke nicht mehr in dieser Weise zu äußern vermocht.«[56] Heute ist die Autorin weitgehend vergessen. Lediglich einige wenige ihrer Texte sind noch in Anthologien greifbar.

Die Königsdisziplinen: Dramatik und Lyrik im Bestsellerformat von Hanns Johst bis Eugen Roth

Das Drama ist von der Natur der Sache her nicht als Verkaufsschlager angelegt, sondern soll die Massen in die Theater locken. Dennoch gehören die Dramen eines Kleist oder Schiller, schon weil sie über Dekaden hin Schullektüre sind, zu den bestverkauften Büchern vieler Epochen. So wurde in einem Handbuch zum Buchmarkt von 1938 auf die außerordentlich hohen Auflagen hingewiesen, die manche urheberrechtlich freie Werke erreicht hätten: »So konnte die berühmte Reclamsche Universalbibliothek bereits 1917 mitteilen, daß sie von Schillers *Tell* 2 300 000 Stücke, von der *Edda* 124 000, vom *Nibelungenlied* 313 000 Stücke verkauft habe.«[57] Vergleichbare Erfolge hatten, neben einem modernen Klassiker wie Gerhart Hauptmann, der aber im Dritten Reich nichts Wesentliches mehr veröffentlichte, nur die ›Dichter der Bewegung‹ vorzuweisen. Mit freundlicher Unterstützung der NS-typischen Marketingmaschinerie. Hanns Johsts Drama *Schlageter,* über einen von der französischen Besatzungsmacht hingerichteten und von den Nationalsozialisten zum Märtyrer stilisierten aufständischen Arbeiter im besetzten Rheinland, ging im Herbst 1935 ins 35. Tausend. »Seit Jahren der größte Bucherfolg eines Dramas!«, tönte der Langen-Müller Verlag in einer Anzeige, zudem wurde der *Völkische Beobachter* zitiert: »*Schlageter* ist das erste große Drama der deutschen Wandlung.«[58] Massiv wurde in der doppelseitigen Anzeige darauf hingewiesen, dass Johst zu den Auserwählten gehört: »Wir bitten Sie, die Bücher des Dichters, der vom Führer selbst in so hohem Maße geehrt wurde, durch Ausstellen mit Hinweis und Empfehlen immer weiter zu verbreiten und schon jetzt für das neue Buch zu werben.« Der *Schlageter* fand tatsächlich weiter beachtlichen Absatz: 80 000 Stück sollten es am Ende werden. »Dies dürfte auch eines der wenigen in Buchform vorliegenden Schauspiele sein«, so vermutete man in der Branchenpresse, »die in den letzten Jahren eine so hohe Auflage erreichten.«[59]

Was aber war mit der Lyrik im Dritten Reich? Gab es Gedichte, die echte Erfolgstexte waren? Allen voran sicher das NS-Liedgut, das den Marschtritt der Kolonnen vom Jungvolk bis zur Wehrmacht begleitete. Diese Gedichte fanden ganz automatisch massenhafte Verbreitung. So etwa das Marschlied der HJ: »Uns're Fahne flattert uns voran. / In die Zukunft ziehen wir Mann für Mann / Wir marschieren für Hitler / Durch Nacht und durch Not / Mit der Fahne der Jugend / Für Freiheit und Brot. / Uns're Fahne flattert uns voran, / Uns're Fahne ist die neue Zeit. / Und die Fahne führt uns in die Ewigkeit! / Ja die Fahne ist mehr als der Tod!« Von Fahne bis Tod wird hier in wenigen Zeilen das eingefangen, was ein junges Leben in der NS-Zeit prägen und zerstören konnte. Der Dichter dieser Zeilen, Baldur von Schirach, war bereits mit 24 Jahren Reichsjugendführer der NSDAP und gehörte durch seine Heirat mit der Tochter von Hitlers Leibfotografen Heinrich Hoffmann zum engeren Zirkel der Macht. Die »kurzen, fast formelhaften Gedichte« haben wie »Parolen einer verschworenen Gemeinschaft«[60] geklungen – so die Einschätzung von Hans Sarkowicz in seinem Lexikon. Das war die Art von Liedgut, mit der sich weitermarschieren ließ, und das heute in Form von kostenlosen MP3-Downloads im Internet bereitgehalten wird – wohl hauptsächlich für die braune Klientel.

Hellmuth Langenbucher formulierte es in seiner Literaturgeschichte schwülstig: »Tiefsinnigste und formprächtigste Darstellung erdachten Geistesgutes« bringt in solchen Zeiten nicht weiter, sondern eher Lieder, die sich »nicht selten der Knappheit der Spruchform« nähern und damit »die stärkste Wirkung«[61] erzielen. Propaganda statt Gefühl. Marschtritt statt stiller Einkehr. Baldur von Schirach wurde in Nürnberg zu 20 Jahren Haft verurteilt. So klang die bemühte NS-Propagandalyrik, die als offizielle Dichtung Konjunktur hatte und die die Liederbücher von SA und SS, HJ, dem Bund deutscher Mädel und der übrigen Gliederungen füllte. Schirachs Ergüsse stehen damit stellvertretend für die Verse zahlloser anderer, die heute zum Glück und mit Recht vergessen sind. Ebenfalls ein großer Verkaufserfolg war das von Schirach herausgegebene Bändchen *Das Lied der Getreuen* mit Versen »ungenannter österreichischer Hitler-Jugend aus den Jahren der Verfolgung 1933–37«.[62] Dieses Bändchen war für den Großabsatz über die Massenorganisationen vorgesehen, die entsprechenden Staffelpreise finden sich unter dem Impressum eingedruckt: »Ab 50 Exemplare 1.70 ... ab 300 Exemplare 1.50.« Darin Gedichte mit Titeln wie »Bekenntnis zum Führer«, »Die deutschen Mädchen dem Führer« oder »Sturmlied«. Der Reclam Verlag in Leipzig konnte davon an die 300 000 Exemplare absetzen, der Honorar-Erlös kam – auch so war zu lesen – direkt der Hitlerjugend in Wien zugute.

Abschließend – wieder beispielhaft – hier noch einige Zeilen von Gerhard Schumann. Nicht irgendwer, sondern Mitglied im Präsidialrat der Reichsschrifttumskammer, Leiter der Gruppe Schriftsteller und mit dem Titel eines Reichskultursenators ausgestattet:[63] »Schweißt aus den Stolzen und den stumm Getreuen / Die Garde, die den letzten Sturm besteht, / Die keinen Tod und keine Tat bereuen / Wenn sie die Fahne adelt und erhöht.«[64] Nach 1945 war Schumann Mitbegründer des Europäischen Buchklubs, der ehemaligen NS-Autoren publizistischen Unterschlupf bot und der 1965 vom Bertelsmann Lesering übernommen wurde. Im Buchklub trafen die in Deutschland verbliebenen Autoren wie Frank Thiess, Mirko Jelusich, Hans Grimm, Erwin Guido Kolbenheyer oder die Schwab'schen Sagen bearbeitet von Hans Friedrich Blunck auf Autoren der europäischen Moderne und aus dem Exil.[65] Auch ein anderer alter Bekannter war hier wieder aktiv: der völkische Literaturgeschichtsschreiber Hellmuth Langenbucher – jetzt als Lektor für ein Programm, in dem nun auch Thomas Mann, Arnold Zweig und andere vertreten waren.

Doch zunächst zurück ins Dritte Reich. Sicher hatte damals die Lyrik insgesamt rein quantitativ noch einen ganz anderen Stellenwert als heute. Vielen Autoren und Autorinnen war sie zumindest im Hinblick auf ihr Selbstverständnis als ›Dichter‹ unverzichtbar. Aus der Reihe der bereits genannten gibt es Lyrikbände von Hans Carossa, natürlich Hermann Hesse, aber auch Rudolf G. Binding, Ina Seidel oder Werner Bergengruen – kaum einer, der nicht auch einige Gedichte vorgelegt hätte. Aber natürlich wurden diese Bände in anderen Stückzahlen verkauft als erzählende Prosa oder Sachbücher. So kam auch ein Josef Weinheber, dessen »lyrische Dichtung« von »kristallklarer Schönheit«[66] in den zeitgenössischen Literaturgeschichten häufig höchstes Lob einheimste, mit seinen Gedichtbänden über Dreißigtausender-Auflagen kaum hinweg. Selbst ein Carossa oder Rilke verkauften von ihren Gedichtbänden gerade einmal 100 000 bzw. 140 000 Bücher: Hans Carossa mit *Gedichte. Vom Dichter ausgewählt* aus dem Jahr 1937 und *Ausgewählte Gedichte* von Rainer Maria Rilke als Insel-Bändchen, erstmals 1927 erschienen.

Daneben gab es die politisch unverfängliche Gebrauchslyrik, die echte Erfolge feiern konnte. So ist der bestplatzierte Gedichtband der NS-Zeit überhaupt *Ein Mensch* von Eugen Roth. 1935 erstmals erschienen, kam das Bändchen auf über 450 000 verkaufte Exemplare, *Die Frau in der Weltgeschichte* vom selben Autor auf fast 240 000, dicht gefolgt von seinem *Wunderdoktor* mit 230 000. Roths Verse, die mit der charakteristischen Wendung »Ein Mensch ...« beginnen, wurden zum Markenartikel. »Ein Mensch erblickt das Licht der Welt –/Doch oft hat sich herausgestellt/Nach manchem trüb verbrachten Jahr,/Daß dies der einzige Lichtblick war.«[67]

Roths Biografie und die Geschichte seines Erfolgs ähneln in vielem der von Ehm Welk. Auch Roth, Jahrgang 1895, war in der Weimarer Republik Journalist, zuletzt bei den *Münchner Neuesten Nachrichten* in der Lokalredaktion.[68] Schon mit Anfang zwanzig legte er erste ernsthafte Gedichtbände vor – der durchschlagende Erfolg blieb aber aus. Im April 1933 verlor er seinen Redakteursposten vermutlich aus politischen Gründen. Wie bei Welk kam in dieser unfreiwilligen ›Freistellungsphase‹ der kommerzielle Durchbruch. Sein erster Band *Ein Mensch* erreichte bis heute eine Millionenauflage. Sogar eine exklusive Sonderausgabe für die Wehrmacht wurde unter dem Titel *Ein Mensch lädt Kameraden ein, mit ihm ein Stündchen froh zu sein* veröffentlicht. Sie enthielt eine Zusammenstellung von Texten, die eigens für den Band und die Zielgruppe der Soldaten arrangiert worden waren. Darin solche Verse zum Landseralltag: »Vor dem Tore der Kaserne/Kann man vieles stehen sehn:/Ziem-

Sonderausgabe von Eugen Roths Ein Mensch *im Auftrag der Wehrmacht mit eigens für den Band zusammengestellten Texten und zielgruppengerechter Aufmachung.*

lich häufig die Laterne −/Selten nur Lily Marlen.«[69] Im Nachwort zur eigenen Person hielt Roth Ausblick: »Wenn erst, was wir alle hoffen, der Sieg errungen ist, werden manche Bücher, die schon fertig daliegen, erscheinen, auch die neuen ›Mensch-Gedichte‹, die bisher ungedruckt oder in Zeitschriften verstreut sind. Bis dahin heißt es warten, arbeiten und kämpfen – und wenn ich zu solcher Anspannung und Mühsal ein wenig Lächeln beisteuern kann, soll es mir selber eine Freude sein.«[70] Das Thema wurde vom Autor auch in der Nachkriegszeit immer weiter variiert, zum Beispiel in *Mensch und Unmensch* oder *Der letzte Mensch*. Der humorige Vers war ebenso erfolgreich wie Ehm Welks Dorfschnurren, weil sie unpolitisch waren und damit dem Lesebedürfnis der Bevölkerung entgegenkamen. Das zeitlose Buch konnte somit im doppelten Sinne zum Rückzugsgebiet werden: Für den aus Sicht des Regimes unzuverlässigen Autor, der sich hier aller konkreten Zeitbezüge, die angreifbar waren, enthalten konnte, und für den politik- und später kriegsmüden Leser, dem alles Leichte recht war, was ihm eine Stunde der Entspannung versprach.

9. Blut ohne Boden:
Die Erfolge national(sozial)istischer Autoren

Einmal Großstadt und zurück – das Leben der
Kuni Tremel-Eggert

Bei vielen Gesprächen über die Literatur im Dritten Reich geistert immer noch das Schlagwort von der Blut-und-Boden-Literatur, schon von den Zeitgenossen abwertend kurz »Blubo«[1] genannt, umher. Sicher gab es Autoren und Texte, die das Klischee erfüllten. Allein beim Blick auf die Verkaufszahlen muss festgestellt werden: Richtig erfolgreich war diese Literaturform nicht. Unter den 100 bestverkauften Titeln im Dritten Reich finden sich nur wenige Bücher, die sich ohne Einschränkung diesem Genre zurechnen lassen. Gab es Blut-und-Boden-Dichter, die tatsächlich ein Massenpublikum erreichten? Und die ebenso wichtige Frage: Gab es eine auch zahlenmäßig erfolgreiche NS-Belletristik überhaupt, konnten die Kulturlenker ihre Vorstellung einer eigenen nationalsozialistischen Literatur umsetzen?

Unter den wenigen einschlägigen Texten ist *Barb. Der Roman einer deutschen Frau* eine in mehrfacher Hinsicht bemerkenswerte Erscheinung. Er ist mit rund 750 000 Exemplaren nach Schenzingers *Anilin* der am häufigsten gedruckte Roman der Jahre 1933 bis 1945 und somit einer der erfolgreichsten belletristischen Texte im Untersuchungszeitraum. Dazu einer der wenigen fiktionalen Texte im Bestsellersegment, die man im weitesten Sinne als ›originär nationalsozialistisch‹ bezeichnen könnte.

Im fränkischen Städtchen Burgkunstadt kennt jeder Einheimische den Weg zum Geburtshaus der vor Ort immer noch verehrten Heimatdichterin Kuni Tremel-Eggert. Vis-à-vis des Fachwerkhauses, an dem eine Sandsteintafel daran erinnert, dass die Autorin von *Barb* hier 1889 als Tochter eines Schuhmachers zur Welt kam, beginnt auch die Straße, die seit 1958 ihren Namen trägt. Beides ist nicht unumstritten. Die Ehrung der ›Heimatdichterin‹ wie auch die Namensgebung führen immer wieder zu Debatten, die mal größere, mal kleinere Kreise ziehen.[2]

Tremel-Eggert verlor mit 11 Jahren ihre Mutter, musste mit 14, als ihre ältere Schwester heiratete, den Haushalt der Großfamilie (einschließlich der zahlreichen Lehrbuben) führen und wurde mit 25 Jahren nach dem Tod des Vaters zum Familienoberhaupt. All dies spiegelt sich in den autobiografisch inspirierten Büchern der Autorin wider. »Ja, all das bin ich selbst, bin überall mittendrin in meinen Geschichten«[3], bekannte sie freimütig auf die häufigen Fragen, ob sich hinter dieser oder jener Figur nicht selbst Erlebtes verberge. Auch ihre Barb lebt in einem mainfränkischen Städtchen, das an Burgkunstadt erinnert. Literarische Figur und Urheberin lernen jeweils ihren späteren Mann während der Zeit des Weltkrieges kennen. Tremel-Eggert den ihren bei Theateraufführungen zu Gunsten des Roten Kreuzes im Jahr 1915. Josef Eggert war zwei Jahre jünger als die Schusterstochter und lag in Burgkunstadt im Lazarett.

Sucht man Motive, die die Blut-und-Boden-Ideologie literarisch untermalen, hier wird man fündig. Barb ist mehr als die Menschen um sie herum in der Heimat tief verwurzelt. Wie ein Initiationsritual wird beschrieben, wie sie zum ersten Mal allein Korn aussäen darf. Es geht ihr besser von der Hand als ihrem älteren Bruder und macht ihren Vater stolz. Sie schreitet durch den Acker, als habe sie nie etwas anderes getan: »Es ist ein Fest des Blutes, ein Fest innigster Verbundenheit mit der braunen Erde, in der ihr Fuß versinkt.«[4] Was diese besondere Art der Erdverbundenheit auszeichnet, ist, dass sie »im Blut« begründet liegt. Entweder man gehört qua Herkunft dazu oder bleibt ewig draußen. Dies machten die NS-Ideologen zum tödlichen Ausschlusskriterium, hier lag der Nährboden der Nürnberger Rassegesetze.

In *Barb* werden verschiedene Gegenwelten zur geerdeten Existenz der Schusterstochter entworfen. Da sind die entwurzelten Menschen, denen der heilende Heimatboden fehlt; es gibt die Freundin, die nach Berlin heiratet (eine gute Partie!), deren Ehe aber letztlich scheitert: Die ›krummen Geschäfte‹ ihres Schwiegervaters fliegen auf, er begeht Selbstmord und der Ehemann der Freundin wird verhaftet. Barb selbst zieht mit ihrem Mann nach München und leidet dort am Leben in der

Großstadt mit all seinen Schattenseiten, mit Armut, Existenzsorgen und politischen Unruhen.

In *Barb* wird ein Panorama der Kriegs- und Zwischenkriegszeit entworfen. Der Weltkrieg als die Urkatastrophe des 20. Jahrhunderts ist stets präsent, nicht zuletzt auch in den gefallenen Freunden und später in den Erzählungen der Frontkämpfer. Krieg, Inflation und Weltwirtschaftskrise liefern die Kulisse. Das Einzige, was sich als beständig erweist, ist Barbs Liebe zur Heimat, zur Scholle, die sie ihren Söhnen weitergegeben hat und auch ihrem Mann vermitteln kann. »Wir müssen uns ein Stück Erde kaufen, das uns gehört!«[5] Denn was sie zeitlebens umtrieb, war »das große Heimweh schlechthin. Das Heimweh nach erwachenden Gärten, blühenden Wiesen, rauschenden Wäldern, erlösten Wassern und deutscher Landschaft!«[6] Barb ist eine tatkräftige Frau, die zwar ihre Erfüllung im Muttersein findet und dabei die Hüterin der Erdverbundenheit ist, aber verglichen mit allen männlichen Figuren (ihren Mann eingeschlossen) die Stärkere bleibt und den Weg bestimmt, den es einzuschlagen gilt. Es liege der Autorin nichts ferner als »ein unverpflichtendes, windstilles Biedermeier-Ideal für die Frau« zu entwerfen, »wie es die ausländischen Kritiker des Nationalsozialismus dem Dritten Reich anzudichten pflegen«[7], schrieb der Rezensent der *Bücherkunde* 1936. Der Entwicklungsroman hebt am Ende die Existenz Barbs und der Ihren auf eine höhere Ebene: Der Sieg des Nationalsozialismus deutet sich im Frühjahr 1933 an und bringt sie ans Ziel ihrer Träume. In der Schlussszene des Buches holt Barb eine Nähmaschine hervor und beginnt unter den leuchtenden Augen ihres Mannes und ihrer Söhne eine Hakenkreuzfahne zu fertigen. »Von einer nahen Kirche schlägt es eine Stunde! Irgendeine! Ist es eine besondere? Es ist eine besondere! Es ist die erste Stunde einer neuen Zeit: In ihr singt der Frühlingswind dem deutschen Volke, dass es wieder glauben soll und – glauben darf.«[8]

Und Kuni Tremel-Eggert legte ihr neues Buch, an dem sie nach eigener Aussage mehrere Jahre gearbeitet hatte, dem neuen Reich in die Wiege. Sie inszenierte das Zusammentreffen ihrer künstlerischen und politischen Erfüllung mit der Machtübernahme durch die Nazis ganz bewusst: »Weit zurück in die Jahre des Kampfes, des Leids und einer großen Verworrenheit reichen meine Notizen«, so schrieb sie im Nachwort der 32. Auflage 1938, »mit dem Tag aber, an dem ich das letzte, endgültig letzte Kapitel schreiben würde, wollte ich schließen. Es – wurde der Tag von Potsdam.«[9]

Barb wurde von der NS-Literaturkritik als »Entwicklungsroman einer deutschen Frau« gesehen und sehr positiv aufgenommen. Rosenbergs *Bücherkunde* wünschte sich auch für das Gesamtwerk der Autorin eine »weit über den bisherigen Umfang hinausreichende – Förderung seitens der maßgeblichen und für das Volksbildungswesen verantwortlichen Kulturinstanzen«[10].

Barb. Roman einer deutschen Frau oder Wie der typische NS-Bestseller entstand

Was die Tremel-Eggert mehr als alle Propagandabotschaften zur typischen NS-Autorin machte, war ihr unaufhaltsamer Aufstieg, der nur dank der Machtübernahme erfolgen konnte. Nach dem Ende der Nazi-Herrschaft wurde es wieder schlagartig still um sie. Vor 1933 hatte sie vergeblich auf den Durchbruch gewartet. Bei einem Besuch in Berlin im Jahr 1928 sei ihr von einem Journalisten bedeutet worden, man kenne ihre Werke zwar, aber sie sei für diese Zeit »zu bodenständig, zu verwurzelt«[11] und bekomme deshalb keine Chance. Hier fand sich eine ›Abgewiesene‹, dem jungen Goebbels gleich, der sich 1924 ebenfalls vergeblich um eine Anstellung beim Berliner Mosse Verlag bemüht hatte.

Nachdem Tremel-Eggert 1917 nach München gezogen war, muss sie bald in Kontakt zu NS-nahen Kreisen gekommen sein, darunter auch zum frühen Dichter der ›Bewegung‹ und Förderer Hitlers, Dietrich Eckart. Mit ihm verheiratet, wie ein neueres biografisches Lexikon vermerkt, war sie allerdings nie.[12] Eckart habe ihr schon früh geraten, einfach nur zu warten: »Lassen Sie sich nicht irre machen. Schreiben Sie nie anders, Ihre Zeit wird kommen und wenn es nochmals zehn Jahre dauert.«[13] Und ihre Zeit kam. Waren ihre Bücher Anfang der zwanziger Jahre noch fast unbemerkt bei Langen-Müller in München erschienen, so kümmerte sich später der parteieigene Eher-Konzern um die Vermarktung. Quasi posthum verschaffte sie sich auch noch den Se-

Barb *von Kuni Tremel-Eggert war mit rund 750 000 Exemplaren einer der erfolgreichsten zwischen 1933 und 1945 erschienenen Romane. Auch heute noch sorgen Ehrungen für die Autorin in ihrer Heimatgemeinde Burgkunstadt für Kontroversen.*

gen des seligen Ludwig Thoma. Noch kurz vor seinem Tod habe er seiner Pflegerin anvertraut: »Sehns, Schwester, wenns von der Frau ein Bücherl haben können, das müssens lesen, da sanns nett ausgeschmiert. Gelt?«[14]

Die Tremel-Eggert wurde von den Literaturlenkern aus dem Rosenberg-Umfeld gefördert, weil sie das Thema Heimatliteratur in einer Form interpretierte, die diesen Kreisen entgegenkam, denn sie vermeide »bewußt jene süßliche Verblasenheit, wie sie (bei schwächeren, aber umso betriebsameren Vertretern dieser Gattung) einer tiefer reichenden Wirkung so oft im Wege stand.«[15] Hier wurden ganz offensichtlich auch Pfeile gegen Ganghofer und Co. abgeschossen. Was aber den entscheidenden Unterschied machte, war die politische Brisanz, die die Schilderung der Heimatverbundenheit bei der Eggert erhielt: »In überzeugender und dichterisch reifer Darstellung erleben wir [...] eindrucksvoll den Gegensatz des bodenständigen, heimatverwurzelten Menschen zu den Kräften der Unruhe und Auflösung. In dem Juden Ignaz sind diese negativen Kräfte am stärksten lebendig«[16], so las sich die Würdigung ihres 1939 erschienenen, nicht mehr ganz so erfolgreichen Romans *Freund Sansibar* in der *Bücherkunde*.

Ihren einzigen Sohn Harald, 1923 geboren, verlor Kuni Tremel-Eggert an den von Hitler und Konsorten entfesselten Krieg. Er starb 1944 irgendwo in Russland. Ihre Schriftstellerkarriere war nach 1945 vorbei. Zur Jahreswende 1955/56 arbeitete sie noch an einem neuen Roman: »Diesmal glaube ich, daß er gut ist«, schrieb sie an einen Bekannten, »ein Zeitstoff mit Lebenszuversicht – trotz ›Kaltem Krieg‹.«[17] Aber das Buch sollte nicht mehr erscheinen, Kuni Tremel-Eggert starb 1957 in ihrer Wahlheimat München. Sie wurde in Burgkunstadt beigesetzt, wo eine eindrucksvolle Grabstätte mit Bronzebüste an sie erinnert.

Die heute kaum zu beantwortende Frage, was denn die typische NS-Literatur sei, stellte schon die Zeitgenossen vor große Probleme. Bereits die damalige Literaturkritik tat sich schwer damit, einen NS-Literaturkanon zu bilden, und dies, obwohl man sonst allenthalben nach Klarheit und Abgrenzung strebte. Klar war man zunächst in der Aussage darüber, was man ablehnte. Aber auch hier herrschte eher das Prinzip des Totschweigens: Jüdische oder politisch missliebige Autoren wurden einfach nicht mehr erwähnt. Als ein Redakteur einer Münchner Tageszeitung 1934 die schwierige Aufgabe hatte, die Portraits der Mitglieder der im NS-Sinn ›gesäuberten‹ Dichterakademie für einen Artikel nach verschiedenen Größen zu sortieren, wandte er sich informell an einen Vertrauensmann im Propagandaministerium. Dieser schrieb: »Ich bin vollkommen Ihrer Auffassung, daß die Zusammensetzung der Dichterakademie gewisse Schwierigkeiten in der Bewertung mit sich bringt, und daß namentlich vom nationalsozialistischen Standpunkt aus manches gegen die einzelnen Persönlichkeiten zu sagen ist. Sicher wird es immer zu irgendeiner Verstimmung führen, wenn die Mitglieder eines solchen Gremiums in verschiedenen Größen abgebildet werden. Ich kann Ihnen also auch nur meine persönliche Meinung sagen und würde, wenn durchaus in der Größenanordnung unterschieden werden muß, in Großformat Binding, Blunck, Claudius, Griese, Grimm, Loerke und Lersch bringen; in Mittelformat Beumelburg, Hauptmann, Huch, Johst, Kolbenheyer, Mell, Miegel, Schäfer, Schaffner, Stehr, Strauss, Stucken und Vesper, und in Kleinformat die übrigen.«[18] Zu den Kleinformatigen gehörten somit Gottfried Benn, Peter Dörfler, Gustav Frenssen, Max Halbe, Enrica von Handel-Mazzetti, Isolde Kurz, Walter von Molo, Josef Ponten, Wilhelm Schmidtbonn, Johannes Schlaf, Karl Schönherr, Ina Seidel und Josef-Magnus Wehner.[19]

Der Literaturwissenschaftler Uwe K. Ketelsen hat bei der Untersuchung von neun Literaturgeschichten der NS-Zeit festgestellt, dass es darin lediglich 46 Autorennamen gibt, die allen gleichermaßen erwähnenswert schienen. Bei einer Gesamtzahl von rund 2000 erwähnten Autoren und Autorinnen eine eher schwache Ausbeute.[20] Die Tremel-Eggert — nebenbei gesagt — taucht unter den 46 genannten Namen gar nicht auf, wie überhaupt von diesen 46 Autoren lediglich gut 20 nach den Kriterien des hier vorliegenden Buches Bestsellerautoren waren.

Die Vorgeschichte: Gustav Schröers Weg vom Heimatroman zum Blubo-Epos

Gustav Schröer sucht man bis heute in den meisten Literaturgeschichten vergeblich. Dabei ist er mit *Heimat wider Heimat* unter den zehn bestverkauften Romanen im Dritten Reich zu finden. Der 1929 erstmals erschienene Text wurde allein zwischen 1933 und 1945 rund 600 000 Mal verkauft. Schröer war zugleich der erfolgreichste Belletristikautor im Hause Bertelsmann mit dort insgesamt 20 Veröffentlichungen.[21]

Schröers Werk sei in großen Teilen »repräsentativ für die völkisch-nationalistische Umwertung des Heimat- und Bauernromans«[22], befindet die Studie zu *Bertelsmann im Dritten Reich. Heimat wider Heimat* ist ganz im Stile romantisierender Erzählweisen des 19. Jahrhunderts gehalten. Der Roman spielt in einem Städtchen an der Saale im Jahre »achtzehnhundertsoundsoviel«[23]. Im Mittelpunkt des Geschehens steht ein wandernder Uhrmachergeselle – Heinrich Pimpfel –, der sich ohne Umstände in das Städtchen verliebt und bald darauf auch in eine schöne Tochter des Ortes. Die beschriebene Welt strahlt eine behagliche Biedermeierlichkeit aus, sogar das Stichwort »Spitzweg« fällt im Text. Allerdings vermittelt das geschilderte Idyll ganz klare Botschaften, die zwar nicht wie bei der Tremel-Eggert eine »neue Zeit« beschwören (dazu ist der Roman eben zu früh entstanden), aber sich dennoch in ideologische Strömungen einreihen lassen. Pimpfel wird von einer zunächst für ihn unbekannten Macht nach Langenbrück geführt, bis er spürt: »Das alles ist deinem Blute vermählt. Das hast du alles schon in deinem Herzen verspürt.«[24] Es stellt sich heraus, dass sein Vater aus dem Thüringischen an die Küste verschlagen wurde. Auch ihn zog es immer zurück in die Bergwelt, aber seine Frau wollte ihm nicht folgen und er zerbrach letztlich daran. Der Sohn erfüllt jetzt gewissermaßen das Schicksal seines Erzeugers. Die Heimat wird, so Schröer, vom Blut bestimmt, das in den Adern der Menschen fließt. Das Blut lässt sich nicht überlisten. Wo dies geschieht, geraten Menschen ins Unglück. Die Protagonisten reden »über des Blutes geheime Ströme, die durch die Geschlechter rauschen, reden von dem Geheimnisvollen, das in dem Worte Heimat liegt und das zu deuten auch kein Dichterwort je ausreichen wird. Heimat! Sie ist Schuld und Rechtfertigung, Glück und schwere Last, Lachen und Weinen, Kraft und Schwäche.«[25]

Der Autor lässt keinen Zweifel daran, dass die Kraft des Blutes stärker ist als andere menschliche Triebfedern. Auch kommt es darauf an, dass sich die richtigen Menschen (mit dem rechten Blut) verbinden. Zwar sind die guten Anlagen stark (in Pimpfel selbst verbindet sich das Blut der edlen Friesen mit dem der Thüringer zu einer »guten Mischung«). Aber die falsche Zuchtwahl kann eben auch zum Niedergang einer Familie, eines Geschlechtes führen. »Dann haben sie sich nicht die richtigen Frauen

*Gustav Schröer war seinerzeit der erfolgreichste Belletristikautor im C. Bertels-
mann Verlag. Sein 1929 erstmals erschienener Roman* Heimat wider Heimat
wurde im Dritten Reich an die 600 000 Mal verkauft.

ausgesucht«, räsoniert eine der Schröer'schen Figuren, denn »bloß um
des Gesichtes willen zueinander zu laufen, das tut nicht gut. So gehen die
besten Geschlechter zugrunde.«[26]

Heimat wider Heimat ist ein Roman, der sich in die Blubo-Welle einreihen lässt. Vordergründige Huldigungen an das Regime konnte er aus
bekannten Gründen noch nicht vornehmen. Bei *Heimat wider Heimat* traf
ein erfolgreiches Marketing auf die (vor allem nach 1933) zu Gunsten des

Verlags veränderten Rahmenbedingungen: Der durch Verbote und Exil weniger umkämpfte Literaturmarkt verlangte neues Futter.

Der damalige Vertriebsleiter von Bertelsmann habe die zugehörige Kampagne entworfen, einschließlich der Anregung für die Gestaltung des Schutzumschlages. In seiner Anzeigenwerbung ließ sich der Verlag dabei vom Ullstein Verlag inspirieren, der den Remarque zum Mega-Erfolg geführt hatte. Auch was das Rückgaberecht im Handel anging, beschritt Bertelsmann neue Wege: Bei 30 bestellten Exemplaren erhielt der Händler weitere 30 mit vollem Rückgaberecht zusätzlich.[27] Eine Vertriebspraxis, die die Großen der Branche für ihre Bestseller – »um wichtige Titel in den Markt zu drücken« – so oder ähnlich auch in späteren Zeiten noch praktiziert haben. Nach der Machtübernahme dann spielte Bertelsmann voll auf der Klaviatur der Zeit. In einer Anzeige im *Börsenblatt* zum Weihnachtsfest wurde der Gesamterfolg der Belletristiksparte des Verlags gefeiert: »Worin liegt dieser Erfolg begründet? Erstlich und vor allem in den literarischen und gesinnungsmäßigen Leitgedanken des Verlages: Es ist das Bekenntnis zum deutschen Menschen, verwurzelt der Scholle seiner Heimat, der in Glück und Leid zu ewigen Werten sich streckt. Heute ist die Stunde dieses deutschen Menschen erfüllt. Drum sind die Autoren des Verlages C. Bertelsmann mehr gefragt denn je. […] So erhofft der Verlag C. Bertelsmann, Gütersloh, sehr geehrter Herr Kollege, auch Ihre Mitarbeit. Denn wir alle kämpfen ja für deutsche Art und deutsches Wesen / für Glaube und Volkstum / Hier steht unsere Front.«[28]

Auch der Autor selbst hielt sich mit Bekenntnissen zum neuen Staat nicht zurück. Für eine Bertelsmann-Werbebroschüre steuerte er 1942 ein Gedicht unter dem Titel »Alles ist eins« bei, das die ›Volksgemeinschaft‹ beschwor. Es schloss mit den Worten: »Und den Führer, allen Mächten zum Trutz, / Herr den Führer, nimm ihn in Schutz!«[29]

Der Stichwortgeber: Hans Grimm mit *Volk ohne Raum*

Er lieferte eine der wichtigsten Propagandafloskeln und war doch nie unumstritten. Im Dritten Reich stand er zeitweise eher am Rand, nach 1945 zog ihn die Szene der Ewiggestrigen an und er selbst trat immer wieder ins Zentrum rückwärtsgewandter Kreise. Der von Grimm 1951 gegründete Klosterhaus Verlag pflegt sein Werk noch immer, und die ihm angeschlossene Buchhandlung mit Versand vertreibt so einschlägige Werke wie *Helden der Wehrmacht* oder *Schuldig! Schuldig! Die alliierten Siegerprozesse.* Auf der Homepage des Verlags wird »der große deutsche Sozialroman« *Volk ohne Raum* beworben, der – so heißt es dort weiter – die Auflage von einer Million Exemplaren erreicht habe. Sicher ist, allein zwischen 1933 und 1945 dürften über 340 000 abgesetzt worden sein.

»Diese deutsche Erzählung ist, so meine ich, eine politische Erzählung und läßt also unser deutsches Schicksal sehen, wie es Schulen und Parteien freilich nicht lehren, weil sie es weder können noch wollen. Wem dürfte ich dann das Buch anders zuschreiben als meinen toten Eltern, und meiner Mutter zumeist, und meinen zwei Kindern, voran meinem jungen Sohne, zwischen denen ich Glied bin in der Kette und durch die ich zu meinem Volke gehöre«[30], so schrieb Hans Grimm im Geleitwort.

Die Geschichte, erstmals 1926 bei Langen-Müller in München erschienen, nimmt in und um Lippoldsberg ihren Ausgang, da wo sich Grimm selbst nach dem Ersten Weltkrieg in einem alten Klostergebäude niedergelassen hatte. Auf weit über 1000 Seiten wird das Leben des Cornelius Friebott erzählt, der bald sein Heimatland Deutschland verlässt, um nach Südafrika auszuwandern. Dort nimmt er am Burenkrieg teil. Später, nach Deutschland zurückgekehrt, betätigt er sich als politischer Redner. Kurz vor dem historischen Hitlerputsch 1923 wird er durch den Steinwurf eines aufgebrachten Arbeiters getötet. »Du aber reckst überlegen den Kopf, du aber sagst, das deutsche Volk werde jedenfalls leben und allen Schicksalsfragen entgegen?«, so eröffnete der Autor sein Plädoyer für ›sein‹ Volk. Und weiter: »Was heißt leben, Freund? Es lebt der Sieche und lebt der Dieb und lebt die Hure und lebt das Gewürm, das einander frißt, aber der deutsche Mensch braucht Raum um sich und Sonne über sich und Freiheit in sich, um gut und schön zu werden. Soll er bald zwei Jahrtausende umsonst darauf gehofft haben?«[31]

Das waren Bilder und Gedanken, die auch die Nationalsozialisten bewegten. Beide Seiten, Grimm und die NSDAP, wussten um ihre Nähe. Heinrich Himmler hatte sich den Roman schon 1927 ausgeliehen und gelesen. Und ahnte die Wirkungsmächtigkeit des Textes: »Es wird ein Buch von historischem und nicht Alltagswert sein«[32], so sein Resümee nach der Lektüre. Ebenfalls noch in der ›Kampfzeit‹, 1931, trafen sich Goebbels und Grimm zum gemeinsamen Mittagessen. »Ein stiller, behutsamer Niedersachse, groß, etwas tapsig, dabei aber von einer rührenden Güte und einer sicheren Klugheit.«[33] Was Goebbels besonders beeindruckte, war Grimms Verachtung gegen das »Literatentum«. Er sei »scharf gegen Jünger, sehr gut und anhänglich zu Hitler. Ich erobere gleich sein Herz.« Grimm setze auf die Nationalsozialisten, weil sie das Beste für Deutschlands Zukunft versprächen. Offenbar verlief das Beisammensein sehr zur Zufriedenheit des Berliner Gauleiters. »Wir scheiden als Freunde«, notierte er sich voll Pathos in sein Tagebuch. Noch waren die Nazis darauf angewiesen, starke Verbündete zu finden. Hans Grimm, von dessen Roman schon vor 33 schätzungsweise 200 000 Exemplare verkauft worden waren, war kein Unbekannter mehr. Seine Popularität konnte Goebbels' Zielen nützen: »Das ist ein Gewinn! Der Dichter des *Volk ohne Raum* steht bei unseren Fahnen.« Im Zuge der Reichspräsidentenwahlen vermerkte Goebbels am 31. März 1932 schließlich in seinem Tagebuch: »Der Dichter Hans Grimm bekennt sich offen zum Führer.«

Doch der enge Schulterschluss sollte nicht von Dauer sein. Zunächst rückte Grimm in die Sektion für Dichtung der Preußischen Akademie der Künste nach und wurde von Goebbels in den fünfköpfigen Präsidialrat der Reichsschrifttumskammer berufen.[34] Hans Grimm ließ sich aber trotz ›Gleichschaltung‹ nie das Wort verbieten. Er kritisierte die Arbeit der Kammer und sah das kulturelle Ansehen des Dritten Reiches in Gefahr. Zudem versuchte er sich durch eigene Aktivitäten der zentralistisch organisierten Kulturpolitik zu entziehen und lud von 1934 an bestimmte Autoren zu einem Dichtertreffen nach Lippoldsberg ein. Neben anderen sollen Werner Beumelburg, Rudolf G. Binding, Hans Carossa und Edwin Erich Dwinger in Grimms Klosterhof zu Gast gewesen sein.[35] Hier trafen sich keine Regimegegner, sondern allesamt Schriftsteller aus dem nationalen und konservativen Lager. Aber eine Neben-Öffentlichkeit außerhalb der eigenen Kontrolle konnte Goebbels nicht dulden. »Der Dichter Hans Grimm macht Dichtertreffen mit etwas negativer

Tendenz«, schrieb der Minister über seinen ›Freund‹ von ehedem, »ich werde jetzt dieses Treiben etwas näher unter die Lupe nehmen. Ich dulde unter den Dichtern keine Bekenntnisfront. Ich werde diesen ewigen Stänkern Beine machen.«[36]

Dieses »Beine machen« war ernst gemeint. Grimm wurde 1936 zum Gespräch bei Goebbels geladen und dort für den Fall, dass er sich in Zukunft nicht willfähriger verhalten sollte, offen mit der Konsequenz »Konzentrationslager« bedroht.[37] Letztlich hatten die Einschüchterungsversuche Erfolg. Die Lippoldsberger Dichtertage wurden 1939 eingestellt und erst in der Nachkriegszeit wieder belebt. Grimm fiel im Dritten Reich in der Öffentlichkeit forthin nicht mehr unangenehm auf. Sein Werk wurde weiter gefördert und gehörte – trotz des etwas widerborstigen Autors – fest zur Standardliteratur der Nazi-Zeit.

Dichter und Deuter der ›Bewegung‹: Hanns Johst, Hans Friedrich Blunck, Will Vesper

Zweifelsfrei bekennender und praktizierender Nationalsozialist war Hanns Johst. Als Dramatiker hatte man ihn zunächst noch dem Expressionismus zugerechnet, aber bald erfolgte seine Wandlung zum nationalen Autor. Dichtung sei immer völkisch, sei Besitz eines Volkes, so paraphrasiert Langenbucher Johst in seiner Literaturgeschichte. »Nur wenn wir dieses dichterische Glaubensbekenntnis Hanns Johsts in all seinen Tiefen verstehen, verstehen wir auch die Entwicklung ›vom menschheitlich orientierten Europäer zum bewußten Deutschen‹, die Hanns Johst durchgemacht hat, und die führende Stellung, die er heute im dichterischen Leben des Volkes einnimmt.«[38] Johst war einer der einflussreichsten Schrifttumsfunktionäre, unter anderem als Präsident der Deutschen Akademie der Dichtung sowie der Reichsschrifttumskammer, außerdem ranghohes SS-Mitglied und Duzfreund von Heinrich Himmler. Mit seinen beiden Erzählungen *Mutter ohne Tod* und *Die Begegnung,* 1933 im handlichen Taschenformat bei Langen-Müller in München erschienen, kam er auf an die 200 000 verkaufte Exemplare. Die in *Mutter ohne Tod* erzählte sentimentale Geschichte über den Sohn, der seinen eben verwitweten Vater besucht und überall auf die Spuren der Mutter stößt, ist biederes Handwerk. Das Bändchen mag besonders als Präsent geeignet gewesen sein. Wer einen Band Johsts verschenkte, wird damit seine Stellung zum System zum Ausdruck gebracht haben – so kann vermutet werden. Später wird es, wie Victor Klemperer anlässlich seiner Lektüre mutmaßte, auch als Feldpostbüchlein Erfolg gehabt haben. Es handele sich dabei »um etwas, das für Johst besonders charakteristisch, u. was von der Partei geduldet u. bevorzugt ist«[39], so Klemperers Spekulation. Johst verbreitet ein überhöhtes Mutterbild, das den nationalsozialistischen Forderungen an die Frauenrolle zuspielte: »Die Tote, die vor mir im Schleier der Tränen ruht, ist jeder mütterlichen Vertrautheit weit entrückt. Sie ist eingegangen in das gewaltige, unsterbliche Gleichnis aller Mütter ...

Mutter unser ... Mutter unser ...«[40]

So gefühlig er sich auf der einen Seite gab, so kalt und zynisch war er auf der anderen. Unmittelbar nach dem Ersten Weltkrieg hatte Johst und Thomas Mann eine enge Bekanntschaft verbunden, von Seiten des Jüngeren durch Bewunderung für den erfolgreichen Schriftsteller befeuert. Die Verbindung wurde von Johst aufgekündigt, als sich Mann 1922 öffentlich zur noch jungen Demokratie bekannte.[41] Im Oktober 1933 schrieb Johst dann an seinen Duzfreund Himmler hinsichtlich der Aktivitäten emigrierter Schriftsteller im Ausland: »Als Herausgeber [einer Exilzeitschrift] zeichnet der hoffnungsvolle Sproß des Herrn Thomas Mann, Klaus Mann. Da dieser Halbjude schwerlich zu uns herüberwechselt, wir ihn also leider nicht auf's Stühlchen setzen können, würde ich in dieser Angelegenheit doch das Geiselverfahren vorschlagen. Könnte man nicht vielleicht Herrn Thomas Mann, München, für seinen Sohn ein wenig inhaftieren? Seine geistige Produktion würde ja durch eine Herbstfrische in Dachau nicht leiden.«[42]

Etwas zu dünnhäutig muss dagegen aus der Sicht der führenden Kulturlenker Hans Friedrich Blunck gewesen sein. Er war der erste Präsident der Reichsschrifttumskammer, Vorgänger von Johst in diesem Amt. Der Sektion für Dichtung der Akademie stand er zusammen mit Johst vor. Als die Nazis an die Macht kamen, war er als Autor kein Unbekannter mehr, verdankte ihnen dann aber den ganz großen Durchbruch. Sein erfolgreichster Roman *König Geiserich,* 1936 erschienen, kam bei der Hanseatischen Verlagsanstalt auf über 300 000 verkaufte Exemplare, dicht gefolgt von *Die große Fahrt* mit weit über 200 000. Der *Geiserich* spielt in der Zeit der Völkerwanderung und hat sich eine große, historische ›Führerfigur‹ zum Gegenstand genommen: »In den Armen des Sohnes und Freundes starb Geiserich auf seiner Burg in Karthago. Sein Weg war übermenschliche Tat, Pflicht, Opfer und Einsamkeit der Großen. Er hörte Gottes Ruf und den seines armen Volkes; er wirkte die Freiheit und Macht seines Reichs; er verlor darüber, was das Leben der andern hellt und köstlich macht. Aber kann man Besseres über einen Mann berichten?«[43]

Die zeitgenössischen Literaturdeuter betonten insbesondere Bluncks tiefe Verwurzelung im Volkhaften – insofern war er Teil der breiten Strömung völkischer Literatur. Als unheilvoll für den literarischen *Geiserich* habe es sich erwiesen, dass sein Volk zu klein war und ihm »die Durchdringung des mächtigen Raumes trotz aller Bemühungen nicht in dem Ausmaße gelingen konnte, das nötig gewesen wäre, um die gemachten Eroberungen für immer zu halten.«[44] Dies notierte Langenbucher schon 1937 zu dem eben erst erschienenen historischen Roman von Blunck. Ob er wusste, welch düstere Vorahnung auf das, was Deutschland und der Welt noch bevorstehen sollte, darin enthalten war?

1935 wurde Blunck, zu diesem Zeitpunkt noch parteilos, aus dem Amt des Präsidenten der RSK hinausgedrängt und durch den besseren Gefolgsmann Johst ersetzt. Gewissermaßen als Trostpflaster bekam er den Titel eines »Alterspräsidenten der Reichsschrifttumskammer« verliehen, den er seitdem auf seinem Briefkopf führte.

Siegfried Lokatis hat in seiner Studie zur Hanseatischen Verlagsanstalt herausgearbeitet, dass der kommerzielle Erfolg Bluncks vor allem der Marketingmacht des Konzerns zu verdanken gewesen sei, denn »dass die gesteigerte Nachfrage unmöglich mit dem Spannungsreiz der angebotenen Ware zu tun haben konnte, galt unter den ›Hanseaten‹ im Fall Blunck als ausgemacht«[45]. Es sei so, als habe die HAVA beweisen wollen, »dass sie unter einigermaßen stabilen Rahmenbedingungen über den neuen nationalsozialistischen Massenbuchmarkt jedes Buch durchsetzen konnte«. Aber der Erfolg gab Blunck Recht und verschaffte ihm auch innerhalb des Verlagshauses eine starke Position. Er erhielt glänzende Vertragsbedingungen. Die für eine Gesamtausgabe seiner Werke vorgeschossenen 58 000 Reichsmark wurden für den Umbau seiner Erbhof-scheune verwendet und analog zu den fälligen Ratenzahlungen an die Baufirmen abgerufen.[46] Was Lokatis im Hinblick auf Blunck konstatiert, lässt sich für die NS-nahe Literatur generell sagen: Es ist schwierig, aus den Auflagenziffern irgendwelche Rückschlüsse auf den Publikumsge-schmack zu ziehen. Zu penetrant war die Werbung für die einschlägigen und unumstrittenen Autoren. Es gab kein Entrinnen.

Ähnlich erfolgreich wie Blunck wurde Will Vesper durch den Macht-antritt der Nazis. Sein historisches Epos *Das harte Geschlecht* hatte Wi-kingerhelden als Protagonisten. »Hier herrscht noch die wilde Welt, in der nur Mut und Tapferkeit und die Gesetze der Sippe und der Treue gelten«, schrieb Hellmuth Langenbucher über das Werk. Es sei einer der »wertvollsten deutschen Geschichtsromane aus neuerer Zeit«[47]. Insgesamt sind wohl von diesem Titel über 375 000 Exemplare unter die ›Volksgenossen‹ gebracht worden. In den zehner und zwanziger Jah-ren war Will Vesper zunächst mit einer Reihe von Nachdichtungen und Übertragungen alter literarischer Stoffe bekannt geworden, von *Tristan und Isolde* bis zur *Nibelungensage*. Was die ›Beschwörung des Blutes‹ be-deutete, wird auch bei Vesper wieder deutlich: »Und dann — ist es ja un-ser eigenes Blut, das auch in jenen Zeiten in den Herzen der Menschen floß und lebte. Das Blut strömt, ein unversiegbarer Strom, von den äl-testen Zeiten zu uns her«, und der Autor ließ es munter weiterströmen, denn »wir sind nur wie das Flußbett, durch das der ewige Blutstrom dahinbraust, von den Vätern zu unseren Kindern und Enkeln bis in die fernste Zukunft.«[48]

Man könnte solche Werke wie die der Tremel-Eggert, Schröers oder Grimms als versponnenes Gefasel abtun. Aber sie hatten im Falle Will Vespers eine ganz handfeste Seite: Weit wirkungsmächtiger als mit sei-nen literarischen Veröffentlichungen war der Autor nämlich als Heraus-geber der Zeitschrift *Die Neue Literatur*. Schon in den zwanziger Jahren hatte er hier den Boden für eine »völkisch begründete« Literaturbetrach-tung bereitet und den Kampf gegen das »Literatentum der Systemzeit« geführt. Da, wo ihm nach 33 manche staatlichen Stellen noch nicht ra-dikal genug waren, griff er ein. Er denunzierte Autoren und Verlage und machte aus seinem radikalen Antisemitismus keinen Hehl. So griff er im

Februar 1937 in seiner Zeitschrift einen Zustand an, der die Verlagsbranche bis weit in die dreißiger Jahre hinein prägte. Deutsche Verlage, zum Beispiel aus Österreich oder der Schweiz, konnten neben »reichsdeutschen« Häusern im *Börsenblatt* inserieren und hatten Zugang zum Buchmarkt. Zwar sei nun »die jüdische Literaturherrschaft in Deutschland« beseitigt, aber dennoch erlebe man derzeit »eine Überschwemmung des deutschen Büchermarktes mit Literatur aus außerdeutschen jüdischen Verlagen«. Und Vesper zog daraus radikalste Schlussfolgerungen: »Wenn ein deutsches Mädchen ein Verhältnis mit einem Juden hat, so werden beide wegen Rassenschande mit Recht verurteilt. Wenn ein deutscher Schriftsteller und ein deutscher Buchhändler ein Verhältnis mit jüdischen Verlegern eingeht – ist das nicht eine weit schlimmere und gefährlichere Rassenschande?« Dann folgten direkte Angriffe auf Verlage wie den Phaidon Verlag, von Vesper als »Aasgeier-Verlag« tituliert, der die »Toten« und die »honorarfreie Kunst« ausschlachte, oder den ins Exil gedrängten Bermann-Fischer-Verlag. In der Tat war Phaidon häufig noch mit großen, aufwändig hergestellten, mehrfarbig gedruckten Anzeigen und Beilagen im *Börsenblatt* vertreten und warb dabei für prächtige Kunstbände etwa zur Antike. Für Vesper ein leuchtendes Beispiel »verlegerischer Rassenschande«. Und mit seinem Vernichtungswunsch hielt Vesper ebenfalls nicht hinter dem Berg: »Es genügt aber nun keineswegs, daß man eine einzelne solche Ratte erwischt und hinauswirft. Die Bücher dieser Verlage müssen dann ein deutliches Kennzeichen tragen, etwa den Stern Judas. Wir verlangen nichts als Offenheit. Wer kann dagegen sein oder sich darüber beklagen, wenn er nicht im Dunkeln Schändliches oder Schädliches zu verbergen hat?«[49]

Und so entwarf er in seinem Blatt vielfach ein Bild einer rassisch grundierten Literatur, für die seiner Meinung nach gleiche Regeln gelten müssten wie für die rassischen Gesetze eines Volkes. Nicht die »echten farbigen Rassen« seien ein Problem, sondern die »tödliche Rassenvermischung«, schrieb er zwei Jahre später an selber Stelle. Auch inhaltlich musste die Literatur aus seiner Sicht gesäubert werden: »Schluß machen müssen wir mit aller weichlichen literarischen Farbigenschwärmerei, ob es sich um wissenschaftliche, halbdichterische Werke, Unterhaltungsliteratur oder die längst überständige Indianerpoesie der Jugendbücher handelt. Wir sind ein weißes Volk. Wir sind das Kern- und Hauptvolk der weißen Rasse. Die weiße Rasse ist in Gefahr.«[50]

Vesper rettete seine Anschauungen bruchlos in die junge Bundesrepublik. Er durfte zunächst sogar für Bertelsmann weiter als Herausgeber tätig sein (schon vor 1945 hatte er im Hause noch einige Werke publiziert)[51], trat bei den von Hans Grimm wieder belebten Dichtertagen in Lippoldsberg auf und veranstaltete eigene Zirkel, in denen sich rechtsradikale Gefolgsleute trafen. Sein Sohn Bernward zeichnete ein entsprechendes Portrait seines Vaters in dem 1977 erschienenen Romanessay *Die Reise*.[52]

Der Nachruhm der Heimatdichter:
Josefa Berens-Totenohl, Felicitas Rose

Es ist ein Schicksal, das sie mit vielen anderen teilen. Nachdem der große Ruhm im Dritten Reich ganz plötzlich vorbei war, fielen sie zurück in die Bedeutungslosigkeit. Lediglich auf regionaler Ebene sind ihre Namen einem breiteren Publikum noch bekannt. Dies gilt für Kuni Tremel-Eggert, aber auch für Josefa Berens-Totenohl und Felicitas Rose.

Josefa Berens-Totenohl hatte sich ihren Beinamen Totenohl nach einer Gemarkung ihrer Heimat zugelegt. Sie stammte aus bäuerlichen Verhältnissen, besuchte schließlich ein Lehrerinnenseminar und versuchte sich, bevor sie als Schriftstellerin Erfolg hatte, als Malerin. Von ihren beiden Romanen *Der Femhof* (1934) und *Frau Magdlene* (1935) wurden über 250 000 beziehungsweise 100 000 Exemplare verkauft. Beim Blick auf die erfolgreichen nationalsozialistischen Belletristikautoren drängt sich ein merkwürdiges Bild auf: Im Vergleich zum Buchmarkt insgesamt finden sich hier erstaunlich viele Frauen. Sind sie aufs Ganze betrachtet im damaligen Kulturleben häufig eher eine Minderheit, so erscheinen sie bei der breitenwirksamen völkischen Literatur nicht zuletzt durch Autorinnen wie Kuni Tremel-Eggert oder eben Josefa Berens-Totenohl sehr präsent. Es ist nicht viel mehr als ein Eindruck, bei Weitem keine These, aber die Frage, was Autorinnen möglicherweise in diesem Segment besonders erfolgreich machte, könnte ein weiteres Nachforschen lohnen.

Doch zurück zu den Werken der Josefa Berens-Totenohl. Von der Kritik wurden insbesondere die beiden Romane rund um das Schicksal des Wulfsbauern und seiner Sippe überschwänglich gefeiert. Ganz gleich ob *Bücherkunde* oder *Zeitschrift der Leihbücherei,* ihr Werk war uneingeschränkt zu empfehlen. »Sie ist völkisch im tiefsten Sinn des Wortes; ihre Werke sind gewachsene ›Bilder und Sinnbilder‹ der Urkräfte des Lebens«, so war in der *Weltliteratur* in einer größeren Betrachtung über Werk und Autorin zu lesen. »Josefa Berens-Totenohl ist im Leben wie im Werk ein Beispiel für die unüberwindliche Kraft, die im Blut und Boden eines Volkes ruht.«[53]

Im Zentrum der Geschichte stehen der Wulfsbauer und seine Tochter Magdlene, die als letzte Erben eines alten Geschlechts ihren großbäuerlichen Besitz bewirtschaften. Der Geliebte der Tochter wird von einem Femegericht zum Tode verurteilt und vom alten Bauern, dem Vater Magdlenes, der dem Gericht angehörte, getötet: »›So falle, Verruchter, der heiligen Acht!‹ schrie der Wulf dem andern hinein in den Tod.«[54] Im *Frau Magdlene* betitelten zweiten Teil führt die Tochter schließlich einen Kampf gegen den eigenen Vater, jetzt um des Kindes willen, das sie von ihrem Geliebten noch empfangen hat. »Zu dem dunklen Familiengeschick dieses ›Femhofes‹ gesellt sich ferner der äußere Kampf um seine Existenz. Krieg und Verrat im Land, dunkle Mächte außen und innen stellen die Letzten dieses alten germanischen Geschlechtes auf die härteste Probe – und ihre Charaktere – vornehmlich der der Wulfstochter, bewähren sich!«[55]

Auch die Romane einer Josefa Berens-Totenohl lassen sich als eine Fortsetzung der Bauern- und Heimatromane lesen. »Die Nazis, die sich der Popularität dieser Literatur wohl bewußt waren, behielten ihre Themen einfach bei und versuchten sie lediglich mit ›völkischer Substanz‹ aufzuladen. [...] *Der Femhof* schließt sich unmittelbar an die Tradition des Bauernromans an. Lediglich zwei Dinge sind anders: Der eine der Schurken ist ein rassisch Minderwertiger, ein Zigeuner, und das Ganze hat ein ›tragisches‹ Ende«,[56] so Georg L. Mosse in seinem Aufsatz »Was die Deutschen wirklich lasen«.

Diese Aneignung des Heimatromans wurde auch von der ›Rezeptionsforschung‹ der Zeit, die sich eher als Forschung zur ›Leserführung‹

verstand, beobachtet. Gerade der Arbeiterleser habe im Vergleich zum bürgerlichen Buchkonsumenten ein großes Interesse an »Dorfgeschichten, Bauernromanen, Volkserzählungen«. Soweit wie damit die traditionellen Formen des Heimatromans gemeint waren, wurde dies als »Kleinbürgerliche Haltung« der Leser bezeichnet. Die Prognose der ›Leserkundler‹ musste aus Sicht der traditionell orientierten NS-Kulturgewaltigen günstig sein. Es könne immer weiter beobachtet werden, dass die »volkhaften Bezüge« dieser Literatur eine »Stärkung erfahren« und dass »das Reflektierte, Sentimentale und Gebrochene aus ihnen verdrängt wird. Gleichzeitig werden sie mit politischen Energien geladen. [...] Der ›Volksgenosse‹ schickt sich an, den ›Kleinbürger‹ zu überwinden.«[57] Natürlich wurde hier nicht in erster Linie beschrieben, was war oder sein könnte, sondern was zu den politischen Vorgaben passte. Ob die Leser nicht doch lieber zu einem ganz unpolitischen Bauernroman gegriffen hätten, war nicht Gegenstand der Untersuchung.

Den Segen von ganz oben hatte Josefa Berens-Totenohl. Die *Bücherkunde* verlieh ein Prädikat, das sie nur selten vergab: Das Werk der Autorin sei »mit allen Mitteln zu fördern«. Die Rosenberg'sche Schrifttumsstelle zählte die Bücher der Autorin unter das »wertvollste schöngeistige Schrifttum der letzten Jahre«. Das Werk der Westfälin wurde in eine Auswahl von Büchern aufgenommen, die die Reichsstelle zur Förderung des deutschen Schrifttums dem ›Führer‹ zum 47. Geburtstag als Geschenk überreichte.

Auch Felicitas Rose, eigentlich Rose Felicitas Moersberger, geborene Schliewen, gehörte mit zu den erfolgreichsten Autorinnen im Dritten Reich. An die zwanzig Titel waren in den dreißiger Jahren von ihr lieferbar, mit einer Gesamtauflage von »über 1 Million«[58] Bänden warb das Deutsche Verlagshaus Bong & Co. für seine Starautorin. Sie gehörte einer etwas älteren Generation als die Berens-Totenohl an, ihr erfolgreichstes Buch, *Heideschulmeister Uwe Karsten*, war bereits 1909 erschienen, erreichte aber allein im Dritten Reich eine Verkaufszahl von rund 300 000 Exemplaren bei einer Gesamtauflage, die bei der doppelten Menge lag. Eine Wiederbelebung ihrer Popularität verdankte die Autorin dem noch relativ jungen Medium Film. Zeitgenössische Beobachter des Buchmarktes gingen davon aus, dass allein die Verfilmung des *Heideschulmeisters* der Autorin ungefähr 150 000 neue Leser zugeführt habe.[59]

1862 geboren, gehört sie zu den Zeitgenossen Ludwig Ganghofers, die ihre Prägung noch im Kaiserreich erfahren hatten. Ihre Texte sind wohl tatsächlich eher dem zuzurechnen, was wir heute auch noch unter Heimatdichtung verstehen würden. In ihren Büchern ist den Lesern der Umschlag ins Politische erspart geblieben. Und auch im wirklichen Leben behielt die Erfolgsautorin, zumindest formal, eine gewisse Distanz zu den Nazis. Allerdings versuchte sie kurz vor ihrem Tode noch der NSDAP beizutreten. Dies war dadurch erschwert, dass die Partei zwischen 1933 und 1937 eine generelle Aufnahmesperre verhängt hatte. Sie habe jahrelang, bedingt durch ihre große Familie und ihre schriftstellerische Arbeit, zu wenig Zeit für Parteiarbeit gefunden und deshalb einen Beitritt früher nie in Erwägung gezogen. Der ihr befreundete Hans Schemm, Gauleiter von Oberfranken und seines Zeichens großer Fan der Volksliteratur, habe sie von der irrigen Meinung abgebracht, sie müsse sich aktiv an der Parteiarbeit betätigen, »da ich doch im Stillen besser schaffen könnte«[60]. Nun sei »dringender als je« der Wunsch in ihr, »nun auch in die NSDAP einzutreten. So viele Menschen habe ich selbst schon vor dem Januar 1933 durch meine Begeisterung für eine gute Sache geführt. Jetzt möchte ich selbst auch äußerlich zu ihr kommen, nachdem ich ihr innerlich so lange Jahre angehörte.« Der mit der Autorin verbundene Minister für Ernährung und Landwirtschaft und ›Reichsbauernführer‹ Walter Richard Darré setzte sich daraufhin noch bei Rudolf Hess persönlich für eine Aufnahme der Heidedichterin in die Partei ein. Eine Mitgliedschaft ist aber nicht belegt. Möglicherweise verhinderte der Tod der Autorin im Juni 1938 ›Schlimmeres‹. In Müden an der Örtze, wo sie zuletzt lebte, wird der ›Dichterin der Heide‹ heute noch als Heimatautorin gedacht. Auf dem Friedhof findet sich ein Gedenkstein, auf ihr Wohnhaus, ihr »schönes Gewese« – wie sie selbst schrieb –, das sie sich 1930 zugelegt hatte, wird in den Fremdenverkehrsmaterialien hingewiesen. In den Wintermonaten residierte die Autorin häufig im Berliner Hotel Kaiserhof, »obwohl sie auch dann noch eng mit ihrem Dorfe verbunden«[61] sei.

Felicitas Rose soll nun nicht ohne weiteres der Blut-und-Boden-Dichtung zugeschlagen werden. Hellmuth Langenbucher nannte sie in seiner Literaturgeschichte *Volkhafte Dichtung der Zeit* nicht, womöglich war die Autorin ihm zu ›trivial‹, zu dicht am Unterhaltungsbuch. Allerdings können wir am Beispiel der Schriftstellerin sehen, wie schmal der Grat zwischen Eigenständigkeit und politischer Korrumpierbarkeit stets war. Viele haben diese Linie nur allzu bereitwillig überschritten.

10. Feldgrau schafft Dividende:
Lesefutter für den Krieg

Zielgruppe Wehrmacht: Die Feldpost des *Völkischen Beobachters*

Anfang Juli 1944 machte die Nachricht vom Tod des Generaloberst Dietl auf deutscher Seite an Front und Heimat die Runde. Dietl war vor allem nach seinem Einsatz bei der Besetzung der norwegischen Stadt Narvik zum Kriegshelden stilisiert worden. »Er ist für mich der erste Offizier der deutschen Wehrmacht, der in meine Gedankenwelt eingedrungen war«, so verlautbarte Hitler in seinem Nachruf, »und sich blind und ohne Kompromisse zu ihr bekannte.«[1] Unter dem Eindruck der Todesnachricht griff auch der Fahnenjunker Grothus zu Papier und Stift. Er folgte damit dem Beispiel vieler Zehntausender Soldaten vor ihm. Grothus entwarf einen kurzen Text, den er unter die Überschrift »Tagesparole: Narvik« stellte. Darin finden sich keine Sensationen, nichts, was man als besonders gestaltete Erzählung bezeichnen könnte. Grothus referiert einfach nur die Ereignisse des Jahres 1940, die im Zusammenhang mit Dietl stehen: »Mit dem Ableben dieses soldatischen Kämpfers stiegen in unserer Erinnerung seine unvergeßlichen Taten der Vergangenheit dieses Kriegers auf«[2], so die formelhafte Einleitung zu diesem Huldigungstext. Grothus hatte das Papier für die Redaktion des *Völkischen Beobachters* bestimmt. Diese sammelte – oftmals angeregt durch ein ausgelobtes Preisausschreiben – mit Erfolg Beiträge ihrer Leser von den Fronten. Allein zum Motto »Darüber lache ich noch heute « gingen – glaubt man der Redaktion – weit über 10 000 Zusendungen ein. Zu welchem Thema sich Grothus beteiligen wollte und ob er je einen Brief zur Post gab, ist ungewiss. Die Publikationen des *Völkischen Beobachters,* die auf solchen Landsergeschichten von der ernsten bis zur heiteren Art basierten, gehörten allerdings zu den auflagenstärksten Printprodukten jener Jahre überhaupt. Die Texte erschienen beim parteieigenen Eher

Verlag. Die Bändchen *Darüber lache ich noch heute* und *Soldaten Alltag* kamen auf über 2,6 bzw. 2,2 Millionen Exemplare, *Im Angriff und im Biwak* und *Darüber lacht der Soldat* auf immerhin 1,2 bzw. 1 Million Stück. Die Sammlungen dominieren damit die imaginären Top Ten der nichtperiodischen Publikationen jener Jahre wie keine zweite Gattung. Der Erfolg beruhte sicher zu einem Großteil auf dem Mitmach-Effekt: Viele wollten die eigenen Erlebnisse unter ihrem Namen einem großen Publikum vorstellen. Wenn man sich beteiligt hatte, gehörte man so schon automatisch zum engsten Kundenkreis, sobald das Bändchen auf den Markt kam. Zudem bot der *Völkische Beobachter* mit dieser Idee dem Mitteilungsbedürfnis des ›kleinen Mannes‹ eine Bühne. Hier konnte er sich beteiligen und sich seine Erlebnisse und Sorgen von der Seele schreiben. Wichtigster Schritt auf dem Weg zum Erfolg war aber sicher die geballte Vertriebsmacht von *Völkischem Beobachter* und Eher Verlag. Während der eine die Werbetrommel rührte, sorgte der andere für Produktion und Verbreitung – auch über den Buchhandel.

Das Beispiel lässt wichtige Aspekte der Buchproduktion jener Jahre zu Tage treten: Der Krieg dynamisierte bestimmte Prozesse auf dem Buchmarkt und ließ höchst effektive Vermarktungskonzepte entstehen. Dabei bestimmten weiter privatwirtschaftliche Interessen und am wirtschaftlichen Erfolg interessierte Akteure den Buchmarkt, während gleichzeitig aber bestimmte Marktmechanismen völlig außer Kraft gesetzt waren. Nur mit diesem Wissen kann man die Bestsellerlisten jener Jahre lesen und richtig bewerten. Nicht alles, was in großer Stückzahl produziert wurde, lässt auf eine reale Nachfrage in gleicher Größenordnung schließen und nicht jede real existierende Nachfrage konnte – Privatwirtschaftlichkeit hin oder her – auch aufgegriffen und befriedigt werden. Wenn aber große Nachfrage und ein manifestes wirtschaftliches Interesse aufeinandertrafen und das Ganze dann noch ins Konzept der großen nationalsozialistischen Linien passte, stand einem Verkaufserfolg nichts mehr im Wege. Dies sind – kurz gesagt – vielleicht die wichtigsten ›Geheimnisse‹ der Bestseller im Dritten Reich!

Die Verlagsbranche insgesamt hatte die Wehrmacht und das riesige Heer der Soldaten und sonstigen Dienstverpflichteten sehr schnell als große, wenn nicht gar die größte Zielgruppe der Buchhandelsgeschichte bis zu diesem Zeitpunkt entdeckt. Welcher Verleger wünscht sich nicht, statt des mühsamen Geschäfts mit einer unüberschaubaren Vielzahl von Einzelkunden, den Verkauf von Großauflagen an einige, wenige Abnehmer bzw. an einen Kundenkreis mit klar definierten Interessen? Den Feldpostausgaben verdankten unzählige Unternehmen nicht nur das Überleben, sondern sie wurden zum Geburtshelfer für Nachkriegskarrieren und Weltkonzerne. Die auch wirtschaftliche Bedeutung des Phänomens Feldpost und sein erheblicher Einfluss auf die Bestsellerstatistik, die neben sechs Friedens- immerhin ebenfalls sechs Kriegsjahre zur Grundlage hat, macht dieses abschließende Kapitel im Hinblick auf den Gesamtzeitraum unverzichtbar.

Lesehunger und Bücherboom im Krieg

Zunächst kam unmittelbar nach Kriegsbeginn die Buchproduktion kurzzeitig etwas ins Stocken, danach entwickelte sich die Bilanz des Buchhandels aber bald wieder überdurchschnittlich positiv. Schon das Weihnachtsgeschäft 1939/40 verlief äußerst günstig, die positive Entwicklung hielt sogar danach weiter an. »Sie ist einmal durch das große Lesebedürfnis der Bevölkerung und der Soldaten und letzthin durch den Ausfall zahlreicher sonst üblicher Geschenkartikel bedingt«[3], so hieß es in den *Meldungen aus dem Reich* des Sicherheitsdienstes der SS. Zudem gehörte das Buch zu den wenigen Dingen, die sich noch ohne Bezugscheine erwerben ließen. Das machte es besonders als Geschenk so attraktiv.

Auch in den Bibliotheken und Büchereien wurde die steigende Nachfrage registriert. So sei »das Lesebedürfnis [...] gegen die Friedenszeit auf das Drei- bis Vierfache gestiegen.« Den Kern der Leserschaft bilden die »Massen der arbeitenden Bevölkerung, die in ihrer knappen Freizeit durch das Buch Erholung sucht.«[4] Eine regelrechte »Vielleserei im Kriege«[5] sei zu beklagen.

Der Blick auf einzelne Verlage illustriert noch dramatischer, wie gewaltig der Umsatz der Buchbranche anwuchs. So verzeichnete der Deutsche Verlag zwischen Herbst 1940 und Frühjahr 1941 teilweise Steigerungsraten zwischen 50 und 75 % im Vergleich zum Vorjahreszeitraum! Dies, wie im internen Bericht festgehalten wurde, obwohl die Lagerbestände weiter rückläufig waren: Das heißt vom Käufer wurde abgenommen, was auf dem Markt war. »Wie stark der Bedarf an Büchern bei der Kundschaft ist, soll durch ein einzelnes Beispiel belegt werden: Wir hatten von dem Buch Ulitz *Die Braut des Berühmten* 9500 Exemplare zur Verfügung; Bestellungen lagen vor in einer Höhe von 205 000 Exemplaren«[6]. Es tat sich ein gigantisches Missverhältnis von Angebot und Nachfrage auf – zur Freude der Verlage. Hinzu kam eine bis dahin beispiellose Kauflust der Buchinteressierten. Die Spitzel des Sicherheitsdienstes SD berichteten aus einer ganzen Reihe von Städten, dass zum Beispiel in den letzten Tagen vor Weihnachten 1941 »alles gekauft worden ist, was nach Buch aussah«[7].

So konnten nicht nur große Verlage ihre Umsätze gewaltig steigern, andere, vormals eher als Spartenverlage für ganz bestimmte Kreise von Interesse, wurden erst mit dem Bücherboom im Krieg zu Unternehmen, an denen man bald nicht mehr vorbeikam. C. Bertelsmann steigerte seinen Umsatz von 1928 bis 1937 langsam aber stetig von 1 Million auf zirka 1,9 Millionen Reichsmark. Dieser Wert schoss dann mit dem Krieg weiter steil nach oben. Für 1939 verzeichnete er 3,1 Millionen, für 1940 5,1 und für 1941 8 Millionen Reichsmark Umsatz![8] Bertelsmann entwickelte sich bald zum wichtigsten Buchlieferanten für die Wehrmacht, dicht gefolgt vom Eher Verlag als seinem schärfsten Konkurrenten, sowie dem W. Kohlhammer Verlag in Stuttgart und dem Bibliographischen Institut in Leipzig. Weitere Verlage, die sich in diesem Marktsegment erfolgreich und im großen Stil betätigten, waren neben anderen der Insel Verlag Leipzig, Reclam ebenfalls in Leipzig und Langen-Müller in München.[9] Generell gilt, dass es wohl keinen Verlag in diesen Jahren gab, der freiwillig auf Geschäfte mit den Militärs verzichtet hätte.

Was den Handel mit Büchern im Krieg so attraktiv machte, lässt sich wiederum am Fall Bertelsmann illustrieren. Stieg der Umsatz von 1933 zu 1941 um das Siebenfache, so verdreißigfachte sich im selben Zeitraum der Gewinn! Die Ursachen dafür sind schnell gefunden. Es ließen sich vor allem im Krieg mehr Großauflagen produzieren und absetzen, die per se wirtschaftlicher und mit üppigeren Gewinnmargen herzustellen waren als kleinere Stückzahlen. Die Tendenz zu größeren Auflagen lässt sich für die gesamte Verlagsbranche statistisch belegen. So stieg die ermittelte Durchschnittsauflage sämtlicher in einem Jahr verlegter Bücher von 11 000 Exemplaren 1940 auf durchschnittliche 18 000 im Jahr darauf.[10] Die realen Kosten für Vertrieb und Werbung gingen parallel dazu immer weiter zurück, da man es nur mit wenigen Großkunden zu tun hatte und für das rare Gut Buch beim Endkunden kaum aktiv werben musste: Er kaufte es so oder so. Auch das Verhältnis von produzierter und abgesetzter Ware drang in Bereiche vor, die in Friedenszeiten völlig utopisch sind. So gelang es beispielsweise Bertelsmann, seine Produktion des Jahres 1940 im Verlaufe der darauffolgenden zwölf Monate bis auf einen Rest von 1,1 Prozent vollständig abzusetzen.[11] Unter solchen Gegebenheiten konnte ein Buchverlag so profitabel arbeiten wie nie zuvor und auch danach nicht wieder.

Wie kam das Buch zum Landser? Von der Bücherspende der NSDAP bis zur Zentrale der Frontbuchhandlungen

Den Anfang bei der parteiamtlich organisierten Bücherversorgung für die Soldaten machte die Dienststelle Alfred Rosenbergs, die schon im Oktober 1939 mit einem Aufruf zu einer »Bücherspende der NSDAP für die Wehrmacht« an die Öffentlichkeit ging. Zunächst wandte man sich in erster Linie an Verlage und Buchhandlungen, die das im Sinne Rosenbergs besonders gute und förderungswürdige Schrifttum zur Verfügung stellen sollten, im Weiteren aber auch an die Bevölkerung selbst.[12]

Im selben Monat wurde die Zentrale der Frontbuchhandlungen gegründet, die personell eng an die Deutsche Arbeitsfront angegliedert war. Sie sollte die Verteilung der Buchlieferungen zwischen dem Buchhandel im Reich und den Verkaufsstellen im besetzten Ausland koordinieren. Über sie wurden Bücher gesammelt eingekauft, später wurden von ihr sogar eigene Ausgaben für die Truppenbetreuung in Auftrag gegeben und produziert. Die Bücher kamen in den in Abstimmung mit dem OKW organisierten Frontbuchhandlungen zum Verkauf, von denen es allein in Frankreich 1942 an die 60 gab. Diese wurden noch durch zahllose Bücherwagen ergänzt, die mit ihren rollenden Regalen bis zu den Truppen an der Front oder auf dem platten Land vordrangen. Diese fahrbaren Frontbuchhandlungen bestanden aus einem Bus, der zugleich

Unter dem Motto »Spendet Bücher für unsere Soldaten« wurden wie hier im Herbst 1939 die Sammelaktionen der Bücherspende der NSDAP für die Wehrmacht durchgeführt. Ein Nebeneffekt: Zahlreiches noch in Privatbesitz befindliches verbotenes Schrifttum wurde mit aus dem Verkehr gezogen.

als Zugmaschine und Verkaufsraum diente. Ihr Sortiment von 2000 Büchern wurde von einem Lager mit rund 1500 weiteren Bänden ergänzt, dass sich im mitgeführten Anhänger befand. Die Verkaufswagen waren mit Standheizung, einer Rundfunk- sowie einer Schallplattenübertragungsanlage ausgestattet und hielten außerdem noch diverse Schreibwaren zum Verkauf bereit.[13]

Verschiedentlich berichteten Frontbuchhändler dann in der Presse von ihren abenteuerlichen Verkaufsfahrten. Sie schilderten, wie sie durch Hitze und Eis den geistigen Nachschub auch unter schwierigsten Bedingungen in West wie Ost, in Nord wie Süd an den Mann brachten: »›Ausverkauft!‹«, konnte ein Frontbuchhändler irgendwo in den Weiten der besetzten Sowjetunion schon nach drei Tagen bei den Truppen vermelden, »unsere Jäger in den Bergen, die Nachrichter in den Tälern, unsere Pioniere an den Brücken, die Artilleristen in den weit vorgeschobenen Küstenstellungen, die Spezialeinheiten in den rückwärtigen

Diensten hatten den Frontbuchhändler bestürmt und ihm seine Schätze buchstäblich aus den Händen gerissen. Der Preis spielte für sie dabei – bezahlt wird in deutschem Geld – überhaupt keine Rolle!«[14]

1940 begann zudem das Werbe- und Beratungsamt für das deutsche Schrifttum beim Propagandaministerium mit einer Kampagne für Buch-Feldpostsendungen. Die Menschen in der Heimat sollten dazu aufgerufen werden, ihre im Dienst der Wehrmacht stehenden Angehörigen mit Büchersendungen zu versorgen. Schon bald gingen dank dieser Kampagne auch Firmen und Organisationen dazu über, ihre einberufenen ›Arbeitskameraden‹ mit Buchgeschenken zu bedenken. Um die stetig wachsende Nachfrage befriedigen zu können, entwickelten zahlreiche Verlage spezielle Feldpostreihen, die in Format und Gewicht zum Versand an die Front geeignet waren. Vom Werbe- und Beratungsamt wurden in Abstimmung mit Rosenbergs Schrifttumsstelle laufend Empfehlungslisten erarbeitet, die bei der Suche nach geeigneter Lektüre behilflich sein sollten. Bis Ende 1943 sind von solchen Feldpostausgaben schätzungsweise rund 75 Millionen Exemplare unters Volk gebracht worden.[15]

Die Bücherspende Rosenberg soll bis zum Winter 1943/44 ebenfalls viele Millionen Bände an den soldatischen Leser in Frontbibliotheken oder Lazaretten verteilt haben. Schon im Januar 1940 hatte man vermelden können, dass aus den bis dahin gesammelten 8,5 Millionen Bänden 27 000 Feldbüchereien zusammengestellt worden seien.[16] Waren Prominente die Empfänger solcher Spenden, dann nutzte der Buchhandel dies sogar zum Zwecke der Eigenwerbung. So etwa als Leipziger Buchhändler die Zusammenstellung einer »U-Boot-Bücherei« mit 20 Bänden für den Kriegshelden Kapitänleutnant Prien besorgten und darüber stolz berichtet wurde.[17]

Lieferengpässe kannte dieser besondere Buchmarkt bis zum Ende des Krieges fast nicht. Die Bestellungen der Zentrale der Frontbuchhandlungen sollten – darüber war die Branche von maßgeblicher Stelle informiert worden – bevorzugt bedient werden. Wenn Verlage auf kriegswichtige Produktionen für die Wehrmacht verweisen konnten, so erlaubte ihnen das, die dafür nötigen Papierkontingente zu reklamieren. Außerdem hatten sie in diesem Fall bessere Chancen, die eigenen Mitarbeiter unabkömmlich stellen zu lassen und somit vor einer Einberufung zu bewahren. Darüber hinaus verfügte die Wehrmacht über nicht unbeträchtliche Papiervorräte, die sie für Eigenproduktionen nach Belieben einsetzen konnte.

Lesestoff für den Vernichtungskrieg:
Autoren und Themen

Als *Westermanns Monatshefte* 1943 eine Umfrage zum Leseverhalten der Soldaten startete, zeigten die Antworten ein Spektrum, das vom ›Guten‹ und ›Echten‹ im Sinne der strenggläubigen Kulturpolitiker bis zum ›Schmöker‹ reichte. Sogar das Wiederauftauchen der Romanheftchen wurde im Sinne der Landser verteidigt: »Sie sind viel leichter zur Hand als ein Buch, sie können zur Not in den Schaft des Knobelbechers gesteckt werden, was man mit einem Buch nur in Ausnahmefällen fertigbringt.«[18] Die Heftchen waren auch rein physisch Verbrauchsliteratur, die am Ende ausgelesen und weggeworfen wurden. Es könne aber vermutet werden, so der Tenor des Berichts, »daß sie nur bedingt einem Bedürfnis entsprechen,«[19] vielmehr werde gelesen, was eben gerade greifbar sei. Dies habe letztlich auch zu der Idee geführt, wertvollere Texte in Form von Heftromanen den Soldaten anzubieten, als »ein Weg, das Unterwertige einzudämmen.«[20] Auch bei der Luftwaffe wurde »reichlich geschmökert«, wobei die Mannschaften, die körperliche Arbeit verrichteten, besonders »dünne Liebesromane«[21] bevorzugten.

Franz Hinze, der als Frontbuchhändler unter anderem im besetzten Paris eingesetzt war, erinnert sich noch heute an die Großeinkäufe von nationalsozialistisch gesinnten Offizieren, die dann zum Beispiel für Weihnachten »150 Kriegsbücher und 50 *andere* verlangten«[22]. Aber es galt auch für Paris, was die Spitzel des Sicherheitsdienstes allgemein beobachten konnten: »[…] daß politisch-weltanschauliches Schrifttum schulungsmäßigen Charakters und NS-Schrifttum im engeren Sinne z.Zt. wenig gelesen werde. Gerade solche Bücher seien allerdings oft zum Zwecke des Geschenks an die Soldaten an der Front oder für die Verbündeten gekauft worden. Der Vertrieb dieses Schrifttums über die Partei bzw. deren Gliederungen und ihre Verlage (z. B. DAF) werde sicher nicht

Mobile Frontbuchhandlung im Einsatz. Der Bus diente als Verkaufsraum und bot den interessierten Lesern ein Sortiment von an die 2000 Titeln.

abgenommen haben. Die Schriften würden jedoch mehr oder weniger nur durchgeblättert, und es gehe davon z. Zt. eine spürbare Wirkung nicht aus.«[23]

Neben dem guten und gediegenen Unterhaltungsroman mit historischem oder biografischem Hintergrund, mit dem Franz Hinze in Paris seine Kunden erfreuen konnte, und allgemein »Romanen, lustigen Büchern und Biografien«[24], war es vor allem auch Fachliteratur, die insbesondere das soldatische Publikum nachfragte. Hier spielte sicher auch eine Rolle, dass viele Männer die Zwangspause vom angestammten Beruf für eine Fortbildung oder die vielen ganz jungen unter ihnen überhaupt für einen autodidaktischen Berufseinstieg nutzen wollten.

In Goebbels' Ministerium hatte man eine Vorlage für den Minister erarbeitet, die nahelegte, Buchsendungen für die Front sollten zu 95 % aus Unterhaltungsliteratur und lediglich zu den restlichen 5 % aus weltanschaulichen Büchern bestehen.[25] Auch wenn sie wohl nie punktgenau umgesetzt wurde – die Richtung war deutlich vorgegeben. Grundsätzlich kann man annehmen, dass alle Bücher, die als weitverbreitete Bestseller jener Jahre gelten, auch ihren Weg zu den Soldaten gefunden haben dürften. Dazu kamen noch die ausgesprochenen Sonderausgaben, die entweder als Feldpostausgaben gekennzeichnet oder durch Maß und Gewicht bedingt besonders für den Versand an die Front geeignet waren oder sogar im Auftrag von parteinahen Organisationen oder der Wehrmacht selbst produziert und vertrieben wurden. Durch den Krieg gab es Ausgaben, die lediglich als Sonder- oder Feldpostexemplar ihren Weg in die imaginäre Bestsellerliste des Dritten Reichs fanden – es gab dazu keine reguläre Buchhandelsausgabe: etwa die unter dem Titel *Soldaten – Kameraden* vom Eher Verlag produzierten Heftchen mit Beiträgen von Heinz Steguweit, Tüdel Weller oder Hans Zöberlein, um nur einige zu nennen.[26] Solche Produkte kamen teilweise auf Einzelauflagen von bis zu 350 000 Stück.

Bei der Frage, was die Landser denn nun gelesen haben, sind vor allem die Titel von Interesse, die man nicht unbedingt sofort unter der von offizieller Seite geförderten Soldatenlektüre vermuten würde. Ludwig Thoma mit *Jozef Filsers gesamelter Briefwexel* gehören ebenso dazu wie *Der Schatz im Silbersee* von Karl May, *Irrungen, Wirrungen* von Theodor Fontane oder die vielen Werke von Wilhelm Busch, die alle in Sonderausgaben im Auftrag des Oberkommandos der Wehrmacht herausgegeben wurden. Viele weitere Klassiker drückten die Verlage in den Markt der Feldpostausgaben oder die empfehlenden Dienststellen wählten sie zu Kriegsbeginn aus den bereits vorliegenden und für den Feldpostversand geeigneten Buchreihen aus. Da zunächst noch eine 250-Gramm-Obergrenze für Feldpostsendungen galt, kamen vor allem Bände in der Art der Insel-Bücherei oder der Reclam-Hefte in Frage. Aus einer ersten Auswahlliste des Amtes für Schrifttumspflege wurden unter anderem folgende (fast ausschließlich) Klassiker am meisten nachgefragt: Eugen Roth *Ein Mensch*, Anzengruber *Sternsteinhof*, Grimmelshausen *Simplizissimus*, Walter Flex *Wanderer zwischen beiden Welten*, Goethe *Faust*, Theodor Storm *Schimmelreiter*, Ludwig Thoma *Geschichtenbüchlein*, C. F. Meyer *Der Schuß von der Kanzel*, Nietzsche *Also sprach Zarathustra*, Eichendorff *Aus dem Leben eines Taugenichts* und Wilhelm Busch *Bilderpossen*.[27] Für alle Feldpost- und Sonderausgaben gilt: Nicht jede wurde zum echten Bestseller, der die 100 000er-Marke übersprang, aber große bis sehr große Auflagen erreichten sie fast alle.

Neben den *Soldatenbriefen zur Berufsförderung*, die der Fortbildung der Wehrmachtsangehörigen dienen sollten, und vielen landes- oder wehrkundlichen Schriften, die das OKW im Laufe der Jahre in Umlauf brachte, wurden von der Zentrale der Frontbuchhandlungen so spezielle Werke wie ein *Kant-Brevier* herausgegeben, das dem Königsberger Philosophen gewidmet war, oder eine Monografie über *Rainer Maria Rilke,* aber auch ein utopisch-technischer Roman: *Gloria* von Wilfrid Bade.

Ein Buchhändler, der mehrere Verkaufstouren mit einer fahrbaren Frontbuchhandlung in Frankreich abgeschlossen hatte, konnte berichten: »Ein erfreuliches Ergebnis der ersten Fahrten liegt vor uns: Über die Hälfte der verlangten Werke sind solche der guten, ja der besten Unterhaltungslektüre. Namen wie Kolbenheyer, Binding, Grimm (*Volk ohne Raum*), Strauss, Zöberlein, Dwinger, Thor Goote (*Wir fahren den Tod*), Paust (*Volk im Feuer*), Keller, Koll (*Urlaub auf Ehrenwort*), Schröer, Kröger, Eugen Roth, Knittel usw. bürgen hierfür. Bücher von Wilhelm Busch, spannende Romane von Löhndorff und Dominik und die humorgewürzte Lektüre von Spoerl runden das Verlangen unserer Soldaten nach der fröhlicheren Seite ab.«[28]

Der Gefreite Werner Enßlin, als Frontbuchhändler im Einsatz in der besetzten Normandie, sah ebenfalls unterhaltende Schriften im Vordergrund. Und so treffen wir viele Bücher wieder, die schon die Bestsellerlisten der Vorkriegszeit dominiert hatten: »Ein besonderes Kapitel sind die Spannungs-, Zukunfts- und Tatsachenromane. Ob Dominik oder Edmund Finke, ob Ungers *Germanin* oder Schenzingers *Metall,* nie reichen diese Bücher von der einen bis zur nächsten Nachschubsendung aus. Und das ist natürlich verständlich, denn zwischen zwei Wachen oder gar zwei Englandflügen hat nicht jeder Lust, sich ernsthaft mit einem großen Roman oder gar einer Dichtung zu beschäftigen, die Konzentration und Anspannung verlangt.

Ähnlich ist es mit dem Humor. Wer so ein ernstes Handwerk treibt wie die Soldaten, der will auch richtig herzlich lachen. [...]

Natürlich fehlen auch die Reisebeschreibungen nicht, soweit sie abenteuerlicher Natur sind. Von Karl May über Gerstäcker bis zu Sven Hedin ist für jeden Geschmack etwas zu finden, und auch wenn ein Buch ›mit vielen Toten‹ verlangt wird«, so Enßlin weiter mit seinem Buchhändler-Latein, »sind wir nicht in Verlegenheit zu bringen.«[29]

Verkaufsschlager mit versteckter Botschaft:

Ernst Jüngers *Auf den Marmorklippen*

Wir wissen nicht, welches Buch der freundliche Frontbuchhändler seinem Kameraden damals empfohlen hat. Es könnte einer der zahlreichen Weltkriegsromane gewesen sein, in denen es ›an Toten‹ wahrlich keinen Mangel gab. Einer der auch international geachtetsten Autoren dieses Genres, Ernst Jünger, war selbst lange Zeit im von den Deutschen besetzten Paris stationiert. Die Geschichten einiger seiner Bücher sind eng mit der der Frontbuchhandlungen und Sonderausgaben des OKW verbunden. Seine Weltkriegsbücher wie *Wäldchen 125* oder *In Stahlgewittern* waren allgemein als »wertvolle Literatur« anerkannt und gehörten zum Kanon, sie finden sich auch 1941/42 noch auf den Empfehlungslisten der Zentrale der Frontbuchhandlungen wieder.

1939 erschien *Auf den Marmorklippen,* ein Buch, das sich als Schlüsseltext zum Dritten Reich lesen lässt. 1942 kam *Gärten und Strassen* hinzu, ein Werk, in dem Tagebuchaufzeichnungen Jüngers aus den Jahren 1939 und 1940 – also ganz aktuelle – verarbeitet waren. Von diesem Letzteren waren bald zwei an einer einzigen Stelle abweichende Versionen im Umlauf: Eine Tagebucheintragung ist in einer der Ausgaben um einiges gekürzt wiedergegeben. Jünger berichtet darin von Unterhaltungen mit einem seiner Unteroffiziere während des Vormarsches in Frankreich: »So meinte er, es sei seltsam, daß man alle Musikinstrumente bestimmt am ersten zertrümmert träfe – es ist dies ein Symbol für den amusischen Charakter des Mars und, wenn ich mich recht entsinne, schon auf einem großen Bilde von Rubens vermerkt, das diesem Thema gewidmet ist. Die Spiegel dagegen seien meistens unbeschädigt – er erklärte das daraus, daß man sie zum Rasieren brauche; es hat dies aber wohl noch andere Ursachen.«[30] Den Frontbuchhandelsausgaben für die Wehrmacht mutete man diese Passage durchaus zu – in den Propagandaausgaben, die zum Beispiel für die kritischen Schrifttumslenker bestimmt waren, fehlte sie.[31] Auf den ersten Blick birgt die Stelle – zumindest aus heutiger Sicht – wenig Sprengkraft. Die große Wachsamkeit des Verlages von Ernst Jünger hatte aber einen Grund: das Erscheinen der *Marmorklippen,* des Romans über den Untergang einer Zivilisation und den Verlust aller

Werte – von vielen als Parabel auf die NS-Zeit gelesen. *Auf den Marmorklippen* war eines der vielleicht kritischsten Bücher zum Nationalsozialismus, die *im* Nationalsozialismus erscheinen konnten. Seither zog der Autor von offizieller Seite erhöhte Aufmerksamkeit auf sich.

»Einzelne Wendungen, Momente und Motive sind mir seither unverwischt im Gedächtnis, im Bildervorrat und im Sprachschatz geblieben, über die vierzig Jahre hin«, so beschrieb der schon vor 1945 als Journalist unter anderem bei der *Frankfurter Zeitung* tätige Dolf Sternberger sein Lektüreerlebnis mit den *Marmorklippen* in der Rückschau. »Vor allem aber ist uns jener Entsetzensblick für Lebenszeit gegenwärtig, den der Erzähler dort auf die ›Schinderstätte‹ tat, eine versteckte Blöße im Wald, wo Menschenleiber ausgebeint werden und wo ein unscheinbares Männchen, vor sich hin pfeifend, auf einer Werkbank Menschenhaut bearbeitet. ›Köppels-Bleek‹ – auch der Name des grauenhaften Ortes ist wohl jedem im Sinn geblieben, der es damals gelesen hat. Denn es war die Welt der Konzentrationslager, die Sphäre des Geheimterrors, die hier in ein unvergeßliches Momentbild gefaßt zu sein schien, fern von Photographie und Reportage, eine szenische Abbreviatur von eigner Macht und großer Schärfe.«[32]

Doch nicht nur dieses Abbild des nazistischen Terrors – bei dessen Lektüre man sich heute immer noch wundern muss, wie dieser Text in NS-Deutschland erscheinen konnte –, auch zahlreiche andere Figuren spielen auf die Herrscherclique des Dritten Reichs an. Sei es der Oberförster, der wahlweise als Abbild Hitlers oder Görings interpretiert wurde und sicher Charakterzüge von beiden aufweist, oder der Mauretanier Braquemart, der einen Typus repräsentiert, dem Goebbels' und Heydrichs nicht unähnlich. Im Grunde ist es unerheblich, auf welche Seite man sich hinsichtlich der Wertung Jüngers und seines Werkes schlägt – den einen gilt er als Vertreter der Inneren Emigration, gar des Widerstands, den anderen mit seiner Verherrlichung des Soldatischen als einer im Tross der Geburtshelfer des Nationalsozialismus.[33]

Auf den Marmorklippen ist und bleibt ein ungewöhnlicher Text, vor allem wenn man die Zeit betrachtet, der er seine Entstehung verdankt und in der er erschienen ist. Hatte die Hanseatische Verlagsanstalt die *Marmorklippen* zunächst in mehreren Auflagen gedruckt, so gab die Wehr-

Bücher für Soldaten entwickelten sich für alle Verlage zu einem lukrativen Massenmarkt. Spezielle Feldpostbücher erfüllten von Gewicht und Format her die Vorgaben für Sendungen an die Front und waren mit einem Umschlag versehen, der zugleich als Versandhülle diente.

macht bald eigene Ausgaben heraus, etwa 1942 in Paris (wo Jünger im Jahr zuvor stationiert worden war) oder noch im Oktober 1944 in Riga, wo das Buch an einen ausgewählten Kundenkreis verkauft wurde.[34] Insgesamt, so vermutet Hans-Eugen Bühler in seiner Studie zum Frontbuchhandel, sind von dem Buch wohl an die 80 000 Exemplare in Umlauf gekommen, allein von der Zentrale der Frontbuchhandlungen habe Jünger Honorare in Höhe von 18 200 Reichsmark erhalten.[35] Erst gut drei Jahre nach dem Ersterscheinen kam es zu einer Rückrufaktion innerhalb des Frontbuchhandels, die jedoch längst nicht alle Exemplare erfassen konnte und die auch – wie oben berichtet – offenbar weitere Ausgaben an anderen Orten nicht ausschloss. Vielen Kulturgewaltigen war der kritische Gehalt in Jüngers Werk durchaus bewusst. Es gibt Belege dafür, dass das Ausbleiben schärferer Sanktionen auf das direkte Eingreifen Hitlers zurückzuführen war, der den hochdekorierten Frontkämpfer des Ersten Weltkriegs schätzte und in Schutz nahm.[36] »Gerade hierin lag ein meisterhafter Zug des Oberförsters,« so können wir in den *Marmorklippen* lesen, »er gab die Furcht in kleinen Dosen ein, die er allmählich steigerte und deren Ziel die Lähmung des Widerstandes war.«[37] Und er konnte eben auch als Teil dieser Strategie der ›kleinen Dosen‹ – willkürlich und unberechenbar – das vermeintlich Widerständige oder Regimekritische, einer Laune folgend, gelten lassen.

Die Spur der Bestseller

Vom Schulbuch zur Heimatdichtung

An die Frage, was bleibt, welche Bücher, die in der NS-Zeit Bestseller-erfolge feierten, heute noch gelesen werden, sollte sich immer die Ge-genfrage anschließen: Von *wem* gelesen? Im literarischen Kanon sind nur wenige Autoren aus jener Zeit verblieben. Von den Schriftstellern, die damals in Deutschland lebten, vor allem Hans Fallada und Ernst Jünger, auch Eugen Roth dürfte manchem noch bekannt sein. Alle drei gehörten, aus der politischen Perspektive betrachtet, eher zu Randfiguren des lite-rarischen Lebens im Dritten Reich mit ihren je eigenen Friktionsflächen zum Regime. Das wären drei der Namen, von denen man sagen könnte, die kann oder müsste man heute noch lesen.

Auch die Klassiker, etwa Rilke, Schiller oder Goethe, haben ihre teil-weise intensive Rezeption im Dritten Reich mehr oder weniger unbe-schadet überstanden. Gleiches gilt für Hermann Hesse. Auch die meisten der ausländischen Autoren kennt man noch, manche wie Knut Hamsun oder Antoine de Saint-Exupéry gehören zur Weltliteratur, andere, eher der Unterhaltung zuneigende Werke, haben vielfach Vorlagen für Verfil-mungen abgegeben und sind damit im Bewusstsein geblieben, wie etwa die Bücher John Knittels oder *Vom Winde verweht* von Margaret Mitchell.

Darüber hinaus gibt es kleinere, speziellere Zielgruppen, bei denen weitere Autorinnen und Autoren noch gepflegt werden, die deswegen aber nicht alle zwangsläufig politisch in der rechten Ecke anzusiedeln sind: die Leser der Heimat- und Regionalliteratur. Viele Karrieren von Autoren, die in der NS-Zeit ein großes Publikum erreicht hatten, führ-ten nach 1945 dorthin zurück, wo sie hergekommen waren: in den si-cheren Hafen der Heimatliteratur. Dazu gehören neben anderen Her-mann Burte im badischen Raum, Kuni Tremel-Eggert in Franken, Josefa Berens-Totenohl in Westfalen, Felicitas Rose in der Lüneburger Heide oder Gustav Frenssen in Holstein.

Etwas andere Lebenswege ergaben sich bei den Sachbuchautoren. In diesem Marktsegment sind bestimmte Werke naturgemäß stärker zeitgebunden. Sogar die Bücher von Autoren, die politisch durchaus tragbar wären, sind heute kaum noch auf dem Markt zu haben. Bestes Beispiel ist der Ehm-Welk-Freund und sogenannte Volksastronom Bruno H. Bürgel. Über 20 Bücher zu populärwissenschaftlich aufbereiteten Themen hatte er in einer geschätzten Gesamtauflage von über 22 Millionen Exemplaren zwischen 1907 und 1942 veröffentlicht. Heute erinnern immerhin die Namen von Schulen, Straßen und Sternwarten an den 1948 verstorbenen Autor aus Potsdam-Babelsberg.[1] Seine Werke wie *Hundert Tage Sonnenschein* oder *Aus fernen Welten,* die in Großauflagen über hunderttausendfach verkauft wurden, sind nicht mehr lieferbar. Geehrt – und wenn man es so will vereinnahmt – wurde er eher im Osten des Landes.

Autoren wie Anton Zischka oder Karl Aloys Schenzinger werden ebenfalls nicht mehr gelesen – so ist etwa die letzte Taschenbuchausgabe von Schenzingers *Anilin* 1973 erschienen. Nur muss man sagen, dass Schenzinger bis dahin immer noch zu den vielgedruckten Nachkriegs-Sachbuchautoren gehörte. Der Erfolg brach für Leute seines Schlages nicht unmittelbar nach 1945 ab.

Viele haben, unbeschadet ihrer oft allzu deutlichen Positionierung auf Seiten des NS-Regimes, insbesondere im Westdeutschland der Nachkriegszeit weiter Karriere gemacht. Paul C. Ettighoffer genau so wie Edwin Erich Dwinger oder auch Hellmuth Unger, der – trotz seiner offenkundigen Verbindungen zu den Euthanasie-Verbrechen – bis zu seinem Tod 1953 noch verschiedene Biografien, hauptsächlich über Mediziner, mit einigem Erfolg auf den Markt bringen konnte.[2] Heute leben sie in den von ihnen mitgeprägten Textgattungen fort, in Tatsachenromanen, Lebensbildern und ganz allgemein den erzählenden Sachbüchern.

Ähnlich verlief die Rezeption vieler Autoren der sogenannten Inneren Emigration wie Hans Carossa und Werner Bergengruen, oder einer Autorin wie Ina Seidel, die sich auf ihren bürgerlich-konservativen Hintergrund berief, um ihre Distanz zum Nazi-Regime zu behaupten. Sie prägten – im Gegensatz zu den emigrierten Autoren – zunächst noch das literarische Leben der Bundesrepublik. Schulbücher waren voll mit ihren Texten und in der Öffentlichkeit gaben sie den Ton an. Wenn auch

Werner Bergengruen heute noch in einigen Ausgaben auf dem Markt präsent ist, häufig auch als Übersetzer der Werke von Tolstoi oder Dostojewski, so dürfte sein Name nur noch wenigen Jüngeren geläufig sein. Die Bücher von Ina Seidel und Hans Carossa dagegen sind derzeit nur noch antiquarisch zu haben.

Die Autoren, die aus dem Land in die Emigration gedrängt worden waren, hatten häufig große Schwierigkeiten, in Deutschland wieder Fuß zu fassen. »Oft fanden sie gar keinen Verleger mehr«, schreibt Hans Sarkowicz in seinem biografischen Lexikon, »selbst Heinrich Mann, Arnold Zweig und Lion Feuchtwanger mussten lange warten, ehe ihr Werk in der Bundesrepublik wieder vorlag.«[3]

Es sei noch nicht untersucht, inwieweit dafür auch die Literaturkritiker mit verantwortlich waren. Hier schrieben (zumindest im Westen) noch die gleichen Leute, die schon vor 1945 in den Feuilletons der Zeitungen und Zeitschriften für die ›gute Buchbesprechung‹ gesorgt hatten. Ähnlich wie in den Kulturredaktionen sah es bei denen aus, die relativ eindeutig auf Seiten des Regimes agiert hatten. Sarkowicz hält fest, dass von »gut einhundert Autoren, die während der NS-Zeit unter Aufsicht von Goebbels Literaturpreise empfangen hatten oder mit Ehrenämtern ausgezeichnet worden waren«[4], lediglich ein Sechstel nach 1945 keine Bücher mehr veröffentlicht habe. Leute wie Hans Grimm, Josefa Berens-Totenohl oder Hans Friedrich Blunck waren dabei immer noch für Großauflagen gut.

Schon der Verweis auf Arnold Zweig zeigt, dass sich über Kontinuitäten und Brüche in Deutschland nach 1945 nur mit Blick auf alle Zonen gemeinsam sprechen lässt. Zweig kehrte 1948 in den sowjetisch besetzten Teil des Landes zurück und kam in der DDR zu hohen Ehren, selbstverständlich war sein Werk hier bald in großem Umfang lieferbar. So gab es auch eine Linie der in Deutschland verbliebenen Autoren, die in die DDR führte, Namen wie Fallada oder Bernhard Kellermann sind hier zuallererst zu nennen. Gerade in den frühen Jahren gab es – forciert durch die auf sowjetischer Seite für Kultur Zuständigen – starke Bestrebungen, an die ›klassische‹ deutsche Literatur anzuknüpfen. Dennoch scheint insgesamt der Einfluss der Exilautoren von Beginn an ein stärkerer und die Zäsur eine etwas deutlichere gewesen zu sein.[5] Anders gesprochen,

ein an so exponierter Stelle mit dem NS-Regime verstrickter Autor wie
Hans Friedrich Blunck hätte in der DDR wohl keine Chance bekommen.

Taschenbuch und Normvertrag: Schritte zu einem modernen Buchmarkt

Im Bereich des Buchmarktes kann man immer wieder feststellen, dass
unter den Nazis bestimmte Entwicklungen forciert oder gar angestoßen
wurden, die nach 1945 weiterwirkten. Dabei war es selten so, dass es
sich tatsächlich um originäre ›Schöpfungen‹ nationalsozialistischer Köpfe
handelte. Vielmehr waren die Verantwortlichen oft einfach nur clever genug, das Vorhandene aufzugreifen und für ihre eigenen Zwecke zu nutzen. Häufig siegte dabei der pure Pragmatismus. Dann konnten auf einmal Entwicklungen befördert werden, die man zuvor sogar bekämpft
hatte, etwa wenn im Krieg die kommerzielle Leihbücherei wieder zu
Ehren kam, weil sonst die Buchversorgung völlig zusammengebrochen
wäre. Der Boom des Leihbüchereigewerbes in der Bundesrepublik nach
1945 kam also nicht wegen, sondern trotz der ursprünglichen NS-Bi-
bliothekspolitik zustande. Der Krieg und seine Auswirkungen auf das Leseverhalten und die Buchversorgung hatten hier einen Richtungswechsel
bewirkt, dessen Effekte über 1945 hinweg anhielten.

Solches lässt sich auch über die Karriere des Taschenbuches sagen. Einen Vorläufer hatte es schon weit vor 1933, etwa in Reclams Universalbibliothek oder den preiswerten Ausgaben der Ullstein-Bücher. Nach 1945
verbinden viele in Deutschland vor allem den Namen von Rowohlts Ro-
tations-Romanen (rororo) mit dem Medium. Sicher wäre es auch ohne
die Wehrmachts- und Feldpostausgaben bei dieser Entwicklung geblieben, aber sie bekam durch die massenhafte Verbreitung dieser broschier-
ten Bücher eine entscheidende Zuspitzung. Die Lesegewohnheiten ganzer Generationen wurden dadurch geprägt und aufnahmefähig für die
Massenliteratur der Nachkriegszeit. Ganz zu schweigen von den Verlagen, die bei Know-How und Technik an die unter Kriegsbedingungen
entwickelten Produktionsmethoden anknüpfen konnten.

Ähnliches gilt sicher für das Vertriebssystem im Buchhandel insgesamt, das in Deutschland traditionell sehr gut ausgebaut war und das

im Dritten Reich lange Zeit in dieser Form bestehen blieb und weiter hervorragend funktionierte. Sieht man davon ab, dass irgendwann keine Kundenwünsche mehr befriedigt werden konnten, sondern es vor allem darum ging, ›irgendein Buch‹ zu beschaffen, so funktionierte das Zusammenspiel von Verlagen, Barsortimenten und Buchhandlungen lange Zeit gut. Der ehemalige Buchhändler Karl Drucklieb erinnert sich, dass Bücher innerhalb von zwei Tagen problemlos zu beschaffen waren – bis in den Krieg hinein.[6]

Auch auf juristischem Gebiet, das Zusammenspiel von Verleger und Autor betreffend, agierten die NS-Funktionäre als die Vollender von Bemühungen, die schon in die Jahre davor zurückreichen. Eine 1935 von der Reichsschrifttumskammer erlassene »Anordnung über einen Normal-Verlagsvertrag« ging auf Verhandlungen zurück, die Schriftstellerverbände schon in der Weimarer Zeit angestrengt hatten. Nun erst wurden bestimmte Honorarsätze und Beteiligungen als Richtwerte festgehalten. Erstmals existierte ein Muster-Vertrag, an dem sich beide Seiten orientieren sollten.[7]

Diese stärkere Regulierung der Autoren-Verlags-Beziehung war nötig, weil sich die Urheberseite gleichzeitig auf breiter Ebene professionalisiert und spezialisiert hatte. Der Typ des Profi-Schreibers, der auf Anregung und Vorgabe hin bestimmte Genres bedienen konnte, etablierte sich weiter. Buchtypen wie das populäre Sachbuch oder der Tatsachenroman waren zwar schon in der Weimarer Zeit auf dem deutschen Markt verstärkt eingeführt worden, aber jetzt erst wurden sie zum echten Massenphänomen. Autoren wie Zischka, Schenzinger oder Ettighoffer verkörperten ganz diesen neuen Typus. Die Entwicklungsgeschichte des modernen Sachbuchs weist die für diesen Zeitabschnitt so typischen Spuren auf: Bereits vorhandene Entwicklungen wurden im Laufe der dreißiger Jahre weiter dynamisiert, kamen zum Durchbruch und etablierten sich dauerhaft.

Von Literaturverfilmungen und Fernseh-Rezensionen:
Das Buch im Spiegel der Medien

Damals wie heute war die Rezension, oder im Sprachgebrauch der Zeit
›Buchbesprechung‹, eines der wichtigsten Werbeinstrumente, das »Tor
zur großen Welt«[8]. Auch wenn die Buchkritik immer mehr zur reinen
Inhaltsangabe, zum Kunstbericht reduziert wurde, blieb diese wichtige
Funktion erhalten. Kontinuität gab es bei allen Werbemaßnahmen rund
um das Buch gleichermaßen. Die Anzeigenwerbung im *Börsenblatt für den
Deutschen Buchhandel* änderte sich nach 1933 nicht von Grund auf, die
gängigen Methoden wurden fortgeführt und weiter verfeinert. Nach wie
vor produzierten die Verlage aufwändige Beilagen für das Branchenma-
gazin, mehrfarbig gedruckt, die gleich als Poster für Schaufenster und
Verkaufsraum der Buchhandlung verwendet werden konnten. Zwar gab
es unmittelbar nach 1933 heftige Diskussionen um bestimmte Formen
der Umschlaggestaltung, betroffen waren hier vor allem Verlage für ausgesprochene ›Schmökerliteratur‹, die vielfach für die Leihbücherei oder
den Zeitungskiosk gemacht war. Aber zunächst verschwanden diese
Cover offensichtlich nur als unmittelbare Abbildung aus der Anzeigenwerbung der Branchenblätter – dort hieß es dann nur verklausuliert: in
gewohnter Ausstattung. Grundsätzlich geändert haben sie ihr Erscheinungsbild deshalb nicht unbedingt.

Es kamen, angeregt von offizieller Seite, viele Propagandamaßnah-
men hinzu, die das Buch und das Buch verbreitende Gewerbe an sich im
Auge hatten, angefangen von der »Woche des deutschen Buches« bis hin
zu Werbeplakaten zu besonderen Anlässen wie den Olympischen Spielen 1936. Die Motive sollten eine Verbindung von Sport und Buch her-
stellen und den Absatz von Druckwerken rund um die Olympiade im
eigenen Land befördern. Im *Börsenblatt* wurden immer wieder Druck-
vorlagen, sogenannte Matern, angeboten, die der Buchhändler vor Ort
für seine eigenen Werbezwecke einsetzen konnte. So kamen Parolen
wie »Das Buch kämpft für Geist und Körper«[9] etwa im Olympia-Jahr
1936 unter das lesende Publikum. Heute würde das als ›Branchenwer-
bung‹ bezeichnet werden. Sicher hatten diese Aktionen damals vor allem
den Hintergrund, den Literaturmarkt im Sinne der Machthaber zu in-

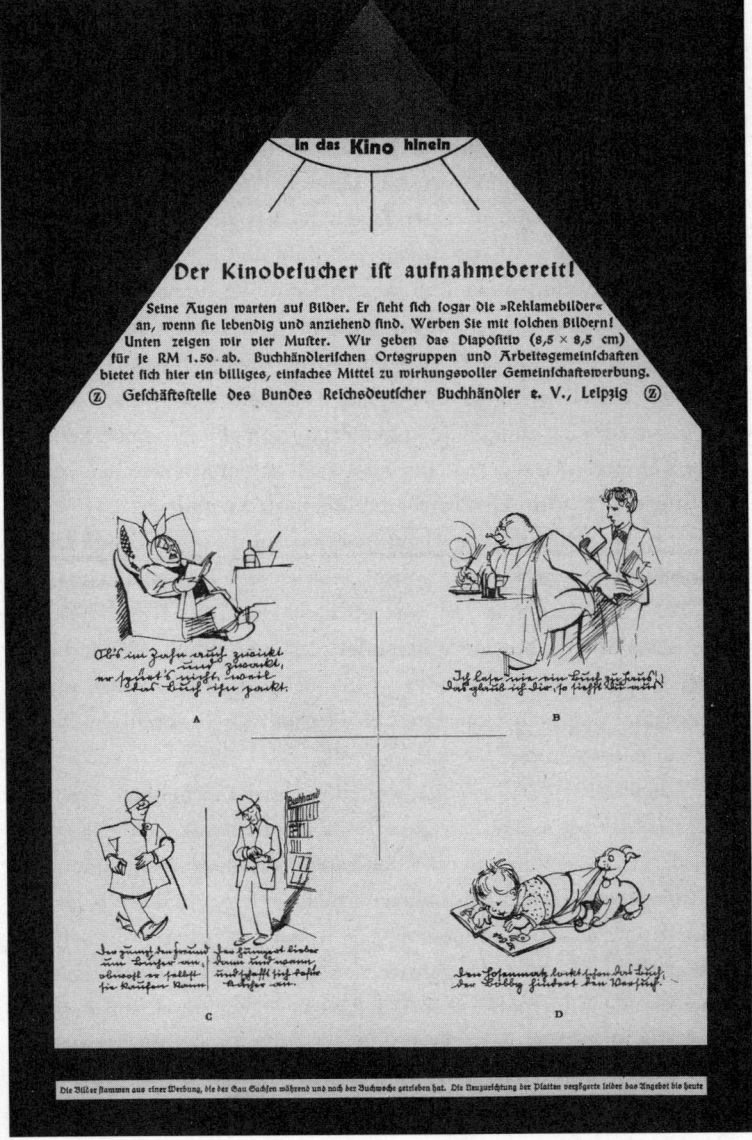

Moderne Werbemaßnahmen für das Buch wurden zwischen 1933 und 1945 fortgeführt und weiterentwickelt. Reklame für Branchenwerbemittel zum Einsatz in Kinos aus dem Börsenblatt vom 13. Dezember 1935.

strumentalisieren. Dennoch hinterließ diese – wertneutral betrachtet – ›Professionalisierung‹ der Branche deutliche Spuren.

Auch die Querverbindungen zu anderen Medien wurden in dieser Zeit weiter verstärkt und ausgebaut. Es gab eine Fülle von Sendeformaten im Radio, die sich mit Literatur und Buchbesprechungen befassten. Das *Börsenblatt* brachte in regelmäßigen Abständen entsprechende Hinweise auf das Radioprogramm der nächsten Tage. Gleiches gilt für das Thema Film und Buch. Der Film hat von Anfang an Stoffe und Erzählweisen aus der Literatur übernommen, auch in diesem Sinne wurde nach 1933 nichts Neues erfunden, aber das Zusammenspiel von Film und Buch wurde immer weiter professionalisiert. Hier gab die Branchenpresse vielfältige Tipps, wie zum Beispiel der Buchhändler und der Kinobesitzer vor Ort gemeinsam für eine effektvolle Inszenierung von gemeinsamen Erfolgen sorgen könnten: »Und gerade der Film nach einem literarischen Vorbild bietet für ein Hand-in-Hand-Arbeiten die beste Grundlage.«[10] Erstaunlich auch, wie schnell dieses Hand-in-Hand auf die rein kommerzielle, zahlenmäßige Seite fokussiert wurde. Wo der eine Branchenkenner betont, dass durch Literaturverfilmungen auch ›alte‹ Titel, Beispiele waren hier die Werke von Theodor Storm oder Hermann Löns,[11] wiederbelebt werden könnten, zählt der andere Fachjournalist haarklein auf, welche zahlenmäßige Auflagensteigerung bei welchem Buch durch eine Verfilmung ausgelöst wurde.

Hier zeigt sich der Zeitgeist wie so oft widersprüchlich. Während man einerseits postuliert hatte, das ›gute Buch‹ müsse sich zwangsläufig durchsetzen, hielten nun plötzlich kapitalistische Kerntugenden Einzug: Auflagenzahlen wurden mehr und mehr gefeiert und zelebriert. Es könnte damit zusammenhängen, dass im Krieg verstärkt mit der eigenen wirtschaftlichen Potenz geprahlt werden sollte. Da wurden die inneren Werte, die die kulturpolitischen Hardliner so gerne beschworen, schon mal an den Rand gedrückt. Der anfangs häufig geschmähte Bestseller, auf dessen US-amerikanische Herkunft man hämisch hingewiesen hatte, feierte fröhlich Auferstehung.

Und im Rahmen der Buchwerbung wurde auch das neueste Massenmedium eingesetzt: das Fernsehen. Nicht nur seine technischen Grundlagen sind im Dritten Reich entscheidend weiterentwickelt worden, es wurde auch im Praxisbetrieb ausgetestet. Während der Olympischen Spiele kamen erstmals Fernsehkameras und in Gemeinschaftsräumen aufgestellte Fernsehgeräte im größeren Stil zum Einsatz. Danach blieben insbesondere in Berlin etliche Fernsehstuben erhalten, der Sendebetrieb wurde weitergeführt. Und es kam zur vermutlich ersten Fernseh-Buchbesprechung weltweit. Ausgewählt wurde ein für die Zeit »politisch hoch bedeutsames Werk«[12] über die *Judenviertel Europas*. Hier musste mediengeschichtlich Neuland betreten werden, eine dem Buch angemessene Präsentationsform war zu finden. Schon diese erste Sendung griff Elemente auf, die bis heute eine TV-Rezension kennzeichnen: Ein Experte, in dem Fall der Herausgeber, trat zu einem Gespräch über das Buch im Studio an. Im Vorspann wurde das Cover des Buches formatfüllend präsentiert. Davon versprach man sich positive Effekte auf die konkrete Verkaufssituation des Buches an sich: »Sicher wird es beim Ausbau derartiger Sendungen in Zukunft nicht mehr vorkommen, daß einen Tag später ein Kunde den Laden des Sortimenters betritt und einen völlig verstümmelten Buchtitel nennt, den er im Rundfunk nur halb verstanden hat. Der Mann, der vom Fernsehempfänger kommt, wird vielmehr mit Sicherheit auf den ihm bereits bekannten Umschlag in der Auslage zeigen und sofort das richtige Buch erhalten.«[13] Auch die anderen Mittel der Fernsehdarstellung wurden erprobt: Sprecher und Studiogast hielten das Buch während des Gesprächs in der Hand und die Kameraperspektive wechselte von der Detailaufnahme zur Totalen und zurück. Sogar ein »Einspieler« wurde eingesetzt, damals als »Filmdurchgabe« bezeichnet, der Szenen aus einem »ostjüdischen Ghetto« bot, um den Inhalt des Buches zu illustrieren, »das *Judenviertel Europas* sogar noch einmal gewissermaßen in vollem Betrieb« zu präsentieren, wie der zeitgenössische Bericht bemerkte. Im Grunde zeigten sich hier bestimmte Aspekte der NS-Herrschaft in nuce: technisch avanciert, moralisch-menschlich verkommen.

Sieg oder Niederlage: NS-Literaturpolitik vom Ende her betrachtet

Wichtigstes Resümee beim Blick auf die Bestseller im Dritten Reich: Eine einheitliche Literaturpolitik hat es nie gegeben. Die internen Machtkämpfe um die Führungsrolle sind letztlich durch den Krieg vorübergehend entschieden worden. Welche kulturpolitische Linie sich im Falle einer ›friedlichen‹ Nachkriegsordnung unter nationalsozialistischer Führung dann letztlich durchgesetzt hätte – die ideologischen Hardliner oder die marktorientierten Pragmatiker –, muss glücklicherweise reine Spekulation bleiben. Hinzu kommt, dass der Zeitraum von zwölf Jahren unter historischen Aspekten betrachtet doch sehr kurz war. Zudem teilt er sich in sechs Friedens- und sechs Kriegsjahre. Große Neuentwicklungen im Bereich der Literatur sind in solch einem engen und stark aufgegliederten Zeitfenster kaum zu erwarten.

Die Nationalsozialisten sind mit ihrem Plan, eine eigene Literatur zu schaffen, grandios gescheitert. Im Verbieten und ›Ausmerzen‹ wurde einige Perfektion erlangt, aber die repressiven und steuernden Instrumente waren nicht dazu angetan, einer kreativen Branche und ihren Akteuren – Verlegern, Autoren, Buchhändlern – nachhaltige Impulse zu geben und Schöpferisches anzuregen. Dass vielfach der Dilettantismus gefördert werden würde, hatte der Propagandaminister schon frühzeitig erkannt. Allein, verhindern konnte er es am Ende nicht.

Wenn unter den Bestsellern der Zeit so etwas wie ein NS-typisches Schrifttum auszumachen ist, dann am ehesten noch unter den Sachbüchern und Tatsachenromanen. Mit den Kriegsbüchern, den Büchern zu wissenschaftlichen und Rohstoffthemen, den Lebensbildern und manchen ausgesprochenen Propagandaschriften hatten die NS-nahen Autoren bestimmte Genres okkupiert und zum Erfolg geführt. Ein Buchtypus wie der Rohstoffroman bleibt so in unserer Wahrnehmung nachhaltig mit dem Dritten Reich verbunden.

Auf dem Sektor der schöngeistigen Literatur sind die braunen Kulturlenker dagegen gefährlich eingebrochen. Sicher gab es systemkonforme, erfolgreiche Titel, aber sie verdankten ihren Erfolg nur einer massiven, gewaltsamen Marktbereinigung. Lässt man dann noch die Autoren unberücksichtigt, deren Hauptschaffenszeit schon vor 1933 lag und die sich dann womöglich ähnlich wie Hans Grimm noch eher an den Rand der Literaturszene der Zeit stellten, dann gab es höchstens eine Handvoll, nach Bestsellern gemessen, wirklich erfolgreicher, absolut linientreuer Autoren. Und das nach zwölf Jahren Trommeln, Propagieren und Verbieten des Anderen!

Was die Qualität mancher Schriften jener Jahre angeht, so muss dann doch Thomas Mann zugestimmt werden, dass vieles »weniger als wertlos und nicht gut in die Hand zu nehmen« sei. Zahlreiche Autorinnen und Autoren sind heute zu Recht vergessen.

Dass sich rein von den Absatzzahlen her letztlich vor allem das unpolitische Mittelmaß behaupten und durchsetzen konnte, war im System selbst angelegt. Zum einen stand parteinahes Schrifttum von Anfang an unter besonderer Beobachtung. Wer also nicht mit der Rückendeckung einer mächtigen Organisation oder Person auftreten konnte, oder im Schutzbereich eines großen, parteinahen Verlags unterkam, hielt sich von diesem Sektor des Schrifttums besser fern. Gerade im Kampf gegen die ›Konjunkturschreiber‹ der ersten Jahre nach der Machtübernahme waren viele Autoren mit ihren Anbiederungsversuchen an die neuen Machthaber gescheitert. Diese kritische Haltung schlug sich sogar in den Ausschreibungstexten von Romanwettbewerben nieder. So wies der *Völkische Beobachter* auf der Suche nach den »sechs besten Zeitromanen« ausdrücklich darauf hin, was sich der Zentralverlag der NSDAP nicht erwarte: »Tendenzromane und offensichtliche Propagandawerke scheiden von der Bewertung aus.«[14]

Zum anderen war beinahe die ganze Elite der deutschen Schriftsteller ins Exil getrieben oder mundtot gemacht worden. Die Akteure der zweiten Reihe traten nun an ihre Stelle und füllten diese mehr schlecht als recht aus. Die Vielzahl der mit der Lenkung und Zurichtung des Literaturmarktes beschäftigten Institutionen erzeugte auf Seiten der Produzenten vor allem eines: eine große, tiefgreifende Verunsicherung. In diesem Klima konnten überwiegend nur angepasste, klein gedachte Buchprojekte entstehen. Autoren und Verleger hatten große Angst, anzuecken und aufzufallen. Wer klug war, unterließ allzu große Experimente und zu direkte Bezüge auf die Gegenwart.

Auch diese Tendenz zum Mittelmaß, die durch die Überreglementie-
rung des Buchmarktes verursacht worden war, wurde durch den Krieg
weiter verstärkt: Fluchtlektüre erschien jetzt so wertvoll wie nie zuvor.
Es lässt sich die absurde Entwicklung beobachten, dass der vom nationalsozialistischen Deutschland angezettelte Krieg auf dem Buchmarkt
gerade solchen Tendenzen zum Durchbruch verhalf, die viele NS-Litera-
turlenker eigentlich hatten überwinden wollen: Der Buchhandel wurde
von seiner nach 1933 massiv propagierten ›kulturpolitischen und er-
zieherischen‹ Aufgabe zurück zum ›Händlerischen‹ gedrängt. Plötzlich
ging es wieder in erster Linie darum, die Nachfrage (jetzt von Heimat
und Front) nach leichten und unterhaltenden Stoffen zu befriedigen. Die
Stimmen derer, die eine Konzentration auf das ›gehobene Schrifttum‹
forderten, wurden nach und nach schwächer und gingen in einer beispiellosen Bücherlawine unter.

Für 1941 vermeldete die Branchenpresse eine Gesamtproduktion an
Büchern von 341 Millionen Stück. Das seien 100 Millionen mehr als im
Vorjahr. Davon wurden über 100 Millionen der Schönen Literatur, dem
Unterhaltungs- und Kriminalschrifttum zugeordnet, erst danach folgte
mit 59 Millionen Stück das Buch zu Politik und Verwaltung, Wehr- und
Kriegswissenschaft, dicht gefolgt vom Jugendschrifttum, von Kinder-
und Märchenbüchern mit 44 Millionen Exemplaren.[15]

Wo es ursprünglich darum gehen sollte, den ›Volksgenossen‹ zum
›wertvollen Buch‹ zu führen, war man nun glücklich, wenn man den
unbändigen Lesehunger wenigstens für kurze Zeit stillen konnte. Viele
Erfolge auf dem Buchmarkt jener zwölf Jahre lassen sich nur aus dem
Zusammenspiel von extrem reglementiertem Buchmarkt und einem
vor dem Hintergrund des Krieges gewinnorientiert agierenden Unter-
nehmertum erklären. Insofern wurde der Buchhandel von beidem bestimmt: von massiven staatlichen Eingriffen *und* weiterhin bestehenden
privatwirtschaftlichen Mechanismen.

Stiller Triumph der Aufmüpfigkeit?

Sie waren keine Widerstandskämpfer, aber immerhin Leute, die ihre
Meinung zu den neuen Machthabern deutlich geäußert hatten. Sie muss-

ten dies zunächst mit einem Karriereknick bezahlen, der eine ging dafür sogar kurzzeitig ins Gefängnis. Eugen Roth und Ehm Welk haben ähnliche, symptomatische Lebenswege im Dritten Reich zurückgelegt. Es ist bezeichnend, dass sich Ehm Welk mit seinen *Heiden von Kummerow* unter den drei, vier bestverkauften Romanen der Zeit befand. Was für eine Bankrotterklärung der NS-Kulturlenker, die einen Autor gewähren lassen mussten, der Goebbels öffentlich angegriffen hatte und deswegen zunächst gemaßregelt und als Schriftleiter in der Presse lange Zeit nicht tragbar gewesen war.

Ähnliches gilt für Heinrich Spoerl. Er fiel zwar nie als oppositionell auf, dennoch muss man seinem Werk per se einen gewissen subversiven Impetus zugestehen, selbst wenn am Ende immer wieder die übergeordnete Staatsräson triumphiert. Der Leser konnte, wenn er wollte, das kritische Potential dieser Bücher abrufen.

Betrachtet man pauschal die rund 20 bestverkauften Titel der schöngeistigen Literatur der Zeit – Anekdotensammlungen und Romane inbegriffen –, so finden wir darunter viermal Heinrich Spoerl, einmal Ehm Welk, dreimal (dem Krieg geschuldet) humoristische Kost und zweimal den Ausländer Trygve Gulbranssen. Macht insgesamt zehn Titel. Denen gegenüber stehen auf der regimezugewandten Seite zwei Titel von Karl Aloys Schenzinger und je einer von Paul C. Ettighoffer, Hans Zöberlein, Walter Flex, Fritz Otto Busch, Gustav Schröer, Hans Grimm, Kuni Tremel-Eggert und Theodor Kröger, also ebenfalls zehn.

Dass hier die politikfernen Titel so gewichtig sind, muss aus der Gesamtentwicklung im Krieg heraus erklärt werden: Es war eben die Kost, nach der die Menschen verlangten. Aber vor allem hatte Unterhaltungsliteratur im Krieg durchaus eine fest definierte und unverzichtbare Funktion, die der Propagandaminister nicht müde wurde herauszustreichen: Durch Entspannung und Unterhaltung sollten die ›Volksgenossen‹ wieder Kräfte tanken und sich umso stärker in den ›Daseinskampf des Volkes‹ – wie es später hieß – einbringen können. Möglicherweise wirkte die leichte, politikferne Lektüre unterm Strich viel stärker systemstabilisierend als es allein politische Kampfschriften getan hätten. Insofern gilt es mit dem Etikett subversiv oder widerständig sehr vorsichtig umzugehen. Auch wenn sich einzelne Autoren einer offiziellen Vereinnahmung, gleich welche Konsequenzen das für sie hatte, entzogen – was ihnen so oder so hoch anzurechnen ist –, so wurden sie dennoch im Rahmen höherer Interessen funktionalisiert und eingespannt. Ob sie wollten oder nicht, blieben sie Teil des Systems. Hätte es genügend regimetreue Autoren gegeben, die für diesen Markt zu schreiben im Stande gewesen wären: Die Schrifttumslenker hätten sie in Stellung gebracht. Allein sie waren rar. Die kommerziell erfolgreich gewordenen ›Dissidenten‹ und die mit sensiblen Sensoren ausgestatteten Unterhaltungsprofis bestimmten am Ende jener zwölf Jahre beinahe das Bild. Ohne sie wäre kein ›Staat‹ zu machen gewesen. Was für eine – aus Sicht der NS-Kulturgewaltigen – magere Gesamtbilanz nach zwölf Jahren nationalsozialistischer Herrschaft über den Buchmarkt.

Anhang

Ausgewählte Bestseller und ihre Auflagen

12450000   Adolf Hitler: Mein Kampf. München 1925/27.

2600000   VB-Feldpost (Hg.): Darüber lache ich noch heute. Soldaten erzählen heitere Erlebnisse. Berlin 1943.

1950000   Philipp Bouhler: Kampf um Deutschland. Ein Lesebuch für die deutsche Jugend. München 1938.

1335000   Alfred Rosenberg: Der Mythus des 20. Jahrhunderts. Eine Wertung der seelisch-geistigen Gestaltenkämpfe unserer Zeit. München 1934 [1930].

1175000   Cigaretten-Bilderdienst Hamburg-Bahrenfeld (Hg.): Deutschland erwacht. Werden, Kampf und Sieg der NSDAP. Hamburg-Bahrenfeld 1933.

1100000   E[duard] Ahlswede: In Gottes eigenem Land. Ein Blick ins »Dollar-Paradies«. Nach eigenen Erlebnissen erzählt. Berlin 1942.

920000   Karl Aloys Schenzinger: Anilin. Berlin 1937.

890000   Günther Prien: Mein Weg nach Scapa Flow. Berlin 1940.

890000   Heinrich Spoerl: Man kann ruhig darüber sprechen. Heitere Geschichten und Plaudereien. Berlin 1937.

817000   Johannes Banzhaf: Lustiges Volk. Ein heiteres Geschichtenbuch. Gütersloh 1937.

750000   Kuni Tremel-Eggert: Barb. Der Roman einer deutschen Frau. München 1934.

740000   Hans Zöberlein: Der Glaube an Deutschland. Ein Kriegserleben von Verdun bis zum Umsturz. München 1931.

739000   Ehm Welk: Die Heiden von Kummerow. Roman. Berlin 1937.

695000   Fanny Gräfin von Wilamowitz-Moellendorff geb. Baronin von Fock-Stockholm: Carin Göring. Berlin 1934.

660000   Joseph Goebbels: Vom Kaiserhof zur Reichskanzlei. Eine historische Darstellung in Tagebuchblättern (Vom 1. Januar 1932 bis zum 1. Mai 1933). München 1934.

622000   Walter Flex: Der Wanderer zwischen beiden Welten. Ein Kriegserlebnis. München [o. J., [1]1916].

615000   Fritz Otto Busch: Narvik. Vom Heldenkampf deutscher Zerstörer. Gütersloh 1940.

599 000	Gustav Schröer: Heimat wider Heimat. Gütersloh 1929.
505 000	Hans Grimm: Volk ohne Raum. München 1926.
460 000	Reinhold Conrad Muschler: Die Unbekannte. Dresden 1934.
459 000	Rudolf G. Binding: Der Opfergang. Leipzig 1944 [1912].
455 000	Eugen Roth: Ein Mensch. Heitere Verse. Weimar 1935.
440 000	Anton Zischka: Erfinder brechen die Blockade. München 1940.
410 000	Ina Seidel: Das Wunschkind. Stuttgart 1930.
394 000	Paul Coelestin Ettighoffer: Verdun. Das große Gericht. Gütersloh 1936.
390 000	Polly Maria Höfler: André und Ursula. Roman. Berlin 1937.
366 000	Margaret Mitchell: Vom Winde verweht. Hamburg, Leipzig 1937.
363 000	Werner Beumelburg: Sperrfeuer um Deutschland. Mit einer Widmung des Reichspräsidenten von Hindenburg. Oldenburg 1929.
359 000	Rainer Maria Rilke: Die Weise von Liebe und Tod des Cornets Christoph Rilke. Leipzig [1906].
350 000	Georg von der Vring: Die Spur im Hafen. Roman. Gütersloh 1936.
350 000	Heinz Goedecke, Wilhelm Krug: Wir beginnen das Wunschkonzert für die Wehrmacht. Mit einem Geleitwort von Reichsminister Dr. Goebbels und einem Vorwort von Ministerialdirektor Alfred-Ingemar Berndt. Berlin 1940.
324 000	Karl Aloys Schenzinger: Hitlerjunge Quex. Roman. Berlin 1935.
303 000	Ludwig Ganghofer: Das Schweigen im Walde. Roman. Berlin 1899.
300 000	Karl May: Der Schatz im Silbersee. Radebeul 1894.
255 000	Josefa Berens-Totenohl: Der Femhof. Leipzig 1934.
253 000	John Knittel: Via Mala. Berlin 1934.
252 000	Hans Dominik: Land aus Feuer und Wasser. Leipzig 1939.
240 000	Betina Ewerbeck: Angela Koldewey. Roman einer jungen Ärztin. Berlin, Wien 1939.
235 000	Hans Surén: Mensch und Sonne. Arisch-olympischer Geist. Berlin 1936.
220 000	Dinah Nelken: Ich an Dich. Ein Roman in Briefen mit einer Geschichte und ihrer Moral für Liebende und solche, die es werden wollen. [Idee und Ausführung Rolf Gero]. Berlin 1939.
200 000	Elly Rosemeyer-Beinhorn: Mein Mann, der Rennfahrer. Der Lebensweg Bernd Rosemeyers. Mit 77 Aufnahmen. Berlin 1938.
200 000	Hanns Johst: Mutter ohne Tod / Die Begegnung. Zwei Erzählungen. München 1933.
194 000	Werner Bergengruen: Der Großtyrann und das Gericht. Hamburg 1935.
188 000	Hans Fallada: Kleiner Mann – was nun? Berlin 1932.
165 000	Eugen Diesel: Der Mensch – Das Werk – Das Schicksal. Hamburg 1937.

155 000	Waldemar Bonsels: Die Biene Maja und ihre Abenteuer. Berlin 1912.
135 000	Antoine de Saint-Exupéry: Wind, Sand und Sterne. Dessau 1940 [1939].
135 000	Hellmuth Unger: Robert Koch. Roman eines großen Lebens. Berlin 1936.
110 000	A. J. Cronin: Die Zitadelle. Wien 1938.
80 000	Ernst Jünger: Auf den Marmorklippen. Hamburg 1939.

Folgende Publikationen enthalten Auflistungen von Bestsellern, die als Ausgangsbasis für die Datenermittlung verwendet wurden:
Donald Ray Richards: The German Bestseller in the 20th Century. A complete Bibliography and Analysis 1915–1940. Bern 1968; Tobias Schneider: Bestseller im Dritten Reich. Ermittlung und Analyse der meistverkauften Romane in Deutschland 1933–1944. In: Vierteljahrshefte für Zeitgeschichte 52 (2004) H. 1; Hans Ferdinand Schulz: Das Schicksal der Bücher und der Buchhandel. Elemente einer Vertriebskunde des Buches. Berlin 1952; Magnum. Die Zeitschrift für das moderne Leben 55, »Deutschlands Schriftsteller«, Jahresheft 1964; Hans-Jörg Wohlfromm, Gisela Wohlfromm: »Und morgen gibt es Hitlerwetter!« Alltägliches und Kurioses aus dem Dritten Reich. Frankfurt 2006; Hellmuth Langenbucher (Hg.): Die Welt des Buches. Eine Kunde vom Buch. München 1938.

Anmerkungen

»Himmel lass mich nur kein Buch von Büchern schreiben!«

1 Hans Eduard Dettmann: Abenteuer in Brasilien. Berlin: 1942.

2 Jüngst, 75 Jahre nach der Bücherverbrennung, z. B. Volker Weidermann: Das Buch der verbrannten Bücher. Köln: 2008.

3 Die ersten 10 Bände der auf 120 angelegten Edition sind ebenfalls zum 75. Jahrestag erschienen: Bibliothek verbrannter Bücher. Eine Auswahl der von den Nationalsozialisten verfemten und verbotenen Literatur. Im Auftrag des Moses Mendelssohn Zentrums für europäisch-jüdische Studien herausgegeben von Julius H. Schoeps. Hildesheim u. a.: 2008.

4 Victor Klemperers Tagebuch vom 28. 6. 1944.

5 Gemeint ist die Arbeit von Jan-Pieter Barbian, auf die im Folgenden vielfach Bezug genommen wird: Jan-Pieter Barbian: Literaturpolitik im Dritten Reich. Institutionen, Kompetenzen, Betätigungsfelder. München: 1995 [EA: 1993]; aktuell ist von Barbian erschienen: Literaturpolitik im NS-Staat. Von der »Gleichschaltung« bis zum Ruin. Frankfurt: 2010.

6 Als Beispiel mag hier die Auseinandersetzung mit der Science-Fiction-Literatur dienen. Eine erste umfassende Studie zur SF in Deutschland, die die Jahre 1933 bis 1945 einschloss, wurde 1972 von Manfred Nagl vorgelegt, die das Segment unter ideologiekritischem Aspekt betrachtete. In der fruchtbaren Aus-

einandersetzung mit Nagl entwickelte sich in den folgenden Jahrzehnten das Forschungsfeld weiter. Manfred Nagl: Science Fiction in Deutschland. Untersuchung zu Genese, Soziographie und Ideologie der phantastischen Massenliteratur. Tübingen: 1972.

7 Dazu knapp und präzise das Stichwort »Literatur« von Erhard Schütz in: Ders. u. a. (Hg.): Das BuchMarktBuch. Der Literaturbetrieb in Grundbegriffen. Hamburg: 2005, S. 213 ff.

8 Ulf Diederichs: Annäherung an das Sachbuch. Zur Geschichte und Definition eines umstrittenen Begriffs. In: Kindlers Literaturgeschichte der Gegenwart. Autoren, Werke, Themen, Tendenzen seit 1945. Die deutschsprachige Sachliteratur I. Hrsg. von Rudolf Radler. München: 1978. Zum aktuellen Stand der Beschäftigung mit nicht-fiktionalen Texten siehe das universitätsübergreifende, kultur-, literatur- und medienwissenschaftlich ausgerichtete Forschungsprojekt mit dem Internetportal www.sachbuchforschung.de.

9 Stellvertretend seien genannt: Helga Geyer-Ryan: Trivialliteratur im Dritten Reich: Beobachtungen zum Groschenroman. In: Kunst und Kultur im deutschen Faschismus. Hrsg. von Ralf Schnell. Stuttgart: 1978; Ulrich Troitzsch: Technikgeschichte in der Forschung und in der Sachbuchliteratur während des Nationalsozialismus. In: Herbert Mehrtens, Steffen Richter (Hg.): Naturwissenschaft, Technik und NS-Ideologie. Beiträge zur Wissenschaftsgeschichte des Dritten Reiches. Frankfurt: 1980; Thomas Lange: Literatur des technokratischen Bewußtseins. Zum Sachbuch im Dritten Reich. In: Zeitschrift für Literaturwissenschaft und Linguistik. Jahrgang 10/1980 H. 40. Sachliteratur. Göttingen: 1980; Hans Dieter Schäfer: Das gespaltene Bewußtsein. Deutsche Kultur und Lebenswirklichkeit 1933–1945. München, Wien: 1983.

Sichten, vernichten – lenken, fördern

1 Vgl. Rubrik »Englische Literatur« in: Bücher-Verzeichnis 1939 der Leihbücherei Fritz Borstells Lesezirkel. Nicolaische Buchhandlung. Berlin, Potsdam: 1938, S. 53 ff.

2 Zit. nach Jan-Pieter Barbian: Literaturpolitik im Dritten Reich. Institutionen, Kompetenzen, Betätigungsfelder. München: 1995, S. 65.

3 Das Gesetz war am 18. 12. 1926 erlassen worden und wurde im April 1935 aufgehoben. Vgl. dazu Barbian: Literaturpolitik, S. 49 und 520.

4 Vgl. hierzu und zum Folgenden Volker Dahm: Nationale Einheit und partikulare Vielfalt. Zur Frage der kulturpolitischen Gleichschaltung im Dritten Reich. In: Vierteljahrshefte für Zeitgeschichte, 43 (1995), S. 221 ff.

5 Joseph Goebbels: Tagebücher. Herausgegeben von Ralf Georg Reuth. Band 2. 1930–1934. München: 1999 [¹1992], S. 774.

6 Nachrichtenblatt des Reichsministeriums für Volksaufklärung und Propaganda Nr. 8 vom 30. 5. 1933. In BArch R 55/431, Bl. 46.

7 Vgl. dazu Jan-Pieter Barbian: Literaturpolitik im Dritten Reich. Institutionen, Kompetenzen, Betätigungsfelder. München: 1995, S. 164.

8 Curt Reinhard Dietz: II. Die ersten Maßnahmen. In: Börsenblatt für den Deutschen Buchhandel 101, Nr. 132 vom 9. 6. 1934, S. 513.

9 Jan-Pieter Barbian: Literaturpolitik im Dritten Reich. Institutionen, Kompetenzen, Betätigungsfelder. München: 1995, S. 185.

10 Vgl. dazu Wolfram Werner: Reichskulturkammer und ihre Einzelkammern. Findbücher zu Beständen des Bundesarchivs, Bd. 31. Koblenz: 1987, S. 10.

11 Handbuch der Reichskulturkammer, S. 136, zitiert nach Wolfram Werner: Reichskulturkammer und ihre Einzelkammern. Findbücher zu Beständen des Bundesarchivs, Bd. 31. Koblenz: 1987, S. 87.

12 Vgl. dazu Jan-Pieter Barbian: Literaturpolitik im Dritten Reich. Institutionen, Kompetenzen, Betätigungsfelder. München: 1995, S. 370.

13 Stellungnahme der Reichsschrifttumsstelle beim RMVP an die RSK. In: BArch R 56/R 50.05.

14 Vgl. Jan-Pieter Barbian: Literaturpolitik im Dritten Reich. Institutionen, Kompetenzen, Betätigungsfelder. München: 1995, S. 202.

15 Vgl. Jan-Pieter Barbian: Literaturpolitik im Dritten Reich. Institutionen, Kompetenzen, Betätigungsfelder. München: 1995, S. 176.

16 Pers. Referent des Reichsleiters Dr. W. Koeppen an Dr. Payr vom 22. 2. 1944. In: BArch NS 8/249, 1944, Bl. 13.

17 Verleger-Mitteilungen der Parteiamtlichen Prüfungskommission. Zitiert nach Jan-Pieter Barbian: Literaturpolitik im Dritten Reich. Institutionen, Kompetenzen, Betätigungsfelder. München: 1995, S. 298.

18 Vgl. dazu Jan-Pieter Barbian: Literaturpolitik im Dritten Reich. Institutionen, Kompetenzen, Betätigungsfelder. München: 1995, S. 235.

19 Zitiert nach Jan-Pieter Barbian: Literaturpolitik im Dritten Reich. Institutionen, Kompetenzen, Betätigungsfelder. München: 1995, S. 335.

20 Siegfried Lokatis: Hanseatische Verlagsanstalt. Politisches Buchmarketing im »Dritten Reich«. Frankfurt: 1992, S. 143.

21 Jahreslagebericht 1938 des Sicherheitshauptamtes Band 2. In: Meldungen aus dem Reich 1938–1945. Die geheimen Lageberichte des Sicherheitsdienstes der SS. Herausgegeben und eingeleitet von Heinz Boberach. Herrsching: 1984. Bd. 2., S. 80.

22 Wilhelm Jaspert an das RMVP vom 6. 12. 1933. Zit. nach Joseph Wulf: Literatur und Dichtung im Dritten Reich. Eine Dokumentation. Gütersloh: 1963, S. 189.

23 Zit. nach Dietrich Aigner: Die Indizierung »schädlichen und unerwünschten Schrifttums« im Dritten Reich. In: Archiv für Geschichte des Buchwesens, Bd. XI. Frankfurt: 1971, S. 950.

24 Jan-Pieter Barbian: Literaturpolitik im Dritten Reich. Institutionen, Kompetenzen, Betätigungsfelder. München: 1995, S. 525.

25 Siehe dazu u. a. Volker Weidermann: Das Buch der verbrannten Bücher. Köln: 2008, S. 16 ff.

26 Jan-Pieter Barbian: Literaturpolitik im Dritten Reich. Institutionen, Kompetenzen, Betätigungsfelder. München: 1995, S. 526.

27 Sebastian Losch: Unterhaltungsschrifttum – so oder so? In: Börsenblatt für den Deutschen Buchhandel 107, Nr. 88 vom 16. 4. 1940, S. 137.

28 Liste der für Jugendliche und Büchereien ungeeigneten Druckschriften. Herausgegeben vom Reichsministerium für Volksaufklärung und Propaganda Abteilung Schrifttum. 1. Ausgabe, Stand vom 15. Oktober 1940. Leipzig: 1940, S. 3.

29 Grundliste für die Leihbüchereien. In: Zeitschrift der Leihbücherei 3 (1934), H.19, S. 13.

30 Das Buch ein Schwert des Geistes. Erste Grundliste für den deutschen Leihbuchhandel. Herausgegeben vom RMVP, Abt. Schrifttum. Leipzig: Verl. d. Börsenver. d. Dt. Buchhändler 1940. Schriftenreihe des Großdeutschen Leihbüchereiblattes H. 1.

31 Das Buch ein Schwert des Geistes. Erste Grundliste für den deutschen Leihbuchhandel. Herausgegeben vom RMVP, Abt. Schrifttum. Leipzig: Verl. d. Börsenver. d. Dt. Buchhändler 1940. Schriftenreihe des Großdeutschen Leihbüchereiblattes H. 1, Vorwort, n. p.

32 Vgl. dazu Reinhard Wittmann: Geschichte des deutschen Buchhandels. München: 1999, S. 364 f.

33 Bekanntmachung der Reichsschrifttumskammer vom 24. Juli 1935: Börsenblatt für den Deutschen Buchhandel 102, Nr. 184 vom 10. 8. 1935, S. 649.

34 Jan-Pieter Barbian: Literaturpolitik im Dritten Reich. Institutionen, Kompetenzen, Betätigungsfelder. München: 1995, S. 568. Zu den anderen ›Beratungsstellen‹, etwa für astrologisches oder Fachschrifttum, siehe ebd. S. 570.

35 In der Mitteilung wird nochmals ausdrücklich darauf hingewiesen, dass »[…] Broschürenreihen (z. B. Romanreihen) unter Schrifttum, das periodisch erscheinen soll, fallen.« In: Börsenblatt für den Deutschen Buchhandel 107, Nr. 78 vom 4. 4. 1940, S. 105.

36 Zit. nach Jan-Pieter Barbian: Literaturpolitik im Dritten Reich. Institutionen, Kompetenzen, Betätigungsfelder. München: 1995, S. 554.

37 Erik Lindner: »Arisierung«, Gleichschaltung, Zwangsarbeit. Ullstein 1934–1945. In: Axel Springer Verlag AG (Hg.): 125 Jahre Ullstein. Presse- und Verlagsgeschichte im Zeichen der Eule. Berlin: 2002, S. 77.

38 Ullstein Archiv, Deutscher Verlag, Bericht über wichtige Geschäftsvorfälle im Juli 1943.

39 Jan-Pieter Barbian: Literaturpolitik im Dritten Reich. Institutionen, Kompetenzen, Betätigungsfelder. München: 1995, S. 577.

40 Das Kleinschrifttum als Mittel konfessioneller Propaganda 1941, Juli. In: Meldungen aus dem Reich 1938–1945. Die geheimen Lageberichte des Sicherheits-

dienstes der SS. Herausgegeben und eingeleitet von Heinz Boberach. Herrsching: 1984, S. 2492.

41 Hans Benecke: Eine Buchhandlung in Berlin. Erinnerungen an eine schwere Zeit. Mit einem Vorwort von Volker Dahm. Frankfurt: 1995, S. 140.

42 Zit. nach Dietrich Müller: Buchbesprechung im politischen Kontext des Nationalsozialismus. Entwicklungslinien im Rezensionswesen in Deutschland vor und nach 1933. Diss. Mainz: 2007, S. 223 [Anhang].

43 Tagebuch von Joseph Goebbels vom 18. 11. 1936.

44 Erich Langenbucher: Buchverlag und Schriftleiter. In: Die Buchbesprechung. Eine monatliche Umschau 1 (1937) März, S. 68.

45 Tagebuch von Joseph Goebbels vom 29. 11. 1936.

46 Brief Hofmanns vom 10. 12. 1936. Zit. nach Engelbrecht Boese: Walter Hofmanns »Institut für Leser- und Schrifttumskunde« 1926—1937. In: Bibliothek. Forschung und Praxis 5 (1981), H. 1, S. 21, Fußnote 288.

47 Franz Schriewer: Kampf den Leihbüchereien! In: Bücherei und Bildungspflege 13 (1933), S. 100.

48 Franz Schriewer: Kampf den Leihbüchereien! In: Bücherei und Bildungspflege 13 (1933), S. 102.

49 Vgl. Raimund Kast: Der deutsche Leihbuchhandel und seine Organisation im 20. Jahrhundert. In: Archiv für die Geschichte des Buchwesens 36 (1991), S. 214.

50 Jan-Pieter Barbian: Literaturpolitik im Dritten Reich. Institutionen, Kompetenzen, Betätigungsfelder. München: 1995, S. 610 f.

51 Vgl. Kurd Schulz: Schundkomplex und Leihbibliotheken. In: Bücherei und Bildungspflege 13 (1933), S. 297 ff.

52 Schulz berichtet über obige Aktion in Gera: Kurd Schulz: Schundkomplex und Leihbibliotheken. In: Bücherei und Bildungspflege 13 (1933), S. 299.

53 Vgl. Schriewer: Kampf den Leihbüchereien!, S. 106 oder Schulz: Schundkomplex und Leihbibliotheken, S. 305.

54 Ludwig Hürter: Neuer Angriff gegen die Leihbüchereien. Unsere Antwort! In: Die Zeitschrift der Leihbücherei 3 (1934), H. 15, S. 5.

55 Erklärung zur ›Anordnung 155 der Reichsschrifttumskammer‹ gezeichnet von Baur, Leiter des Deutschen Buchhandels, Leipzig, den 19. Mai 1943. In: Börsenblatt für den Deutschen Buchhandel 110, Nr. 103 vom 12. 6. 1943, S. 101. Erstveröffentlichung in der Nr. 101.

Bestseller in finsterer Zeit

1 The Bookman. A monthly journal for bookreaders, bookbuyers and booksellers, London (Hodder and Stoughton, 1891 ff.), February 1894, S. 145.

2 The Bookman, London, January 1895, S. 106.

3 The Bookman. An Illustrated Literary Journal, New York (Dodd, Mead and Company, 1895 ff.), March 1897, S. 86—90.

4 Donald Ray Richards: The German Bestseller in the 20th Century. A complete Bibliography and Analysis 1915–1940. Bern: 1968.

5 Tobias Schneider: Bestseller im Dritten Reich. Ermittlung und Analyse der meistverkauften Romane in Deutschland 1933–1944. In: Vierteljahrshefte für Zeitgeschichte 52 (2004), H. 1, S. 77–97.

6 Hellmuth Langenbucher: Volkhafte Dichtung unserer Zeit. 3. Auflage. Völlige Neufassung. Berlin: 1937, S. 11.

7 Erich Langenbucher: Nennen Sie uns das meistgelesene Buch! Das Ergebnis einer Umfrage in Leihbuchhandlungen. In: GdL 3 (1941), H. 16, S. 241.

8 Hellmuth Langenbucher: Volkhafte Dichtung unserer Zeit. 3. Auflage. Völlige Neufassung. Berlin: 1937, S. 27.

9 Hans Zöberlein: Der Glaube an Deutschland. Ein Kriegserleben von Verdun bis zum Umsturz. München: 1931.

10 Albert Heß (Hg.): Lehrbuch des Deutschen Buchhandels. Dritter Band. Achte Auflage. Sortimentsbuchhandel, Leihbücherei, Zeitschriftenlesezirkel, Antiquariatsbuchhandel, Reisebuchhandel, Kommissionsgeschäft, Barsortiment. Leipzig: 1943, S. 36.

11 Curt Reinhard Dietz: II. Die ersten Maßnahmen. In: Börsenblatt für den Deutschen Buchhandel 101, Nr. 132 vom 9. 6. 1934, S. 513.

12 Deutsche Buchbilanz. In: Die Bücherkunde 6 (1939), H. 6, S. 321.

13 Hellmuth Langenbucher (Hg.): Die Welt des Buches. Eine Kunde vom Buch. München: 1938, S. 150.

14 Albert Heß (Hg.): Lehrbuch des Deutschen Buchhandels. Dritter Band. Achte Auflage. Sortimentsbuchhandel, Leihbücherei, Zeitschriftenlesezirkel, Antiquariatsbuchhandel, Reisebuchhandel, Kommissionsgeschäft, Barsortiment. Leipzig: 1943, S. 232.

15 Erich Langenbucher: Über 1 Million. In: Großdeutsches Leihbüchereiblatt 4 (1942), H. 17, S. 247.

16 Erich Langenbucher: Stolze Bilanz der Buchproduktion. In: Großdeutsches Leihbüchereiblatt 4 (1942), H. 11, S. 161.

17 Erich Langenbucher: Auf jeden Deutschen kommen drei Bücher. In: Großdeutsches Leihbüchereiblatt 3 (1941), H. 20, S. 305.

18 Das Volk liest. Der Ausbau der Volksbüchereien in Stadt und Land. In: Frankfurter Zeitung (Reichsausgabe) vom 7. November 1937, S. 2.

19 Engelbrecht Boese: Walter Hofmanns »Institut für Leser- und Schrifttumskunde« 1926–1937. In: Bibliothek. Forschung und Praxis 5 (1981), H. 1, S. 3–23, hier S. 18.

20 Engelbrecht Boese: Walter Hofmanns »Institut für Leser- und Schrifttumskunde« 1926–1937. In: Bibliothek. Forschung und Praxis 5 (1981), H. 1, S. 3–23, hier S. 20.

21 Von der Front. Mitgeteilt vom Institut für Leser- und Schrifttumskunde in Leipzig. In: Die Bücherkunde 2 (1935), H. 10, S. 351.

22 Erich Thier: Gestaltwandel des Arbeiters im Spiegel seiner Lektüre. Ein Beitrag zur Volkskunde und Leserführung. Leipzig: 1939, S. 94.

23 Josef Witsch (z. Zt. Wehrmacht): »Unterhaltung« und »Entspannung«. Ein Beitrag zum Problem der Unterhaltungsliteratur. In: Sonderdruck zu »Die Volksbücherei im Regierungsbezirk Merseburg«. 8. Jg., H. 1/2, S. 1.

24 Meldungen aus dem Reich, Zur Lage im Schrifttum, Februar 1942, S. 3318.

25 Bücher geliehen, gekauft, gelesen. Zwischen Wunsch und Erfüllung. In: Das Reich vom 10. 12. 1944.

26 Alfred Müller: Rolf Torring, Tom Shark und andere »Helden«. In: Jugendschriften-Warte 44 (1939), H. 5, S. 69.

27 Karl Ludwig: Was liest die Jugend? In: Börsenblatt für den Deutschen Buchhandel 100, Nr. 188 vom 22. Juli 1933, S. 538.

28 Interview mit Ilse Kleberger, Berlin, am 10. 12. 2008.

29 Telefoninterview mit Lothar Franck, Offenbach, am 17. 4. 2009.

30 Telefoninterview mit Karl Drucklieb, Darmstadt, am 23. 4. 2009.

31 Marcel Reich-Ranicki: Mein Leben. München: 2003 [1999], S. 86.

32 Telefoninterviews mit Peter Bruhn, Berlin, am 24. und 29. 11. 2008.

33 Albert Heß (Hg.): Lehrbuch des Deutschen Buchhandels. Dritter Band. Sortimentsbuchhandel, Leihbücherei, Zeitschriftenlesezirkel, Antiquariatsbuchhandel, Reisebuchhandel, Kommissionsgeschäft, Barsortiment. Leipzig: 1943, S. 364.

Hitlers und Goebbels' Bettlektüre

1 Oscar Robert Achenbach: Auf dem Obersalzberg. Ein Besuch im Berchtesgadener Heim des Führers. Sonntag Morgenpost. Allgemeine Ausgabe A + B. 4. Jg., Nr. 17, München, Sonntag, den 23. 4. 1933.

2 Bernhard Scheer: Karl May und die deutschen Jungen. In: Siegerländer National-Zeitung vom 2. März 1934, zit. nach: 25 Jahre Schaffen am Werke Karl Mays. Allen Freunden des Volksschriftstellers gewidmet vom Karl-May-Verlag. Radebeul bei Dresden: 1. Juli 1938, S. 43.

3 Otto Dietrich: Zwölf Jahre mit Hitler. Köln: o. J., S. 164

4 Joachim C. Fest: Hitler. Eine Biographie. Berlin: 1973, S. 614.

5 Joachim C. Fest: Hitler. Eine Biographie. Berlin: 1973, S. 1034.

6 Wilhelm Haegert [Vorwort]. In: Werbe- und Beratungsamt für das deutsche Schrifttum beim Reichsministerium für Volksaufklärung und Propaganda und von der Reichskammer der bildenden Künste (Hrsg.): Wohnen mit Büchern. Bücherborde, Bücherschränke, Bücherwände. Berlin: o. J., S. 4.

7 Adolf Ziegler [Vorwort]. In: Werbe- und Beratungsamt für das deutsche Schrifttum beim Reichsministerium für Volksaufklärung und Propaganda und von der Reichskammer der bildenden Künste (Hrsg.): Wohnen mit Büchern. Bücherborde, Bücherschränke, Bücherwände. Berlin: o. J., S. 5.

8 Alfons Leitl [Text]. In: Werbe- und Beratungsamt für das deutsche Schrifttum beim Reichsministerium für Volksaufklärung und Propaganda und von der

Reichskammer der bildenden Künste (Hrsg.): Wohnen mit Büchern. Bücherborde, Bücherschränke, Bücherwände. Berlin: o. J., S. 12.

9 Philipp Gassert, Daniel S. Mattern: The Hitler Library. A Bibliography. West-
port, London: 2001, S. 263.

10 August Kubizek: Adolf Hitler. Mein Jugendfreund. Graz, Göttingen: 1953,
S. 75.

11 August Kubizek: Adolf Hitler. Mein Jugendfreund. Graz, Göttingen: 1953,
S. 75.

12 August Kubizek: Adolf Hitler. Mein Jugendfreund. Graz, Göttingen: 1953,
S. 225.

13 August Kubizek: Adolf Hitler. Mein Jugendfreund. Graz, Göttingen: 1953,
S. 226.

14 August Kubizek: Adolf Hitler. Mein Jugendfreund. Graz, Göttingen: 1953,
S. 226.

15 August Kubizek: Adolf Hitler. Mein Jugendfreund. Graz, Göttingen: 1953,
S. 226.

16 August Kubizek: Adolf Hitler. Mein Jugendfreund. Graz, Göttingen: 1953,
S. 226.

17 August Kubizek: Adolf Hitler. Mein Jugendfreund. Graz, Göttingen: 1953,
S. 226.

18 August Kubizek: Adolf Hitler. Mein Jugendfreund. Graz, Göttingen: 1953,
S. 227.

19 August Kubizek: Adolf Hitler. Mein Jugendfreund. Graz, Göttingen: 1953,
S. 228.

20 August Kubizek: Adolf Hitler. Mein Jugendfreund. Graz, Göttingen: 1953,
S. 228.

21 Zitiert nach Rolf Düsterberg: Hanns Johst: »Der Barde der SS«. Karrieren eines
deutschen Dichters. Paderborn: 2004, S. 301.

22 Lektüre. [Himmlers Leseliste]. In: Nachlass Himmler. BArch N 1126/9, Bl. 20.
Zitiert wird hier und im Folgenden aus der maschinenschriftlichen Übertra-
gung der handschriftlichen Leseliste. Ur- und Abschrift sind beide im Bundesarchiv befindlich.

23 Lektüre. [Himmlers Leseliste]. In: Nachlass Himmler. BArch N 1126/9, Bl. 24.

24 Lektüre. [Himmlers Leseliste]. In: Nachlass Himmler. BArch N 1126/9, Bl. 22.

25 Peter Longerich: Heinrich Himmler. Biographie. München: 2008, S. 44.

26 Zit. nach Peter Longerich: Heinrich Himmler. Biographie. München: 2008,
S. 44.

27 Katrin Himmler: Die Brüder Himmler. Frankfurt: 2005, S. 107

28 Lektüre. [Himmlers Leseliste]. In: Nachlass Himmler. BArch N 1126/9, Bl. 61.

29 Lektüre. [Himmlers Leseliste]. In: Nachlass Himmler. BArch N 1126/9, Bl. 24.

30 Hellmuth Langenbucher (Hg.): Die Welt des Buches. Eine Kunde vom Buch.
München: 1938, S. 149.

31 Lektüre. [Himmlers Leseliste]. In: Nachlass Himmler. BArch N 1126/9, Bl. 32.

32 Lektüre. [Himmlers Leseliste]. In: Nachlass Himmler. BArch N 1126/9, Bl. 53.

33 Alfred Rosenberg: Wie der »Mythus« entstand. In: BArch NS 8/22, Bl. 15 f. und Bl. 22. Zitiert nach Ernst Piper: Alfred Rosenberg. Hitlers Chefideologe. München: 2005, S. 193.

34 Ernst Piper: Alfred Rosenberg. Hitlers Chefideologe. München: 2005, S. 193.

35 Ernst Piper: Alfred Rosenberg. Hitlers Chefideologe. München: 2005, S. 269.

36 Ernst Piper: Alfred Rosenberg. Hitlers Chefideologe. München: 2005, S. 627.

37 Ernst Piper: Alfred Rosenberg. Hitlers Chefideologe. München: 2005, S. 494.

38 Erich Gritzbach: Hermann Göring. Werk und Mensch. München: 1937, S. 273.

39 Erich Gritzbach: Hermann Göring. Werk und Mensch. München: 1937, S. 342.

40 Mitteilung von Volker Knopf vom 12. 10. 2009. Von ihm zum Thema erschienen ist u. a.: Volker Knopf, Stefan Martens: Görings Reich. Selbstinszenierungen in Carinhall. Berlin: 1999.

41 Mitteilungen von Volker Knopf vom 12. 10. 2009 und 18. 1. 2010.

42 Camill Hoffmann: Politisches Tagebuch 1932–1939. Herausgegeben und kommentiert von Dieter Sudhoff. Klagenfurt: 1995, S. 126, zitiert nach: Dieter Sudhoff: Karl May, Camill Hoffmann und Paul Leppin. In: Mitteilungen der Karl-May-Gesellschaft 28 (1996), Nr. 109, S. 29.

43 Joachim C. Fest: Speer. Eine Biographie. Berlin: 1999, S. 34 f.

44 Joachim C. Fest: Speer. Eine Biographie. Berlin: 1999, S. 430.

45 Eintrag vom 5. Mai 1960. In: Albert Speer: Spandauer Tagebücher. Frankfurt u. a.: 1975, S. 523 f.

46 Vgl. dazu: Der Dienstkalender Heinrich Himmlers: 1941/42. Im Auftrag der Forschungsstelle für Zeitgeschichte in Hamburg bearbeitet, kommentiert und eingeleitet von Peter Witte. Hamburg: 1999, S. 106.

47 Anschreiben und Bücherliste. In: BArch R 56 V, 21, Bl. 246–249.

48 Johst an Berg vom 19. 4. 1943. In: BArch R 56 V, 21, Bl. 246.

49 Gemeint war wohl *Das Monument des Pferdes* von Rolf Roeingh, ein viele hundert Seiten starkes Werk über Pferd und Pferdezucht sowohl historisch als auch in »Großdeutschland«, dessen Teilbände heute antiquarisch ebenfalls erst ab 100 € aufwärts zu haben sind.

50 Tagebuch von Joseph Goebbels vom 1. 7. 1939.

51 Tagebuch von Joseph Goebbels vom 4. 7. 1939.

52 Tagebuch von Joseph Goebbels vom 10. 10. 1939.

53 Tagebuch von Joseph Goebbels vom 17. 1. 1938.

54 Joseph Goebbels: 1897–1923. Erinnerungsblätter, Winter 1919/20 in München. In: Joseph Goebbels Tagebücher 1924–1945. Herausgegeben von Ralf Georg Reuth. Band 1, S. 70.

55 Tagebuch von Joseph Goebbels vom 7. 1. 1940.

56 Tagebuch von Joseph Goebbels vom 19. 2. 1940.

57 Tagebuch von Joseph Goebbels vom 28. 2. 1945.

58 Tagebuch von Joseph Goebbels vom 28. 2. 1945.
59 Tagebuch von Joseph Goebbels vom 28. 2. 1945.

1. Auf dem Boden der Tatsachen

1 Karl Aloys Schenzinger: Anilin. Roman. Berlin: 1937. Hörspielfassung im Deutschen Rundfunkarchiv. Aufnahmedatum 13. 3. 1937, Sendung auf dem Deutschlandsender am 25. 3. 1937.

2 Zit. nach Börsenblatt für den Deutschen Buchhandel 106, Nr. 156 vom 8. 7. 1939, S. 3865.

3 Erhard Schütz: »Ein Geruch von Blut und Schande ...« Literarhistorischer Versuch zum Roman im Dritten Reich. In: Juni 24 (1996), S. 151.

4 Was liest der Landser. Soldaten der Front und der Heimat antworten. In: Deutsches Büchereiblatt 1943, S. 105.

5 Erwin Barth von Wehrenalp: Volkstümliche Wissenschaft. In: Die Literatur 39 (1937), H. 5, S. 273.

6 Gedanken über ein Jugendbuch. Besprechung mit Dr. Soll, Scherl-Verlag am 8. Mai [o. J.]. In: Staatsbibliothek Berlin, NL 337/10.

7 Stichwort »Schenzinger«. In: Ernst Klee: Das Kulturlexikon zum Dritten Reich. Wer war was vor und nach 1945. Frankfurt: 2007.

8 Karl Aloys Schenzinger: Der Hitlerjunge Quex. Roman. Berlin: 1935, S. 4.

9 Karl Aloys Schenzinger: Anilin. Roman. Berlin: 1937, S. 297.

10 Karl Aloys Schenzinger: Anilin. Roman. Berlin: 1937, S. 305.

11 Karl Aloys Schenzinger: Anilin. Roman. Berlin: 1937, S. 305.

12 Karl Aloys Schenzinger: Anilin. Roman. Berlin: 1937, [S. 5].

13 Karl Aloys Schenzinger: Anilin. Roman. Berlin: 1937, 375.

14 Karl Aloys Schenzinger: Anilin. Roman. Berlin: 1937, 375.

15 Karl Aloys Schenzinger: Anilin. Roman. München: 1949, S. 378.

16 Vgl. hierzu und im Folgenden: Andy Hahnemann: Vom Sieg der Arbeit. Anton Zischkas Briefwechsel mit seinem Verleger Wilhelm Goldmann 1934–1950. In: Andy Hahnemann, David Oels (Hg.): Sachbuch und populäres Wissen im 20. Jahrhundert. Frankfurt u. a.: 2008, S. 123–135.

17 Zit. nach Andy Hahnemann: Vom Sieg der Arbeit. Anton Zischkas Briefwechsel mit seinem Verleger Wilhelm Goldmann 1934–1950. In: Andy Hahnemann, David Oels (Hg.): Sachbuch und populäres Wissen im 20. Jahrhundert. Frankfurt u. a.: 2008, hier S. 125.

18 Großdeutsches Leihbüchereiblatt 3 (1941), H. 1, S. 6.

19 Zischka an Präsident des Kriegsschädenamtes Leipzig vom 18. 4. 1944. In: BArch (ehem. BDC), RK, Zischka, Anton, 14. 9. 1904.

20 Lebenslauf zum Fragebogen der Reichsschrifttumskammer. In: BArch (ehem. BDC), RK, Zischka, Anton, 14. 9. 1904.

21 Zischka an Präsident des Kriegsschädenamtes Leipzig vom 18. 4. 1944. In: BArch (ehem. BDC), RK, Zischka, Anton, 14. 9. 1904.

22 Zischka an Präsident des Kriegsschädenamtes Leipzig vom 18. 4. 1944. In: BArch (ehem. BDC), RK, Zischka, Anton, 14. 9. 1904.

23 Michael Prawdin: Der Tatsachenroman. In: Die Literatur 36 (1933/34), S. 256–259. Zit. nach: Zum Tatsachenroman. Die Prawdin / Vietta-Debatte 1934. Arbeitsblätter für Sachbuchforschung Nr. 11. Herausgegeben vom Forschungsprojekt »Das populäre deutschsprachige Sachbuch im 20. Jahrhundert«, S. 16. www.sachbuchforschung.de.

24 Zum Einfluss des Films auf die Auflagensteigerungen siehe: Großdeutsches Leihbüchereiblatt 4 (1942), H. 19, S. 278.

25 Zeitschrift der Leihbücherei H. 8 vom 25. 4. 1939, S. 5.

26 Die Bücherkunde 5 (1938), H. 4, S. 199.

27 Vgl. dazu Claudia Sybille Kiessling: Dr. med. Hellmuth Unger. (1891–1953). Dichterarzt und ärztlicher Pressepolitiker in der Weimarer Republik und im Nationalsozialismus. In: Abhandlungen zur Geschichte der Medizin und der Naturwissenschaften (1999), H. 89, S. 71, Fußnote 104.

28 Hellmuth Unger: Robert Koch. Roman eines großen Lebens. Berlin: 1936.

29 Vgl. dazu Claudia Sybille Kiessling: Dr. med. Hellmuth Unger. (1891–1953). Dichterarzt und ärztlicher Pressepolitiker in der Weimarer Republik und im Nationalsozialismus. In: Abhandlungen zur Geschichte der Medizin und der Naturwissenschaften (1999), H. 89, S. 37–44.

30 BArch (ehem. BDC), RK, Unger, Hellmuth, 10. 2. 1891.

31 Vgl. dazu Claudia Sybille Kiessling: Dr. med. Hellmuth Unger. (1891–1953). Dichterarzt und ärztlicher Pressepolitiker in der Weimarer Republik und im Nationalsozialismus. In: Abhandlungen zur Geschichte der Medizin und der Naturwissenschaften (1999), H. 89, S. 75.

32 Vgl. dazu Claudia Sybille Kiessling: Dr. med. Hellmuth Unger. (1891–1953). Dichterarzt und ärztlicher Pressepolitiker in der Weimarer Republik und im Nationalsozialismus. In: Abhandlungen zur Geschichte der Medizin und der Naturwissenschaften (1999), H. 89, S. 203 ff.

33 Schreiben des SD des Reichsleiters SS an den Kreisleiter der NSDAP Rosenheim vom 10. 7. 1944. In: BArch (ehem. BDC), PK, Diesel, Eugen, 3. 5. 1887

34 Ortsgruppenleiter Belling, Brandenburg, an den Kreisleiter der NSDAP Rosenheim. In: BArch (ehem. BDC), PK, Diesel, Eugen, 3. 5. 1887.

35 Buchbesprechung von Paul Fechter im Berliner Tageblatt vom 31. 10. 1937. Zitiert nach: Die Buchbesprechung 1 (1938), H. 1, S. 14–15.

36 Eugen Diesel: Der Mensch – Das Werk – Das Schicksal. Hamburg: 1937, S. 5.

37 Zit. nach Anzeigentext der Hanseatischen Verlagsanstalt Hamburg. In: Zeitschrift der Leihbücherei, H. 10 vom 25. 5. 1938, S. 16.

38 Die Bücherkunde 5 (1938), H. 8, S. 433.

39 Zit. nach Sebastian Graeb-Könneker: Autochthone Modernität. Eine Unter-
    suchung der vom Nationalsozialismus geförderten Literatur. Opladen: 1996,
    S. 161.

40 Vgl. dazu und zum Folgenden Sebastian Graeb-Könneker: Autochthone Moder-
    nität. Eine Untersuchung der vom Nationalsozialismus geförderten Literatur.
    Opladen: 1996, S. 165–169.

41 BArch (ehem. BDC), PK, Diesel, Eugen, 3. 5. 1887.

42 Elly Rosemeyer-Beinhorn: Mein Mann, der Rennfahrer. Der Lebensweg Bernd
    Rosemeyers. Mit 77 Aufnahmen. Berlin: 1938, S. 7.

43 Vgl. dazu Uwe Day: Silberpfeil und Hakenkreuz. Autorennsport im Nationalso-
    zialismus. Berlin: 2005, S. 183.

44 Vgl. dazu Uwe Day: Silberpfeil und Hakenkreuz. Autorennsport im Nationalso-
    zialismus. Berlin: 2005, S. 54 ff.

45 Elly Rosemeyer-Beinhorn: Mein Mann, der Rennfahrer. Der Lebensweg Bernd
    Rosemeyers. Mit 77 Aufnahmen. Berlin: 1938, S. 7.

46 Elly Rosemeyer-Beinhorn: Mein Mann, der Rennfahrer. Der Lebensweg Bernd
    Rosemeyers. Mit 77 Aufnahmen. Berlin: 1938, S. 65.

47 Elly Rosemeyer-Beinhorn: Mein Mann, der Rennfahrer. Der Lebensweg Bernd
    Rosemeyers. Mit 77 Aufnahmen. Berlin: 1938, S. 111.

48 Elly Rosemeyer-Beinhorn: Mein Mann, der Rennfahrer. Der Lebensweg Bernd
    Rosemeyers. Mit 77 Aufnahmen. Berlin: 1938, S. 159.

49 Die Bücherkunde 5 (1938), H. 2, S. 94.

50 Erich Gritzbach: Hermann Göring. Werk und Mensch. München: 1937.

51 Volker Knopf, Stefan Martens: Görings Reich. Selbstinszenierungen in Carin-
    hall. Berlin: 1999, S. 28–32.

52 Börsenblatt für den Deutschen Buchhandel 101, Nr. 141 vom 20. 6. 1934,
    S. 2638.

53 Fanny Gräfin von Wilamowitz-Moellendorff geb. Baronin von Fock-Stockholm:
    Carin Göring. Berlin: 1933.

54 Lektüre. [Himmlers Leseliste]. In: Nachlass Himmler. BArch N 1126/9, Bl. 69.
    Im Original steht fälschlich »Göhr.« statt Göring.

55 Zeitschrift der Leihbücherei, H. 3 vom 10. 12. 1939, S. 8.

56 Die Bücherkunde 2 (1935), H. 1, S. 35.

57 Vgl. dazu Mario Heidler: J. F. Lehmanns Verlag. In: Historisches Lexikon
    Bayerns. www.historisches-lexikon-bayerns.de/artikel/
    artikel_44731/6.10.2009.

58 Hans Benecke: Eine Buchhandlung in Berlin. Erinnerungen an eine schwere
    Zeit. Mit einem Vorwort von Volker Dahm. Frankfurt: 1995, S. 121–122.

59 Dagmar Herzog: Die Politisierung der Lust. Sexualität in der deutschen
    Geschichte des zwanzigsten Jahrhunderts. München: 2005, S. 311.

60 Vgl. dazu Ulrich Linse: Sonnenmenschen unter der Swastika. Die FKK-Bewe-
    gung im Dritten Reich. In: Michael Grisko (Hg.): Freikörperkultur und Lebens-

welt. Studien zur Vor und Frühgeschichte der Freikörperkultur in Deutschland. Kassel: 1999, S. 239 ff.

61 Hans Surén: Mensch und Sonne. Arisch-olympischer Geist. Berlin: 1936, S. 54.

62 Hans Surén: Mensch und Sonne. Arisch-olympischer Geist. Berlin: 1936, S. 55.

63 Köperkultur, Privatsache? In: Das Schwarze Korps vom 17. 12. 1936, S. 6.

64 Vgl. Hans Jörg Koch: Das Wunschkonzert für die Wehrmacht. In: Rundfunk und Museum. Zeitschrift des Rundfunkmuseums der Stadt Fürth, Heft 55 (2005), S. 5.

65 Brief von Goedecke an den Landeskulturwalter Gau Berlin vom 17. 9. 1940. In: BArch (ehem. BDC), RK, Goedecke, Heinz, 20. 1. 1901.

66 Tagebuch von Joseph Goebbels vom 4. 3. 1940.

67 Heinz Goedecke, Wilhelm Krug: Wir beginnen das Wunschkonzert für die Wehrmacht. Mit einem Geleitwort von Reichsminister Dr. Goebbels und einem Vorwort von Ministerialdirektor Alfred-Ingemar Berndt. Berlin: 1940, S. 30.

68 Protokoll der Kulturpolitischen Pressekonferenz vom 20. 12. 1940. In: BArch, R 55 /741.

69 Vgl. Hans Jörg Koch: Das Wunschkonzert für die Wehrmacht. In: Rundfunk und Museum. Zeitschrift des Rundfunkmuseums der Stadt Fürth (2005), H. 55, S. 7.

70 Heinz Goedecke, Wilhelm Krug: Wir beginnen das Wunschkonzert für die Wehrmacht. Mit einem Geleitwort von Reichsminister Dr. Goebbels und einem Vorwort von Ministerialdirektor Alfred-Ingemar Berndt. Berlin: 1940, S. 87.

71 Heinz Goedecke, Wilhelm Krug: Wir beginnen das Wunschkonzert für die Wehrmacht. Mit einem Geleitwort von Reichsminister Dr. Goebbels und einem Vorwort von Ministerialdirektor Alfred-Ingemar Berndt. Berlin: 1940, S. 44 f.

72 Vgl. Hans Jörg Koch: Das Wunschkonzert für die Wehrmacht. In: Rundfunk und Museum. Zeitschrift des Rundfunkmuseums der Stadt Fürth (2005), H. 55, S. 7.

2. Die Farbe des Geldes

1 Hoover Institution Archives, German Subject Collection, Box 44, File: German Subject, Post WW II, Nuremberg, Prosecution.

2 Othmar Plöckinger: Geschichte eines Buches: Adolf Hitlers »Mein Kampf« 1922–1945. München: 2006, S. 184.

3 Othmar Plöckinger: Geschichte eines Buches: Adolf Hitlers »Mein Kampf« 1922–1945. München: 2006, S. 177.

4 Othmar Plöckinger: Geschichte eines Buches: Adolf Hitlers »Mein Kampf« 1922–1945. München: 2006, S. 188.

5 Vgl. dazu Othmar Plöckinger: Geschichte eines Buches: Adolf Hitlers »Mein Kampf« 1922–1945. München: 2006, S. 432–443.

6 Zit. nach Manfred Overesch u. a. (Hg.): Das Dritte Reich. Daten, Bilder, Dokumente. Berlin: 2001. Digitale Bibliothek Band 49, S. 8279.

7 Zit. nach Manfred Overesch u. a. (Hg.): Das Dritte Reich. Daten, Bilder, Dokumente. Berlin: 2001. Digitale Bibliothek Band 49, S. 8524.

8 Ernst Piper: Alfred Rosenberg. Hitlers Chefideologe. München: 2005, S. 184.

9 Eigenanzeige des Verlags. In: Alfred Rosenberg: An die Dunkelmänner unserer Zeit. Eine Antwort auf die Angriffe gegen den ›Mythus des 20. Jahrhunderts‹. München: 1935, S. 105 ff.

10 Einleitung zum Mythus mit der Ergänzung vom Frühjahr 1934. Zitiert nach Ernst Piper: Alfred Rosenberg. Hitlers Chefideologe. München: 2005, S. 293.

11 Ernst Piper: Alfred Rosenberg. Hitlers Chefideologe. München: 2005, S. 293.

12 Honorarabrechnungen mit dem Eher-Verlag per 31.12. 1935. In: BArch, NS 8/144, A-E,1928–1945, Bl. 15.

13 Großdeutsches Leihbüchereiblatt 4 (1942). H. 21, S. 311.

14 Vgl. dazu Othmar Plöckinger: Geschichte eines Buches: Adolf Hitlers »Mein Kampf« 1922–1945. München: 2006, S. 415 ff.

15 Die Antwort Alfred Rosenbergs. Seine neue Schrift: »An die Dunkelmänner unserer Zeit«. In: Der Katholik vom 12. 5. 1935, S. 4.

16 Alfred Rosenberg: Der Mythus des 20. Jahrhunderts. Eine Wertung der seelisch-geistigen Gestaltenkämpfe unserer Zeit. München: 1934, S. 699.

17 Victor Klemperers Tagebuch vom 4. 6. 1942.

18 Philipp Bouhler: Kampf um Deutschland. Ein Lesebuch für die deutsche Jugend. München: 1938, S. 7.

19 Thomas Tavernaro: Der Verlag Hitlers und der NSDAP. Die Franz Eher Nachfolger GmbH. Wien: 2004, S. 70.

20 Verlagsanzeige des Zentralverlags der NSDAP. Franz Eher Nachf. GmbH. München – Berlin. In: Philipp Bouhler: Kampf um Deutschland. Ein Lesebuch für die deutsche Jugend. München: 1938, S. 110 f.

21 Bouhlers »Kampf um Deutschland« im Geschichtsunterricht [Kurznotiz]. In: Jugendschriften-Warte 44 (1939), H. 5, S. 79.

22 Victor Klemperers Tagebuch vom 10. 1. 1945.

23 E[duard] Ahlswede: In Gottes eigenem Land. Ein Blick ins »Dollar-Paradies«. Nach eigenen Erlebnissen erzählt. Berlin: 1942, S. 89.

24 BArch (ehem. BDC), RK, Ahlswede, Eduard, 4. 11. 1891.

25 E[duard] Ahlswede: In Gottes eigenem Land. Ein Blick ins »Dollar-Paradies«. Nach eigenen Erlebnissen erzählt. Berlin: 1942, S. 4.

26 E[duard] Ahlswede: In Gottes eigenem Land. Ein Blick ins »Dollar-Paradies«. Nach eigenen Erlebnissen erzählt. Berlin: 1942, S. 78.

27 Zitiert nach Ralf Georg Reuth: Goebbels. Eine Biographie. München: 1995 [1990], S. 71.

28 Joseph Goebbels: Vom Kaiserhof zur Reichskanzlei. Eine historische Darstellung in Tagebuchblättern (Vom 1. Januar 1932 bis zum 1. Mai 1933). München: 1934.

29 Zitiert nach Othmar Plöckinger: Geschichte eines Buches: Adolf Hitlers »Mein Kampf« 1922–1945. München: 2006, S. 423.

30 Schreiben von Otto Fuchs, Verlagsdirektor bei Coleman, an Wilfrid Bade vom 2. 8. 1933, In: Hoover Institution Archives, Wilfrid Bade Collection, Box 2, Correspondence 1933 (A–F).

31 Schreiben Loewe Verlag an Wilfrid Bade vom 26. 11. 1935 [Durchschrift]. In: Hoover Institution Archives, Wilfrid Bade Collection, Box 3, Correspondence 1936 (A–P).

32 Wilfrid Bade: Die SA erobert Berlin. Ein Tatsachenbericht. München: 1933.

33 Anlage zum Schreiben von Friede Stabani an Wilfrid Bade vom 4. 12. 1934. In: Hoover Institution Archives, Wilfrid Bade Collection, Box 1, Correspondence 1933 (P–Z).

34 Zitiert nach Ralf Georg Reuth: Goebbels, S. 341.

35 Diese hat Thymian Bussemer in seiner Studie ausführlich beschrieben: Propaganda und Populärkultur. Konstruierte Erlebniswelten im Nationalsozialismus. Mit einem Geleitwort von Bodo Rollka. Wiesbaden: 2000.

36 Cigaretten-Bilderdienst Hamburg-Bahrenfeld (Hg.): Deutschland erwacht. Werden, Kampf und Sieg der NSDAP. Hamburg-Bahrenfeld: 1933.

37 Schreiben von Wilfrid Bade an Fa. Reemtsma vom 5. 3. 1939 [Durchschrift]. In: Hoover Institution Archives, Wilfrid Bade Collection, Box 5, Correspondence 1939 (R–Z).

38 Vgl. dazu Erik Lindner: Die Reemtsmas. Geschichte einer deutschen Unternehmerfamilie. Hamburg: 2007, insbesondere S. 110–113.

39 Günter Grass: Beim Häuten der Zwiebel. Göttingen: 2006, S. 11–14, 52.

40 Nachrichtenblatt des Reichsministeriums für Volksaufklärung und Propaganda vom 1. August 1934. In: BArch R 55 / 432, Bl. 48.

41 Vermerk von RR Dr. Baumann vom 29. 2. 1941. In: BArch R 55 / 46, Bl. 275.

42 Bericht über die Sitzung vom 11. November 1941 in Abt. Pers. vom 26. 11. 1941. In: BArch R 55 / 831, Bl. 40.

43 Nachrichtenblatt des Reichsministeriums für Volksaufklärung und Propaganda, Nr. 11 vom 1. 6. 1934. In: BArch R 55/432, Bl. 38.

44 Victor Klemperers Tagebuch vom 9. 6. 1942.

45 Victor Klemperers Tagebuch vom 11. 6. 1942.

46 Victor Klemperers Tagebuch vom 11. 6. 1942.

3. Im Westen was Neues

1 BArch (ehem. BDC), RK, Ettighoffer, Paul Coelestin, 14. 4. 1896.

2 Saul Friedländer e. a.: Bertelsmann im Dritten Reich. München: 2002, S. 269.

3 Saul Friedländer e. a.: Bertelsmann im Dritten Reich. München: 2002, S. 269.

4 Die Bücherkunde 2 (1935), H. 9, S. 302.

5 Ute Schneider: Der Buchverlag in der perfektionierten Vermarktungskette. In: Axel Springer Verlag AG (Hg.): 125 Jahre Ullstein. Presse- und Verlagsgeschichte im Zeichen der Eule. Berlin: 2002, S. 51.

6 Tagebuch von Joseph Goebbels vom 21. 7. 1929.

7 Die Bücherkunde 2 (1935), H. 9, S. 302.

8 Paul Coelestin Ettighoffer: Verdun. Das große Gericht. Gütersloh: 1936, S. 302 f.

9 Hans Sarkowicz, Alf Mentzer: Literatur in Nazi-Deutschland. Ein biografisches Lexikon. Erweiterte Neuausgabe. Hamburg, Wien: 2002, S. 155.

10 Börsenblatt für den Deutschen Buchhandel 108 (1941), Nr. 255.

11 Großdeutsches Leihbüchereiblatt 3 (1941), H. 21, S. 326.

12 Zu Beumelburg siehe Hans Sarkowicz, Alf Mentzer: Literatur in Nazi-Deutschland. Ein biografisches Lexikon. Erweiterte Neuausgabe. Hamburg, Wien: 2002, S. 96 f. sowie Munzinger Archiv, Werner Beumelburg.

13 Werner Beumelburg: Sperrfeuer um Deutschland. Mit einer Widmung des Reichspräsidenten von Hindenburg. Oldenburg: 1929, S. 7.

14 Werner Beumelburg: Sperrfeuer um Deutschland. Mit einer Widmung des Reichspräsidenten von Hindenburg. Oldenburg: 1929, S. 189.

15 Werner Beumelburg: Sperrfeuer um Deutschland. Mit einer Widmung des Reichspräsidenten von Hindenburg. Oldenburg: 1929, S. 189.

16 Werner Beumelburg: Sperrfeuer um Deutschland. Mit einer Widmung des Reichspräsidenten von Hindenburg. Oldenburg: 1929, S. 542.

17 Victor Klemperers Tagebuch vom 26. 8. 1944.

18 Zu Zöberlein siehe u. a. Munzinger Archiv, Hans Zöberlein.

19 Vgl. dazu Walter Delabar: »Aufhören, aufhören, he, aufhören – hört doch einmal auf!« Hans Zöberlein: Der Glaube an Deutschland (1931), S. 403. In: Thomas F. Schneider (Hg.): Von Richthofen bis Remarque. Amsterdamer Beiträge zur neueren Germanistik, 53. Amsterdam, New York: 2003.

20 Hans Zöberlein: Der Glaube an Deutschland. Ein Kriegserleben von Verdun bis zum Umsturz. München: 1938 [1931], S. 184.

21 Victor Klemperers Tagebuch vom 4. 3. 1945.

22 Adolf Hitler: Auf den Weg! Vorwort zu Hans Zöberlein: Der Glaube an Deutschland. Ein Kriegserleben von Verdun bis zum Umsturz. München: 1938 [1931], S. 7.

23 Bernhard Payr: Der deutsch-französische Verständigungsroman. In: Großdeutsches Leihbüchereiblatt 1 (1939), H. 1, S. 16.

24 Siehe dazu Thomas Keller: »Siegfried, je t'aime!« – Deutsch-französische Liebe zwischen den Kriegen. In: Cahiers d'Etudes Germaniques, 55 (2008), 2, L'amour entre deux guerres 1918–1945. Concepts et représentations, S. 21–46.

25 Zeitschrift der Leihbücherei, H. 18 vom 25. 9. 1937, S. 8.

26 Den Hinweis verdanke ich Thomas Keller, der sich ausführlich mit der Autorin befasst hat.

27 Siehe dazu Thomas Keller: »Siegfried, je t'aime!« – Deutsch-französische Liebe zwischen den Kriegen. In: Cahiers d'Etudes Germaniques, 55 (2008), 2, L'amour entre deux guerres 1918–1945. Concepts et représentations, S. 37 ff.

28 BArch (ehem. BDC), PK, Höfler, Paula

29 Polly Maria Höfler: André und Ursula. Roman. Berlin: 1937, S. 7.

30 Polly Maria Höfler: André und Ursula. Roman. Berlin: 1937, S. 179.

31 Polly Maria Höfler: André und Ursula. Roman. Berlin: 1937, S. 193.

32 Polly Maria Höfler: André und Ursula. Roman. Berlin: 1937, S. 197.

33 Das dem Autor vorliegende Exemplar trägt im Impressum den Eindruck »Sonderauflage für die Wehrmacht«, darüber »15. unveränderte Auflage« und den Copyrightvermerk 1937.

34 Die Bücherkunde 5 (1938), H. 2, S. 69.

35 Schreiben Polly Maria Höfler, Frankfurt, vom 10. 1. 1939, an die Deutsche Schillerstiftung Weimar. In: Goethe- und Schiller-Archiv Weimar, GSA 134/137, 12

36 Gutachten von Dr. Hans Walbers im Auftrag der Schiller-Stiftung vom 31. 12. 1938. In: Goethe- und Schiller-Archiv Weimar, GSA 134/137, 12

37 Polly Maria Höfler: André und Ursula. Hamburg: 1981, S. 315.

38 Polly Maria Höfler: André und Ursula. Hamburg: 1981, S. 317.

39 Tagebuch von Joseph Goebbels vom 1. 11. 1940.

40 Großdeutsches Leihbüchereiblatt 2 (1940), H. 12, S. 211.

41 Günther Prien: Mein Weg nach Scapa Flow. Berlin: 1940, S. 142.

42 Ullstein Archiv, Deutscher Verlag, Bericht über wichtige Geschäftsvorfälle im Oktober 1940.

43 Ullstein Archiv, Deutscher Verlag, Bericht über wichtige Geschäftsvorfälle im Oktober 1942.

44 Großdeutsches Leihbüchereiblatt 3 (1941), H. 1, S. 13.

45 Schreiben Busch an Hans Hinkel vom 3. 1. 1934. In: BArch (ehem. BDC), RK, Busch, Fritz Otto, 30. 12. 1890.

46 Erklärung für die Reichsschrifttumskammer vom 12. 2. 1942 und 26. 7. 1943. In: BArch (ehem. BDC), RK, Busch, Fritz Otto, 30. 12. 1890.

47 Fritz Otto Busch: Narvik. Vom Heldenkampf deutscher Zerstörer. Gütersloh: 1940, S. 332.

48 Bericht vom 27. 5. 1933, gez. Busch, zitiert nach Joseph Wulf: Literatur und Dichtung im Dritten Reich. Eine Dokumentation. Gütersloh: 1963, S. 84 f.

49 Fritz Otto Busch: Der freie Schriftsteller und die Presse. [Redemanuskript] Abgedruckt in: Deutsche Kultur-Wacht (1933), H. 11, S. 13, zitiert nach Joseph Wulf: Literatur und Dichtung im Dritten Reich. Eine Dokumentation. Gütersloh: 1963, S. 93.

50 Schreiben Hans Hinkel an Busch vom 9. 11. 1934. In: BArch (ehem. BDC), RK, Busch, Fritz Otto, 30. 12. 1890.

51 Kurt Eggers: Notwendige Gedanken über die kommende Kriegsliteratur. Die Weltliteratur (1941), H. 4, S. 117.

52 Die Auseinandersetzung um »Narvik« ist dokumentiert in BArch NS 11, 21 a.

53 Saul Friedländer e. a.: Bertelsmann im Dritten Reich. München: 2002, S. 440.

54 Fritz Otto Busch: Narvik. Vom Heldenkampf deutscher Zerstörer. Gütersloh: 1940, S. 29.

4. Lachendes Leben, lustiges Volk

1 Vgl. dazu Tobias Schneider: Bestseller im Dritten Reich. Ermittlung und Analyse der meistverkauften Romane in Deutschland 1933–1944. In: Vierteljahrshefte für Zeitgeschichte. 52. Jg., H. 1, 2004, S. 77 ff.

2 Heinrich Spoerl: Der Gasmann. Berlin: 1940.

3 Tagebuch von Joseph Goebbels 17. 11. 1939.

4 Der Büchertisch [Beilage]. In: Großdeutsches Leihbüchereiblatt 2 (1940), H. 9, S. XII.

5 Die Bücherkunde 5 (1938), H. 4, S. 180.

6 Die Bücherkunde 4 (1937), H. 6, S. 343.

7 Die Bücherkunde 4 (1937), H. 6, S. 343.

8 Die Bücherkunde 5 (1938), H. 4, S. 180.

9 Bücher haben ihr Schicksal. In: Heinrich Spoerl: Man kann ruhig darüber sprechen. Heitere Geschichten und Plaudereien. Berlin: 1937, S. 129.

10 Bücher haben ihr Schicksal. In: Heinrich Spoerl: Man kann ruhig darüber sprechen. Heitere Geschichten und Plaudereien. Berlin: 1937, S. 129.

11 Bücher haben ihr Schicksal. In: Heinrich Spoerl: Man kann ruhig darüber sprechen. Heitere Geschichten und Plaudereien. Berlin: 1937, S. 133.

12 BArch (ehem. BDC), RK, Spoerl, Heinrich, 8. 2. 1887.

13 BArch (ehem. BDC), RK, Banzhaf, Johannes, 20. 12. 1907.

14 Hans-Eugen Bühler, Olaf Simons: Stichwort Johannes Banzhaf. Auf www.polunbi.de (zuletzt besucht 28. 2. 2010).

15 Schreiben Johannes Banzhaf an die Reichsschrifttumskammer vom 14. 1. 1938. In: BArch (ehem. BDC), RK, Banzhaf, Johannes, 20. 12. 1907.

16 Schreiben Johannes Banzhaf an die Reichsschrifttumskammer vom 27. 12. 1937. In: BArch (ehem. BDC), RK, Banzhaf, Johannes, 20. 12. 1907.

17 Erklärung für die Reichsschrifttumskammer vom 31. 1. 1942. In: BArch (ehem. BDC), RK, Banzhaf, Johannes, 20. 12. 1907

18 Angabe für 1939 in: Saul Friedländer e. a.: Bertelsmann im Dritten Reich. München: 2002, S. 476.

19 Saul Friedländer e. a.: Bertelsmann im Dritten Reich. München: 2002, S. 512.

20 Saul Friedländer e. a.: Bertelsmann im Dritten Reich. München: 2002, S. 477.

21 Dr. Goebbels spricht von den Erfolgen des Buchhandels. In: Börsenblatt für den Deutschen Buchhandel 103, Nr. 109 vom 12. 5. 1936, S. 424.

22 Arbeitstagung der Reichsschrifttumskammer, Gruppe Buchhandel. In: Börsenblatt für den Deutschen Buchhandel 108, Nr. 113 vom 17. 5. 1941, S. 202.

23 Sebastian Losch: Unterhaltungsschrifttum – so oder so? In: Börsenblatt für den Deutschen Buchhandel 107, Nr. 88 vom 16. 4. 1940, S. 137.

24 Hans W. Hagen: Um den Unterhaltungsroman. In: Die Bücherkunde 11 (1944), H. 3/4, S. 43.

25 Hans W. Hagen: Um den Unterhaltungsroman. In: Die Bücherkunde 11 (1944), H. 3/4, S. 44.

26 Joachim Fest: Ich nicht. Erinnerungen an eine Kindheit und Jugend. Hamburg: 2006, S. 110.

27 Neue Williams Jugendschriften. Ein Brotartikel für jede Leihbücherei. (Verlagsanzeige). In: Zeitschrift der Leihbücherei, H. 8 vom 25. 4. 1935, S. 14.

28 Ohne Datum. Zitiert aus: Neue Williams Jugendschriften. Ein Brotartikel für jede Leihbücherei. (Verlagsanzeige). In: Zeitschrift der Leihbücherei, H. 8 vom 25. 4. 1935, S. 14.

29 Vgl. hierzu Rudolph Herzog: Heil Hitler, das Schwein ist tot! Lachen unter Hitler – Komik und Humor im Dritten Reich. Frankfurt: 2006.

30 Ehm Welk: Die Heiden von Kummerow. Roman. Berlin: 1937, S. 5.

31 Zeitschrift der Leihbücherei, H. 10 vom 25. 5. 1937, S. 9.

32 Ehm Welk: Die Heiden von Kummerow. Roman. Berlin: 1937, S. 188.

33 Victor Klemperers Tagebuch vom 4. 2. 1945.

34 Victor Klemperers Tagebuch vom 4. 2. 1945.

35 Ullstein Archiv, Deutscher Verlag, Bericht über wichtige Geschäftsvorfälle im Oktober 1944.

36 Rede von Reichsminister Dr. Goebbels. In: Börsenblatt für den Deutschen Buchhandel 109, Nr. 235 vom 17.10. 1942, S. 222. Die Rede wurde gehalten auf der ›Herbstveranstaltung des deutschen Schrifttums in Weimar‹ am 10.10. 1942.

37 Rede von Reichsminister Dr. Goebbels. In: Börsenblatt für den Deutschen Buchhandel 109, Nr. 235 vom 17.10. 1942, S. 222. Die Rede wurde gehalten auf der ›Herbstveranstaltung des deutschen Schrifttums in Weimar‹ am 10.10. 1942.

38 Siehe die Ausschreibung zum Wettbewerb. In: Börsenblatt für den Deutschen Buchhandel 109, Nr. 163 vom 25. 7. 1942, S. 145.

39 Im November 1944 wurden im Zeitschriften-Dienst schließlich die Preisträger bekannt gegeben, allerdings mit dem Hinweis, dass »Preise und Preisverteilungen in der Presse nicht mehr zu verzeichnen sind«. Zeitschriften-Dienst. 288./157. A 848. Ausgabe vom 10.11. 1944, S. [4], zitiert nach Carsten Würmann: Zwischen Unterhaltung und Propaganda. Das Krimigenre im Dritten Reich. Berlin: 2008 (Diss. im Druck), S. 144.

40 Vgl. dazu Konrad Reich: Ehm Welk. Der Heide von Kummerow. Die Zeit. Das Leben. Rostock: 2008, S. 191–193.

41 Berliner Tageblatt. Zitiert nach: Konrad Reich: Ehm Welk. Der Heide von Kummerow. Die Zeit. Das Leben. Rostock: 2008, S. 190.

42 Vgl. dazu Konrad Reich: Ehm Welk. Der Heide von Kummerow. Die Zeit. Das Leben. Rostock: 2008, S. 268.

43 Die Heiden von Kummerow. Der Ehm-Welk-Roman wurde vor 40 Jahren auf Rügen verfilmt. In: www.rueganer-anzeiger.de/archiv/artikel/die-heiden-von-kummerow/ vom 19. 9. 2007/14. 2.2010.

44 Werner Enßlin: Frontbuchhandlung im Westen. In: Der Buchhändler im neuen Reich 6 (1941), H. 1, S. 17.

45 Humor. In: Großdeutsches Leihbüchereiblatt 4 (1942), H. 5, S. 73.

46 Heinz von Arndt: Bücher des Humors. Ein Griff in den Stapel humorvoller Neuerscheinungen des vergangenen Jahres. In: Die Bücherkunde 8 (1941), H. 4, S. 113.

5. von A(rzt) bis Z(ukunft)

1 Anzeige Verlag Neues Volk. In: Betina Ewerbeck: Angela Koldewey. Roman einer jungen Ärztin. Berlin, Wien: 1939, S. 336.

2 Claudia Sybille Kiessling: Dr. med. Hellmuth Unger. (1891–1953). Dichterarzt und ärztlicher Pressepolitiker in der Weimarer Republik und im Nationalsozialismus. In: Abhandlungen zur Geschichte der Medizin und der Naturwissenschaften. Heft 89. 1999, S. 150 ff.

3 Vgl. dazu Dorota Cygan: Braune Weißkittel. Autopsien populärer Arztromane im Nationalsozialismus. In: Carsten Würmann, Ansgar Warner (Hg.): Im Pausenraum des Dritten Reiches. Zur Populärkultur im nationalsozialistischen Deutschland. Bern: 2008, S. 139 ff.

4 Erich Langenbucher: Romane aus der Welt des Arztes. In: Großdeutsches Leihbüchereiblatt 2 (1940), H. 1, S. 7.

5 Ermittelt auf Basis der Akten aus dem BArch (ehem. BDC) zitiert nach Dorota Cygan: Braune Weißkittel. Autopsien populärer Arztromane im Nationalsozialismus. In: Carsten Würmann, Ansgar Warner (Hg.): Im Pausenraum des Dritten Reiches. Zur Populärkultur im nationalsozialistischen Deutschland. Bern: 2008, S. 147 (Fußnote 10).

6 Vgl. dazu Dorota Cygan: Braune Weißkittel. Autopsien populärer Arztromane im Nationalsozialismus. In: Carsten Würmann, Ansgar Warner (Hg.): Im Pau-

senraum des Dritten Reiches. Zur Populärkultur im nationalsozialistischen Deutschland. Bern: 2008, S. 147 (Fußnote 11).

7 Manfred Vasold: Medizin. In: Wolfgang Benz, Hermann Graml, Hermann Weiß: Enzyklopädie des Nationalsozialismus. München: 1998, S. 243 f.

8 Betina Ewerbeck: Angela Koldewey. Roman einer jungen Ärztin. Berlin, Wien: 1939, S. 211.

9 Betina Ewerbeck: Angela Koldewey. Roman einer jungen Ärztin. Berlin, Wien: 1939, S. 212.

10 Betina Ewerbeck: Angela Koldewey. Roman einer jungen Ärztin. Berlin, Wien: 1939, S. 332.

11 Betina Ewerbeck: Angela Koldewey. Roman einer jungen Ärztin. Gütersloh: 1956.

12 Interview mit Karl Drucklieb am 23. 4. 2009.

13 Reinhold Conrad Muschler: Die Unbekannte. Dresden: 1934.

14 Reinhold Conrad Muschler: Die Unbekannte. Dresden: 1934, S. 62.

15 Muschler, Reinhold Conrad. In: Ernst Klee: Das Kulturlexikon zum Dritten Reich. Wer war was vor und nach 1945. Frankfurt: 2007.

16 Ortsgruppenleiter Berger an Hans Hinkel vom 22. 9. 1933. In: BArch (ehem. BDC), RK, Muschler, Reinhold Conrad, 9. 8. 1882.

17 Zeitschrift der Leihbücherei, H. 22 vom 25. 11. 1933, S. 4.

18 Joseph Wulf: Literatur und Dichtung im Dritten Reich. Eine Dokumentation. Gütersloh: 1963, S. 167.

19 Die Bücherkunde 1 (1934), H. 1–4, S. 8.

20 Ortsgruppenleiter Berger an Hans Hinkel vom 21. 7. 1937. In: BArch (ehem. BDC), RK, Muschler, Reinhold Conrad, 9. 8. 1882.

21 Völkischer Beobachter vom 15. 3. 1933. Zitiert nach www.kuenstlerkolonie-berlin.de.

22 Siehe hierzu sowie zur Biografie Dinah Nelkens die Informationen auf www.kuenstlerkolonie-berlin.de.

23 Dinah Nelken: Ich an Dich. Ein Roman in Briefen mit einer Geschichte und ihrer Moral für Liebende und solche, die es werden wollen. [Idee und Ausführung Rolf Gero]. Berlin: 1939 [1938].

24 Dinah Nelken: Ich an Dich. Ein Roman in Briefen mit einer Geschichte und ihrer Moral für Liebende und solche, die es werden wollen. [Idee und Ausführung Rolf Gero]. Berlin: 1939 [1938], Vorwort [ohne Seitenzahl].

25 Vgl. dazu Erich Langenbucher: Betrachtungen zum Thema Film und Buch. In: Großdeutsches Leihbüchereiblatt 4 (1942), H. 19, S. 280.

26 Lebenslauf von Dinah Nelken. In: BArch (ehem. BDC), RK, Nelken, Dinah, 16. 5. 1900.

27 Brief an die Devisenstelle beim Oberfinanzpräsidenten vom 5. 3. 1940. In: BArch (ehem. BDC), RK, Nelken, Dinah, 16. 5. 1900.

28 Stichwort Nelken, Peter. In: Helmut Müller-Enbergs u. a.: Wer war wer in der DDR? Ein Lexikon ostdeutscher Biographien. Berlin: 2006.

29 Vgl. hierzu und zum Folgenden Anja Susan Hübner: »Erfolgsautor mit allem Drum und Dran«. Der Fall Fallada oder Sollbruchstellen einer prekären Künstlerbiographie im ›Dritten Reich‹. In: Carsten Würmann, Ansgar Warner (Hg.): Im Pausenraum des Dritten Reiches. Zur Populärkultur im nationalsozialistischen Deutschland. Bern: 2008, S. 199 ff.

30 Alle Zitate nach Anja Susan Hübner: »Erfolgsautor mit allem Drum und Dran«. Der Fall Fallada oder Sollbruchstellen einer prekären Künstlerbiographie im ›Dritten Reich‹. In: Carsten Würmann, Ansgar Warner (Hg.): Im Pausenraum des Dritten Reiches. Zur Populärkultur im nationalsozialistischen Deutschland. Bern: 2008, S. 200.

31 Börsenblatt für den Deutschen Buchhandel 101, Nr. 126 vom 2. 6. 1934, Titelseite.

32 Tagebuch von Joseph Goebbels vom 31. 1. 1938.

33 Tagebuch von Joseph Goebbels vom 3. 2. 1938.

34 Vgl. dazu Anja Susan Hübner: »Erfolgsautor mit allem Drum und Dran«. Der Fall Fallada oder Sollbruchstellen einer prekären Künstlerbiographie im ›Dritten Reich‹. In: Carsten Würmann, Ansgar Warner (Hg.): Im Pausenraum des Dritten Reiches. Zur Populärkultur im nationalsozialistischen Deutschland. Bern: 2008, S. 202.

35 Die Bücherkunde 5 (1938), H. 1, S. 49.

36 Die Bücherkunde 5 (1938), H. 1, S. 49.

37 Vgl. dazu Hans Sarkowicz, Alf Mentzer: Literatur in Nazi-Deutschland. Ein biografisches Lexikon. Erweiterte Neuausgabe. Hamburg, Wien: 2002, S. 164.

38 Hans Franke: Eine Geschichte ostpreußischen Adels. In: Die Weltliteratur (1941), H. 3, S. 92.

39 Zeitschrift der Leihbücherei, H. 23 vom 10. 12. 1937, S. 7.

40 Zeitschrift der Leihbücherei, H. 7 vom 10. 4. 1936, S. 7; Die Bücherkunde 3 (1936), H. 1, S. 19.

41 Victor Klemperers Tagebuch vom 2. 9. 1934.

42 Vgl. dazu Carsten Würmann, der sich auf Mirko Schädel »Illustrierte Bibliographie der Kriminalliteratur« stützt. Carsten Würmann: Zwischen Unterhaltung und Propaganda. Das Krimigenre im Dritten Reich. Berlin: 2008 (Diss. im Druck), S. 61.

43 Börsenblatt für den Deutschen Buchhandel 101, Nr. 132 vom 9. 6. 1934, S. 2504 f.

44 Börsenblatt für den Deutschen Buchhandel 101, Nr. 144 vom 23. 6. 1934, S. 2696 f.

45 Wilhelm Müller: Spannung im Buch des Jugendlichen. In: Jugendschriften-Warte 44 (1939), H. 5, S. 65.

46 Erich Thier: Über den Detektivroman. Die Bücherei 7 (1940), H. 7/8, S. 207.

47 Sebastian Losch: Unterhaltungsschrifttum – so oder so? In: Börsenblatt für den Deutschen Buchhandel 107, Nr. 88 vom 16. 4. 1940, S. 138.

48 Bücher, deren Ausleihe und Verkauf einzustellen ist! Liste III (mitgeteilt vom Werbe- und Beratungsamt für das deutsche Schrifttum). In: Großdeutsches Leihbüchereiblatt 2 (1940), H. 7, S. 105.

49 Erich Thier: Über den Detektivroman. Die Bücherei 7 (1940), H. 7/8, S. 215.

50 Sebastian Losch: Unterhaltungsschrifttum – so oder so? In: Börsenblatt für den Deutschen Buchhandel 107, Nr. 88 vom 16. 4. 1940, S. 137.

51 Vgl. dazu Carsten Würmann: Zwischen Unterhaltung und Propaganda. Das Krimigenre im Dritten Reich. Berlin: 2008 (Diss. im Druck), u. a. S. 274 f.

52 Erich Thier: Über den Detektivroman. Die Bücherei 7 (1940), H. 7/8, S. 217.

53 Georg von der Vring: Die Spur im Hafen. Roman. Gütersloh: 1936.

54 Zeitschrift der Leihbücherei, H. 7 vom 10. 4. 1936, S. 7.

55 Georg von der Vring: Die Spur im Hafen. Roman. Gütersloh: 1936, S. 108.

56 Vgl. dazu Hans Sarkowicz, Alf Mentzer: Literatur in Nazi-Deutschland. Ein biografisches Lexikon. Erweiterte Neuausgabe. Hamburg, Wien: 2002, S. 391.

57 Vgl. dazu Börsenblatt für den Deutschen Buchhandel 109, Nr. 235 vom 17. 10. 1942, S. 219.

58 Großdeutsches Leihbüchereiblatt 4 (1942), H. 20, S. 290.

59 Victor Klemperers Tagebuch vom 10. 3. 1943.

60 Hans Dominik: Land aus Feuer und Wasser. Leipzig: 1939, S. 336.

61 Gerhard Naundorf: Stern in Not. Berlin: 1938.

62 Gutachtenanzeiger. Beilage zur Bücherkunde Ausgabe B. Nr. 10. Oktober 1938.

63 Die Bücherei 2 (1935), H. 9/10, S. 27.

64 Die Bücherkunde 2 (1935), H. 3, S. 109.

65 Schreiben v. Hase an Dominik vom 18. 12. 1944. In: Staatsbibliothek Berlin, NL 337 / 50. Der Artikel im »Reich« soll am 17. 12. 1944 erschienen sein.

66 Ebenda.

67 Telegramm Goebbels an Dominik vom 14. 11. 1942. In: Staatsbibliothek Berlin, NL 337 / 49.

68 Schreiben Dominik an Goebbels vom 19. 11. 1942. In: Staatsbibliothek Berlin, NL 337 / 49.

69 Schreiben Dr. Soll an Dominik vom 4. 9. 1936. In: Staatsbibliothek Berlin, NL 337 / 10.

70 Hans Dominik: Warum Zukunftsromane? In: Staatsbibliothek Berlin, NL 337/11. [ohne Publikationsort], S. 1.

71 Hans Dominik: Warum Zukunftsromane? In: Staatsbibliothek Berlin, NL 337/11. [ohne Publikationsort], S. 2.

6. Wa(h)re Volksliteratur:

1 Johannes Nixdorf: Karl May im Spiegel der Presse. In: 25 Jahre Schaffen am Werke Karl Mays. Allen Freunden des Volksschriftstellers gewidmet vom Karl-May-Verlag, Radebeul bei Dresden. 1. Juli 1938, S. 42.

2 Erich Heinemann: »Karl May paßt zum Nationalsozialismus wie die Faust aufs Auge«. Der Kampf des Lehrers Wilhelm Fronemann. In: Jahrbuch der Karl-May-Gesellschaft 1982, S. 234 ff.

3 Eintragung im Gästebuch des Blockhauses. In: 25 Jahre Schaffen am Werke Karl Mays. Allen Freunden des Volksschriftstellers gewidmet vom Karl-May-Verlag, Radebeul bei Dresden. 1. Juli 1938, S. 48.

4 Karl May: Der Schatz im Silbersee. Erzählung aus dem wilden Westen. Herausgegeben vom Oberkommando der Wehrmacht, Allgemeines Wehrmachtamt, Abt. Inland [1943] Soldatenbücherei Band 58.

5 Klaus Mann: Karl May Hitler's Literary Mentor. The Kenyon Review 2 (1940), S. 391–400. Zitiert nach: Barbara Haible: Indianer im Dienste der NS-Ideologie. Untersuchungen zur Funktion von Jugendbüchern über nordamerikanische Indianer im Nationalsozialismus. Hamburg: 1998, S. 87.

6 Erich Heinemann: »Karl May passt zum Nationalsozialismus wie die Faust aufs Auge«. Der Kampf des Lehrers Wilhelm Fronemann. In: Jahrbuch der Karl-May-Gesellschaft 1982. Hamburg: 1982, S. 237.

7 Zitiert nach Erich Heinemann: »Karl May passt zum Nationalsozialismus wie die Faust aufs Auge«. Der Kampf des Lehrers Wilhelm Fronemann. In: Jahrbuch der Karl-May-Gesellschaft 1982. Hamburg: 1982, S. 234.

8 Vgl. dazu Christian Heermann: Karl May – Heimliches und Unheimliches. In: Siegfried Lokatis, Ingrid Sonntag (Hg.): Heimliche Leser in der DDR. Kontrolle und Verbreitung unerlaubter Literatur. Berlin: 2008, S. 360 f.

9 Zeitschrift der Leihbücherei, H. 22 vom 25. 11. 1935, S. 16.

10 Koehler & Volckmar, Leipzig; Koch, Neff & Oetinger, Stuttgart (Hg.): Barsortiments-Lagerkatalog 1941/42. Leipzig, Stuttgart: Oktober 1941.

11 Aktenvermerk zitiert nach Hans Sarkowicz, Alf Mentzer: Literatur in Nazi-Deutschland. Ein biografisches Lexikon. Erweiterte Neuausgabe. Hamburg, Wien: 2002, S. 138.

12 Walter Herrmann: Das Leihbuch im Kriegseinsatz. Leserwünsche von Courths-Mahler über Mungenast bis zu Hamsun. Deutsches Büchereiblatt 5 (1943), S. 74.

13 Peter von Werder: Literatur im Bann der Verstädterung. Eine kulturpolitische Untersuchung. Leipzig: 1943, S. 127.

14 Adolf Bartels: Die deutsche Dichtung der Gegenwart. Die Jüngsten. Leipzig: 1921, S. 14.

15 August Kubizek: Adolf Hitler. Mein Jugendfreund. Graz, Göttingen: 1953, S. 227.

16 Viktor Kosmowski: Der Unterhaltungsroman im Dienste seiner Zeitgeltung. In: Deutsches Büchereiblatt 5 (1943), S. 173.

17 Ludwig Ganghofer: Das Schweigen im Walde. Roman. Berlin [Deutsche Buch-Gemeinschaft, o. J., vor 1938].

18 Werner Bökenkamp: Über die literarische Halbwelt. In: Die Bücherkunde 4 (1937), H. 7, S. 388–389.

19 Dr. Goebbels spricht von den Erfolgen des Buchhandels [10. Mai 1936]. In: Börsenblatt für den Deutschen Buchhandel 103, Nr. 109 vom 12. 5.1936, S. 422–424, hier S. 424.

20 Werner Bökenkamp: Über die literarische Halbwelt. In: Die Bücherkunde 4 (1937), H. 7, S. 388.

21 Werner Bökenkamp: Über die literarische Halbwelt. In: Die Bücherkunde 4 . (1937), H. 7, S. 392.

22 E.[rich] Lgb. [Langenbucher]: Betrachtungen zum Thema »Film und Buch«. In: Großdeutsches Leihbüchereiblatt 4 (1942), H. 19, S. 280.

23 Tagebuch von Joseph Goebbels vom 21. 12. 1937.

24 85 Millionen Dollar im Jahr für Schundromane. In: Großdeutsches Leihbüchereiblatt 3 (1941), H. 16, S. 244.

25 Vgl. dazu die Ausführungen eines ehemaligen Verlegers der Jörn-Farrow- und Rolf-Torring-Serien. In: Heinz J. Galle: Groschenhefte. Die Geschichte der deutschen Trivialliteratur. Frankfurt, Berlin: 1988, S. 119 und auch Heinz J. Galle: Sun Koh. Der Erbe von Atlantis und andere deutsche Supermänner. Paul Alfred Müller alias Lok Myler alias Freder van Holk. Leben und Werk. Zürich: 2003, S. 215.

26 BArch (ehem. BDC), RK, Müller, Paul Alfred, 18. 10. 1901.

27 Mit Mitgliedsnummer 2 997 507. Siehe: BArch (ehem. BDC), RK, Müller, Paul Alfred, 18. 10. 1901.

28 BArch, R 181-2, Sammlung von Beschlüssen der Oberprüfstelle Leipzig und der Prüfstelle Berlin für Schund- und Schmutzliteratur, Bd. 2: Beschlüsse der Prüfstelle Berlin 1927–1935, Bl. 345.

29 BArch, R 181-2, Sammlung von Beschlüssen der Oberprüfstelle Leipzig und der Prüfstelle Berlin für Schund- und Schmutzliteratur, Bd. 2: Beschlüsse der Prüfstelle Berlin 1927–1935, Bl. 348.

30 BArch, R 181-2, Sammlung von Beschlüssen der Oberprüfstelle Leipzig und der Prüfstelle Berlin für Schund- und Schmutzliteratur, Bd. 2: Beschlüsse der Prüfstelle Berlin 1927–1935, Bl. 349 RS.

31 BArch, R 181-2, Sammlung von Beschlüssen der Oberprüfstelle Leipzig und der Prüfstelle Berlin für Schund- und Schmutzliteratur, Bd. 2: Beschlüsse der Prüfstelle Berlin 1927–1935, Bl. 350.

32 Schreiben Paul Alfred Müller an die Prüfstelle Berlin vom 1. 2. 1935 [Abschrift]. In: BArch, R 181-2, Sammlung von Beschlüssen der Oberprüfstelle

Leipzig und der Prüfstelle Berlin für Schund- und Schmutzliteratur, Bd. 2: Beschlüsse der Prüfstelle Berlin 1927–1935, Bl. 367–377.

33 Schreiben der Vereinigung der Verleger für Volksliteratur im Deutschen Verlegerverein vom 28. 1. 1935 [Abschrift, nicht namentlich gezeichnet]. In: BArch, R 181-2, Sammlung von Beschlüssen der Oberprüfstelle Leipzig und der Prüfstelle Berlin für Schund- und Schmutzliteratur, Bd. 2: Beschlüsse der Prüfstelle Berlin 1927–1935, Bl. 357.

34 Vgl. Findbuch R 56 RKK zur Behördengeschichte.

35 Schreiben Dr. Christoph vom 2. 2. 1935. In: BArch, R 181-2, Sammlung von Beschlüssen der Oberprüfstelle Leipzig und der Prüfstelle Berlin für Schund- und Schmutzliteratur, Bd. 2: Beschlüsse der Prüfstelle Berlin 1927–1935, Bl. 378.

36 Jan-Pieter Barbian: Literaturpolitik im Dritten Reich. Institutionen, Kompetenzen, Betätigungsfelder. München: 1995, S. 530 f.

37 Lok Myler: Sun Koh. Der Erbe von Atlantis. Nr. 98: Gesetz über Leben und Tod, S. 37.

38 Will Vesper: Unsere Meinung. In: Die Neue Literatur 40 (1939), H. 2, S. 102.

39 Will Vesper: Unsere Meinung. In: Die Neue Literatur 40 (1939), H. 2, S. 102.

40 Lok Myler: Sun Koh. Der Erbe von Atlantis. Nr. 21: Der Geist der Inka, S. 21.

41 Lok Myler: Sun Koh. Der Erbe von Atlantis. Nr. 57: Vorpostengefecht, S. 43.

42 Wilhelm Müller: Spannung im Buch des Jugendlichen. In: Jugendschriften-Warte 44 (1939), H. 5, S. 65.

43 Alfred Müller: Rolf Torring, Tom Shark und andere »Helden«. In: Jugendschriften-Warte 44 (1939), H. 5, S. 69.

44 Alfred Müller: Rolf Torring, Tom Shark und andere »Helden«. In: Jugendschriften-Warte 44 (1939), H. 5, S. 69.

45 Alfred Müller: Rolf Torring, Tom Shark und andere »Helden«. In: Jugendschriften-Warte 44 (1939), H. 5, S. 71.

46 Alle Angaben nach Matthias Schalow: Allgemeiner Deutscher Roman-Preiskatalog 1994/95. Berlin: 1993.

47 Curt Riedel: Auf Jagd im australischen Busch. Feldzug gegen die Kaninchen-Landplage. Tatsachenbericht. Erlebnis-Bücherei, H. 45. Berlin: [o. J.].

48 Vgl. hierzu Carsten Würmann: Zwischen Unterhaltung und Propaganda. Das Krimigenre im Dritten Reich. Berlin: 2008 (Diss. in Druck), S. 243.

49 Zitiert nach: Karl Riha: Massenliteratur im Dritten Reich. In: Horst Denkler und Karl Prümm (Hg.): Die Deutsche Literatur im Dritten Reich. Themen – Traditionen – Wirkungen. Stuttgart: 1976, S. 292.

50 Zitiert nach Karl Riha: Massenliteratur im Dritten Reich. In: Horst Denkler und Karl Prümm (Hg.): Die Deutsche Literatur im Dritten Reich. Themen – Traditionen – Wirkungen. Stuttgart: 1976, S. 293.

51 Spione, Verräter, Saboteure. Eine Aufklärungsschrift für das Deutsche Volk. Herausgegeben im Einvernehmen mit dem Oberkommando der Wehrmacht

vom Reichsamt Deutsches Volksbildungswerk. Hillgers Deutsche Bücherei Nr. 650/51. Berlin, Leipzig: 1938.

52 Siehe Titeldatenbank der Deutschen Nationalbibliothek unter www.d-nb.de.

53 Joachim Fest: Ich nicht. Erinnerungen an eine Kindheit und Jugend. Hamburg: 2006, S. 110–113, hier S. 113.

54 Marcel Reich-Ranicki: Mein Leben. München: 2003 [1999], S. 36.

55 Marcel Reich-Ranicki: Mein Leben. München: 2003 [1999], S. 39.

56 Reichsministerium für Volksaufklärung und Propaganda (Hg.): Das Buch ein Schwert des Geistes. Grundliste für das deutsche Leih- und Werkbüchereiwesen. 3. Folge. Leipzig: 1943, S. 88.

57 Hans Sarkowicz, Alf Mentzer: Literatur in Nazi-Deutschland. Ein biografisches Lexikon. Erweiterte Neuausgabe. Hamburg, Wien: 2002, S. 112. Zum Bonsels-Verbot siehe auch Volker Weidermann: Das Buch der verbrannten Bücher. Köln: 2008, S. 87 f.

58 Dr. R. B.: »Waldemar Bonsels – ein deutscher Dichter«. Ein Buch über Bonsels. In: Die Bücherkunde 9 (1942), H. 7, S. 215 f.

59 Gauleitung München-Oberbayern an Kreisleitung Starnberg vom 17. 7. 1939. In: BArch (ehem. BDC), RK, Bonsels, Waldemar, 21. 2. 1881.

60 Schreiben [vermutlich RSK] an Wilhelm Baur vom 23. 2. 1943. In: BArch (ehem. BDC), RK, Bonsels, Waldemar, 21. 2. 1881.

61 Brief Book Section, Library, Cultural Relations Branch, Information Services Division an Licensing Adviser vom 16. 7. 1948 In: BArch (ehem. BDC), RK, Bonsels, Waldemar, 21. 2. 1881.

62 Inhaltsangabe als Anlage zum Schreiben des Rainer Wunderlich Verlags an die RSK vom 4. 5. 1938. In: BArch (ehem. BDC), RK, Hamer, Isabel, 15. 3. 1912.

63 Buchbesprechung zu Perdita von Sebastian Losch. In: Großdeutsches Leihbüchereiblatt 1 (1939), H. 5, S. 172.

64 Hans Benecke: Eine Buchhandlung in Berlin. Erinnerungen an eine schwere Zeit. Mit einem Vorwort von Volker Dahm. Frankfurt: 1995, S. 140.

7. Fremde Erzählkunst

1 Neue Freie Presse vom 11. 4. 1937, Beilage S. 26 f. Zitiert nach: Elisabeth Höhn-Gloor: John Knittel. Ein Erfolgsautor und sein Werk im Brennpunkt von Fakten und Fiktionen. Zürich: 1984, S. 27.

2 Vgl. dazu die von Knittels Tochter Margaret Furtwängler-Knittel unterhaltene Internetseite www.knittel.ch / 9. 3. 2009.

3 Carl Jakob Burckhardt: John Knittel. In: Gesammelte Werke, Bd. 4, Portraits und Begegnungen, Bern u. a.: 1971, S. 364–371. Zitiert nach: Elisabeth Höhn-Gloor: John Knittel. Ein Erfolgsautor und sein Werk im Brennpunkt von Fakten und Fiktionen. Zürich: 1984, S. 30.

4 Tagebuch von Joseph Goebbels vom 5. 8. 1939 zu *El Hakim*.

5 Tagebuch von Joseph Goebbels vom 6. 8. 1939 zu *El Hakim*.

6 Tagebuch von Joseph Goebbels vom 5. 7. 1939 zu *Therese Etienne*.

7 Vgl. hierzu Elisabeth Höhn-Gloor: John Knittel. Ein Erfolgsautor und sein Werk im Brennpunkt von Fakten und Fiktionen. Zürich: 1984, S. 54 ff.

8 Tagebuch von Joseph Goebbels vom 30. 10. 41 (Teil II, Bd. 2, Diktate).

9 Vgl. hierzu Elisabeth Höhn-Gloor: John Knittel. Ein Erfolgsautor und sein Werk im Brennpunkt von Fakten und Fiktionen. Zürich: 1984, S. 62.

10 Hubert Furtwängler an v. Salis, 6. 2. 1979. Zit. nach Elisabeth Höhn-Gloor: John Knittel. Ein Erfolgsautor und sein Werk im Brennpunkt von Fakten und Fiktionen. Zürich: 1984, S. 67.

11 Siehe dazu zuletzt in der FAZ Frank-Rutger Hausmann: »Dichterfreund Hitlerdeutschlands« vom 20. September 2003 und dazu die »Antwort« von Notker Hammerstein: »John Knittel und der Nationalsozialismus« vom 5. August 2006.

12 Tagebuch von Joseph Goebbels vom 31. 5. 1943 (Teil II, Bd. 8, Diktate).

13 Schreiben RSK an das RMVP vom 5. 7. 1937. In: BArch (ehem. BDC), RK, Knittel, John, 24. 3. 1891.

14 Schreiben RMVP an Präsidenten der RSK vom 23. 7. 1937. In: BArch (ehem. BDC), RK, Knittel, John, 24. 3. 1891.

15 Neue Freie Presse vom 6. 1. 1935. Zit. nach: Höhn-Gloor: John Knittel. Ein Erfolgsautor und sein Werk im Brennpunkt von Fakten und Fiktionen. Zürich: 1984, S. 182.

16 The Daily Telegraph vom 15. 6. 1934.

17 Blätter des Rose-Theaters. Berlin (1941), S. 137–148, hier: Programmheft im Mittelteil.

18 Victor Klemperers Tagebuch vom 12.12. 1943.

19 Kate Sturge: »The Alien within«. Translation into German during the Nazi Regime. München: 2004, S. 57.

20 Die Weltliteratur (1941), H. 4, S. 109.

21 Alle Zahlen aus Kate Sturge: »The Alien within«. Translation into German during the Nazi Regime. München: 2004, S. 60.

22 Hans Benecke: Eine Buchhandlung in Berlin. Erinnerungen an eine schwere Zeit. Mit einem Vorwort von Volker Dahm. Frankfurt: 1995, S. 143.

23 Vgl. dazu Jan-Pieter Barbian: Literaturpolitik im Dritten Reich. Institutionen, Kompetenzen, Betätigungsfelder. München: 1995, S. 561 ff.

24 Deutschland-Berichte der Sozialdemokratischen Partei Deutschlands (Sopade) 1934–1940. Herausgegeben von Klaus Behnken. 7 Bände. Salzhausen, Frankfurt: 1980, S. 1640: Bericht vom 4. November 1937.

25 Deutschland-Berichte der Sozialdemokratischen Partei Deutschlands (Sopade) 1934–1940. Herausgegeben von Klaus Behnken. 7 Bände. Salzhausen, Frankfurt: 1980, S. 1640: Bericht vom 4. November 1937.

26 Meldungen aus dem Reich, Das Schrifttum im Jahr 1938, S. 155.

27 Meldungen aus dem Reich, Das Schrifttum im Jahr 1938, S. 155 f.

28 Meldungen aus dem Reich, Das Schrifttum im Jahr 1938, S. 156.

29 Zit. nach Jan-Pieter Barbian: Literaturpolitik im Dritten Reich. Institutionen, Kompetenzen, Betätigungsfelder. München: 1995, S. 562.

30 Siehe dazu Jan-Pieter Barbian: Literaturpolitik im Dritten Reich. Institutionen, Kompetenzen, Betätigungsfelder. München: 1995, S. 565.

31 Victor Klemperers Tagebuch vom 2. 4. 1938.

32 Murray G. Hall hat in seiner Untersuchung zur Verlagsgeschichte das umfangreich erhaltene Verlagsarchiv auswerten können. Ihm verdanken wir die detaillierte Auflagenentwicklung. Murray G. Hall: Der Paul Zsolnay Verlag. Von der Gründung bis zur Rückkehr aus dem Exil. Tübingen: 1994.

33 Gutachten der Reichsstelle zur Förderung des deutschen Schrifttums vom 30. August 1938, abgedruckt im Börsenblatt für den Deutschen Buchhandel 105, Nr. 242 vom 17.10.1938. Zitiert nach Murray G. Hall: Der Paul Zsolnay Verlag. Von der Gründung bis zur Rückkehr aus dem Exil. Tübingen: 1994, S. 264.

34 Karl H. Bischoff an die PPK zum Schutz des NS.-Schrifttums, 8. 12. 1941, Ordner Cronin, Archiv des Paul Zsolnay Verlags. Zitiert nach Murray G. Hall: Der Paul Zsolnay Verlag. Von der Gründung bis zur Rückkehr aus dem Exil. Tübingen: 1994, S. 265.

35 Victor Klemperers Tagebuch vom 1. 1. 1936.

36 Victor Klemperers Tagebuch vom 4. 4. 1944.

37 Reichsministerium für Volksaufklärung und Propaganda (Hg.): Das Buch ein Schwert des Geistes. Grundliste für das deutsche Leih- und Werkbüchereiwesen. 3. Folge. Leipzig: 1943, S. 105.

38 Victor Klemperers Tagebuch vom 23. 11. 1943.

39 »Vom Winde verweht«. Die Geschichte eines Best Seller. Irene Seligo. In: Literaturblatt der Frankfurter Zeitung vom 5. Dezember 1937.

40 »Vom Winde verweht«. Die Geschichte eines Best Seller. Irene Seligo. In: Literaturblatt der Frankfurter Zeitung vom 5. Dezember 1937.

41 Victor Klemperers Tagebuch vom 28. 11. 1937.

42 Zit. nach Hans Dieter Schäfer: Das gespaltene Bewusstsein. Deutsche Kultur und Lebenswirklichkeit 1933–1945. München: 1981, S. 13.

43 Interview mit Karl Drucklieb am 23. 4. 2009.

44 Margaret Mitchell: Vom Winde verweht. [Gone with the Wind]. Deutsch von Martin Beheim-Schwarzbach. H. Goverts Verlag Hamburg, Leipzig: 1937, S. 753.

45 Carl Zuckmayer: Geheimreport. Göttingen: 2002, S. 15.

46 Brief Eugen Claassen an Hilde Claassen vom 17. 7. 1937. Zit. nach Anne-M. Wallrath-Janssen: Der Verlag H. Goverts im Dritten Reich. Archiv für Geschichte des Buchwesens. Studien Bd. 5. München: 2007, S. 194.

47 Brief Gerhard F. Hering an Eugen Claassen vom 18. 11. 1943. Zit. nach Anne-M. Wallrath-Janssen: Der Verlag H. Goverts im Dritten Reich. Archiv für Geschichte des Buchwesens. Studien Bd. 5. München: 2007, S. 195.

48 Aus einer Verlagsanzeige. Zit. nach Anne-M. Wallrath-Janssen: Der Verlag H. Goverts im Dritten Reich. Archiv für Geschichte des Buchwesens. Studien Bd. 5. München: 2007, S. 193.

49 Bernhard Payr: Vom Winde verweht. Kriegsgedanken zu einem Vorkriegsbuch. In: Das Reich. 29. Oktober 1944.

50 Victor Klemperers Tagebuch vom 13. 11. 1944.

51 Die Zeitschrift der Leihbücherei, H. 15, 10. 8. 1935, S. 9.

52 Hans Ferdinand Schulz: Das Schicksal der Bücher und der Buchhandel. Elemente einer Vertriebskunde des Buches. Berlin: 1952, S. 22.

53 Vgl. hierzu und zum Folgenden Tore Hoel: Trygve Gulbranssen und Deutschland. www.trygvegulbranssen.no / 14. 4. 2009.

54 Tagebuch von Joseph Goebbels vom 24. 8. 1928.

55 Knut Hamsuns Mitgliedschaft ist nicht abschließend geklärt. Siehe: Walter Baumgartner: Knut Hamsun. Hamburg: 1997, S. 117.

56 Tagebuch von Joseph Goebbels vom 8. 3. 1940.

57 Zitiert nach Aldo Keel: Knut Hamsun und die Nazis. Neue Quellen, neue Debatten. Neue Zürcher Zeitung vom 9. Februar 2002.

58 Aldo Keel: Knut Hamsun und die Nazis. Neue Quellen, neue Debatten. Neue Zürcher Zeitung vom 9. Februar 2002; Walter Baumgartner: Knut Hamsun. Hamburg: 1997, S. 117.

59 Tagebuch von Joseph Goebbels vom 27. 6. 1943.

60 Willi Lorch (Hg.): Was soll ich lesen. Werktätige in allen Stellungen und aus allen Gauen Deutschlands empfehlen ihren Arbeitskameraden gute Bücher und die Dichter schreiben Briefe an ihre Leser in den Fabriken. Stuttgart: 1938, S. 67.

61 Willi Lorch (Hg.): Was soll ich lesen. Werktätige in allen Stellungen und aus allen Gauen Deutschlands empfehlen ihren Arbeitskameraden gute Bücher und die Dichter schreiben Briefe an ihre Leser in den Fabriken. Stuttgart: 1938, S. 72.

62 Zit. nach Walter Baumgartner: Knut Hamsun. Hamburg: 1997, S. 112.

63 Victor Klemperers Tagebuch vom 7. 8. 1944.

64 Victor Klemperers Tagebuch vom 5. 9. 1944.

65 Vgl. dazu Walter Baumgartner: Knut Hamsun. Hamburg: 1997, S. 131.

66 Großdeutsches Leihbüchereiblatt 2 (1940), H. 1, Januar, S. 8.

67 Großdeutsches Leihbüchereiblatt 1 (1939), H. 2, Mai, S. 70.

68 An Open Letter to Frenchmen Everywhere. In: The New York Times Magazine vom 29. November 1942, S. 7.

69 Siehe dazu u. a. das Interview mit Horst Rippert: Rätsel um Saint-Exupéry gelöst? »Ich bedaure es zutiefst, den verehrten Autor getötet zu haben.« In: Frankfurter Allgemeine Zeitung vom 17. März 2008.

70 Ernst Jünger: Gärten und Strassen. Aus den Tagebüchern von 1939 und 1940. Paris: 1942, S. 104 f.

8. Im Schatten der Klassiker

1 Vgl. hierzu u. a. Horst Denkler: Hellas als Spiegel deutscher Gegenwart in der Literatur des ›Dritten Reiches‹. In: Walter Delabar, Horst Denkler, Erhard Schütz (Hg.): Banalität mit Stil. Zur Widersprüchlichkeit der Literaturproduktion im Nationalsozialismus. Zeitschrift für Germanistik. Neue Folge. Beiheft 1 (1999), S. 11–27.

2 Baldur von Schirach (Hg.): Goethe an uns. Ewige Gedanken des großen Deutschen. Eingeleitet durch eine Rede von Baldur von Schirach. Berlin: 1938.

3 Karl Otto Conrady: Ein Junge, der 1944 achtzehn wurde. In: Alfred Neven Du-Mont: Jahrgang 1926/27. Erinnerungen an die Jahre unter dem Hakenkreuz. Köln: 2007, S. 209.

4 Dolf Sternberger: Selbstdenken. In: Literaturblatt der Frankfurter Zeitung vom 30. 10. 1938, S. 3.

5 Victor Klemperers Tagebuch vom 23. 8. 1943.

6 Marcel Reich-Ranicki: Mein Leben. München: 2003 [1999], S. 65.

7 Hellmuth Langenbucher (Hg.): Die Welt des Buches. Eine Kunde vom Buch. München: 1938, S. 149.

8 Marcel Reich-Ranicki: Mein Leben. München: 2003 [1999], S. 65.

9 Joachim Fest: Ich nicht. Erinnerungen an eine Kindheit und Jugend. Hamburg: 2006, S. 236.

10 Rainer Maria Rilke: Die Weise von Liebe und Tod des Cornets Christoph Rilke. Leipzig: [1906], S. 31.

11 Brief von Rilke an Paule Lévy vom 4. 11. 1925. Zit. nach Bettina Krüger: Die Weise von Liebe und Tod des Cornets Christoph Rilke. Buchkult und Kultbuch in den Weltkriegen. In: parapluie no. 3 (winter 1997/1998), http://parapluie.de/archiv/unkultur/cornet/.

12 Rainer Maria Rilke: Die Weise von Liebe und Tod des Cornets Christoph Rilke. Leipzig: [1906], S. 16.

13 Uwe-K. Ketelsen: Literatur und Drittes Reich. 2., durchgesehene Aufl. Greifswald: 1994 [¹1992], S. 117.

14 Walter Flex: Der Wanderer zwischen beiden Welten. Ein Kriegserlebnis. München: [o. J., ¹1916], S. 12.

15 Hellmuth Langenbucher: Volkhafte Dichtung der Zeit. 3. Auflage. Völlige Neufassung. Berlin: 1937, S. 430.

16 Hans Sarkowicz, Alf Mentzer: Literatur in Nazi-Deutschland. Ein biografisches Lexikon. Erweiterte Neuausgabe. Hamburg, Wien: 2002, S. 217.

17 Hans Sarkowicz, Alf Mentzer: Literatur in Nazi-Deutschland. Ein biografisches Lexikon. Erweiterte Neuausgabe. Hamburg, Wien: 2002, S. 217.

18 Zit. nach Hans Sarkowicz, Alf Mentzer: Literatur in Nazi-Deutschland. Ein biografisches Lexikon. Erweiterte Neuausgabe. Hamburg, Wien: 2002, S. 174.

19 Koehler & Volckmar, Leipzig; Koch, Neff & Oetinger, Stuttgart (Hg.): Barsortiments-Lagerkatalog 1941/42. Leipzig, Stuttgart: Oktober 1941, S. 419.

20 Victor Klemperers Tagebuch vom 21. 4. 1945.

21 Vgl. dazu Siegfried Lokatis: Hanseatische Verlagsanstalt. Politisches Buchmarketing im »Dritten Reich«. Frankfurt: 1992, S. 91.

22 Werner Bergengruen: Der Großtyrann und das Gericht. Hamburg: 1935, S. 218.

23 Werner Bergengruen: Der Großtyrann und das Gericht. Hamburg: 1935, S. 213.

24 Werner Bergengruen: Der Großtyrann und das Gericht. Hamburg: 1935, S. 222.

25 Victor Klemperers Tagebuch vom 25. 4. 1945.

26 Rezension. In: Die Bücherkunde 3 (1936), H. 3, S. 81.

27 Schreiben der Ortsgruppen München-Solln der NSDAP vom 14. 6. 1940. Zit. nach: Joseph Wulf: Literatur und Dichtung im Dritten Reich. Eine Dokumentation. Gütersloh: 1963, S. 519.

28 Zit. nach Jan-Pieter Barbian: Literaturpolitik im Dritten Reich. Institutionen, Kompetenzen, Betätigungsfelder. München: 1995, S. 373.

29 Hans Sarkowicz, Alf Mentzer: Literatur in Nazi-Deutschland. Ein biografisches Lexikon. Erweiterte Neuausgabe. Hamburg, Wien: 2002, S. 101.

30 Bindings Meisternovelle »Opfergang«. Ein neuer deutscher Farbfilm. In: Berliner Illustrierte Zeitung vom 5.11. 1942, S. 595.

31 Rudolf G. Binding: Der Opfergang. Leipzig: 1944 [1912], S. 14.

32 Rudolf G. Binding: Der Opfergang. Leipzig: 1944 [1912], S. 61.

33 Hans Sarkowicz, Alf Mentzer: Literatur in Nazi-Deutschland. Ein biografisches Lexikon. Erweiterte Neuausgabe. Hamburg, Wien: 2002, S. 104.

34 Hellmuth Langenbucher: Rudolf G. Binding als Künder deutscher Diesseitsfreudigkeit. In: Die Bücherkunde 7 (1940), H. 7.

35 Lektüre. [Himmlers Leseliste]. In: Nachlass Himmler. BArch N 1126/9, Bl. 24.

36 Lektüre. [Himmlers Leseliste]. In: Nachlass Himmler. BArch N 1126/9, Bl. 63.

37 Buchbesprechung zu Hans Carossa: Das Jahr der schönen Täuschungen. Die Bücherkunde 9 (1942), H. 7.

38 Hans Carossa: Das Jahr der schönen Täuschungen. Leipzig: 1941, S. 128.

39 Hans Carossa: Das Jahr der schönen Täuschungen. Leipzig: 1941, S. 150.

40 Heinrich Böll an Annemarie Böll v. 21. 3. 1943. In: Heinrich Böll. Briefe aus dem Krieg 1939–1945. München: 2003 [2001]. Bd. 1, S. 656 f.

41 Hans Sarkowicz, Alf Mentzer: Literatur in Nazi-Deutschland. Ein biografisches Lexikon. Erweiterte Neuausgabe. Hamburg, Wien: 2002, S. 132.

42 Hans Sarkowicz, Alf Mentzer: Literatur in Nazi-Deutschland. Ein biografisches Lexikon. Erweiterte Neuausgabe. Hamburg, Wien: 2002, S. 133.

43 Vgl. zu dem Vorgang Jan-Pieter Barbian: Literaturpolitik im Dritten Reich. Institutionen, Kompetenzen, Betätigungsfelder. München: 1995, S. 442 ff.

44 Zit. nach Jan-Pieter Barbian: Literaturpolitik im Dritten Reich. Institutionen, Kompetenzen, Betätigungsfelder. München: 1995, S. 443, Fußnote 118.

45 Bücher geliehen, gekauft, gelesen. In: Das Reich vom 10. 12. 1944.

46 Börsenblatt für den Deutschen Buchhandel 101, Nr. 271 vom 20. November 1934, Titelseite.

47 Börsenblatt für den Deutschen Buchhandel 102, Nr. 208 vom 7. 9. 1935, S. 3735.

48 Victor Klemperers Tagebuch vom 28. 6. 1944.

49 Heinrich Böll an Annemarie Böll v. 3. 5. 1943. In: Heinrich Böll. Briefe aus dem Krieg 1939–1945. München: 2003 [2001]. Bd. 1, S. 745.

50 Ina Seidel: Das Wunschkind. Stuttgart: 1930, S. 20.

51 Ina Seidel: Das Wunschkind. Stuttgart: 1930, S. 370.

52 Ina Seidel: Das Wunschkind. Stuttgart: 1930, S. 1048.

53 Hans Sarkowicz, Alf Mentzer: Literatur in Nazi-Deutschland. Ein biografisches Lexikon. Erweiterte Neuausgabe. Hamburg, Wien: 2002, S. 366.

54 Victor Klemperers Tagebuch vom 5. 7. 1944.

55 Zum Geburtstag des Führers. In: Der deutsche Schriftsteller, April 1942. Zit. nach: Joseph Wulf: Literatur und Dichtung im Dritten Reich. Eine Dokumentation. Gütersloh: 1963, S. 406.

56 Brief von Ina Seidel an Joseph Wulf vom 2. 1. 1963. In: Joseph Wulf: Literatur und Dichtung im Dritten Reich. Eine Dokumentation. Gütersloh: 1963, S. 406.

57 Hellmuth Langenbucher (Hg.): Die Welt des Buches. Eine Kunde vom Buch. München: 1938, S. 150.

58 Börsenblatt für den Deutschen Buchhandel 102, Nr. 214 vom 14. September 1935, S. 3892 f.

59 E. Lgb. [Erich Langenbucher]: Über 1 Million. In: Großdeutsches Leihbüchereiblatt 4 (1942), H. 17, S. 247.

60 Hans Sarkowicz, Alf Mentzer: Literatur in Nazi-Deutschland. Ein biografisches Lexikon. Erweiterte Neuausgabe. Hamburg, Wien: 2002, S. 351.

61 Hellmuth Langenbucher: Volkhafte Dichtung der Zeit. 3. Auflage. Völlige Neufassung. Berlin: 1937, S. 464.

62 Baldur von Schirach (Hg.): Das Lied der Getreuen. Verse ungenannter österreichischer Hitler-Jugend aus den Jahren der Verfolgung 1933–37. Leipzig: 1938.

63 Siehe Hans Sarkowicz, Alf Mentzer: Literatur in Nazi-Deutschland. Ein biografisches Lexikon. Erweiterte Neuausgabe. Hamburg, Wien: 2002, S. 364 f.

64 Zit. nach Hellmuth Langenbucher: Volkhafte Dichtung der Zeit. 3. Auflage. Völlige Neufassung. Berlin: 1937, S. 470.

65 Siehe dazu auch Simone Bautz: Gerhard Schumann – Biographie. Werk. Wirkung eines prominenten nationalsozialistischen Autors. Diss. 2008. Gießener Elektronische Bibliothek, S. 304.

66 Hellmuth Langenbucher: Volkhafte Dichtung der Zeit. 3. Auflage. Völlige Neufassung. Berlin: 1937, S. 190.

67 Eugen Roth: Ein Mensch. Heitere Verse. Weimar: 1940 [1935], S. 9.

68 Biografische Informationen nach Munzinger Archiv, Stand 2006, Stichwort Roth, Eugen.

69 Eugen Roth: Ein Mensch lädt Kameraden ein, mit ihm ein Stündchen froh zu sein. Eine kleine Feldpostgabe von Eugen Roth mit Bildern von Christian Modersohn. Soldatenbücherei des Oberkommandos der Wehrmacht. Allgemeines Wehrmachtamt, Abt. Inland. Band 20, S. 52.

70 Eugen Roth: Ein Mensch lädt Kameraden ein, mit ihm ein Stündchen froh zu sein. Eine kleine Feldpostgabe von Eugen Roth mit Bildern von Christian Modersohn. Soldatenbücherei des Oberkommandos der Wehrmacht. Allgemeines Wehrmachtamt, Abt. Inland. Band 20, S. 111.

9. Blut ohne Boden

1 Z. B. bei Werner Bökenkamp: Über die literarische Halbwelt. In: Die Bücherkunde 4 (1937), H. 7, S. 389.

2 So z. B. zum 50. Todestag im Artikel von Marius Meyer: Ehrung für eine Antisemitin. In: www.sueddeutsche.de vom 27. 4. 2007/9. 7. 2009.

3 Zeitschrift der Leihbücherei, H. 5 vom 10. 3. 1936, S. 4.

4 Kuni Tremel-Eggert: Barb. Der Roman einer deutschen Frau. München: 1938 [1934], S. 27.

5 Kuni Tremel-Eggert: Barb. Der Roman einer deutschen Frau. München: 1938 [1934], S. 410.

6 Kuni Tremel-Eggert: Barb. Der Roman einer deutschen Frau. München: 1938 [1934], S. 410.

7 Die Bücherkunde 3 (1936), H. 11, S. 351.

8 Kuni Tremel-Eggert: Barb. Der Roman einer deutschen Frau. München: 1938 [1934], S. 413.

9 Kuni Tremel-Eggert: Barb. Der Roman einer deutschen Frau. München: 1938 [1934], S. 415.

10 Die Bücherkunde 3 (1936), H. 11, S. 351.

11 Kuni Tremel-Eggert: Aus meinem Schaffen und Werden. In: Zeitschrift der Leihbücherei, H. 20 vom 25. 10. 1934, S. 6.

12 Siehe Stichwort »Tremel-Eggert« in: Ernst Klee: Das Kulturlexikon zum Dritten Reich. Wer war was vor und nach 1945. Frankfurt: 2007, S. 618.

13 Kuni Tremel-Eggert erzählt vom Werden und Schaffen. In: Großdeutsches Leihbüchereiblatt 4 (1942), H. 11, S. 165.

14 Kuni Tremel-Eggert erzählt vom Werden und Schaffen. In: Großdeutsches Leihbüchereiblatt 4 (1942), H. 11, S. 165.

15 Rezension zu »Sonnige Heimat. Erzählungen«. In: Die Bücherkunde 3 (1936), H. 4, S. 122.

16 Die Bücherkunde 6 (1939), H. 8, S. 427.

17 Brief Kuni Tremel-Eggert an Josef Wessely vom 31. 1. 1956. Im Besitz des Verfassers.

18 Schreiben von Wilfrid Bade an Verlagsdirektor Hausleiter der »Münchner Illustrierten Presse« vom Okt. 1934 [Durchschrift]. In: Hoover Institution Archives, Wilfrid Bade Papers, Box 2, Correspondence 1934 (H–Q). Vgl. hierzu auch Christian Härtel: Stromlinien. Wilfrid Bade – Eine Karriere im Dritten Reich. Berlin: 2004, S. 120.

19 Siehe Anstreichliste »Dichterakademie« [undatiert]. In: Hoover Institution Archives, Wilfrid Bade Papers, Box 2, Correspondence 1934 (H–Q).

20 Uwe K. Ketelsen: Literatur und Drittes Reich. 2. durchg. Auflage. Greifswald: 1994 [1992], S. 84 ff.

21 Saul Friedländer e. a. Bertelsmann im Dritten Reich. München: 2002, S. 159.

22 Saul Friedländer e. a. Bertelsmann im Dritten Reich. München 2002, S. 160.

23 Gustav Schröer: Heimat wider Heimat. Gütersloh: 1943 [1929], S. 3

24 Gustav Schröer: Heimat wider Heimat. Gütersloh: 1943 [1929], S. 164.

25 Gustav Schröer: Heimat wider Heimat. Gütersloh: 1943 [1929], S. 225.

26 Gustav Schröer: Heimat wider Heimat. Gütersloh: 1943 [1929], S. 289.

27 Vgl. hierzu Saul Friedländer e. a. Bertelsmann im Dritten Reich. München: 2002, S. 145.

28 Zitiert nach Saul Friedländer, Norbert Frei, Trutz Rendtorff, Reinhard Wittmann: Bertelsmann im Dritten Reich. München: 2002, S. 159.

29 Zitiert nach Saul Friedländer e. a. Bertelsmann im Dritten Reich. München: 2002, S. 161.

30 Hans Grimm: Volk ohne Raum. München: 1926, S. 5.

31 Hans Grimm: Volk ohne Raum. München: 1926, S. 10.

32 Lektüre. [Himmlers Leseliste]. In: Nachlass Himmler. BArch N 1126/9, Bl. 62.

33 Tagebuch von Joseph Goebbels vom 15. 2. 1931.

34 Siehe Jan-Pieter Barbian: Literaturpolitik im Dritten Reich. Institutionen, Kompetenzen, Betätigungsfelder. München: 1995, S. 404.

35 Vgl. dazu Hans Sarkowicz, Alf Mentzer: Literatur in Nazi-Deutschland. Ein biografisches Lexikon. Erweiterte Neuausgabe. Hamburg, Wien: 2002, S. 195 f und 20 f.

36 Tagebuch von Joseph Goebbels vom 5. 8. 1938.

37 Vgl. dazu Jan-Pieter Barbian: Literaturpolitik im Dritten Reich. Institutionen, Kompetenzen, Betätigungsfelder. München: 1995, S. 407.

38 Hellmuth Langenbucher: Volkhafte Dichtung der Zeit. 3. Auflage. Völlige Neufassung. Berlin: 1937, S. 447.

39 Victor Klemperers Tagebuch vom 1. 5. 1943.

40 Hanns Johst: Mutter ohne Tod / Die Begegnung. Zwei Erzählungen. München: 1933, S. 28.

41 Siehe dazu Rolf Düsterberg: Hanns Johst: »Der Barde der SS«. Karrieren eines deutschen Dichters. Paderborn: 2004, S. 97 f.

42 Zit. nach Rolf Düsterberg: Hanns Johst: »Der Barde der SS«. Karrieren eines deutschen Dichters. Paderborn: 2004, S. 288.

43 Hans Friedrich Blunck: König Geiserich. Eine Erzählung von Geiserich und dem Zug der Wandalen. Hamburg: 1936, S. 399.

44 Hellmuth Langenbucher: Volkhafte Dichtung der Zeit. 3. Auflage. Völlige Neufassung. Berlin: 1937, S. 299.

45 Siegfried Lokatis: Hanseatische Verlagsanstalt. Politisches Buchmarketing im »Dritten Reich«. Frankfurt: 1992, S. 100.

46 Siegfried Lokatis: Hanseatische Verlagsanstalt. Politisches Buchmarketing im »Dritten Reich«. Frankfurt: 1992, S. 101.

47 Hellmuth Langenbucher: Volkhafte Dichtung der Zeit. 3. Auflage. Völlige Neufassung. Berlin: 1937, S. 311.

48 Will Vesper: Das harte Geschlecht. Hamburg: 1931, S. 5 f.

49 Die Neue Literatur, Februar 1937, S. 103–104. Zitiert nach: Joseph Wulf: Literatur und Dichtung im Dritten Reich. Eine Dokumentation. Gütersloh: 1963, S. 278 f.

50 W[ill] V[esper]: Unsere Meinung. In: Die Neue Literatur, Februar 1939, S. 102.

51 Siehe dazu Saul Friedländer e. a.: Bertelsmann im Dritten Reich. München: 2002, S. 541 ff.

52 Vgl. dazu Hans Sarkowicz, Alf Mentzer: Literatur in Nazi-Deutschland. Ein biografisches Lexikon. Erweiterte Neuausgabe. Hamburg, Wien: 2002, S. 388.

53 Günter Hahn: Josefa Berens-Totenohl. In: Die Weltliteratur (1942), H. 12, hier S. 250 und 253.

54 Josefa Berens-Totenohl: Der Femhof. Jena: 1934, S. 285.

55 Gute neuere Romane und Anthologien. In: Die Bücherkunde 3 (1936), H. 5, S. 156.

56 Vgl. zu dieser These: Georg L. Mosse: Was die Deutschen wirklich lasen. Marlitt, May, Ganghofer. In: Reinhold Grimm, Jost Hermand: Popularität und Trivialität. Fourth Wisconsin Workshop. Frankfurt: 1974, S. 118.

57 Erich Thier: Gestaltwandel des Arbeiters im Spiegel seiner Lektüre. Ein Beitrag zur Volkskunde und Leserführung. Leipzig: 1939, S. 66 f.

58 Verlagsanzeige »Vielgelesene Romane der Dichterin der Heide«. In: Zeitschrift der Leihbücherei, H. 5 vom 10. 3.1934, S. 16.

59 Erich Langenbucher: Betrachtungen zum Thema »Film und Buch«. In: Großdeutsches Leihbüchereiblatt 4 (1942), H. 19, S. 278.

60 Schreiben F. R. Moersberger an Reichsbauernführer Darré vom 5. 11. 1937. In: BArch (ehem. BDC), RK, Rose, Felicitas, 31. 7. 1862.

61 Schreiben F. R. Moersberger an Reichsbauernführer Darré vom 5. 11. 1937. In: BArch (ehem. BDC), RK, Rose, Felicitas, 31. 7. 1862.

10. Feldgrau schafft Dividende

1 Zitiert nach Ernst Klee: Das Personenlexikon zum Dritten Reich. Wer war was vor und nach 1945. Frankfurt: 2003, S. 110.

2 Manuskript des Fhj. Grothus vom 25. 7. 1944, im Besitz des Verfassers.

3 Meldungen aus dem Reich Nr. 72 vom 3. April 1940, S. 949.

4 Walter Herrmann: Das Leihbuch im Kriegseinsatz. Leserwünsche von Courths-Mahler über Mungenast bis zu Hamsun. In: Deutsches Büchereiblatt 5 (1943), S. 73.

5 Johanna Gantzer: Statistik in der Leihbücherei. In: Deutsches Büchereiblatt 5 (1943), S. 181, vgl. auch S. 182.

6 Ullstein Archiv, Deutscher Verlag, Bericht über wichtige Geschäftsvorfälle im Juli 1942.

7 Meldungen aus dem Reich vom Januar 1941, Zur Lage im Schrifttum, S. 1926.

8 Saul Friedländer e. a.: Bertelsmann im Dritten Reich. München: 2002, S. 568.

9 Die Autoren weisen ausdrücklich darauf hin, dass sie für ihre Statistiken nur Publikationen heranziehen konnten, die ausdrücklich als Feld- oder Wehrmachtsausgabe o. ä. gekennzeichnet waren. Saul Friedländer e. a.: Bertelsmann im Dritten Reich. München: 2002, S. 423.

10 Stolze Bilanz der Buchproduktion. In: Großdeutsches Leihbüchereiblatt 4 (1942), H. 11, S. 161.

11 Saul Friedländer e. a.: Bertelsmann im Dritten Reich. München: 2002, S. 427 f.

12 Vgl. hierzu und zum folgenden den guten Überblick bei Jan-Pieter Barbian: Literaturpolitik im Dritten Reich. Institutionen, Kompetenzen, Betätigungsfelder. München: 1995, S. 717–722.

13 Bernhard Eck: Fahrbare Frontbuchhandlungen am Westwall. Auch ernstere Bücher finden lebhafte Beachtung. Börsenblatt für den Deutschen Buchhandel 107, Nr. 78 vom 4. April 1940, S. 106 f.

14 Börsenblatt für den Deutschen Buchhandel für den Deutschen Buchhandel 110, Nr. 177 vom 2. Dezember 1943, S. 207.

15 Barbian zitiert eine Zahlenangabe aus einer Mitteilung der Reichsschrifttumskammer. Vgl. dazu Jan-Pieter Barbian: Literaturpolitik im Dritten Reich. Institutionen, Kompetenzen, Betätigungsfelder. München: 1995, S. 719.

16 Werner Kindt: Eine Betriebsgemeinschaft fragt ihre Frontkameraden: Was wollen die Soldaten lesen? In: Großdeutsches Leihbüchereiblatt 2 (1940) H. 1, S. 17.

17 Eine Buchstiftung für Kapitänleutnant Prien. In: Großdeutsches Leihbüchereiblatt 2 (1940), H. 2, 2. Umschlagseite.

18 Was liest der Landser? Soldaten der Front und Heimat antworten. In: Deutsches Büchereiblatt [GdL] 5 (1943), S. 82. Die Beiträge wurden aus »Westermanns Monatsheften« übernommen und stammen von Mitarbeitern dieser Zeitschrift, die ihre Beobachtungen wiedergeben.

19 Was liest der Landser? Soldaten der Front und Heimat antworten. In: Deutsches Büchereiblatt [GdL] 5 (1943), S. 83.

20 Was liest der Landser? Soldaten der Front und Heimat antworten. In: Deutsches Büchereiblatt [GdL] 5 (1943), S. 83.

21 Was liest der Landser? Soldaten der Front und Heimat antworten. In: Deutsches Büchereiblatt [GdL] 5 (1943), S. 105.

22 Telefoninterview mit Franz Hinze am 24. 3. 2009.

23 Meldungen aus dem Reich (Nr. 140) vom 11. November 1940, S. 1753.

24 Telefoninterview mit Franz Hinze am 24. 3. 2009 sowie: Franz Hinze: Frontbuchhandlung Paris. Erinnerungen eines Beteiligten. Selbstverlag Franz Hinze 1999, S. 30.

25 Vorlage für Goebbels vom 27. 2. 1942 betr. Literatur für die Front. In: BArch NS 18/483. Zitiert nach Jan-Pieter Barbian: Literaturpolitik im Dritten Reich. Institutionen, Kompetenzen, Betätigungsfelder. München: 1995, S. 720.

26 Vgl. dazu Hans-Eugen Bühler, Edelgard Bühler: Der Frontbuchhandel 1939–1945. Organisationen, Kompetenzen, Verlage, Bücher. Eine Dokumentation. Frankfurt: 2002, S. 181 f.

27 Die Bücherkunde 7 (1940), H. 2, S. 32.

28 Bernhard Eck: Fahrbare Frontbuchhandlungen am Westwall. Auch ernstere Bücher finden lebhafte Beachtung. Börsenblatt für den Deutschen Buchhandel 107, Nr. 78 vom 4. April 1940, S. 107.

29 Werner Enßlin: Frontbuchhandlung im Westen. In: Der Buchhändler im neuen Reich 6 (1941), H. 1, S. 17.

30 Ernst Jünger: Gärten und Strassen. Aus den Tagebüchern von 1939 und 1940. Paris: 1942, S. 137.

31 Den Fall deckte Tobias Wimbauer auf. In: Das Buch, das es zweimal gab. In: Frankfurter Allgemeine Zeitung vom 16. Februar 2008, Z 4, Bilder und Zeiten.

32 Dolf Sternberger: Eine Muse konnte nicht schweigen. In: Frankfurter Allgemeine Zeitung Nr. 128 vom 4. Juni 1980, S. 25.

33 Zur zeitgenössischen Rezeption und wissenschaftlichen Debatte siehe z. B. Helmuth Kiesel: Ernst Jüngers Marmor-Klippen. »Renommier«- und Problem»buch der 12 Jahre«. In: Internationales Archiv für Sozialgeschichte der Literatur 14, 1 (1989), S. 126–164, auch unter www.iaslonline.de abrufbar.

34 Siehe dazu und im folgenden Hans-Eugen Bühler, Edelgard Bühler: Der Frontbuchhandel 1939–1945. Organisationen, Kompetenzen, Verlage, Bücher. Eine Dokumentation. Frankfurt: 2002, S. 41.

35 Hans-Eugen Bühler, Edelgard Bühler: Der Frontbuchhandel 1939–1945. Organisationen, Kompetenzen, Verlage, Bücher. Eine Dokumentation. Frankfurt: 2002, S. 42.

36 Vgl. hierzu Jan-Pieter Barbian: Literaturpolitik im Dritten Reich. Institutionen, Kompetenzen, Betätigungsfelder. München: 1995, S. 544.

37 Ernst Jünger: Auf den Marmorklippen. Stuttgart: 1995 [EA 1939], S. 46.

Die Spur der Bestseller

1 Ronald Glomb: Erinnerung an einen fast Vergessenen. In: Berliner Morgenpost vom 9. 3. 1996.

2 Vgl. dazu Claudia Sybille Kiessling: Dr. med. Hellmuth Unger. (1891—1953). Dichterarzt und ärztlicher Pressepolitiker in der Weimarer Republik und im Nationalsozialismus. In: Abhandlungen zur Geschichte der Medizin und der Naturwissenschaften. Heft 89. 1999, S. 82 f.

3 Hans Sarkowicz, Alf Mentzer: Literatur in Nazi-Deutschland. Ein biografisches Lexikon. Erweiterte Neuausgabe. Hamburg, Wien: 2002, S. 54.

4 Hans Sarkowicz, Alf Mentzer: Literatur in Nazi-Deutschland. Ein biografisches Lexikon. Erweiterte Neuausgabe. Hamburg, Wien: 2002, S. 57.

5 Vgl. dazu Manfred Jäger: Kultur und Politik in der DDR. 1945—1990. Köln: 1995, S. 5 ff.

6 Interview mit Karl Drucklieb am 23. 4. 2009.

7 Jan-Pieter Barbian: Literaturpolitik im Dritten Reich. Institutionen, Kompetenzen, Betätigungsfelder. München: 1995, S. 469 ff.

8 Erich Langenbucher: Buchverlag und Schriftleiter. In: Die Buchbesprechung. Eine monatliche Umschau 1 (1937) März, S. 68.

9 Olympia-Buchwerbeplakat. In: Börsenblatt für den Deutschen Buchhandel 103, Nr. 153 vom 4. 7. 1936, Umschlag Rückseite.

10 Gerd Eckert: Das literarische Vorbild im Film. In: Börsenblatt für den Deutschen Buchhandel 101, Nr. 128 vom 5. 6. 1934, S. 504.

11 Gerd Eckert: Das literarische Vorbild im Film. In: Börsenblatt für den Deutschen Buchhandel 101, Nr. 128 vom 5. 6. 1934, S. 503.

12 Willy Sterzel: Ein Buch – ferngesehen. In: Börsenblatt für den Deutschen Buchhandel 106, Nr. 170, vom 25. Juli 1939, S. 576.

13 Willy Sterzel: Ein Buch – ferngesehen. In: Börsenblatt für den Deutschen Buchhandel 106, Nr. 170, vom 25. Juli 1939, S. 576.

14 Zeitroman, Kurzgeschichte und Jugendschrifttum. Drei Preisausschreiben. In: Die Weltliteratur (1942), H. 1, S. 39.

15 Erich Langenbucher: Stolze Bilanz der Buchproduktion. In: Großdeutsches Leihbüchereiblatt 4 (1942) H. 11, S. 161.

Bibliografie

Literatur vor 1945

25 Jahre Schaffen am Werke Karl Mays. Allen Freunden des Volksschriftstellers gewidmet vom Karl-May-Verlag, Radebeul bei Dresden. 1. Juli 1938.

Ahlswede, E[duard]: *In Gottes eigenem Land. Ein Blick ins »Dollar-Paradies«. Nach eigenen Erlebnissen erzählt.* Berlin 1942.

Bade, Wilfrid: *Die SA erobert Berlin. Ein Tatsachenbericht.* München 1933.

Banzhaf, Johannes: *Lustiges Volk. Ein heiteres Geschichtenbuch.* Gütersloh 1937.

Bartels, Adolf: *Die deutsche Dichtung der Gegenwart. Die Jüngsten.* Leipzig 1921.

Berens-Totenohl, Josefa: *Der Femhof.* Jena 1934.

Bergengruen, Werner: *Der Großtyrann und das Gericht.* Hamburg 1935.

Beumelburg, Werner: *Sperrfeuer um Deutschland. Mit einer Widmung des Reichspräsidenten von Hindenburg.* Oldenburg 1929.

Binding, Rudolf G.: *Der Opfergang.* Leipzig 1944 [1912].

Blätter des Rose-Theaters. Berlin [1941].

Blunck, Hans Friedrich: *König Geiserich. Eine Erzählung von Geiserich und dem Zug der Wandalen.* Hamburg 1936.

Bouhler, Philipp: *Kampf um Deutschland. Ein Lesebuch für die deutsche Jugend.* München 1938.

Busch, Fritz Otto: *Narvik. Vom Heldenkampf deutscher Zerstörer.* Gütersloh 1940.

Carossa, Hans: *Das Jahr der schönen Täuschungen.* Leipzig 1941.

Cigaretten-Bilderdienst Hamburg-Bahrenfeld (Hg.): *Deutschland erwacht. Werden, Kampf und Sieg der NSDAP.* Hamburg-Bahrenfeld 1933.

Cronin, A. J.: *Die Zitadelle.* Wien 1938.

Dettmann, Hans Eduard: *Abenteuer in Brasilien.* Berlin 1942.

Diesel, Eugen: *Der Mensch – Das Werk – Das Schicksal.* Hamburg 1937.

Dominik, Hans: *Land aus Feuer und Wasser.* Leipzig 1939.

Dominik, Hans: *Vom Schraubstock zum Schreibtisch. Lebenserinnerungen.* Berlin 1943.

Ettighoffer, Paul Coelestin: *Deutsche Tanks fahren in die Hölle.* Gütersloh 1937.

Ettighoffer, Paul Coelestin: *Verdun. Das große Gericht.* Gütersloh 1936.

Ewerbeck, Betina: *Angela Koldewey. Roman einer jungen Ärztin.* Berlin, Wien 1939.

Ewerbeck, Betina: *Angela Koldewey. Roman einer jungen Ärztin.* Gütersloh 1956.

Fallada, Hans: *Kleiner Mann – was nun?* Berlin 1932.

Flex, Walter: *Der Wanderer zwischen beiden Welten. Ein Kriegserlebnis.* München [o. J., ¹1916].

Ganghofer, Ludwig: *Das Schweigen im Walde. Roman.* Berlin [Deutsche Buch-Gemeinschaft, o. J., vor 1938].

Goebbels, Joseph: *Vom Kaiserhof zur Reichskanzlei. Eine historische Darstellung in Tagebuchblättern (Vom 1. Januar 1932 bis zum 1. Mai 1933).* München 1934.

Goedecke, Heinz, Wilhelm Krug: *Wir beginnen das Wunschkonzert für die Wehrmacht. Mit einem Geleitwort von Reichsminister Dr. Goebbels und einem Vorwort von Ministerialdirektor Alfred-Ingemar Berndt.* Berlin 1940.

Grimm, Hans: *Volk ohne Raum.* München 1926.

Gritzbach, Erich: *Hermann Göring. Werk und Mensch.* München 1937.

Gulbranssen, Trygve: *Und ewig singen die Wälder.* München 1935.

Höfler, Polly Maria: *André und Ursula.* [Neuausgabe] Hamburg 1981.

Höfler, Polly Maria: *André und Ursula. Roman.* Berlin 1937.

Johst, Hanns: *Mutter ohne Tod / Die Begegnung. Zwei Erzählungen.* München 1933.

Jünger, Ernst: *Auf den Marmorklippen.* Stuttgart 1995 [EA 1939].

Jünger, Ernst: *Gärten und Strassen. Aus den Tagebüchern von 1939 und 1940.* Paris 1942.

Kellermann, Bernhard: *Der Tunnel.* Berlin 1913.

Knittel, John: *Via Mala.* Berlin 1934.

Koehler & Volckmar, Leipzig; Koch, Neff & Oetinger, Stuttgart (Hg.): *Barsortiments-Lagerkatalog 1941/42.* Leipzig, Stuttgart Oktober 1941.

Langenbucher, Hellmuth (Hg.): *Die Welt des Buches. Eine Kunde vom Buch.* München 1938.

Langenbucher, Hellmuth: *Volkhafte Dichtung der Zeit. 3. Auflage.* Völlige Neufassung. Berlin 1937.

Lorch, Willi (Hg.): *Was soll ich lesen. Werktätige in allen Stellungen und aus allen Gauen Deutschlands empfehlen ihren Arbeitskameraden gute Bücher und die Dichter schreiben Briefe an ihre Leser in den Fabriken.* Stuttgart 1938.

Mitchell, Margaret: *Vom Winde verweht. [Gone with the Wind]. Deutsch von Martin Beheim-Schwarzbach.* H. Goverts Verlag Hamburg, Leipzig 1937.

Muschler, Reinhold Conrad: *Die Unbekannte.* Dresden 1934.

Myler, Lok: *Sun Koh. Der Erbe von Atlantis. Nr. 21: Der Geist der Inka.* [Leipzig 1933–1936].

Myler, Lok: *Sun Koh. Der Erbe von Atlantis. Nr. 57: Vorpostengefecht.* [Leipzig 1933–1936].

Myler, Lok: *Sun Koh. Der Erbe von Atlantis. Nr. 98: Gesetz über Leben und Tod.* [Leipzig 1933–1936].

Naundorf, Gerhard: *Stern in Not.* Berlin 1938.

Nelken, Dinah: *Ich an Dich. Ein Roman in Briefen mit einer Geschichte und ihrer Moral für Liebende und solche, die es werden wollen. [Idee und Ausführung Rolf Gero].* Berlin 1939.

Prien, Günther: *Mein Weg nach Scapa Flow.* Berlin 1940.

Remarque, Erich Maria: *Im Westen nichts Neues.* Berlin 1929.

Riedel, Curt: *Auf Jagd im australischen Busch. Feldzug gegen die Kaninchen-Landplage. Tatsachenbericht. Erlebnis-Bücherei, H. 45.* Berlin [o. J.].

Rilke, Rainer Maria: *Die Weise von Liebe und Tod des Cornets Christoph Rilke.* Leipzig [1906].

Rosemeyer-Beinhorn, Elly: *Mein Mann, der Rennfahrer. Der Lebensweg Bernd Rosemeyers. Mit 77 Aufnahmen.* Berlin 1938.

Rosenberg, Alfred: *An die Dunkelmänner unserer Zeit. Eine Antwort auf die Angriffe gegen den ›Mythus des 20. Jahrhunderts‹.* München 1935.

Rosenberg, Alfred: *Der Mythus des 20. Jahrhunderts. Eine Wertung der seelisch-geistigen Gestaltenkämpfe unserer Zeit.* München 1934 [1930].

Roth, Eugen: *Ein Mensch lädt Kameraden ein, mit ihm ein Stündchen froh zu sein. Eine kleine Feldpostgabe von Eugen Roth mit Bildern von Christian Modesohn.* Soldatenbücherei des Oberkommandos der Wehrmacht. Allgemeines Wehrmachtamt, Abt. Inland. Band 20 [o. J.].

Roth, Eugen: *Ein Mensch. Heitere Verse.* Weimar 1940 [1935].

Saint-Exupéry, Antoine de: *Wind, Sand und Sterne.* Dessau 1940 [1939].

Schenzinger, Karl Aloys: *Anilin. Roman.* Berlin 1937.

Schenzinger, Karl Aloys: *Anilin. Roman.* München 1949.

Schenzinger, Karl Aloys: *Der Hitlerjunge Quex. Roman.* Berlin 1935.

Schirach, Baldur von (Hg.): *Das Lied der Getreuen. Verse ungenannter österreichischer Hitler-Jugend aus den Jahren der Verfolgung 1933–37.* Leipzig 1938.

Schirach, Baldur von (Hg.): *Goethe an uns. Ewige Gedanken des großen Deutschen. Eingeleitet durch eine Rede von Baldur von Schirach.* Berlin 1938.

Schröer, Gustav: *Heimat wider Heimat.* Gütersloh 1943 [1929].

Seidel, Ina: *Das Wunschkind.* Stuttgart 1930.

Spione, Verräter, Saboteure. *Eine Aufklärungsschrift für das Deutsche Volk. Herausgegeben im Einvernehmen mit dem Oberkommando der Wehrmacht vom Reichsamt Deutsches Volksbildungswerk. Hillgers Deutsche Bücherei Nr. 650/51.* Berlin, Leipzig 1938.

Spoerl, Heinrich: *Der Gasmann.* Berlin 1940.

Spoerl, Heinrich: *Der Maulkorb.* Berlin 1936.

Spoerl, Heinrich: *Man kann ruhig darüber sprechen. Heitere Geschichten und Plaudereien.* Berlin 1937.

Surén, Hans: *Mensch und Sonne. Arisch-olympischer Geist.* Berlin 1936.

Thier, Erich: *Gestaltwandel des Arbeiters im Spiegel seiner Lektüre. Ein Beitrag zur Volkskunde und Leserführung.* Leipzig 1939.

Tremel-Eggert, Kuni: *Barb. Der Roman einer deutschen Frau.* München 1938 [1934].

Unger, Hellmuth: Robert Koch. *Roman eines großen Lebens.* Berlin 1936.

Vesper, Will: *Das harte Geschlecht.* Hamburg 1931.

Vring, Georg von der: *Die Spur im Hafen. Roman.* Gütersloh 1936.

Welk, Ehm: *Die Heiden von Kummerow. Roman.* Berlin 1937.

Werder, Peter von: *Literatur im Bann der Verstädterung. Eine kulturpolitische Untersuchung.* Leipzig 1943.

Wilamowitz-Moellendorff geb. Baronin von Fock-Stockholm, Fanny Gräfin von: *Carin Göring.* Berlin 1934.

Zöberlein, Hans: *Der Glaube an Deutschland. Ein Kriegserleben von Verdun bis zum Umsturz.* München 1931.

Literatur nach 1945

Aigner, Dietrich: *Die Indizierung »schädlichen und unerwünschten Schrifttums« im Dritten Reich.* In: *Archiv für Geschichte des Buchwesens Bd. XI.* Frankfurt 1971.

Axel Springer Verlag AG (Hg.): *125 Jahre Ullstein. Presse- und Verlagsgeschichte im Zeichen der Eule.* Berlin 2002.

Barbian, Jan-Pieter: *Literaturpolitik im Dritten Reich. Institutionen, Kompetenzen, Betätigungsfelder.* München 1995.

Baumgartner, Walter: *Knut Hamsun.* Hamburg 1997.

Bautz, Simone: *Gerhard Schumann — Biographie. Werk. Wirkung eines prominenten nationalsozialistischen Autors.* Diss. 2008. Gießener Elektronische Bibliothek.

Benecke, Hans: *Eine Buchhandlung in Berlin. Erinnerungen an eine schwere Zeit. Mit einem Vorwort von Volker Dahm.* Frankfurt 1995.

Boese, Engelbrecht: *Walter Hofmanns »Institut für Leser- und Schrifttumskunde« 1926–1937.* In: *Bibliothek. Forschung und Praxis 5* (1981), H. 1, S. 3–23.

Böll, Heinrich: *Briefe aus dem Krieg 1939–1945.* Bd. 1 und 2. München 2003 [2001].

Bühler, Hans-Eugen; Edelgard Bühler: *Der Frontbuchhandel 1939–1945. Organisationen, Kompetenzen, Verlage, Bücher. Eine Dokumentation.* Frankfurt 2002.

Bussemer, Thymian: *Propaganda und Populärkultur. Konstruierte Erlebniswelten im Nationalsozialismus. Mit einem Geleitwort von Bodo Rollka.* Wiesbaden 2000.

Cygan, Dorota: *Braune Weißkittel. Autopsien populärer Arztromane im Nationalsozialismus.* In: Carsten Würmann, Ansgar Warner (Hg.): *Im Pausenraum des Dritten Reiches. Zur Populärkultur im nationalsozialistischen Deutschland.* Bern 2008.

Day, Uwe: *Silberpfeil und Hakenkreuz. Autorennsport im Nationalsozialismus.* Berlin 2005.

Delabar, Walter: *»Aufhören, aufhören, he, aufhören — hört doch einmal auf!«* Hans Zöberlein: *Der Glaube an Deutschland* (1931). In: Thomas F. Schneider (Hg.): *Von Richthofen bis Remarque. Amsterdamer Beiträge zur neueren Germanistik,* 53. Amsterdam, New York 2003.

Delabar, Walter; Horst Denkler, Erhard Schütz (Hg.): *Banalität mit Stil. Zur Widersprüchlichkeit der Literaturproduktion im Nationalsozialismus. Zeitschrift für Germanistik. Neue Folge. Beiheft 1* (1999).

Dietrich, Otto: *Zwölf Jahre mit Hitler.* Köln o. J.

Düsterberg, Rolf: *Hanns Johst: »Der Barde der SS«. Karrieren eines deutschen Dichters.* Paderborn 2004.

Fest, Joachim C.: *Hitler. Eine Biographie.* Berlin 1973.

Fest, Joachim C.: *Speer. Eine Biographie.* Berlin 1999.

Fest, Joachim: *Ich nicht. Erinnerungen an eine Kindheit und Jugend.* Hamburg 2006.

Friedländer, Saul, Norbert Frei, Trutz Rendtorff, Reinhard Wittmann: *Bertelsmann im Dritten Reich.* München 2002.

Galle, Heinz J.: *Groschenhefte. Die Geschichte der deutschen Trivialliteratur.* Frankfurt, Berlin 1988.

Galle, Heinz J.: *Sun Koh. Der Erbe von Atlantis und andere deutsche Supermänner. Paul Alfred Müller alias Lok Myler alias Freder van Holk. Leben und Werk.* Zürich 2003.

Graeb-Könneker, Sebastian: *Autochthone Modernität. Eine Untersuchung der vom Nationalsozialismus geförderten Literatur.* Opladen 1996.

Grass, Günter: *Beim Häuten der Zwiebel.* Göttingen 2006.

Haible, Barbara: *Indianer im Dienste der NS-Ideologie. Untersuchungen zur Funktion von Jugendbüchern über nordamerikanische Indianer im Nationalsozialismus.* Hamburg 1998.

Hall, Murray G.: *Der Paul Zsolnay Verlag. Von der Gründung bis zur Rückkehr aus dem Exil.* Tübingen 1994.

Härtel (verh. Adam), Christian: *Stromlinien. Wilfrid Bade – Eine Karriere im Dritten Reich.* Berlin 2004.

Heinemann, Erich: *»Karl May paßt zum Nationalsozialismus wie die Faust aufs Auge«. Der Kampf des Lehrers Wilhelm Fronemann.* In: Jahrbuch der Karl-May-Gesellschaft 1982.

Herzog, Dagmar: *Die Politisierung der Lust. Sexualität in der deutschen Geschichte des zwanzigsten Jahrhunderts.* München 2005.

Herzog, Rudolph: *Heil Hitler, das Schwein ist tot! Lachen unter Hitler – Komik und Humor im Dritten Reich.* Frankfurt 2006.

Himmler, Katrin: *Die Brüder Himmler. Eine deutsche Familiengeschichte. Mit einem Nachwort von Michael Wildt.* Frankfurt 2005.

Hinze, Franz: *Frontbuchhandlung Paris. Erinnerungen eines Beteiligten.* Selbstverlag Franz Hinze 1999.

Höhn-Gloor, Elisabeth: *John Knittel. Ein Erfolgsautor und sein Werk im Brennpunkt von Fakten und Fiktionen.* Zürich 1984.

Kast, Raimund: *Der deutsche Leihbuchhandel und seine Organisation im 20. Jahrhundert.* In: Archiv für die Geschichte des Buchwesens 36 (1991).

Keller, Thomas: *»Siegfried, je t'aime!« – Deutsch-französische Liebe zwischen den Kriegen.* In: Cahiers d'Etudes Germaniques, 55 (2008) 2, L'amour entre deux guerres 1918–1945. Concepts et représentations.

Ketelsen, Uwe K.: *Literatur und Drittes Reich. 2. durchges. Auflage.* Greifswald 1994 [1992].

Kiessling, Claudia Sybille: *Dr. med. Hellmuth Unger. (1891–1953). Dichterarzt und ärztlicher Pressepolitiker in der Weimarer Republik und im Nationalsozialismus.* In: Abhandlungen zur Geschichte der Medizin und der Naturwissenschaften. H. 89 (1999).

Klee, Ernst: *Das Kulturlexikon zum Dritten Reich. Wer war was vor und nach 1945.* Frankfurt 2007.

Klee, Ernst: *Das Personenlexikon zum Dritten Reich. Wer war was vor und nach 1945.* Frankfurt 2003.

Knopf, Volker; Stefan Martens: *Görings Reich. Selbstinszenierungen in Carinhall.* Berlin 1999.

Koch, Hans Jörg: *Das Wunschkonzert für die Wehrmacht.* In: Rundfunk und Museum. Zeitschrift des Rundfunkmuseums der Stadt Fürth, H. 55 (2005).

Krüger, Bettina: *Die Weise von Liebe und Tod des Cornets Christoph Rilke. Buchkult und Kultbuch in den Weltkriegen.* In: parapluie no. 3 (winter 1997/1998) http://parapluie.de/archiv/unkultur/cornet/.

Kubizek, August: *Adolf Hitler. Mein Jugendfreund.* Graz, Göttingen 1953.

Lindner, Erik: *Die Reemtsmas. Geschichte einer deutschen Unternehmerfamilie.* Hamburg 2007.

Linse, Ulrich: *Sonnenmenschen unter der Swastika. Die FKK-Bewegung im Dritten Reich.* In: Michael Grisko (Hg.): *Freikörperkultur und Lebenswelt. Studien zur Vor und Frühgeschichte der Freikörperkultur in Deutschland.* Kassel 1999.

Lokatis, Siegfried: *Hanseatische Verlagsanstalt. Politisches Buchmarketing im »Dritten Reich«.* Frankfurt 1992.

Lokatis, Siegfried; Ingrid Sonntag (Hg.): *Heimliche Leser in der DDR. Kontrolle und Verbreitung unerlaubter Literatur.* Berlin 2008.

Longerich, Peter: *Heinrich Himmler. Biographie.* München 2008.

Mosse, Georg L.: *Was die Deutschen wirklich lasen. Marlitt, May, Ganghofer.* In: Reinhold Grimm, Jost Hermand: *Popularität und Trivialität. Fourth Wisconsin Workshop.* Frankfurt 1974.

Müller, Dietrich: *Buchbesprechung im politischen Kontext des Nationalsozialismus. Entwicklungslinien im Rezensionswesen in Deutschland vor und nach 1933.* Diss. Mainz 2007.

Neven DuMont, Alfred: *Jahrgang 1926/27. Erinnerungen an die Jahre unter dem Hakenkreuz.* Köln 2007.

Piper, Ernst: *Alfred Rosenberg. Hitlers Chefideologe.* München 2005.

Plöckinger, Othmar: *Geschichte eines Buches: Adolf Hitlers »Mein Kampf« 1922–1945.* München 2006.

Prawdin, Michael: *Der Tatsachenroman.* In: Die Literatur 36 (1933/34), S. 256–259. Zit. nach: *Zum Tatsachenroman. Die Prawdin / Vietta-Debatte 1934.* Arbeitsblätter für Sachbuchforschung Nr. 11. Herausgegeben vom Forschungsprojekt *»Das populäre deutschsprachige Sachbuch im 20. Jahrhundert«.* www.sachbuchforschung.de.

Reich, Konrad: *Ehm Welk. Der Heide von Kummerow. Die Zeit. Das Leben.* Rostock 2008.

Reich-Ranicki, Marcel: *Mein Leben.* München 2003 [1999].

Reuth, Ralf Georg: *Goebbels. Eine Biographie.* München 1995 [1990].

Richards, Donald Ray: *The German Bestseller in the 20th Century. A complete Bibliography and Analysis 1915–1940.* Bern 1968.

Riha, Karl: *Massenliteratur im Dritten Reich.* In: Horst Denkler, Karl Prümm (Hg.): *Die Deutsche Literatur im Dritten Reich. Themen – Traditionen – Wirkungen.* Stuttgart 1976.

Sarkowicz, Hans; Alf Mentzer: *Literatur in Nazi-Deutschland. Ein biografisches Lexikon. Erweiterte Neuausgabe.* Hamburg, Wien 2002.

Schäfer, Hans Dieter: *Das gespaltene Bewusstsein. Deutsche Kultur und Lebenswirklichkeit 1933–1945.* München 1981.

Schneider, Tobias: *Bestseller im Dritten Reich. Ermittlung und Analyse der meistverkauften Romane in Deutschland 1933–1944.* In: Vierteljahrshefte für Zeitgeschichte 52 (2004), H. 1, S. 77–97.

Schulz, Hans Ferdinand: *Das Schicksal der Bücher und der Buchhandel. Elemente einer Vertriebskunde des Buches.* Berlin 1952.

Schütz, Erhard e. a. (Hg.): *Das BuchMarktBuch. Der Literaturbetrieb in Grundbegriffen.* Hamburg 2005.

Sturge, Kate: *»The Alien within«. Translation into German during the Nazi Regime.* München 2004.

Tavernaro, Thomas: *Der Verlag Hitlers und der NSDAP. Die Franz Eher Nachfolger GmbH.* Wien 2004.

Vasold, Manfred: *Medizin.* In: Wolfgang Benz, Hermann Graml, Hermann Weiß: *Enzyklopädie des Nationalsozialismus.* München 1998.

Wallrath-Janssen, Anne-M.: *Der Verlag H. Goverts im Dritten Reich. Archiv für Geschichte des Buchwesens. Studien Bd. 5.* München 2007.

Weidermann, Volker: *Das Buch der verbrannten Bücher.* Köln 2008.

Wittmann, Reinhard: *Geschichte des deutschen Buchhandels.* München 1999.

Wulf, Joseph: *Literatur und Dichtung im Dritten Reich. Eine Dokumentation.* Gütersloh 1963.

Würmann, Carsten: *Zwischen Unterhaltung und Propaganda. Das Krimigenre im Dritten Reich.* Berlin 2008 (Diss. im Druck).

Zuckmayer, Carl: *Geheimreport.* Göttingen 2002.

Gedruckte Quellen

Der Dienstkalender Heinrich Himmlers: 1941/42. Im Auftrag der Forschungsstelle für Zeitgeschichte in Hamburg bearbeitet, kommentiert und eingeleitet von Peter Witte. Hamburg 1999.

Deutschland-Berichte der Sozialdemokratischen Partei Deutschlands (Sopade) 1934—1940. Herausgegeben von Klaus Behnken. 7 Bände. Salzhausen, Frankfurt 1980.

Die Tagebücher von Joseph Goebbels [Diktate, Fragmente, Aufzeichnungen]. Herausgegeben von Elke Fröhlich für das Institut für Zeitgeschichte München. München 1993 ff.

Joseph Goebbels. Tagebücher 1924—1945. Herausgegeben von Ralf Georg Reuth. Ausgabe in 5 Bänden. München 1999 [1992].

Klemperer, Victor: *Die Tagebücher 1933—1945. Kommentierte Gesamtausgabe. Herausgegeben von Walter Nowojski. Mitarbeit: Christian Löser. Die Digitale Bibliothek 150.* Berlin 2007.

Meldungen aus dem Reich. Die geheimen Lageberichte des Sicherheitsdienstes der SS 1938—1945. Herausgegeben von Heinz Boberach. 17 Bde. u. Registerband. Herrsching 1984.

Abbildungsnachweis

Bundesarchiv: BArch, Bild 183-2010-0426-500 / Wagner S. 54, BArch, Bild 183-2010-0426-501 S. 99, BArch, Bild 146-2010-0050 S. 298, BArch, Bild 183-L13947/ Kipper S. 301

Ullstein Bild: Bild 00518263 / Zitzow S. 16, Bild 00060608 S. 251

Börsenblatt für den Deutschen Buchhandel: (6. 9.1935) S. 35, (18. 6. 1936) S. 37, (23. 6.1934) S. 51, (9. 6.1933) S. 117, (29. 5.1934) S. 144, (2.12.1940) S. 153, (13. 7.1936) S. 169, (2. 6. 1934) S. 184, (8.11.1934) S. 203, (22.11.1934) S. 228, (2.12.1935) S. 279, (10.11.1939) S. 306, (13.12.1935) S. 315

Großdeutsches Leihbüchereiblatt: S. 60

Privatarchiv Christian Adam: S. 31, 138

Erich Gritzbach: Hermann Göring. Werk und Mensch. München: 1937, S. 77

Hellmuth Langenbucher (Hg.): Die Welt des Buches. Eine Kunde vom Buch. München: 1938, S. 43, 53

Hans Surén: Mensch und Sonne. Arisch-olympischer Geist. Berlin: 1936, S. 108

Erich Thier: Gestaltwandel des Arbeiters im Spiegel seiner Lektüre. Ein Beitrag zur Volkskunde und Leserführung. Leipzig: 1939, S. 64

Cigaretten-Bilderdienst Hamburg-Bahrenfeld (Hg.): Deutschland erwacht. Werden, Kampf und Sieg der NSDAP. Hamburg-Bahrenfeld 1933, S. 130

Register der Personen, Titel und Institutionen

Verzeichnet sind neben den Personennamen alle im Haupttext direkt genannten Buch-, Reihen- und Zeitschriftentitel sowie Verlage. Institutionen wurden aufgenommen, wenn ihr Wirken unmittelbaren Bezug zum Buchmarkt hatte. Nicht verzeichnet wurden Einrichtungen mit übergreifenden Zuständigkeiten wie NSDAP, HJ usw.